国学经典

宋 涛／主编

史记

中国历史上第一部纪传体通史

辽海出版社

【 第二卷 】

前　言

　　“史记”本来是古代史书的通名，司马迁称自己的著作为《太史公书》，班固把它记录在《汉书·艺文志》里，便直写“《太史公》百三十篇”。就是后汉时应劭的《风俗通义》和荀悦的《汉纪》提到这书也只称它为“太史公记”，还没有把“史记”的名词专门隶属给司马迁。直到唐朝编撰《隋书》，才正式把“《史记》一百三十卷”列为“史部”中的头一部，下注“目录一卷，汉中书令司马迁撰”。于是“史记”之名便由通名演化为专名。

　　《史记》的记事，上起轩辕，下至汉武帝太初年间，是一部纪传体通史。它包括本纪、表、书、世家、列传五个部分，共一百三十篇，五十余万字，是一部博大精深、前无古人的历史著作，也是我国文学史上最伟大的文学著作之一。

　　《史记》在史学的成就，首先表现在司马迁创设了一种全新的具有影响力的记事体例。司马迁在写史时，首先掌握了他那时代里所认可的历史上的政治中心人物，所以他把黄帝以下一直到他当代的帝王，编成《五帝本纪》等十二篇。这些“本纪”在详载帝王事迹的同时，把同一时代社会上发生的重大变化也有计划地编排进去，贯穿起来，基本上成为有系统的编年大事记。其次把“并时异世，年差不明”的事迹，仿周代史官谱牒的体制，编成《三代世表》等十篇。于是历代相传的世系，列国间交涉纠纷的关系，主要职官的更迭等繁复混杂的事项都给这纵横交织的表格排列得头绪分明，眉目清疏了。再次，创立《礼书》《乐书》《律书》《历书》《天官书》《封禅书》《河渠书》《平准书》等八篇。这些“书”，不仅仅是“朝章国典”，还包括天文、地理、政治、经济、风俗、艺术等种种知识。还有，创编了“世家”三十篇。把春秋、战国和汉初主要王侯、外戚的传世本末写成了各个不同的国别史。最后是《伯夷列传》等人物传记七十篇，总称“列传”。列传基本上是描写各个人物生活的“专传”，但对于那些业绩相连、彼此相关的人物，写成了叙述多人的“合传”。还有些人，或者行事的作风相类似，或者品质的气味差不多，便“以类相从”地作成了若干篇“类传”。每篇末了，又大都附有“论赞”。

　　《史记》是一部反映我国古代三千年社会发展的通史，是我国先秦文化的集大成者，司马迁在研究总结先秦文化方面做出了巨大贡献。但是司马迁更伟大更重要的贡献在于他对秦汉之际和对西汉社会前期的研究。

综观《史记》各体，"纪"是年代的标准，"传"是人物的动态，"世家"是纪传合体的国别史，"表"和"书"是贯穿事迹演化的总线索。它们之间互相联系、互相补充，而以"本纪"和"列传"作为经纬线，由此贯穿分别组织安排，成为古代修史的范式，一直被以后历代史学家所推崇。在吸收继承以往解作的基础上，我们重新注解了《史记》，用以帮助读者认知《史记》。

关于原文：

原文参照前代版本，编注对原著的错漏、衍文等，用〔　〕、〈　〉等符号做了整理，对原文直接予以引用，不再注出。对文中的难以辨识字、残字，注文中参照有关史料补充注解。

关于注释：

①为便于读者阅读，编注者把原文各卷分成若干段落，在段落后作注释。

②对原文中古地名，注出今地名。

③对原文中官职、典籍、制度择要注释。

④对今人不易理解的词语作注释。

⑤对原文中的难字、生僻字注现代汉语拼音并解释。

中国是文化悠久的民族，垂统五千年，就因为有深厚的根本，固能承前启后，传之久远。《史记》的博大精深和它在史学与文学上的伟大成就使我国历史的本源再现。故此，鲁迅曾称赞《史记》为"史家之绝唱，无韵之《离骚》"。

目　录

乐书第二^①

太史公曰：余每读《虞书》^②，至于君臣相敕^③，维是几安^④，而股肱不良^⑤，万事堕坏^⑥，未尝不流涕也。成王作《颂》^⑦，推己惩艾^⑧，悲彼家难，可不谓战战恐惧，善守善终哉^⑨？君子不为约则修德^⑩，满则弃礼^⑪，佚能思初^⑫，安能惟始^⑬，沐浴膏泽而歌咏勤苦^⑭，非大德谁能如斯^⑮！《传》曰"治定功成，礼乐乃兴"^⑯。海内人道益深^⑰，其德益至^⑱，所乐者益异。满而不损则溢，盈而不持则倾^⑲。凡作乐者，所以节乐。君子以谦退为礼，以损减为乐，乐其如此也。以为州异国殊，情习不同^⑳，故博采风俗，协比声律^㉑，以补短移化^㉒，助流政教^㉓。天子躬于明堂临观^㉔，而万民咸荡涤邪秽，斟酌饱满^㉕，以饰厥性^㉖。故云《雅》《颂》之音理而民正^㉗，嘄噭之声兴而士奋^㉘，郑卫之曲动而心淫^㉙。及其调和谐合，鸟兽尽感^㉚，而况怀五常^㉛，含好恶，自然之势也！

【注释】

①《乐书》：据《史记志疑》考证，《史记》中《乐书》全缺，这是后人取《乐记》穿靴戴帽而成。②《虞书》：《尚书》的一部分，今本共五篇，是记载传说中的唐尧、虞舜、夏禹等人的事迹的书。③敕（chì）：告诫；鼓励。④维是几（jī）安：考虑着如何化险为夷。⑤股肱（gōng）：大腿和胳膊。比喻帝王左右辅助得力的大臣。⑥堕（huī）坏：败坏。堕，通"隳"，毁坏。⑦成王：周成王，姬诵。西周国王。周武王之子。《颂》：指《诗经·周颂》，是古代宗庙祭典时的一种歌舞。周武王死时，成王年幼，由周公旦摄政。⑧推己惩艾：责备告诫自己，吸取失败教训。艾，通"乂"，惩戒，警惕。⑨守：指守礼。⑩约：穷困。⑪满：充足富裕。礼：泛指古代等级制社会的行为法则、道德规范和各种仪式等。⑫佚（yì）：通"逸"。安乐。⑬惟始：想着开始时的危险。⑭膏泽：滋润作物的雨。比喻恩惠、幸福。⑮如斯：如此。⑯《传（zhuàn）》：解释经义的文字。⑰人道：犹"仁道"。其主要内容指人与人互相亲爱。⑱至：指最高尚。⑲持：握住。引申为制约。⑳情习：人情习性。㉑协比：排列，组合。声律：指宫、商、角、徵（zhǐ）、羽五声和黄钟、太簇、姑洗（xiǎn）、蕤（ruí）宾、夷则、无射（yì）六律，这里泛指音乐。㉒补短：补救短缺。移化：改变风俗教化。㉓助流：帮助推行。㉔明堂：古代帝王宣明政教的地方，凡朝会、祭祀、庆赏、选士、教学等大典，都在此举行。㉕斟酌：取酒饮用。㉖饰：修整。厥：他（们）的。代词。㉗《雅》《颂》：《诗》篇名，也是古代乐曲的分类名称。雅乐是朝廷的乐曲，颂乐是宗庙祭祀的乐曲，二者都被古代统治者称为"正乐"。理：演奏。㉘嘄噭（jiāo jiào）：高亢的声音。㉙郑卫之声：指春秋战国时郑国（在今河南省中部地区）、

卫国（在今河南省北部地区）的民间音乐。㉚鸟兽尽感：相传尧舜时命夔（kuí）为乐官主持音乐，演奏时乐声和谐动听，曾引得凤凰来鸣，百兽起舞。㉛五常：又称"五伦"，是儒家所提倡的阶级社会里的五种伦理关系，即君臣、父子、夫妇、兄弟、朋友。

治道亏缺而郑音兴起①，封君世辟②，名显邻州，争以相高③。自仲尼不能与齐优遂容于鲁，虽退正乐以诱世④，作五章以刺时⑤，犹莫之化⑥。陵迟以至六国⑦，流沔沉佚⑧，遂往不返，卒于丧身灭宗，并国于秦。

【注释】

①治道亏缺：指政治败坏。②封君：领受封邑的贵族。世辟：世代相乘的君主。辟，君主。③高：抬高郑音的地位。使动用法。④正乐：整理音乐。诱世：劝导世人。⑤五章：《索隐》认为是歌词，即"彼妇人之口，可以出走；彼妇人之谒，可以死败。优哉游哉，聊以卒岁"。但与五章之名不符。⑥莫之化：即"莫化之"，没能改变这种风气。⑦陵迟：衰落。⑧流沔（miǎn）：放纵；沉迷。沔，通"缅"。沉佚：指沉溺游荡于歌乐而不加节制。

秦二世尤以为娱。丞相李斯进谏曰："放弃《诗》《书》①，极意声色，祖伊所以惧也②；轻积细过③，恣心长夜④，纣所以亡也⑤。"赵高曰⑥："五帝、三王乐各殊名⑦，示不相袭。上自朝廷，下至人民，得以接欢喜，合殷勤，非此和说不通⑧，解泽不流⑨，亦各一世之化⑩，度时之乐，何必华山之骐耳而后行远乎⑪？"二世然之⑫。

【注释】

①《诗》：即《诗经》。我国最早的诗歌总集，先秦称为《诗》，汉儒尊为经典，始称《诗经》。收西周初年至春秋中叶各国民歌和朝庙乐章三百零五篇，分风、雅、颂三大类。儒家列为经典之一。这些诗歌以四言为主，普遍运用赋、比、兴的手法，生动地反映了当时的社会生活。②祖伊：商纣时贤臣。③轻：蔑视。④长夜：指通宵宴饮。⑤纣（zhòu）：商代最末的君主。名受，号帝辛。⑥赵高（？—前207年）：秦时宦官，本赵国人。任中车府令，兼行符玺令事。秦始皇死后，他与李斯伪造遗诏，逼使公子扶苏自杀，立胡亥为皇帝，被任为郎中令。后杀李斯，自任丞相。不久又逼杀二世，立子婴为秦王，终为子婴所杀。⑦五帝：相传为古代五个部落联盟的领袖。⑧说：通"悦"。喜悦。⑨解泽：散布恩泽。⑩一世之化：一个时代的时尚。⑪华（huà）山：山名。五岳中的西岳，在今陕西省华阴市南。骐（lù）耳：也作"绿耳"。良马名。周穆王的八骏之一。引申为劣马也可以行远。用以比喻郑声虽俗，也可以作为娱乐。⑫然：赞同。动词。

高祖过沛①，诗《三侯之章》②，令小儿歌之。高祖崩，令沛得以四时歌儛宗庙③。孝惠、孝文、孝景无所增更④，于乐府习常肆旧而已⑤。

【注释】

①高祖：即汉高帝刘邦。②诗：作诗。《三侯之章》：即《大风歌》。歌词为："大风起兮云飞扬，威加海内兮归故乡，安得猛士兮守四方。"因诗中有三"兮"，而"兮"与"侯"同为语助词，因此这里称《大风歌》为《三侯之章》。③儛：同"舞"。宗庙：古代天子、诸侯祭典祖先的处所。④孝惠（？—前188年）：即汉惠帝刘盈。⑤乐府：古代主管音乐的官署。始于秦代，盛行于汉武帝之时。

肄（yì）：研习；训练。

至今上即位①，作十九章②，令侍中李延年次序其声③，拜为协律都尉④。通一经之士不能独知其辞，皆集会五经家⑤，相与共讲习读之⑥，乃能通知其意⑦，多尔雅之文⑧。

【注释】

①今上：这里指汉武帝之子。公元前140年至前87年在位。②十九章：即《郊祀歌》（共十九章）。③侍中：官名。侍从于皇帝左右，出入宫廷，应对顾问，地位贵重，是皇帝的亲信人员。李延年（？—约前87年）：西汉著名音乐家。④协律都尉：又称"协律郎"，官名。职掌校正乐律等音乐方面的事务。⑤五经：指《易》《书》《诗》《礼》《春秋》等五部儒家经典。汉武帝建元五年（前135年）置五经博士之职，始有"五经"之称。⑥相与：共同；一起。⑦通知：知晓；完全理解。⑧尔雅：近乎雅正。指文辞典雅纯正。

汉家常以正月上辛祠太一甘泉①，以昏时夜祀，到明而终。常有流星经于祠坛上。使僮男僮女七十人俱歌。春歌《青阳》，夏歌《朱明》，秋歌《西暤》，冬歌《玄冥》②。世多有，故不论。

【注释】

①上辛：上旬的辛日。太一：也指"泰一"。传说中的天神。甘泉：宫名。旧址在今陕西省淳化县西北甘泉山。②《青阳》《朱明》《西暤（hào）》《玄冥》：都是《郊祀歌》中的歌名。以每首歌词中的开头二字命题。

又尝得神马渥洼水中①，复次以为《太一之歌》②。歌曲曰："太一贡兮天马下，沾赤汗兮沫流赭。骋容与兮跇万里③，今安匹兮龙与友④。"后伐大宛得千里马⑤，马名蒲梢，次作以为歌。歌诗曰："天马来兮从西极⑥，经万里兮归有德⑦。承灵威兮降外国，涉流沙兮四夷服⑧。"中尉汲黯进曰⑨："凡王者作乐，上以承祖宗，下以化兆民⑩。今陛下得马⑪，诗以为歌，协于宗庙⑫，先帝百姓岂能知其音邪⑬？"上默然不说。丞相公孙弘曰⑭："黯诽谤圣制⑮，当族⑯。"

【注释】

①得神马渥（wò）洼水中：汉武帝时南阳郡新野县（今属河南省）人暴利长，因判刑被发配到敦煌（现甘肃省敦煌市附近）屯田，曾得一宝马，献给官府。为了神化此马，说它是从渥洼水（在今甘肃敦煌市西南）中出来的。②次：编次，这里指作诗。③容与：放任。跇（yì）：越过；逾越。④匹：匹配；相比。⑤大宛（yuān）：西域国名。在今苏联中亚费尔干纳盆地，都城在贵山城（今卡散赛），以产汗血马著名。⑥西极：西方极远之处。⑦有德：指有德之人。⑧流沙：指流沙泽。后称居延泽、居延海，因淤积分为二湖，即今内蒙古额济纳旗之嘎顺诺尔与苏古诺尔湖。四夷：即东夷、西戎、南蛮、北狄。是古代统治者对华夏族以外各族的蔑称。⑨中尉：官名。掌管京城治安。汲黯（？—前112年）：濮阳（今河南省濮阳县西南）人。武帝时任东海太守，后召为九卿，敢于直言切谏。⑩兆民：众百姓。⑪陛（bì）下：臣下对帝王的尊称。⑫协：协和音律。引申为演奏。⑬先帝：指当朝已去世的皇帝。邪（yé）：表疑问语气的词，相当于"吗""呢"。⑭公孙弘（前200—前121年）：西汉大臣。菑川（今山东省寿光市南）薛人。先后任御史大夫、丞相，封平津侯。⑮圣制：这里指武帝创作的诗歌。⑯族：灭族。

动词。

凡音之起①，由人心生也②。人心之动，物使之然也③。感于物而动，故形于声④；声相应⑤，故生变；变成方⑥，谓之音；比音而乐之⑦，及干戚羽旄⑧，谓之乐也。乐者，音之所由生也，其本在人心感于物也⑨。是故其哀心感者⑩，其声噍以杀⑪；其乐心感者，其声啴以缓⑫；其喜心感者，其声发以散⑬；其怒心感者，其声粗以厉⑭；其敬心感者，其声直以廉⑮；其爱心感者，其声和以柔。六者非性也⑯，感于物而后动，是故先王慎所以感之⑰。故礼以导其志⑱，乐以和其声⑲，政以壹其行⑳，刑以防其奸㉑。礼乐刑政，其极一也㉒，所以同民心而出治道也㉓。

【注释】

①音：该处指的"音"，是与"声""乐"相比而言的一个概念，按：从本段以下至《师乙篇》，都是《乐记》上的话，只是篇次和个别文字略有差异。②心：古人认为，人的思想感情、理智、道德等是由人体内的一个物质器官"心"所统管的，这与现在所说的思维器官是不同的。③物：外界事物和环境。④形：显露；表现。⑤相应：互相应和。⑥方：指一定的组织形式，即构成的音阶、曲调等。⑦比：依次连缀，排列。乐（yuè）：演奏、演唱。用如动词。⑧及：加上；配合上。干（gān）：盾牌。戚：斧头。羽：鸟毛，这里指野鸡毛。旄（máo）：旄牛尾。⑨本：本源。⑩是故：因此；所以。哀心：悲哀的心情。这里的"心"，指心情，感情，下文的"乐心""喜心""怒心""敬心""爱心"类此。⑪噍（jiào）以杀（shài）：忧伤而急促。⑫啴（chán）以缓：宽松舒缓。⑬发以散：奋发而开朗。⑭粗以厉：粗犷而严厉。⑮直以廉：爽直而庄重。⑯性：天性。⑰先王：古代帝王，统指夏、商、周三代开国的禹、汤、文武等帝王。⑱其：指民众。⑲和：调和。当据刘向《说苑》改作"性"。⑳壹：统一。动词。㉑奸：奸诈。㉒极：最终目标。㉓同：齐一。动词。治道：指政治清明、社会安定的太平世道。

凡音者，生人心者也①。情动于中②，故形于声，声成文谓之音③。是故治世之音安以乐，其正和④；乱世之音怨以怒，其正乖⑤；亡国之音哀以思⑥，其民困。声音之道⑦，与正通矣。宫为君，商为臣，角为民，徵为事，羽为物⑧。五者不乱，则无惉懘之音矣⑨。宫乱则荒⑩，其君骄；商乱则搥⑪，其臣坏；角乱则忧，其民怨；徵乱则哀，其事勤⑫；羽乱则危⑬，其财匮⑭。五者皆乱，迭相陵⑮，谓之慢⑯。如此则国之灭亡无日矣⑰。郑卫之音，乱世之音也，比于慢矣⑱。桑间濮上之音⑲，亡国之音也，其政散⑳，其民流㉑，诬上行私而不可止㉒。

【注释】

①生人心者：即"生于人心者"的省文。②中：内心。③文：指交织组成的乐典。④正：通"政"，政治。下文"其正乖""与正通矣"的"正"，同此。和：和顺。指君臣上下和谐协调。⑤乖：背离；不一致。指君臣上下失序，政治混乱。⑥思：哀伤。⑦声音：代指音乐。⑧宫、商、角、徵（zhǐ）、羽：我国古代五声音阶的五个阶名，相当于现在的do、re、mi、so、la，合称"五音"或"五声"。⑨惉懘（zhān zhì）：同"怗滞"。声音不和谐。⑩荒：迷乱；散漫。⑪搥：当据《礼记·乐记》作"陂"（bì），为不正、邪佞之意。⑫事勤：指劳役繁重。⑬危：恐惧不安。⑭匮（kuì）：贫乏。⑮迭相陵：互相排斥，倾轧。⑯慢：过分放纵。⑰无日：不要多少时间。犹言不久。⑱比：接近。⑲桑间：地名。在古代濮水之滨。濮上：濮水（古代黄河与济水的支流）一带。⑳散：混乱。㉑流：放荡。㉒诬：

诽谤。上：在上者。指君主。

凡音者，生于人心者也；乐者，通于伦理者也①。是故知声而不知音者，禽兽是也；知音而不知乐者，众庶是也②。唯君子为能知乐。是故审声以知音③，审音以知乐，审乐以知政，而治道备矣④。是故不知声者不可与言音，不知音者不可与言乐。知乐则几于礼矣⑤。礼乐皆得，谓之有德。德者得也。是故乐之隆⑥，非极音也⑦；食飨之礼⑧，非极味也⑨。清庙之瑟⑩，朱弦而疏越⑪，一倡而三叹⑫，有遗音者矣⑬。大飨之礼，尚玄酒而俎腥鱼⑭，大羹不和⑮，有遗味者矣。是故先王之制礼乐也，非以极口腹耳目之欲也，将以教民平好恶而反人道之正也⑯。

【注释】

①伦理：事物的条理、秩序，指人与人之间的道德关系。②众庶：百姓；普通老百姓。③审：审察；辨别。④治道：治国的道理。⑤几（jī）：接近；差不多。⑥隆：隆重；盛大。⑦极音：极度满足听觉上的享受。⑧食飨（sì xiǎng）之礼：古代合祭祖先的一种隆重礼仪。⑨极味：极力满足味觉上的享受。⑩清庙：祭祀周文王的宗庙。也可作宗庙的通称。清，肃穆清静的意思。瑟：古代的一种拨弦乐器，形似古琴，通常为二十五弦。⑪朱弦：朱红色的丝弦。疏越（huó）：稀疏的小孔。越，瑟底的孔穴。⑫倡：同"唱"。叹：跟着歌声和唱。"三叹"，形容和唱的人不多。⑬遗音：余音。以上所说的清庙之瑟，底孔疏朗，乐音舒畅，和唱的人也不多，但听完之后，却犹余音在耳，令人久久不忘。这反映了儒家提倡以"温柔敦厚""平和中正"与"淡和"为特色的音乐主张，是其"中庸之道"在音乐观上的体现。⑭尚：通"上"。玄酒：古代祭典时当酒用的水。上古无酒，以水代替；水本无色，但古人习以为玄（黑色），所以称之为："玄酒"。俎（zǔ）：古代祭祀时用以盛放牲口的礼器。这里作动词用，陈设的意思。⑮大（tài）羹：不和五味的肉汁，古代祭祀时用。⑯平：平衡。引申为调节，控制。反：通"返"。返回；恢复。人道之正：即"人之正道"，指为人的正确规范或准则。

人生而静①，天之性也②；感于物而动，性之颂也③。物至知知④，然后好恶形焉。好恶无节于内，知诱于外⑤，不能反己⑥，天理灭矣⑦。夫物之感人无穷，而人之好恶无节，则是物至而人化物也⑧。人化物也者，灭天理而穷人欲者也⑨。于是有悖逆诈伪之心⑩，有淫佚作乱之事⑪。是故强者胁弱⑫，众者暴寡⑬，知者诈愚⑭，勇者苦怯⑮，疾病不养⑯，老幼孤寡不得其所，此大乱之道也。是故先王制礼乐，人为之节：衰麻哭泣⑰，所以节丧纪也⑱；钟鼓干戚⑲，所以和安乐也；婚姻冠笄⑳，所以别男女也；射乡食飨㉑，所以正交接也㉒。礼节民心，乐和民声，政以行之，刑以防之。礼乐刑政四达而不悖㉓，则王道备矣㉔。

【注释】

①静：指人的感情、理智和天性、道德等本性未曾表现出来时的状态。②天之性：即天性，天然的品质或特性。③颂（róng）：通"容"。仪容；样子。④知（zhì）知：指通过人的理智去了解外物，认识外物。⑤知诱于外：理智被外物所引诱。⑥反己：指恢复自己原来的天性。反，通"返"。⑦天理：即天性。⑧人化物：指人被外物同化，即失去人的善性而混同于禽兽一般。⑨穷人欲：极力完全满足人的欲望。⑩悖（bèi）逆：违乱忤逆。⑪淫佚（yì）：也作"淫泆"。纵欲放荡。⑫胁：威逼。⑬暴：欺侮；糟蹋。⑭诈：欺骗。⑮苦：使之痛苦。⑯疾病：指患有疾病的人。⑰衰（cuī）麻：麻布制成的丧服。⑱丧纪：丧事。纪，事。⑲钟：乐器名。

铜制而中空。古代祭典或宴享时用。悬挂于架上，用木槌击之发声。单独悬挂的称特钟，大小依次成组悬挂的称编钟。⑳冠笄（guàn jī）：古代男子二十岁举行加冠仪式，女子十五岁举行加笄仪式，表示男女已经成年。㉑射：射礼。古代集会练习比武的典礼，有四种：祭祀或选士时举行的为大射，诸侯来朝时举行的为宾射，宴饮时举行的为燕射，卿大夫举士后举行的为乡射。乡：乡饮酒礼。古代地方上为被推荐给朝廷的乡学毕业生举行的送行之礼。食飨：用酒食宴请宾客。㉒正：端正。交接：指人与人的交往。㉓达：通行无阻。指充分发挥作用。㉔王道：用儒家学说的"仁义"治理天下的一种政治主张，与"霸道"相对。

乐者为同①，礼者为异②。同则相亲，异则相敬。乐胜则流③，礼胜则离④。合情饰貌者⑤，礼乐之事也。礼义立，则贵贱等矣⑥；乐文同⑦，则上下和矣；好恶著⑧，则贤不肖别矣⑨；刑禁暴，爵举贤⑩，则政均矣⑪。仁以爱之，义以正之⑫，如此则民治行矣⑬。

【注释】

①同：和；调和。动词。②异：区别。③胜：超过；过分。流：放任，放纵；没有节制。④离：隔离；疏远。⑤合情：和符合人们内心的感情。饰貌：端正人们的仪态。⑥等：次序；等级。⑦乐文：乐的形式，指乐曲。⑧著：显明。⑨不肖（xiào）：不贤；不正派。这里指坏人。⑩爵：爵位。国君给贵族封号的等级。⑪均：均匀；公平。指政治清明。⑫正：纠正，引申为教导。⑬民治：治理百姓之事。

乐由中出①，礼自外作②。乐由中出，故静；礼自外作，故文③。大乐必易④，大礼必简⑤。乐至则无怨⑥，礼至则不争。揖让而治天下者⑦，礼乐之谓也。暴民不作⑧，诸侯宾服⑨，兵革不试⑩，五刑不用⑪，百姓无患⑫，天子不怒⑬，如此则乐达矣。〔四海之内〕⑭，合父子之亲，明长幼之序，以敬（四海之内）天子，如此则礼行矣。

【注释】

①中：指内心世界。出：发出；产生。②作：兴起；表现。③文：文饰；文理。指礼仪形式等方面的规章制度。④大乐：伟大、高尚的音乐。易：平易。⑤大礼：伟大、隆重的礼仪。简：简朴。⑥至：到达。这里指深入人心，发挥作用。下句的"至"，同此。⑦揖（yī）让：古代宾主相见表示谦让的一种礼仪，用来比喻文德。⑧暴民：强暴不法的人。⑨宾服：即臣服。指诸侯或边远部落按时向皇帝进贡，表示服从、归顺。⑩兵革：兵器衣甲的总称，泛指武器。不试：不动用。⑪五刑：古代的五种刑罚，即墨（在面额上刺字，染上黑色）、劓（yì。割去鼻子）、刖（fèi。断足）、宫（男子切割生殖器，女子幽闭）、大辟（bì。死刑）。⑫患：忧患；灾祸。⑬不怒：没有生气。⑭〔四海之内〕：相当于"天下"。古代以为中国四周都是海，因此称中国为"四海之内"，简称"海内"，称外国则为"海外"。

大乐与天地同和①，大礼与天地同节②。和，故百物不失；节，故祀天祭地。明则有礼乐③，幽则有鬼神④，如此则四海之内合敬同爱矣。礼者，殊事合敬者也⑤；乐者，异文合爱者也⑥。礼乐之情同⑦，故明王以相沿也⑧。故事与时并⑨，名与功偕⑩。故钟鼓管磬羽籥干戚⑪，乐之器也；诎信俯仰级兆舒疾⑫，乐之文也。簠簋俎豆制度文章⑬，礼之器也⑭；升降上下周旋裼袭⑮，礼之文也。故知礼乐之情者能作，识礼乐之文者能术⑯。作者之谓圣，术者之谓明。明圣者，术作之谓也。

【注释】

①和：指调和万物。②节：调节。③明：与"幽"相反。指人世间。④幽：幽冥。指鬼神世界。⑤殊事：不同的人和事。指不同的礼节规定。⑥异文：不同的乐文，即不同的乐曲形式。⑦情：情理；道理。⑧明王：圣明的君主。⑨事：指所制定的礼乐。并：相比；齐等。引申为符合。⑩名：指乐曲的命名。⑪钟鼓管磬（qìng）：都是古代乐器。⑫诎信（qū shēn）俯仰：指舞蹈时舞者的各种姿势。诎，通"屈"，弯曲；信，通"伸"，伸直。级兆舒疾：指舞蹈时的队列和速度。级，一作"缀"，指行列的位置；兆，界域，范围；舒，徐缓的动作；疾，急速的动作。⑬簠簋（fǔ guǐ）俎豆：都是古代祭祀时用来盛祭品的器具。⑭器：工具。⑮升降上下周旋裼（xī）袭：都是行礼的动作。升降上下指登堂拜退等迎送之礼。裼是敞开外衣，袭是掩上外衣。⑯术：通"述"。阐述。

乐者，天地之和也；礼者，天地之序也。和，故百物皆化①；序，故群物皆别。乐由天作②，礼以地制③。过制则乱④，过作则暴⑤。明于天地，然后能兴礼乐也⑥。论伦无患⑦，乐之情也；欣喜欢爱，乐之官也⑧。中正无邪，礼之质也⑨；庄敬恭顺，礼之制也⑩。若夫礼乐之施于金石⑪，越于声音⑫，用于宗庙社稷⑬，事于山川鬼神，则此所以与民同也⑭。

【注释】

①化：融化；融合。②天：指天的道理，即和气化物的功能。③地：指地的道理，即高低贵贱的区别。④过：过错。⑤暴：急，猛；过激放纵。⑥兴：制作。⑦论伦无患：指歌词内容合乎伦理而无害于礼义。⑧官：官能；功用。⑨质：本质。⑩制：体制。⑪若夫：发语词，相当于"至于"。金石：指钟。⑫越：发扬；传播。⑬社稷（jì）：古代帝王、诸侯所祭典的土神和谷神，泛指祭祀祖先鬼神的场所。⑭与民同：指从君主到百姓同样适用。按：以上四段论述礼乐的社会作用及其相互关系，是《乐记》中的《乐论篇》。

王者功成作乐，治定制礼①。其功大者其乐备②，其治辨者其礼具③。干戚之舞，非备乐也④；亨孰而祀⑤，非达礼也⑥。五帝殊时，不相沿乐；三王异世，不相袭礼。乐极则忧⑦，礼粗则偏矣⑧。及夫敦乐而无忧⑨，礼备而不偏者，其唯大圣乎⑩！天高地下，万物散殊，而礼制行也；流而不息⑪，合同而化⑫，而乐兴也。春作夏长⑬，仁也；秋敛冬藏⑭，义也。仁近于乐，义近于礼。乐者敦和⑮，率神而从天⑯；礼者辨宜⑰，居鬼而从地⑱。故圣人作乐以应天⑲，作礼以配地⑳。礼乐明备㉑，天地官矣㉒。

【注释】

①治：政治；社会秩序。②备：完善。③辨：明察。④干戚之舞，非备乐也：古乐以文德为贵，采用朱弦疏越，因此用干戚为舞，不可以算是完美的音乐。⑤亨（pēng）孰而祀：用丰盛精美的熟食来祭典。⑥达礼：通礼；最隆重的礼仪。古代祭品追求生牲，所以说烹熟而祀不能算是最好的祭礼。⑦极：过分。⑧粗：粗疏；不仔细。偏：偏失。⑨及夫：至于。敦：厚；盛。引申为完善。⑩其：表揣测的副词，相当于"大概"。大圣：至圣。指道德高尚完备、智能超凡的人。⑪流而不息：指天地间的阴阳二气流行不止。⑫化：化育万物。⑬作：兴起；发

生。⑭敛：收获。⑮敦和：促进和合。⑯率神：属于神的范围。⑰辨宜：指区分不同的事物。⑱居：处于；属于。⑲应天：顺应天意。⑳配地：配合地道。㉑明备：明达完备。㉒天地官矣：天地的功用就能发挥了。

天尊地卑，君臣定矣。高卑已陈①，贵贱位矣②。动静有常③，小大殊矣④。方以类聚⑤，物以群分，则性命不同矣⑥。在天成象⑦，在地成形⑧，如此则礼者天地之别也。地气上跻⑨，天气下降，阴阳相摩⑩，天地相荡⑪，鼓之以雷霆⑫，奋之以风雨⑬，动之以四时⑭，暖之以日月⑮，而百化兴焉⑯，如此则乐者天地之和也。

【注释】

①陈：陈设；分布。②位：指确定名位。③动静：指天地间阴阳二气的运动与静止状态。常：常规。④小大：指大大小小的事物。⑤方：解释不一，以指不同种族的人一说为妥。⑥性命：指事物的天性、特性。⑦象：指日月星辰发光的现象。⑧形：指山川人物各异的形状。⑨跻(jī)：登；升。⑩摩：摩擦；接触。⑪荡：震动；激荡。⑫鼓：震响。⑬奋：飞动；起落。⑭动：移动变化；交替运转。⑮暖：温暖。⑯百化：百物。兴：兴起；生长。

化不时则不生①，男女无别则乱登②，此天地之情也。及夫礼乐之极乎天而蟠乎地③，行乎阴阳而通乎鬼神，穷高极远而测深厚④，乐著太始而礼居成物⑤。著不息者天也⑥，著不动者地也。一动一静者，天地之间也⑦。故圣人曰"礼云乐云"⑧。

【注释】

①化不时：化育不符合天时。②乱登：指放纵淫乱的行为就会产生。登，造成，发作。③极：至；达到。蟠(pán)：充满。④穷：极；尽。测：测量。⑤著(zhuó)：附着。成物：指地。因为地能使万物生长，所以称"成物"。⑥著：明白；显示。⑦天地之间：指天地之间的万物。⑧礼云乐云：礼所说的和乐所说的。

昔者舜作五弦之琴①，以歌《南风》②；夔始作乐③，以赏诸侯。故天子之为乐也，以赏诸侯之有德者也。德盛而教尊④，五谷时孰⑤，然后赏之以乐。故其治民劳者⑥，其舞行级远⑦；其治民佚者，其舞行级短⑧。故观其舞而知其德，闻其谥而知其行⑨。《大章》⑩，章之也⑪；《咸池》⑫，备也⑬；《韶》⑭，继也⑮；《夏》⑯，大也⑰；殷、周之乐尽也⑱。

【注释】

①舜：相传父系社会后期部落联盟领袖。②《南风》：歌名。③夔(kuí)：传说为舜的臣子，掌管音乐。④德盛：品德高尚。教尊：教化尊严。⑤时孰：按时成熟。指粮食丰收。⑥治民劳者：指诸侯治国使人民劳苦的。⑦舞行(háng)级：舞蹈的行列位置。这里指舞队行列的间隔距离。级，一作"缀"，义同。⑧短：指间隔距离少。⑨谥(shì)：古时君主、贵族、大官僚死后，朝廷根据其生前事迹所给予的表示褒贬的称号。⑩《大章》：乐名。相传是歌颂尧的圣明大德的音乐。⑪章：通"彰"。表彰；显扬。⑫《咸池》：乐名。⑬备：完备。⑭《韶》：乐名。相传为虞舜时所作。⑮继：继承。指舜能继承尧的美德。⑯《夏》：乐名。相传为禹时所作，后成为周代祭祀山川的乐舞。⑰大：光大。指禹能发扬光大尧舜的功德。⑱殷、周之乐：指殷代的《大濩(huò)》（纪念商汤伐桀功绩的乐舞）和周代的《大武》（表现周武王伐纣武功的乐舞）等音乐。

天地之道，寒暑不时则疾①，风雨不节则饥②。教者③，民之寒暑也，教不时则伤世④。事者⑤，民之风雨也，事不节则无功。然则先王之为乐也，以法治也⑥，善则行象德矣⑦。夫豢豕为酒⑧，非以为祸也；而狱讼益烦⑨，则酒之流生祸也⑩。是故先王因为酒礼，一献之礼⑪，宾主百拜⑫，终日饮酒而不得醉焉，此先王之所以备酒祸也⑬。故酒食者，所以合欢也⑭。

【注释】

①不时：不符合时令。疾：发病。动词。②节：节制；调节。饥：发生饥荒。③教：指包括音乐在内的教化。④伤世：不利于社会生活的正常秩序。⑤事：指包括礼在内的政令制度。⑥以法治：取法于天地之道来进行治理。⑦善：指乐的教化得当。⑧夫：发语词。豢豕（shǐ）为酒：指为祭神、宴客而饲养牲畜，酿造酒醴。⑨狱讼：指各种诉讼案件。⑩酒之流：指饮酒无度。⑪献：指进酒。⑫百拜：多次拜礼。⑬备：防备；防止。⑭合欢：联欢。

乐者，所以象德也；礼者，所以闭淫也①。是故先王有大事②，必有礼以哀之；有大福③，必有礼以乐之：哀乐之分④，皆以礼终⑤。

【注释】

①闭：堵塞，制止。②大事：指丧事。③大福：指吉庆之事。④分（fēn）：分寸；限度。⑤以礼终：用礼来加以制约。

乐也者，施也①；礼也者，报也②。乐，乐其所自生③；而礼，反其所自始④。乐章德⑤，礼报情反始也⑥。所谓大路者⑦，天子之舆也⑧；龙旂九旒⑨，天子之旌也⑩；青黑缘者⑪，天子之葆龟也⑫；从之以牛羊之群，则所以赠诸侯也。

【注释】

①施：施予。②报：回报。指统治者以礼制定人们之间的等级关系，有往有来，有恩必报。③乐：快乐。所自生：从人的内心而产生。④反：通“返”。还；回报。所自始：指恩惠所来之处。⑤章德：表彰功德。⑥报情：报答恩情。⑦大路：大车。又称“大辂（lù）”。⑧舆（yú）：车。⑨龙旂：绣有龙形的旗帜，是帝王出行时的仪仗。九旒（liú）：九条穗子。⑩旌（jīng）：旗的通称。⑪缘：边缘。⑫葆龟：即宝龟。古代用龟甲占卜吉凶，所以龟为宝。葆，通“宝”。

乐也者，情之不可变者也①；礼也者，理之不可易者也②。乐统同③，礼别异，礼乐之说贯乎人情矣④。穷本知变⑤，乐之情也⑥；著诚去伪⑦，礼之经也⑧。礼乐见天地之情⑨，达神明之德⑩，降兴上下之神⑪，而凝是精粗之体⑫，领父子君臣之节⑬。

【注释】

①情之不可变：指当感情一定时，乐也一定。②理之不可易：指当事理一定时，礼也一定。③统：统一；总管。④说：道理。⑤穷：寻根究源的意思。⑥情：本性；本质。⑦著：显示；发扬。⑧经：规则；典范。⑨诚：情感；意志。⑩神明：神灵。⑪降兴：下降和上升。⑫凝：形成。精粗之体。⑬领：统管；治理。节：礼节。引申为关系。

是故大人举礼乐①，则天地将为昭焉②。天地欣合③，阴阳相得④，煦妪覆育万物⑤，然后草木茂，区萌达⑥，羽翮奋⑦，角骼生⑧，蛰虫昭苏⑨，羽者妪伏⑩，毛者孕鬻⑪，胎生者不殰，而卵生者不殈⑫，则乐之道归焉耳⑬。

【注释】

①大人：德行高尚的人，即前文所说的圣人。②为昭：因此而显得光明起来。③欣合：欣然相合。④相得：互相得到合适的调节。⑤煦妪（xǔ yù）：天降气以养物叫煦，地赋物以形体叫妪。覆育：天覆盖万物，地生育万物，合称"覆育"。⑥区（gōu）萌：区，指豆类屈曲而生，萌，指谷类竖直而生。区，通"勾"，弯曲。⑦羽翮（hé）：羽翼。代指飞鸟。奋：指鸟类张开翅膀。⑧角骼（gé）：无分枝的角（如牛羊）和有分枝的角（如麋鹿）。⑨蛰（zhé）虫：冬眠在土里的昆虫。昭苏：恢复生机；苏醒。⑩羽者：指鸟类。妪伏：孵卵。⑪毛者：指兽类。鬻（yù）：通"育"。生育。⑫殰（dú）：胎未出生而死，即流产。殈（xù）：鸟卵未孵成而开裂。⑬道：道理。这里指功能。

乐者，非谓黄钟大吕弦歌干扬也①，乐之末节也，故童者舞之；布筵度，陈樽俎②，列笾豆③，以升降为礼者，礼之末节也，故有司掌之④。乐师辩乎声诗⑤，故北面而弦⑥；宗祝辩乎宗庙之礼⑦，故后尸⑧；商祝辩乎丧礼⑨，故后主人⑩。是故德成而上⑪，艺成而下⑫；行成而先⑬，事成而后⑭。是故先王有上有下，有先有后，然后可以有制于天下也⑮。

【注释】

①黄钟、大吕：乐律名。黄钟为六律之首，大吕为六吕之首。干扬：盾和大斧，泛指舞蹈用的道具。扬，钺（yuè）的别称，形状像斧头。②樽俎：同"尊俎"。古代盛酒和盛肉的器皿，常用为宴席的代称。③笾（biān）豆：古代举行祭祀或宴会时盛果脯和盛酱菜等的礼器。④有司：古代设官分职，各有专司，所以称主管某一职事的官吏为"有司"。这里指司礼的官吏。⑤辩：通"辨"。辨别；了解。⑥北面而弦：坐南向北弹琴奏乐。古代坐席，以坐北向南为尊，坐南向北为卑。⑦宗祝：官名。⑧尸：古代祭祀时，代替死者受祭的人，以臣下或死者的晚辈充任。后世则逐渐改用神主牌位或画像代替。⑨商祝：官名。职掌祭祀、治丧等礼仪。因周代丧礼基本上承袭商礼，所以称为"商祝"。⑩后主人：指商祝虽懂得丧葬之礼，但不是发丧之主，他只能处于卑位，站在主人之后唱礼司仪。⑪德成：指掌握礼乐的精神实质。⑫艺成：指懂得礼乐仪式等技艺。⑬行成：指德行修养方面的成就。⑭事成：指处理事物方面的成就。⑮有制于天下：指制礼定乐，推行到整个社会。

乐者，圣人之所乐也①，而可以善民心②，其感人深，其风移俗易，故先王著其教焉③。

【注释】

①乐：喜欢。②善：使之行善。使动用法。③著：立。指设置乐官。教：指乐教。

夫人有血气心知之性①，而无哀乐喜怒之常②，应感起物而动③，然后心术形焉④。是故志微焦衰之音作⑤，而民思忧；啴缓慢易繁文简节之音作⑥，而民康乐；粗厉猛起奋末广贲之音作⑦，而民刚毅；廉直经正庄诚之音作⑧，而民肃敬；宽裕肉好顺成和动之音作⑨，而民慈爱；流辟邪散狄成涤滥之音作⑩而民淫乱。

【注释】

①血气：本指血液和气息，这里指人的感情。心知：指人的理智。②常：常情；常态。③应感起物：指受到外界事物的刺激感染。④心术：指内在的思想感情。形：显露；表现。⑤志微：志意细小；情调低沉。⑥啴（chǎn）缓：和缓。慢易：舒缓平和。⑦奋末：鼓起四肢的力气。末，四肢。广贲（fèn）：气势旺盛。⑧经正：刚强正直。⑨肉好（hào）：圆润悦耳。顺成和动：流畅和谐，活泼动听。⑩流辟邪散：放荡虚伪，邪恶散乱。辟，通"僻"，不诚实。狄（tì）成：节奏疾速。

是故先王本之情性①，稽之度数②，制之礼义，合生气之和③，道五常之行④，使之阳而不散⑤，阴而不密⑥，刚气不怒，柔气不慑⑦，四畅交于中而发作于外⑧，皆安其位而不相夺也⑨。然后立之学等⑩，广其节奏⑪，省其文采⑫，以绳德厚也⑬。类小大之称⑭，比终始之序⑮，以象事行⑯，使亲疏贵贱长幼男女之理皆形见于乐⑰：故曰"乐观其深矣"。

【注释】

①本：根据。②稽（jī）：考核；审定。度数：即律度，音律的法度标准。③生气：指使万物生长发育的阴阳二气。④道：遵循。五常：指君臣、父子、兄弟、夫妇、朋友之间的五种关系。⑤阳：与"阴"相对，指人的气质。下文的"刚"与"柔"同此。散：散漫。⑥密：填密；闭塞。⑦慑：畏惧；恐惧。⑧四畅交于中：指阴、阳、刚、柔四种气质在人的内心畅通交流。⑨不相夺：互不侵犯。⑩立之学等：指根据各人气质的差别制定学习的进度。⑪广：扩大。这里指逐步增加。⑫省（xǐng）：审查；研究。⑬绳：衡量。德厚：仁厚。⑭类：法度；标准。⑮比：按次序排列组合。⑯象：象征；表现。事行：指君臣等伦理关系。⑰形见（xiàn）：表现。见，通"现"。

土敝则草木不长①，水烦则鱼鳖不大②，气衰则生物不育③，世乱则礼废而乐淫。是故其声哀而不庄，乐而不安，慢易以犯节④，流湎以忘本⑤。广则容奸⑥，狭则思欲⑦，感涤荡之气而灭平和之德⑧，是以君子贱之也⑨。

【注释】

①敝：疲败。这里指土地贫瘠。②烦：烦扰；搅扰。③气：元气。指自然力。④慢易：简慢草率的意思。⑤流湎（miǎn）：流连沉迷，放纵无度。忘本：忘了根本，失去归宿。⑥容奸：包藏邪恶。⑦思欲：挑动欲望。⑧感：通"撼"。动摇。⑨贱：轻视；看不起。

凡奸声感人而逆气应之①，逆气成象而淫乐兴焉②。正声感人而顺气应之③，顺气成象而和乐兴焉。倡和有应④，回邪曲直各归其分⑤，而万物之理以类相动也⑥。

【注释】

①奸声：邪恶的声音，与下文的"正声"相对而言。逆气：违乱忤逆之气。②成象：指通过音乐、舞蹈等方式表现出来。③正声：纯正的声音。顺气：平和顺畅之气。④倡和（hè）：一唱一和，互相呼应。⑤回邪：枉曲；不正。⑥以类相动：同类事物互相应和。

是故君子反情以和其志①，比类以成其行②。奸声乱色不留聪明③，淫乐废礼不接于心术④，惰慢邪辟之气不设于身体⑤，使耳目鼻口心知百体皆由顺正⑥，以行其义⑦。然后发以声音⑧，文以琴瑟⑨，动以干戚⑩，饰以羽旄，从以箫管⑪，奋至德之光⑫，动四气之和⑬，以著万物之理⑭。是故清明象天⑮，广大象地⑯，终始象四时⑰，周旋象风雨⑱；五色成文而不乱⑲，八风从律而不奸⑳，百度得数而有常㉑；小大相成㉒，终始相生㉓，倡和清浊，代相为经㉔。故乐行而伦清，耳目聪明，血气和平，移风易俗，天下皆宁。故曰"乐者乐也"㉕。君子乐得其道㉖，小人乐得其欲㉗。以道制欲，则乐而不乱；以欲忘道，则惑而不乐㉘。是故君子反情以和其志，广乐以成其教，乐行而民乡方㉙，可以观德矣。

【注释】

①反情：恢复人的天赋善性，即前文所说的"反人道之正"。反，通"返"。②比：比照；依照。类：事物的类别，这里指正类，好的榜样。成其行：成就自己的德行。③乱色：淫乱之色。聪明：指耳和目。④废礼：邪恶之礼。心术：心灵。⑤惰慢：轻薄下流。邪辟：古怪而不正派。设：存在。这里是沾染的意思。⑥百体：身体的各部分。由：从；随着。⑦行其义：得到正当的发展。义，宜，适当，合理。⑧发：显出；表现。⑨文：交错；修饰。⑩动：舞动，指舞蹈。⑪从：伴随，指伴奏。⑫奋：振作；发扬。至德：最高尚的道德，借指天地之理。⑬动：调度；协调。⑭著：显明；显示。万物之理：即天地万物发展的自然规律。⑮清明象天：用格调清澈明朗的乐曲来表现天的清明。⑯广大：指格调开阔宏亮的乐曲。⑰终始：指终而复始的乐曲形式。⑱周旋：指反复回旋的舞蹈姿态。⑲五色：统指五音（宫、商、角、徵、羽）及相对应的五行（金、木、水、火、土）。成文：交错组织成曲。⑳八风：统指八音（金、石、丝、竹、匏〔páo〕、土、革、木八类乐器）和八风（炎、滔、熏、巨、凄、飚、厉、寒等八方之风）。从律：合乎音律。奸：干扰；杂乱。㉑百度：即百刻。古代以刻漏计时，一昼夜分为一百刻。㉒小大：泛指包括乐律在内的大小不同的各种事物。㉓终始：泛指包括乐律在内的迭相为终始的事物。㉔代相为经：相互循环交错，形成一定的规律。㉕乐者乐也：语见《论语》。两个"乐"字，前一个指音乐，后一个指快乐。㉖道：指道德修养。㉗欲：指声色等欲望。㉘惑：迷惑；惑乱。㉙乡：通"向"。归向；向往。

德者，性之端也①；乐者，德之华也②；金石丝竹③，乐之器也。诗，言其志也；歌，咏其声也；舞，动其容也：三者本乎心④，然后乐气从之⑤。是故情深而文明⑥，气盛而化神⑦，和顺积中而英华发外⑧，唯乐不可以为伪。

【注释】

①端：首；根本。②华：同"花"。③金石丝竹：指金、石、丝、竹制成的钟、磬、琴、箫等。④三者：指上文所说的"志""声""容"。⑤乐气：指乐器。一说指诗、歌、舞。⑥文明：文采光明；文德辉煌。⑦化神：变化神妙。⑧积：蓄积；蕴藏。英华：指神采之美。

乐者，心之动也；声者，乐之象也①；文采节奏②，声之饰也。君子动其本③，乐其象④，然后治其饰。是故先鼓以警戒⑤，三步以见方⑥，再始以著往⑦，复乱以饬归⑧，奋疾而不拔⑨，极幽而不隐⑩。独乐其志，不厌其道⑪；备举其道⑫，不私其欲。是以情见而义立⑬，乐终而德尊⑭；君子以好善⑮，小人以息过⑯：故曰"生民之道⑰，乐为大焉"。

【注释】

①象：表象。②文采节奏：指乐曲的章法结构。饰：修饰。指乐曲的编排组织。③动其本：指作乐以天赋的道德性情为本源。④乐其象：用乐来表现。乐，用如动词。⑤为了论证君子制乐先动其本后治其饰的观点，以下引用反映周武王伐纣的《武乐》为例来加以说明。警戒：指促使注意，做好准备。⑥三步：三次顿足。见方：表示即将开始。方，将要。⑦再始以著往：再次开始起舞，表示周武王是第二次才正式出兵的。⑧复乱以饬（chì）归：再次奏起尾声，表示周武王第二次伐纣胜利，整装而归。乱，古代乐曲的最后一章，相当于现在歌曲的"尾声"。饬，整顿。⑨奋疾：指舞蹈动作极快。拔：倾倒。⑩幽：指乐曲精深含蓄。⑪独乐其志，不厌其道：指《武乐》表现了周武王既以讨伐暴虐之志为乐，又不厌弃仁义之道的德行。⑫备举：全面推行。⑬义：义理；道德。⑭尊：受到尊敬。⑮好善：注意修养善德。⑯息过：改过。⑰生民：养民。这里指治理民众。

君子曰：礼乐不可以斯须去身①。致乐以治心②，则易直子谅之心油然生矣③。易直子谅之心生则乐④，乐则安⑤，安则久⑥，久则天⑦，天则神。天则不言而信⑧，神则不怒而威⑨。致乐，以治心者也；致礼，以治躬者也⑩。治躬则庄敬，庄敬则严威。心中斯须不和不乐，而鄙诈之心入之矣⑪；外貌斯须不庄不敬，而慢易之心入之矣⑫。故乐也者，动于内者也⑬；礼也者，动于外者也。乐极和，礼极顺。内和而外顺，则民瞻其颜色而弗与争也，望其容貌而民不生易慢焉。德辉动乎内而民莫不承听⑭，理发乎外而民莫不承顺，故曰"知礼乐之道⑮，举而错之天下无难矣"⑯。

【注释】

①斯须：须臾；片刻。去：离开。②致：求得。引申为审察，研究。③易：平易。直：正直。子（cí）：通"慈"。慈爱。④乐：快乐。⑤安：指内心安定，舒适。⑥久：长久。指长寿。⑦天：和下句的"神"，都借以指人们修养的最高理想境界。⑧信：信用；威信。⑨威：威严。⑩治躬：治理身体。指端正人们的仪表、举止。⑪鄙诈：卑鄙欺诈。⑫慢易：轻忽怠慢。⑬动：变动。引申为影响。⑭德辉：道德的光辉。承听：接受；服从。⑮道：道理；规律。这里指功效。⑯举而措之：采用并推行。

乐也者，动于内者也；礼也者，动于外者也。故礼主其谦①，乐主其盈②。礼谦而进③，以进为文④；乐盈而反⑤，以反为文。礼谦而不进，则销⑥；乐盈而不反，则放⑦。故礼有报而乐有反⑧。礼得其报则乐，乐得其反则安。礼之报，乐之反，其义一也⑨。

【注释】

①主：注重；着重。谦：谦逊退让。②盈：丰富充实。③进：进取。指努力向前，有所作为。④文：美，善。⑤反：反躬自省。⑥销：通"消"。消散；消沉。⑦放：放任；恣纵。⑧报：通"褒"。有进取的意思。⑨义：意义；道理。

夫乐者乐也，人情之所不能免。乐必发诸声音①，形于动静②，人道也③。声音动静，性术之变④，尽于此矣。故人不能无乐，乐不能无形。形而不为道⑤，不能无乱。先王恶其乱⑥，故制《雅》《颂》之声以道之，使其声足以乐而不流⑦，使其文足以纶而不息⑧，使其曲直繁省廉肉节奏⑨，足以感动人之善心而已矣，不使放心邪气得接焉⑩，是先王立乐之方也⑪。是故乐在宗庙之中，君臣上下同听之，则莫不和敬；在族长乡里之中⑫，长幼同听之，则莫不和顺；在闺门之内⑬，父子兄弟同听之，则莫不和亲。故乐者，审一以定和⑭，比物以饰节⑮，节奏合以成文⑯，所以合和父子君臣，附亲万民也⑰，是先王立乐之方也。故听其《雅》、《颂》之声，志意得广焉⑱；执其干戚，习其俯仰诎信，容貌得庄焉；行其缀兆⑲，要其节奏⑳，行列得正焉㉑，进退得齐焉。故乐者天地之齐㉒，中和之纪㉓，人情之所不能免也。

【注释】

①发诸声音：通过声音发露出来。②形：表现。③人道：指人的禀性。④性术：指性情和它的表现方式。⑤道：通"导"。疏导；引导。⑥恶（wù）：厌恶；憎恨。⑦乐：使人快乐。⑧文：文辞。指乐章。纶：理丝。引申为有条理。息：止息。引申为死板。⑨曲直：指曲调的曲折与平直。繁省：复杂与简单。廉肉：清淡简约与丰满圆润。节奏：高低与缓急。⑩放心：放纵之心。⑪立乐：制定音乐。方：原则。⑫族长乡里：都是古代地方行政编制单位。⑬闺门：内室之门。借指家庭。⑭审：审定；选择。一：指人们某一高低适中的音。⑮比物：配合上各种乐器。物，指乐器。饰节：体现出节奏。饰，修饰。这里是表现的意思。⑯合以成文：组合而构成乐曲。⑰附亲：依附和亲近。⑱志意：志向和思想。这里指心胸，心境。⑲缀兆：同"级兆"。⑳要（yāo）：会；合着。㉑行列：和下句的"进退"，都是借指人们的行为举止。㉒齐：和合。㉓中和：调和；和谐。

夫乐者，先王之所以饰喜也①；军旅钺钺者②，先王之所以饰怒也。故先王之喜怒皆得其齐矣③。喜则天下和之④，怒则暴乱者畏之。先王之道礼乐可谓盛矣⑤。

【注释】

①饰：装饰。这里是寄托、表露的意思。②军旅：军队。钺钺（yuè）：古代军法用以杀人的斧子，泛指刑戮。③齐：指同样得到相应的表现。④和（hè）：应和。⑤道：即治世之道。盛：盛大。指体现得非常充分。

魏文侯问于子夏曰①："吾端冕而听古乐则唯恐卧②，听郑卫之音则不知倦。敢问古乐之如彼③，何也？新乐之如此④，何也？"

【注释】

①魏文侯（？—前396年）：魏斯。战国时魏国的建立者。公元前445—前396年在位。②端冕（miǎn）：古代朝服。这里指穿端戴冕，用如动词。端，玄端，是黑色的祭服；冕，大冠，是古代贵族所戴的一种礼帽。穿戴端冕，用以表示庄严、肃敬。古乐：古代帝王祭祀、朝会时奏的音乐。又称"雅乐"，以别于民间音乐。③敢问：冒昧相问。④新乐：这里指与古乐相对的郑卫等国的民间音乐。

子夏答曰："今夫古乐，进旅而退旅①，和正以广，弦匏笙簧合守拊鼓②，始奏以文③，止乱以武④，治乱以相，讯疾以雅⑤。君子于是语⑥，于是道古⑦，修身及家，平均天下⑧：此古乐之发也⑨。今夫新乐，进俯退俯⑩，奸声以淫⑪，溺而不止⑫，及优侏儒⑬，獶杂子女⑭，不知父子。乐终不可以语，不可以道古：此新乐之发也。今君之所问者乐也，所好者音也。夫乐之与音，相近而不同。"

【注释】

①进旅、退旅：舞蹈时众人同进同退，动作整齐划一。旅，共同。②弦匏笙簧：

泛指各种乐器。③文：指鼓。④乱：乐曲的结尾。武：指铙。⑤讯疾：迅急。讯，通"迅"。雅：一种打击乐器，外形如竹筒，口小身大，大约二围，长五尺六寸，用羊皮蒙口，筒身刻有图案，系有两根带子。⑥于是语：在这时发表议论。⑦道古：称颂古代的事迹。⑧修身及家，平均天下：即"修身齐家治国平天下"的意思。⑨发：发表。⑩俯：弯曲；不整齐。⑪淫：过度；放纵。⑫溺：沉迷。⑬优：俳（pái）优；倡优。侏（zhū）儒：身材矮小的人。古代杂技滑稽演员多由身材矮小者充当，所以也称艺人为"侏儒"。⑭猱（náo）杂：同"猱杂"。混杂。子女：男女。

文侯曰："敢问如何？"

子夏答曰："夫古者天地顺而四时当，民有德而五谷昌，疾疢不作而无祅祥①，此之谓大当②。然后圣人作为父子君臣以为之纪纲③，纪纲既正，天下大定，天下大定，然后正六律④，和五声⑤，弦歌《诗·颂》，此之谓德音⑥，德音之谓乐。《诗》曰：'莫其德音⑦，其德克明⑧，克明克类⑨，克长克君⑩。王此大邦⑪，克顺克俾⑫。俾于文王⑬，其德靡悔⑭。既受帝祉⑮，施于孙子。'⑯此之谓也。今君之所好者，其溺音与⑰？"

【注释】

①疾疢（chèn）：疾病。祅（yāo）祥：即妖祥。②大当：完全合适；极得其所。③纪纲：法则；纲领。④六律：六种音律，即黄钟、大簇、姑洗、蕤宾、夷则、无射。⑤五声：即五音。⑥德音：指歌颂崇高美德的音乐。⑦莫：通"寞"。安定，宁静。⑧克明：能够普施光明。克，能够。⑨克类：能够带来好处。类，善。⑩克长：能够为人师长。⑪王（wàng）：称王。引申为统治。用如动词。邦：古代称诸侯的封国，后泛指国家。⑫克顺：能够顺应人心。克俾：能使上下亲近。俾，通"比"，相近，相亲。⑬俾于：至于。⑭靡悔：没有遗憾，即完美无缺的意思。⑮帝祉（zhǐ）：上天的福泽。⑯以上诗句引自《诗·大雅·皇矣》。⑰溺音：使人沉迷惑乱的音乐。

文侯曰："敢问溺音者何从出也？"

子夏答曰："郑音好滥淫志①，宋音燕女溺志②，卫音趣数烦志③，齐音骜辟骄志④，四者皆淫于色而害于德，是以祭祀不用也。《诗》曰：'肃雍和鸣，先祖是听。'⑤夫肃肃，敬也；雍雍，和也。夫敬以和，何事不行？为人君者，谨其所好恶而已矣。君好之则臣为之，上行之则民从之。《诗》曰'诱民孔易'⑥，此之谓也。然后圣人作为鞉鼓椌楬埙篪⑦，此六者，德音之音也⑧。然后钟磬竽瑟以和之⑨，干戚旄狄以舞之⑩。此所以祭先王之庙也，所以献酬酳酢也⑪，所以官序贵贱各得其宜也⑫，此所以示后世有尊卑长幼序也。钟声铿⑬，铿以立号⑭，号以立横⑮，横以立武⑯。君子听钟声则思武臣。石声硁⑰，硁以立别⑱，别以致死⑲。君子听磬声则思死封疆之臣⑳。丝声哀，哀以立廉，廉以立志。君子听琴瑟之声则思志义之臣。竹声滥㉑，滥以立会，会以聚众。君子听竽笙箫管之声则思畜聚之臣㉒。鼓鼙之声讙㉓，讙以立动，动以进众㉔。君子听鼓鼙之声则思将帅之臣。君子之听音，非听其铿鎗而已也㉕，彼亦有所合之也㉖。"

【注释】

①好滥淫志：形容音调十分放荡，使人心志惑乱。②燕女溺志：形容音调安逸柔媚，使人心志沉溺。③趣数（cù sù）烦志：形容音调急促多变，使人心志烦躁。④骜辟骄志：形容音调傲慢怪僻，使人心志骄纵。骜，通"傲"。辟，通"僻"，

偏颇，不实在。⑤和（hè）鸣：指鸣声相应。按：这两句诗引自《诗·周颂·有瞽》。《有瞽》是周成王时的一首祭祀乐歌。⑥诱：诱导；教导。孔：甚；很。按：这句诗引自《诗·大雅·板》。⑦鼗（táo）：乐器名。一种有柄的小鼓，用手摇动发声，类似现在的拨浪鼓。柷（qiāng）：即"柷"（zhù）。乐器名。木制，外形像方斗，上宽下窄，一面正中开圆孔，中间插有椎柄，用小椎敲击左右发声。楬（qià）：即"敔"（yǔ）。乐器名。木制，外形像伏虎，背上有二十七道锯齿状突起物，用木棒敲击发声。柷和楬都用于雅乐演奏，开始时击柷，结束时击楬。埙（xūn）：乐器名。陶制，也有用石、骨或象牙制成的。大如鹅蛋，外形像秤锤，上尖下平中空。顶上一孔为吹口，前面四孔，后面二孔。篪（chí）：乐器名。竹制，外形像笛，单管横吹。埙和篪都是吹奏乐器，合奏时声音相应，十分和谐。⑧德音之音：发出德音的乐器。后"音"字，指乐器。⑨竽：乐器名。外形像笙而稍大，有三十六支簧管。⑩狄（dí）：通"翟"。野鸡尾巴上的长羽，文舞时用作舞具。⑪献酬酳酢（yìn zuò）：泛指宴饮宾客的各种礼仪。献酬，指饮酒时相酬劝。酳，宴会时食毕酒漱口的一种礼节。酢，客人以酒回敬主人的一种礼节。⑫序贵贱：古代作乐时，乐器和舞列的多少，都按照尊卑贵贱等级有一定的规定，所以演奏古乐可以"序贵贱"。⑬铿：象声词。形容钟声洪亮。⑭立号：作为号令。⑮横：充满。这里形容气势雄壮。⑯立武：指成就用武之事。⑰石：乐器名。指石制的磬。硁（kēng）：象声词。形容击石声坚定强劲。⑱别：区分。⑲致死：舍弃生命，为正义而死。⑳死封疆之臣：为国死守疆土的忠臣良将。㉑滥：广泛，会合。㉒畜聚之臣：指爱抚百姓，体恤民情的官吏。㉓鼓鼙（pí）：大鼓和小鼓，古代军中常用的乐器。讙（huān）：通"欢"。喜悦。㉔进众：指挥兵众前进。㉕铿鎗（qiāng）：象声词。形容金石声响亮和谐。"鎗"，同"锵"。㉖有所合之：指能从乐声中听到与自己志趣相契合的东西。

宾牟贾侍坐于孔子①，孔子与之言，及乐②，曰："夫《武》之备戒之已久③，何也？"

【注释】

①宾牟贾（móu gǔ）：人名。②及乐：谈到音乐方面的事情。③《武》：即《大武》。周代六舞之一。以反映周武王伐纣的武功为内容，带有戏剧性。

答曰："病不得其众也。"①

【注释】

①病：忧虑。不得其众：武王伐纣时，担心得不到士众拥护，酝酿、准备了很长时间才正式出兵。

"永叹之①，淫液之②，何也？"

【注释】

①永叹：长声歌唱。永，通"咏"，曼声长吟。②淫液：形容乐声连绵不绝，拖得很长。

答曰："恐不逮事也①。"

【注释】

①不逮事：赶不上战机。逮，及，赶上。事，指战事。

"发扬蹈厉之已蚤①，何也？"

【注释】

①发扬蹈厉：举手以示奋发，顿足以示猛厉。已蚤：指演出一开始就举手顿足，针对上文的"已久"而言。蚤，通"早"。

答曰："及时事也①。"

【注释】

①及时事：把握时机，进行战事。

"《武》坐致右宪左①，何也？"

【注释】

①《武》：这里指表演《武舞》的演员。坐：跪。致右：右膝着地。致，至，达到。宪（xiàn），通"轩"。提起。

答曰："非《武》坐也①。"

【注释】

①非《武》坐：《武舞》要表现激战情景，其动作猛烈急速，所以宾牟贾说这种动作不是《武舞》所应有的。

"声淫及商①，何也？"

【注释】

①声淫及商：淫，即"淫液"。这种声音的寓意，当时有人解释为象征周武王贪图商纣的政权，故孔丘以此发问。

答曰："非《武》音也①。"

【注释】

①非《武》音：宾牟贾认为周武王伐纣除暴是顺应天意民心，不得已而为之，并非贪图权力，所以他认为这不是《武乐》所应有的。

子曰："若非《武》音，则何音也？"

答曰："有司失其传也①。如非有司失其传，则武王之志荒矣②。"

【注释】

①有司：指乐官、乐师。②荒：迷乱；糊涂。

子曰："唯丘之闻诸苌弘①，亦若吾子之言是也②。"

【注释】

①唯：语助词。用在句首，无实在意义。苌（cháng）弘：周景王、敬王时的大夫。②吾子：对人的爱称。

宾牟贾起，免席而请曰①："夫《武》之备戒之已久，则既闻命矣②。敢问迟之迟而又久③，何也？"

【注释】

①免席：避席；离席。古人席地而坐，离席而起，表示恭敬。②闻命：遵命领教。指自己的回答得到了孔丘的肯定。③迟（zhí）之迟而又久：指演出时站在舞位上久久不动。迟（zhí），等待。

子曰："居①，吾语汝②。夫乐者，象成者也③。总干而山立④，武王之事也⑤；发扬蹈厉，太公之志也⑥；《武》乱皆坐⑦，周召之治也⑧。且夫《武》⑨，始而北出⑩，再成而灭商⑪，三成而南⑫，四成而南国是疆⑬，五成而分陕⑭，周公左，召公右，六成复缀⑮，以崇天子，夹振之而四伐⑯，盛威于中国也⑰。分夹而进，事蚤济也。久立于缀，以待诸侯之至也。且夫女独未闻牧野之语乎⑱？武王克殷反商⑲，未及下车，而封黄帝之后于蓟⑳，封帝尧之后于祝㉑，封帝舜之后于陈㉒；下车而封夏后氏之后于杞㉓，封殷之后于宋㉔，封王子比干之墓㉕，释箕子之囚㉖，使之行商容而复其位㉗。庶民弛政㉘，庶士倍禄㉙。济河而西㉚，马散华山之阳而弗复乘㉛；牛散桃林之野而不复服；车甲衅而藏之府库而弗复用㉝；倒载干戈㉞，苞之以虎皮㉟，将率之士，使为诸侯，名之曰'建橐'㊱：然后天下知武王之不复用兵也。散军而郊射㊲，左射《狸首》㊳，右射《驺虞》㊴，而贯革之射息也㊵；裨冕搢笏㊶，而虎贲之士税剑也㊷；祀乎明堂，而民知孝㊸；朝觐㊹，然后诸侯知所以臣㊺；耕藉㊻，然后诸侯知所以敬：五者天下之大教也。食三老五更于太学㊼，天子袒而割牲㊽，执酱而馈㊾，执爵而酳㊿，冕而总干(51)，所以教诸侯之悌也(52)。若此，则周道四达(53)，礼乐交通(54)，则夫《武》之迟久，不亦宜乎？"

【注释】

①居：坐下。②语（yù）：告诉。汝：你（们）。③象成：表现已经成功的事迹。④总：持；拿着。干：盾牌。山立：立定如山。⑤武王之事：象征武王伐纣时持盾而立，指挥各路诸侯兵马。⑥太公：姜姓，吕氏，名尚，字子牙，号太公望，俗称姜太公。⑦《武》乱：指《武》舞将要结束时。⑧周：指周公姬旦。周武王弟。因采邑在周（今陕西省岐山县东北）而称为"周公"。曾辅佐武王灭纣。召（shào）：指召公姬奭（shì）。因采邑在召（今陕西省岐山县西南）而称为召公或召伯。曾辅佐周武王灭商。成王时与周公分治陕地（今河南省陕县）西东。后封于燕（今河北省北部）。这里所说的"周召之治"，指息武修文的统治。⑨且夫：语助词。用在句首，表示推进一层或另提一事。⑩始：指《武舞》的第一段。下文的再、三、四、五、六都是指舞的段数。北出：指表现周武王出师北上，讨伐商纣的情形。⑪成：古代称乐曲的段落。"再成"即第二段。⑫南：指表现周武王灭纣胜利南还镐京的情形。⑬南国是疆：指表现南方各族都来归服周朝，这些地方因而成了周的疆土的史事。⑭分陕：指舞队分成左右两队，表示周公、召公分陕而治。⑮复缀：回到原来的舞位。缀，指表演者所处的位置。⑯夹振：指舞队两边有人夹着舞者摇动金铎（古代用来传布命令的大铃），以表示周武王伐纣时鼓动士气的情节。四伐：指舞者按铎声的节奏向四方击刺，以表示周武王东讨西伐，南征北战，威震四方。伐，一刺一击叫一伐。⑰盛威于中国：向全国显示军威的强盛。中国，上古时代，我国华夏族建国于黄河流域一带，以为居天下之中，因而自称"中国"，而称周围各族所居之地为"四方"。⑱汝（rǔ）：通"汝"，你。牧野之语：指关于牧野之事的传说。⑲殷：指殷纣。商朝自从盘庚迁都殷以后时期很长，因此也称殷朝。反："及"的误字。商：指商朝都城。⑳黄帝：传说中中原各族的共同祖先。姓姬，号轩辕氏。蓟（jì）：地名。在今北京市西南。非今天津蓟县。㉑祝：国名。在今山东省济南市长清区东北。㉒陈：国名。在今河南省淮阳县与安徽省亳县一带。相传周武王封虞舜后代妫满于此。㉓夏后氏：上古部落名，后指夏朝。杞（qǐ）：国名。在今河南省杞县。相传周武王封夏禹后代

东楼公于此。㉔宋：国名。在今河南省商丘市。相传周武王封殷纣庶兄微子启于此。㉕封：堆土筑坟。王子比干：殷纣的叔伯父（一说为庶兄）。任少师。㉖箕（jī）子：殷纣的叔伯父（一说为庶兄）。任太师，封于箕（今山西省太谷县东北）。传说曾因规劝纣而遭囚禁。后被周武王释放留镐京。㉗行：巡视。引申为察访。商容：商代贵族，任礼乐官。㉘弛政：指废除殷纣的暴政。㉙倍禄：成倍地增加俸禄。㉚济河：指周武王灭商之后，率军南渡黄河，西还镐京。济，渡。河，黄河。㉛华（huà）山：山名。在今陕西省华阴市南。阳：古代称山的南面或水的北面。㉜桃林：地名。约在今陕西省潼关一带与河南省灵宝市之间。㉝车甲：战车和铠甲。弢（tāo）：弓套。用作动词，有蒙盖、包裹的意思。府库：官府储存财物兵甲的仓库。㉞倒（dào）载干戈：把兵器的锋刃向内或向下放置。㉟苞：通"包"。包裹。㊱建櫜（gāo）：将兵器包裹收藏。建，通"键"，锁闭。櫜，古代收藏衣甲或弓箭的袋子。按："名之曰'建櫜'"似当接在"苞之以虎皮"一句之下，文意才顺。㊲散军：解散军队。郊射：指帝王在郊外祭天，并在射宫练习射箭以选拔贤士的典礼。㊳左：指东郊的射宫。下句的"右"，指西郊的射宫。《狸首》：逸诗篇名。行射礼时，诸侯演奏此诗。㊴《驺虞》：《诗·召南》篇名。行射礼时帝王演奏此诗。㊵贯革：穿透革制的铠甲。息：停止。㊶裨（pí）冕：古代臣下朝见帝王时穿戴的礼服和礼帽。这里指穿戴这种礼服礼帽，用如动词。搢笏（jìn hù）：指将笏板插在礼服外面的腰带上。搢，插。笏，古代君臣朝见时手中所执的狭长板子，用来记事，以备遗忘。帝王、诸侯、大夫等按地位尊卑分执玉笏、象牙笏和竹笏。㊷虎贲（bēn）之士：勇猛的武士。㊸明堂：这里指周文王的庙。㊹朝觐（jìn）：诸侯朝见帝王。春季来朝为"朝"，秋季来朝为"觐"。㊺臣：指为臣之道。㊻耕藉：指举行耕藉之礼。古代帝王、诸侯都有征用民力来耕种公田，称为"籍田"，也作"藉田"。每逢春耕之前，由帝王或诸侯率领群臣用犁具在籍田上来回推几次，表示重视农业或敬仰祖先（亲自耕作，以供奉祭祖的谷物），称为"藉礼"。㊼食（sì）：通"饲"。拿食物给人吃。㊽袒：解开上衣，露出左臂；或脱去外衣，露出短衣。牲：指供食用的牲畜。天子袒衣，亲自切割牲肉，是古代敬老、养老的一种礼节。㊾馈（kuì）：进献食物。㊿爵：酒器名。青铜制，有三足，用以温酒和盛酒，盛行于商代及西周。51冕：戴帽。用如动词。52悌（tì）：敬爱兄长；顺从长上。53周道：周朝的治道、教化。54交通：彼此相通。

子贡见师乙而问焉①，曰："赐闻声歌各有宜也②，如赐者宜何歌也？"

【注释】

①子贡：孔丘弟子。姓端木，名赐，字子贡。卫国人。善于经商，富至千金。师：乐官。乙：人名。②各有宜：指适合各自的性情。

师乙曰："乙，贱工也，何足以问所宜。请诵其所闻①，而吾子自执焉②。宽而静，柔而正者宜歌《颂》；广大而静③，疏达而信者宜歌《大雅》④；恭俭而好礼者宜歌《小雅》⑤；正直清廉而谦者宜歌《风》⑥；肆直而慈爱者宜歌《商》⑦；温良而能断者宜歌《齐》⑧。夫歌者，直己而陈德⑨；动己而天地应焉⑩，四时和焉，星辰理焉⑪，万物育焉。故《商》者，五帝之遗声也，商人志之⑫，故谓之《商》；《齐》者，三代之遗声也，齐人志之，故谓之《齐》。明乎《商》之诗者，临事而屡断；明乎《齐》之诗者，见利而让也。临事而屡断，勇也；见利而让，义也。有勇有义，非歌孰能保此⑬？故歌者，上如抗，下如队⑭，曲如折⑮，止如槁木⑯，居中矩⑰，句中钩⑱，累累乎殷如贯珠⑲。故歌之为言也⑳，长言之也㉑。说之㉒，故言之；言之不足，故长言之；长言之不足，故嗟叹之；嗟叹之不足，故不知手之舞之足之蹈之。”

【注释】

①诵：述说。其：代指师乙自己。②自执：自己斟酌决定。③广大：指性格开朗。④疏达：通明畅达。信：诚实。《大雅》：《诗》组成部分之一。共三十一篇。⑤恭俭：谦恭谨慎。《小雅》：《诗》组成部分之一。共七十四篇。大部分是西周后期及东周初期贵族宴会的乐歌，小部分是批评当时朝政过失或抒发怨愤的民间歌谣。⑥《风》：《诗》组成部分之一。包括十五国风，共一百六十篇。大约为周初至春秋中叶的各国民歌，较为广阔地反映了当时的社会生活面貌。⑦肆直：爽直；坦率。《商》：指《诗·商颂》，共五篇。⑧《齐》：指《诗·齐风》共十一篇。⑨直己：率直地表白自己的心意。陈德：表现出一定的德性。⑩动己：激发自己的情感、德性。⑪理：有条理。指星辰运行有序。⑫志：记录。⑬孰：怎么。⑭队（zhuì）：通“坠”。低沉压抑。⑮曲：转折。折：形容声调转折像折断东西一样干脆利落。⑯槁木：枯木。⑰居：通“倨”。微曲。中（zhòng）：适合；合乎。矩：古代画方形或直角的用具，如同现在的曲尺。⑱句（gōu）：同“勾”。弯曲。钩，古代画圆的用具，如同现在的圆规。以上两句都是形容声调的曲折变化合乎规矩。⑲累累：形容接连不断，联贯成串的样子。乎：助词。大致相当于“的”“地”。殷：丰富；充实。贯珠：成串的珠子。⑳言：言词；说话。㉑长言：拖着长声说话。㉒说（yuè）：通“悦”。

凡音由于人心①，天之与人有以相通，如景之象形②，响之应声③。故为善者天报之以福，为恶者天与之以殃，其自然者也④。

【注释】

①由于：发自；产生于。②景（yǐng）：通“影”。影子。③响：回声。④自然：指天然的道理。

故舜弹五弦之琴，歌《南风》之诗而天下治；纣为《朝歌》《北鄙》之音①，身死国亡。舜之道何弘也②？纣之道何隘也③？夫《南风》之诗者生长之音也，舜乐好之④，乐与天地同意，得万国之欢心⑤，故天下治也。夫“朝歌”者不时也⑥，北者败也⑦，鄙者陋也⑧，纣乐好之，与万国殊心，诸侯不附，百姓不亲，天下畔之，故身死国亡。

【注释】

①《朝（zhāo）歌》：乐歌名。《北鄙》：乐歌名。②弘：通“宏”。宏大。③隘：狭小。④乐好（yào hào）：爱好；喜欢。⑤万国：相传上古时有诸侯国上万。这里泛指诸侯国。⑥不时：不是时候。⑦败：衰落；腐败。⑧陋：僻陋；粗劣。

而卫灵公之时①，将之晋②，至于濮水之上舍③。夜半时闻鼓琴声，问左右，皆对曰“不闻”。乃召师涓曰④：“吾闻鼓琴音，问左右，皆不闻。其状似鬼神，为我听而写之。”师涓曰：“诺。”因端坐援琴⑤，听而写之。明日，曰：“臣得之矣，然未习也⑥，请宿习之。”灵公曰：“可。”因复宿。明日，报曰：“习矣。”即去之晋⑦，见晋平公⑧。平公置酒于施惠之台⑨。酒酣，灵公曰：“今者来，闻新声，请奏之。”平公曰：“可。”即令师涓坐师旷旁⑩，援琴鼓之。未终，师旷抚而止之曰："此亡国之声也，不可遂[11]。"平公曰："何道出？"师旷曰："师延所作也[12]。与纣为靡靡之乐，武王伐纣，师延东走，自投濮水之中，故闻此声必于濮水之上，先闻此声者国削。"平公曰："寡人所好者音也，愿遂闻之。"师涓鼓而终之。

【注释】

①卫灵公：姬元。春秋时卫国国君。公元前534—前493年在位。②之：前往；去到。动词。晋：国名。开国君主为周成王弟姬叔虞。春秋时据有今山西省大部与河北省西南地区，地跨黄河两岸。这时的晋国是大国，都新绛（今山西省曲沃县西北）。③舍：住宿；止宿。④师涓：乐官，名涓。⑤援：持；操。⑥习：熟悉。⑦去：离开。⑧晋平公：姬彪。⑨施惠：即"虒（sī）祁"，宫殿名。晋平公所建。故址在今山西省侯马市附近。⑩师旷：春秋时晋国乐师名旷。字子野。⑪遂：终；竟。指弹奏完毕。⑫师延：乐官，名延。

平公曰："音无此最悲乎[1]？"师旷曰："有。"平公曰："可得闻乎？"师旷曰："君德义薄，不可以听之。"平公曰："寡人所好者音也，愿闻之。"师旷不得已，援琴而鼓之。一奏之，有玄鹤二八集乎廊门[2]；再奏之，延颈而鸣[3]，舒翼而舞[4]。

【注释】

①最：极。这里是更的意思。悲：指感染力。②玄鹤：黑鹤。廊门：走廊通往室内的门。③延颈：伸长脖子。④舒翼：展开翅膀。

平公大喜，起而为师旷寿[1]，反坐[2]，问曰："音无此最悲乎？"师旷曰："有。昔者黄帝以大合鬼神[3]，今君德义薄，不足以听之，听之将败[4]。"平公曰："寡人老矣，所好者音也，愿遂闻之。"师旷不得已，援琴而鼓之。一奏之，有白云从西北起；再奏之，大风至而雨随之，飞廊瓦[5]，左右皆奔走。平公恐惧，伏于廊屋之间。晋国大旱，赤地三年[6]。

【注释】

①寿：祝寿；祝福。②反坐：返回席位坐下。反，通"返"。③合：汇集。④败：使国家招致衰败之祸。⑤飞：刮走。使动用法。⑥赤地：形容旱灾严重，地上寸草不生。

听者或吉或凶[1]。夫乐不可妄兴也[2]。

【注释】

①或吉或凶：同是听到这支乐曲，黄帝可用它来大会鬼神，平公却使晋国遭受大旱之祸，所以这里说"听者或吉或凶"。②妄：胡乱；随便。

太史公曰：夫上古明王举乐者，非以娱心自乐，快意恣欲，将欲为治也。正教者皆始于音[1]，音正而行正。故音乐者，所以动荡血脉，通流精神而和正心也[2]。故宫动脾而和正圣，商动肺而和正义，角动肝而和正仁，徵动心而和正礼，羽动肾而和正智。故乐所以内辅正心而外异贵贱也[3]；上以事宗庙，下以变化黎庶也[4]。琴长八尺一寸[5]，正度也[6]。弦大者为宫，而居中央，君也。商张右傍[7]，其余大小相次[8]，不失其次序，则君臣之位正矣。故闻宫音，使人温舒而广大[9]；闻商音，使人方正而好义[10]；闻角音，使人恻隐而爱人；闻徵音，使人乐善而好施[11]；闻羽音，使人整齐而好礼⑫。夫礼由外入，乐自内出。故君子不可须臾离礼，须臾离礼则暴慢之行穷外⑬；不可须臾离乐，须臾离乐则奸邪之行穷内。故乐音者⑭，君子之所养义也。夫古者，天子诸侯听钟磬未尝离于庭⑮，卿大夫听琴瑟之音未尝离于前⑯，所以养行义而防淫佚也。夫淫佚生于无礼，故圣王使人耳闻《雅》《颂》之音，目视威仪之礼，足行恭敬之容⑰，口言仁义之道。故君子终日言而邪辟无由入也⑱。

【注释】

①正教：端正教化。②和正：调和修养。③异：分别；区分。④变化：转变感化。⑤八尺一寸：这是黄钟律管十倍的长度。古代的尺寸要比现代的短。⑥正度：标准的尺度。⑦商：指能发出商音的弦。⑧相次：指五音依次排列。⑨温舒：平和舒畅。⑩方正：端方正直。⑪善：行善；做好事。施：施舍财物，接济别人。⑫整齐：指衣饰整齐，仪表端庄。⑬暴慢：凶恶傲慢。穷：侵蚀；腐蚀。⑭乐音：即音乐。⑮钟磬：指钟磬之音。庭：厅堂。下句的"前"同此。⑯卿：官名。后来成为一般官员的称呼。⑰容：仪容。这里指合乎法度的仪表举止。⑱无由：无从；没有门径，没有机会。

律书第三①

王者制事立法②，物度轨则③，壹禀于六律④，六律为万事根本焉。

【注释】

①律书：此是论述军事的专文。律指音律，古时军出皆听律声，所以《律书》即《兵书》。但它实际上还包括乐律、星象、气象等多方面的内容。②王者：指最高统治者，即创立制度的所谓圣王。③物度（duó）：测量。物，估量；度，估计。轨则：事物的规律法则。④壹：皆，都。禀（bǐng）：承受，来自于。六律：指阴阳各六共十二个音律。十二个音律为：黄钟、大吕、太簇（cù）、夹钟、姑洗（xiǎn）、仲吕、蕤（ruí）宾、林钟、夷则、南吕、无射（yì）、应钟。

其于兵械尤所重①，故云"望敌知吉凶②，闻声效胜负③"，百王不易之道也④。

【注释】

①兵械：指兵器。②望敌知吉凶：古人认为两军相敌，双方阵地上皆有云气，观察敌阵上空云气的颜色和形状能推知战争胜负。③闻声效胜负：指出军时听律声可预知战争胜负。古代兵书说，作战前，乐师吹律，商声相应则军事张强，角声相应则军扰多变，宫声相应则将士同心，徵（zhǐ）声相应则将急兵疲，羽声相应则兵弱少威。④百王：历代帝王。百，泛指多数。

武王伐纣①，吹律听声②，推孟春以至于季冬③，杀气相并④，而音尚宫⑤。同声相从⑥，物之自然，何足怪哉！

【注释】

①武王：周武王姬发，文王姬昌之子。②吹律听声：指武王出军之日，令乐师吹律以预测战争胜负。③推孟春以至于季冬：指十二个律管都吹听。④杀气相并：指律管中吹出的音反映出北方寒气。寒气充满杀机，故名杀气。并，合。⑤而音尚宫：指乐师吹律，律管中发出宫音为主。宫音意味着武王将士同心。尚，主。指律管声以宫音为主。⑥同声相从：指武王出军吉利与律声相适应。

兵者①，圣人所以讨强暴，平乱世，夷险阻②，救危殆③。自含齿戴角之兽见犯则校④，而况于人怀好恶喜怒之气？喜则爱心生，怒则毒螫加，情性之理也。

【注释】

①兵：兵器。引申指军队或战争。②夷：平定。险阻：山川艰险阻塞处。③危殆（dài）：危险；危难。④自：虽；纵然。含齿戴角之兽：指生有锐利牙齿、长着犄角的野兽。校（jiào）：计较；报复。这里比喻杀伐。

昔黄帝有涿鹿之战①，以定火灾②；颛顼有共工之陈③，以平水害；成汤有南巢之伐④，以珍夏乱⑤。递兴递废⑥，胜者用事⑦，所受于天也⑧。

【注释】

①黄帝：为前26世纪时中国原始社会里（约在今陕西省中部一带）一个部族的领袖。②以定火灾：相传姜姓炎帝族以火德王（wàng），黄帝败炎帝族榆罔于阪泉，故谓"以定火灾"。涿鹿之战为黄帝败蚩尤处，非黄帝败炎帝处，疑此文有误。③颛顼（zhuān xū）：相传为黄帝之孙，号高阳氏。共工：相传为少昊（hào）金天氏（在今山东省曲阜）部族的水官。陈：同"阵"。这里指讨伐。④成汤：相传为契（xiè）的后裔。舜封契于商，赐姓子氏。夏王朝末年，汤为商部族领袖。南巢之伐：前17世纪左右，成汤领导商部族讨伐夏王朝君主桀，败桀于鸣条（今山西省夏县西北），汤流放桀到南巢（今安徽省巢县东北），遂灭亡了夏王朝，建立了商王朝。所谓"南巢之伐"，即指此事。⑤珍（tiǎn）：灭绝。⑥递：顺次。⑦用事：当权。⑧天：天意；天命。

自是之后①，名士迭兴②，晋用咎犯③，而齐用王子④，吴用孙武⑤，申明军约，赏罚必信，卒伯诸侯⑥，兼列邦土⑦，虽不及三代之诰誓⑧；然身宠君尊⑨，当世显扬，可不谓荣焉！岂与世儒暗于大较⑩，不权轻重⑪，猥云德化⑫，不当用兵，大至君辱失守，小乃侵犯削弱，遂执不移等哉！故教笞不可废于家⑬，刑罚不可捐于国⑭，诛伐不可偃于天下，用之有巧拙，行之有逆顺耳。

【注释】

①自是：自此，从此。②迭（dié）：屡次，多次。③晋：春秋时期的诸侯国，姬姓。④齐：春秋时的诸侯国，姜姓。周武王封姜尚于齐，都营丘（今山东省淄博市东北），据有今山东省北部及河北省一部，是为齐建国之始。至春秋齐桓公时，齐国成为强大的诸侯国。至战国初，齐政权被其大夫田氏夺取，成为田姓齐国。王子：王子城父，齐国大夫。曾大败狄人，由此显名。⑤吴：周文王之伯父太伯居吴，是为吴建国之始。传至夫差（fū chā），为越国所灭（前475年）。详见《吴太伯世家》。孙武：春秋末期齐国人。后来投奔吴国，经伍子胥推荐与吴王阖闾，遂被起用为将，在吴国破楚入郢的作战中起过重大作用。⑥卒：终于。伯：同"霸"。

指为诸侯国的盟主。诸侯：指当时列国君主。⑦兼列邦土：指兼并或分裂其他诸侯国之土地。兼，并，并吞。列，通"裂"，分裂。⑧三代：指夏、商、周三代。诰（gào）誓：夏商周三代之王发布的一种告诫性质的文辞。⑨身宠君尊：谓上述名士自身受到宠幸，其国君得到尊荣。⑩世儒：指世俗庸儒。暗：糊涂；不明白。大较：大法；根本法则。⑪权：衡量。⑫猥（wěi）云：滥说。⑬教笞（chī）：教训和鞭挞。家：指卿大夫领地。⑭捐：弃。

夏桀、殷纣手搏豺狼①，足追四马②，勇非微也；百战克胜，诸侯慑服③，权非轻也。秦二世宿军无用之地④，连兵于边陲⑤，力非弱也；结怨匈奴⑥，絓祸於越⑦，势非寡也。及其威尽势极，闾巷之人为敌国⑧。咎生穷武之不知足⑨，甘得之心不息也⑩。

【注释】

①夏桀（jié）：夏代最末一个君主，残暴昏庸，前17世纪左右为商汤所推翻。殷纣：即商纣王。因商代自盘庚迁殷（今河南省安阳小屯村）定都时间较长，后人因此亦称商代为殷代，或商殷、殷商连称。②四马：即驷马。古时一车配四马。此处指驷马快车。③慑（shè）服：使人恐惧而服从。④秦二世：秦始皇之少子嬴胡亥。宿（sù）军：屯兵，驻军。无用之地：即下文所谓"连兵于边陲"。⑤连兵：结集兵队。边陲（chuí）：边疆。以上二句指秦二世沿袭秦始皇的部署，将三十万军队驻守长城，五十万军队戍守五岭。所谓"无用之地"，也就是指这些地方。⑥匈奴：战国、秦、汉时期活动于我国北方长城以北的一个游牧民族，一名胡。当时匈奴常南下中原骚扰掳掠，成为秦、汉王朝的严重边患。⑦絓（guà）祸：有所碍而得祸。於越：原为春秋时期越国的别称，这里指南越。⑧闾（lú）巷之人：指平民百姓。闾巷，里巷。⑨咎：过失。穷武：无限制地轻率用兵。⑩甘得：贪得无厌。甘，嗜。

高祖有天下①，三边外畔②；大国之王虽称蕃辅，臣节未尽③。会高祖厌苦军事，亦有萧、张之谋④，故偃武一休息，羁縻不备⑤。

【注释】

①高祖：汉高祖刘邦。②三边：指北边匈奴、东边朝鲜、南边南越。③以上二句指燕王臧荼、楚王韩信、韩王韩信、梁王彭越、淮南王英布、燕王卢绾等人先后谋叛事。蕃辅：指诸侯王国是中央王朝的屏藩辅佐。④有：特有。萧：指萧何。张：指张良。⑤羁縻（jī mí）：笼络，拉拢。不备：不设边备。

历至孝文即位①，将军陈武等议曰②："南越、朝鲜自全秦时内属为臣子③，后且拥兵阻厄④，选蠕观望⑤。高祖时天下新定，人民小安，未可复兴兵。今陛下仁惠抚百姓⑥，恩泽加海内⑦，宜及士民乐用，征讨逆党⑧，以一封疆⑨。"孝文曰："朕能任衣冠⑩，念不到此。会吕氏之乱⑪，功臣宗室共不羞耻⑫，误居正位⑬，常战战栗栗，恐事之不终。且兵凶器，虽克所愿⑭，动亦耗病，谓百姓远方何？又先帝知劳民不可烦，故不以为意。朕岂自谓能？今匈奴内侵，军吏无功，边民父子荷兵日久⑮，朕常为动心伤痛，无日忘之。今未能销距⑯，愿且坚边设候⑰，结和通使，休宁北陲，为功多矣。且无议军"。故百姓无内外之繇⑱，得息肩于田亩⑲，天下殷富⑳，粟至十余钱，鸣鸡吠狗，烟火万里，可谓和乐者乎！

【注释】

①历：经过。孝文：汉文帝刘恒。详见《孝文本纪》。②陈武：又名柴武、柴唐。高祖时曾斩叛将韩王信，后参与拥立文帝，为大将军，后为将军，封棘蒲侯。③南越：又称南粤，古国名，在今两广、越南北部一带。朝鲜：古国名。④阻厄（è）：山川险要处。⑤选懦（rú）：同"选懦"。柔弱不果断。选，同"巽"，顺从。⑥陛（bì）下：臣下对君主的尊称。陛，本是宫殿的台阶。臣下对君主说话不敢直指，婉言对台阶下的执事人员说，由他们转达。⑦海内：四海之内，指全国。⑧逆党：指当时的南越、朝鲜等。⑨封疆：疆界。⑩朕（zhèn）：秦以前泛指"我的"或"我"。自秦始皇起，规定为皇帝自称。衣冠：此指帝王穿戴的衣冠，借喻皇帝位。⑪吕氏之乱：指吕后死后诸吕的篡权叛乱活动。⑫功臣：指周勃、陈平等。宗室：皇族。不羞耻：文帝谦谓功臣宗室拥立自己而不感到羞耻。⑬正位：指皇帝位。⑭克：成。⑮荷（hè）：背；扛。⑯销距：消除敌对状态。销，除去。距，通"拒"。⑰边：指边防设施。⑱繇：通"徭"。徭役。⑲息肩：休息。⑳殷富：殷实；富足。

太史公曰：文帝时，会天下新去汤火①，人民乐业，因其欲然②，能不扰乱，故百姓遂安。自年六七十翁亦未尝至市井③，游敖嬉戏如小儿状④。孔子所称有德君子者邪！

【注释】

①汤火：沸汤烈火。比喻战争灾难。②因：从；顺。③自：虽。市井：城市。因上古无市，人们早晨汲水时于井边进行交易，后世因称街市为市井。④游敖（áo）：漫游。敖，同"遨"。

《书》曰"七正"①，二十八舍②。律历③，天所以通五行八正之气④，天所以成孰万物也⑤。舍者，日月所舍。舍者，舒气也⑥。

【注释】

①《书》：指《尚书·尧典》尧典，文见今本《尚书·舜典》。七正：指日、月及金、木、水、火、土五大行星。正，同政。②二十八舍：即二十八宿（xiù）。古人将黄道（人们想象的太阳周年运行的轨道）、赤道（地球赤道在天球上的投影）附近的恒星划分为二十八个星官（即星区），以作为坐标观察日月五星的运行。③律历：音律与历法的合称。古人认为历以数始，数自律生，二者关系密切。④天：大自然。也有人认为是天帝。五行：指金、木、水、火、土五种物质或它们的属性。八正：即八节。指立春、春分、立夏、夏至、立秋、秋分、立冬、冬至。⑤"天所以"三字涉上文而衍，应删。⑥舒：舒展。

不周风居西北①，主杀生②。东壁居不周风东③，主辟生气而东之④。至于营室⑤。营室者，主营胎阳气而产之⑥。东至于危⑦。危，垝也⑧。言阳气之垝，故曰危⑨。十月也，律中应钟⑩。应钟者，阳气之应，不用事也⑪。其于十二子为亥⑫。亥者，该也⑬。言阳气藏于下，故该也。

【注释】

①不周风：西北风。古人认为八正之气产生八方之风。八风之名各说略有不同，本篇名称为：不周风、广莫风、条风、明庶风、清明风、景风、凉风、阊阖风。下文即分论八风。②主杀生：《易传·说卦》："战乎乾（qián）。乾，西北之卦也，

言阴阳相薄也"。③东壁：即壁宿。为北方玄武七宿之末宿，有二星，分属飞马座和仙女座。不周风至，在立冬日奎宿五度，所以说"东壁居不周风东"。④辟：开拓；开辟。之：往。⑤营室：即室宿。为北方玄武七宿之第六宿，有二星，属飞马座。⑥营胎：孕育。胎，一作"含"。⑦危：为北方玄武七宿之第五宿，有三星，分属宝瓶座和飞马座。不周风至大雪未到危宿止，凡四十五日。凡八风日期都为四十五日。⑧垝（guǐ）：毁坏；坍塌。⑨危：不周风至危宿是十一月中旬，意味阳气之垝。⑩律中（zhòng）：律应。⑪阳气之应不用事也：《白虎通·五行》："十月谓之应钟何？应着，应也；钟者，动也。言万物应阳而动下藏也。"此即"阳气之应不用事"的意思。⑫十二子：即十二地支，子、丑、寅、卯、辰、巳、午、未、申、酉、戌、亥。本篇以十天干为母，十二地支为子。⑬该：塞藏；闭藏。

广莫风居北方①。广莫者，言阳气在下，阴莫阳广大也，故曰广莫。东至于虚②。虚者，能实能虚，言阳气冬则宛藏于虚③。日冬至则一阴下藏，一阳上舒，故曰虚。东至于须女④。言万物变动其所，阴阳气未相离，尚相胥如也⑤，故曰须女⑥。十一月也，律中黄钟⑦。黄钟者，阳气踵黄泉而出也⑧。其于十二子为子。子者，滋也；滋者，言万物滋于下也。其于十母为壬癸⑨。壬之为言任也⑩，言阳气任养万物于下也。癸之为言揆也⑪，言万物可揆度，故曰癸。东至牵牛⑫。牵牛者，言阳气牵引万物出之也。牛者，冒也⑬，言地虽冻，能冒而生也。牛者，耕植种万物也。东至于建星⑭。建星者，建诸生也⑮。十二月也，律中大吕⑯。大吕者。其于十二子为丑⑰。

【注释】

①广莫风：北风。②虚：虚宿。为北方玄武七宿之第四宿，有二星，分属宝瓶座和飞马座。③宛（yùn）藏：蕴藏。宛，通"蕴"。④须女：即女宿。为北方玄武七宿之第三宿，有四星，属宝瓶座。⑤相胥如：相待。张文虎谓"如"疑为衍文。⑥须：通"胥"。⑦黄钟：十二律之一，其他十一律与黄钟关系密切。⑧踵（zhǒng）：跟随。黄泉：深地下之泉，又为地下的代称。⑨十母：指十天干，即：甲、乙、丙、丁、戊、己、庚、辛、壬、癸。⑩任：同"妊"，孕育。⑪揆（kuí）：揆度；估量；揣测。⑫牵牛：即牛宿（今天一般所谓牵牛，乃河鼓别名）。⑬冒：往外透；往上升。⑭建星：包含六颗星，在牛宿东，斗宿北。按建星不在二十八宿之内。本篇对二十八宿缺叙斗、觜、井、鬼四宿，而用建、罚、狼、弧，四星官代。⑮建：生成；形成。⑯大吕：十二律之一。《白虎通·五行》说"吕"是"拒"的意思。"阳气欲出阴不许"，故名"大吕"。⑰"大吕者"以下有缺文。一本"丑"下有"丑者，纽也。言阳气在上未降，万物厄纽未敢出也"一段文字。

条风居东北①，主出万物。条之言条治万物而出之，故曰条风。南至于箕②。箕者，言万物根棋③，故曰箕。正月也，律中泰蔟④。泰蔟者，言万物蔟生也⑤，故曰泰蔟。其于十二子为寅。寅言万物始生蟥然也⑥，故曰寅。南至于尾⑦，言万物始生如尾也⑧。南至于心⑨，言万物始生有华心也⑩。南至于房⑪。房者，言万物门户也，至于门则出矣。

【注释】

①条风：东北风。也有名炎风、融风、调风的。条风至，在立春日斗宿十二度。②箕：箕宿。③棋（jī）：根柢，一说通"基"。④泰蔟（còu）：十二律之一。泰，又作"太""大"；蔟，又作"簇""族"。⑤蔟（cù）生：聚生；丛生。⑥蟥：同"蚓"。⑦尾：尾宿。东方苍龙七宿之第六宿，有九星，属天蝎座。

⑧尾：通"微"。弱小。⑨心：心宿。东方苍龙七宿之第五宿，有三星，属天蝎座。⑩华心：一作"荂心"，指植物中心部分，这里当作嫩芽讲。⑪房：房宿。东方苍龙七宿之第四宿，有四星，属天蝎座。

明庶风居东方①。明庶者②，明众物尽出也。二月也，律中夹钟③。夹钟者，言阴阳相夹厕也④。其于十二子为卯。卯之为言茂也，言万物茂也。其于十母为甲乙。甲者，言万物剖符甲而出也⑤；乙者，言万物生轧轧也⑥。南至于氐⑦。氐者，言万物皆至也。南至于亢⑧。亢者，言万物亢见也⑨。南至于角⑩。角者，言万物皆有枝格如角也。三月也，律中姑洗⑪。姑洗者，言万物洗生。其于十二子为辰。辰者，言万物之蜄也⑫。

【注释】

①明庶风：东风。②庶：众多。③夹钟：十二律之一。《白虎通·五行》说"夹"为"孚甲""万物孚甲，种类分"，故名"夹钟"。④厕：同"侧"。⑤符甲：即"孚甲"，米粒的外皮。孚，假借为"稃"。⑥轧（yà）轧：万物齐生貌。⑦氐（dī）：氐宿。为东方苍龙七宿之第三宿，有四星，属天秤座。⑧亢：东方苍龙七宿之第二宿，有四星，属室女座。⑨亢见（xiàn）：形容各类植物长得很高。亢，高。⑩角：东方苍龙七宿之第一宿，有二星，属室女座。⑪姑洗（xiǎn）：十二律之一。⑫蜄（zhèn）：震动。

清明风居东南维①，主风吹万物而西之。至于轸②。轸者，言万物益大而轸轸然③。西至于翼④。翼者，言万物皆有羽翼也。四月也，律中中吕⑤。中吕者，言万物尽旅而西行也。其于十二子为巳。巳者，言阳气之已尽也。西至于七星⑥。七星者，阳数成于七，故曰七星。西至于张⑦。张者，言万物皆张也。西至于注⑧。注者，言万物之始衰，阳气下注，故曰注。五月也，律中蕤宾⑨。蕤宾者，言阴气幼少，故曰蕤；痿阳不用事⑩，故曰宾。

【注释】

①清明风：东南风。②轸（zhěn）：南方朱雀七宿之末宿。有四星，属乌鸦座。③轸轸：旺盛貌。④翼：南方朱雀七宿之第六宿，有二十二星，属巨爵座和长蛇座，为二十八宿中星数最多者。⑤中吕：十二律之一，又名"仲吕"。⑥七星：即星宿。⑦张：张宿。⑧注：即柳宿。南方朱雀七宿之第三宿，有八星，属长蛇座。⑨蕤（ruí）宾：十二律之一。⑩痿（wěi）：萎缩而失去运动机能。

景风居南方①。景者，言阳气道竟②，故曰景风。其于十二子为午。午者③，阴阳交，故曰午。其于十母为丙丁。丙者，言阳道著明，故曰丙；丁者，言万物之丁壮也④，故曰丁。西至于弧⑤。弧者，言万物之吴落且就死也⑥。西至于狼⑦。狼者，言万物可度量⑧，断万物，故曰狼。

【注释】

①景风：南风。夏至景风至。②阳气道竟：阳气到了极限。竟，极限。③午：纵横交错。④丁壮：能担任力役的男子。此处指强壮。⑤弧（hú）：弧矢星团，有九星，在天狼星东南。⑥吴落：凋落。⑦狼：天狼星，在井宿东南，属大犬座。⑧量：与"狼"为谐音。

凉风居西南维①，主地。地者，沉夺万物气也②。六月也，律中林钟③。林钟者，言万物就死气林林然④。其于十二子为未。未者，言万物皆成，有滋味也⑤。

北至于罚⑥。罚者，言万物气夺可伐也。北至于参⑦。参言万物可参也⑧，故曰参。七月也，律中夷则⑨。夷则，言阴气之贼万物也⑩。其于十二子为申。申者，言阴用事，申贼万物⑪，故曰申。北至于浊⑫。浊者，触也，言万物皆触死也，故曰浊。北至于留⑬。留者，言阳气之稽留也，故曰留。八月也，律中南吕⑭。南吕者，言阳气之旅入藏也⑮。其于十二子为酉。酉者，万物之老也，故曰酉。

【注释】

①凉风：西南风。凉风至在立秋日。②沉夺万物气：西南坤方主地，于奇门遁甲（术数之一种）为死门，万物就死气，故言"沉夺万物气"。沉，一作"洗"。③林钟：十二律之一。《白虎通·五行》说："林者，众也。万物成熟，种类众多也。"④林林：盛多貌。⑤《史记志疑》按：此独不言"其于十母为戊己"者，缺文也。⑥罚：罚星，又叫伐星，在参宿南。实际上罚星夹厕于参宿中，所以《史记志疑》说"分罚参为二宿，亦不可解"。⑦参（shēn）：西方白虎七宿之末宿，有七星，属猎户座，位于伐星北，合称参伐。⑧可参（cān）：可以参验。⑨夷则：十二律之一。⑩贼：损伤；毁坏；杀害。⑪申贼：约束和伤害。⑫浊：毕宿。西方白虎七宿之第五宿，有八星，属金牛座。⑬留：即昴（mǎo）宿。西方白虎七宿之第四宿，有七星，属金牛座，俗名七姊妹星团。⑭南吕：十二律之一。《白虎通·五行》："南者，任也。言阳气尚有任生荠麦也，故阴拒之也。"⑮旅入：进入。

阊阖风居西方①。阊者，倡也②；阖者，藏也。言阳气道万物，阖黄泉也。其于十母为庚辛。庚者，言阴气庚万物③，故曰庚；辛者，言万物之辛生④，故曰辛。北至于胃⑤。胃者，言阳气就藏，皆胃胃也⑥。北至于娄⑦。娄者，呼万物且内之也⑧。北至于奎⑨。奎者，主毒螫杀万物也，奎而藏之⑩。九月也，律中无射⑪。无射者，阴气盛用事，阳气无余也，故曰无射。其于十二子为戌。戌者，言万物尽灭，故曰戌⑫。

【注释】

①阊阖（chāng hé）风：西风。阊阖风至，在秋分日。②倡：开始发动。③更：变更。④辛：新。⑤胃：胃宿。西方白虎七宿之第三宿，有三星，属白羊座。⑥胃胃：入胃。前"胃"字为动词。⑦娄（lóu）：娄宿。西方白虎七宿之第二宿，有三星，属白羊座。⑧内：同"纳"。⑨奎：奎宿。西方白虎七宿之第一宿，有十六星，分属仙女座和双鱼座。⑩奎：通"胯"。包举；收容。⑪无射（yì）：十二律之一。言万物随阳而终。当复随阴而起，无有终已。⑫戌：《说文》："戌，灭也。"

律数①：

九九八十一以为宫②。三分去一，五十四以为徵③。三分益一，七十二以为商④。三分去一，四十八以为羽。三分益一，六十四以为角。

【注释】

①律数：指有关律管长度的数目。②九九八十一以为宫：九是古人所谓纯阳之数，象征天统，为万物元始，所以用它的自乘积八十一来作为黄钟律管的长度。用这种律管吹出来的音作为宫声。③这是说把八十一分长的律管减去三分之一，成为五十四分长的律管，用它吹出来的音作为徵声。④这是说把五十四分长的律管加长三分之一，成为七十二分长的律管，用它吹出来的音作为商声。以下两项类推。

黄钟长八寸（七）〔十〕分一，宫①。大吕长七寸五分三分一②。太蔟长七寸七分二角③。夹钟长六寸一分三分一④。姑洗长六寸七分四，羽⑤。仲吕长五寸九分三分二徵⑥。蕤宾长五寸六分三分一。林钟长五寸七分四角⑦。夷则长五寸四分三分二，商⑧。南吕长四寸七分八，徵⑨。无射长四寸四分三分二。应钟长四寸二分三分二，羽⑩。

【注释】

①〔十〕分一：指上单位"寸"的尾数，即一寸的十分之一，实际上就是一分。按十二律与五声的关系，乃是音调与一组音阶的关系。宫、商、角、徵、羽相当于西乐中的do、re、mi、so、la五个音（还有相当于fa的变徵和相当于si的变宫，这里没有提到）。如定黄钟律为宫声则名黄钟宫（或称"均"），如定大吕律为宫声则名大吕宫（均）。大吕宫比黄钟宫音调要高。宫声定了，则其他各声用何律即可随之而定。②此指大吕律管长为？分。？分是约数，指超过？分而言，以下同。③此指太蔟律管长72分，是角音。④此指夹钟律管长？分。？分也是约数，指不及？分而言，以下同。⑤《淮南子·天文》说"姑洗为角"，上文也说"六十四以为角"，此处作"羽"误，当作"角"。⑥《淮南子·天文》说"林钟为徵"，上文也说"五十四以为徵"，此处"徵"为衍文，当删。⑦"角"误，当作"徵"。⑧"商"为衍文，删。⑨《淮南子·天文》说"南吕为羽"，上文也说"四十八以为羽"，此处作"徵"误，当作"羽"。⑩"羽"为衍文，删。

生钟分①：

子一分②。丑三分二③。寅九分八④。卯二十七分十六⑤。辰八十一分六十四⑥。巳二百四十三分一百二十八⑦。午七百二十九分五百一十二⑧。未二千一百八十七分一千二十四⑨。申六千五百六十一分四千九十六⑩。酉一万九千六百八十三分八千一百九十二⑪。戌五万九千四十九分三万二千七百六十八⑫。亥十七万七千一百四十七分六万五千五百三十六⑬。

【注释】

①生钟分（fèn）：指计算黄钟与其他各律的比例的方法。钟，指钟律，即音律。分，指比例。②子一分：定黄钟基数为一。子，指代黄钟。分，衍文，当删。这段文字以子丑等十二辰指代十二律，音律以黄钟为本，故以子代黄钟定为一。③丑三分二：指林钟长为黄钟的$\frac{2}{3}$。式为$1 \times \frac{2}{3} = \frac{2}{3}$。④寅九分八：指太蔟长度为黄钟的$\frac{8}{9}$，即以林钟的比例$\frac{2}{3}$再增加$\frac{1}{3}$（乘以$\frac{4}{3}$）。式为$\frac{2}{3} \times \frac{4}{3} = \frac{8}{9}$。⑤此指南吕长度为黄钟的$\frac{16}{27}$，即以太蔟比例$\frac{8}{9}$减去$\frac{2}{3}$（乘以￥）。式为$\frac{8}{9} \times \frac{2}{3} = \frac{16}{27}$。⑥此指姑洗长度为黄钟的$\frac{64}{81}$。⑦此指应钟长度为黄钟的$\frac{128}{243}$。⑧此指蕤宾长度为黄钟的$\frac{512}{729}$。⑨此指大吕长度比例为黄钟的$\frac{2048}{2187}$。按"一千二十四"误，当作"二千四十八"。⑩此指夷则长度为黄钟的$\frac{4096}{6561}$。⑪此指夹钟长度为黄钟的$\frac{16384}{19683}$。按"八千一百九十二"误，当作"一万六千三百八十四"。⑫此指无射长度为黄钟的$\frac{32768}{59049}$。⑬此指仲吕长度为黄钟的$\frac{131072}{177147}$。

生黄钟术曰①：以下生者②，倍其实③，三其法④。以上生者⑤，四其实，三其法⑥。上九，商八，羽七，角六，宫五，徵九⑦。置一而九三之以为法⑧。实如法⑨，得长一寸⑩。凡得九寸⑪，命曰"黄钟之宫"。故曰音始于宫，穷于角⑫；数始于一，终于十，成于三⑬；气始于冬至，周而复生⑭。

【注释】

①生黄钟术：指十二律产生的方法。"黄"为衍文，当删。②下生：指一个律管减去？的长度而产生新律管，这种方法叫"下生"。如黄钟81分减去？得54分为林钟是。③倍其实：指将产生下生之律的原律加倍。如黄钟下生林钟，先将黄钟81分用2去乘。实，指加倍前的原律，如黄钟81分。④三其法：指将加倍后的虚律用3去除。如黄钟下生林钟，便将81分乘以2得162分再除以3得54分是。⑤上生：指一个律管增加？的长度而产生新律管，这种方法叫"上生"。如林钟54分增加？得72分为太蔟是。⑥四其实三其法：指求上生之律，便将原律乘以4除以3。⑦上九，商八，羽七，角六，宫五，徵九：《索隐》认为五声之数也是按三分损益之法求得。故宫下生徵，徵上生商，商下生羽，羽上生角。此处数字有误。泷川资言《史记会注考证》说此十二字与生钟术无干涉，恐错简；并说钱大昕《廿二史考异》引其族子根据《太玄》与《淮南·天文》所做的解释是附会。⑧置一：确定黄钟长度比例为一。九三之：指上述一乘以九个三。式为？。以为法：指作为除数，或作为分母。⑨实如法：指作为律长的分子与作为除数的分母相等。实，分子数。如，一样，相同，相等。法，分母数。具体指？⑩得长一寸："长""寸"为衍文，当删。⑪凡得九寸：据《汉书·律历志》，在"置一而九三之以为法"句下尚有"十一三之以为实"句。如此则式为：？。此9即九寸，即所谓"黄钟之宫"。⑫音始于宫，穷于角：指上文"宫下生徵，徵上生商，商下生羽，羽上生角"的全过程。穷，终。⑬数始于一，终于十：谓数目从一开始，满十进位。成于三：指三生万物。即所谓太易（一）生阴阳二气（二），二气激荡产生和气（三），于是生成万物。⑭气始于冬至，周而复生："冬至一阳生"，一年生气开始萌发，如此一年一个周期，循环往复。

神生于无①，形于有②，形然后数，形而成声③，故曰神使气，气就形④。形理如类有可类⑤。或未形而未类⑥，或同形而同类，类而可班⑦，类而可识。圣人知天地识之别⑧，故从有以至未有⑨，以得细若气⑩，微若声⑪。然圣人因神而存之⑫，虽妙必效情⑬，核其华道者明矣⑭。非有圣心以乘聪明⑮，孰能存天地之神而成形之情哉⑯？神者，物受之而不能知其去来，故圣人畏而欲存之。唯欲存之，神之亦存⑰。其欲存之者⑱，故莫贵焉⑲。

【注释】

①神：精神意识的主宰。古人认为神为万物之始，神在万物中。无：指天地形成前的太易（太一）气。②有：指有形的天地。③形然后数，形而成声：万物有形后才有数的概念产生，才形成宫商角徵羽五声。④使：支配。就：体现；依附。⑤形理如类有可类：《史记会注考证》引张文虎说，此七字不可解，当有脱误。⑥或未形而未类：未，当作"异"。（从《史记会注考证》引王元启说）谓万物有不同形状，从而有不同种类。⑦班：分辨；区别。⑧圣人：指品德能力超越常人的极高明的人物。识，疑倒，当在下句"故"下。⑨从有：指万物之形质。未有：指天地未形成时的无有。⑩得：获得。⑪声：指五声。⑫存：问；探索。⑬妙：微妙。效：呈现；显露。⑭核：核实；考查核实。华道：神妙之道。⑮乘：驾驭。⑯孰：何；怎。疑问词。⑰存：存在。⑱其：指一般平凡人。⑲莫：大。

太史公曰①：在旋玑玉衡以齐七政②，即天地二十八宿③。十母，十二子，钟律调自上古。建律运历造日度④，可据而度也。合符节⑤，通道德⑥，即从斯之谓也⑦。

【注释】

①太史公曰：有人认为此为后人所增（见《史记会注考证》）。②在：察。旋玑玉衡：上古观察天象的仪器，即后世的浑天仪。齐：正；调整。七政：有两说：一说指春、夏、秋、冬、天文、地理、人道；一说指日月五星。③即：或。④日度：日行度数。如分周天为365度，太阳一日行一度。⑤合符节：谓准确无差错。符，为古时朝廷传达命令或征调兵将用的凭信，双方各执一半，合符以验真假。节，为古代使者所持以作凭证。⑥道：指事物的本质或普遍规律。德：指事物的特性或特殊规律。⑦斯：这。指上述律制。

历书第四①

昔自在古历②，建正作于孟春③。于时冰泮发蛰④，百草奋兴⑤，秭鴂先滜⑥。物乃岁具⑦，生于东⑧，次顺四时⑨，卒于冬分⑩。时鸡三号⑪，卒明⑫，抚十二月节⑬，卒于丑⑭。日月成，故明也⑮。明者孟也⑯，幽者幼也⑰，幽明者雌雄也⑱。雌雄代兴，而顺至正之统也⑲。日归于西，起明于东；月归于东，起明于西⑳。正不率天㉑，又不由人㉒，则凡事易坏而难成矣㉓。

【注释】

①历书：记述古代历法的专文。②古历：指传说中的《上元太初历》等。③建正（zhēng）：北斗星斗柄所指叫作斗建或建。斗柄旋转所指的十二辰叫作十二月建，如夏历正月叫建寅，二月叫建卯……十一月叫建子，十二月叫建丑。又一年的第一个月叫正月。因此在历法上决定把哪一个月作为一年的第一个月就叫作建正。夏代把建寅的月份作为正月，商代把建丑的月份作为正月，周代把建子的月份作为正月，秦代和汉代初期把建亥的月份作为正月。自从汉武帝太初改历以后，我国历法一直沿用夏历的正月，这就是现在兼用的阴阳历。作（zhà）：始；起。④冰泮（pàn）：冰融，解冻。发蛰（zhé）：潜伏在泥土中或洞穴中不食不动的动物都活动起来了。⑤百草：泛指一切草木。奋兴：蓬蓬勃勃地萌发生长。⑥秭鴂（zǐguī）：今作"子规"。杜鹃鸟的别称。滜（háo）：通"嗥（háo）"，鸣；叫。⑦物乃岁具：万物和岁时一道发展。具，通"俱"，偕，同，动词。⑧东：借指春季。⑨四时：四季。⑩卒：终了；尽。冬分：冬尽春回；冬去春来。⑪号（háo）：鸣；叫。⑫卒明：平明。这里指正月一日平明，新的一年开始了。⑬抚：循着；沿着。⑭丑：指夏历十二月。⑮日月成，故明也：太阳、月亮互相交替，所以能够经常产生光明。⑯明：光明。指白昼。孟：长（zhǎng）；尊。⑰幽：昏暗。⑱雌雄：本义是指鸟母和鸟父，借以指阴和阳、负和正、柔和刚、弱和强、败和胜等一对互相矛盾的概念。⑲统：系统；体系。⑳日归于西，起明于东；月归于东，起明于西：太阳到晚边落下，从早上产生光明；月亮到早上落下，从晚边产生光明。

西，借指夕、晚；东，借指朝、早。这是古人对太阳、月亮和地球的运行规律不了解而硬把月亮和太阳简单地对立起来的想法。㉑率天：遵循天道。㉒由人：顺从人事，就是顺从农业生产的需要。㉓上面这段话出于《大戴礼记·诰志》，原是孔丘称赞周太史的话，字句有改动错乱。

王者易姓受命①，必慎始初②，改正朔③，易服色④，推本天元⑤，顺承厥意⑥。

【注释】

①易姓：古代帝王把国家作为一人一姓的私产，一姓被推翻，朝代就随着更换，所以把改朝换代叫作易姓。受命：古代帝王假托神权来巩固自己的统治地位，自称接受了上天的命令。②慎：谨慎；小心。始初：开端；开头。③改正朔：古时改朝换代，新王朝为了表示所谓"应天承运"，常要改定正朔。因此正朔便通指帝王新颁行的历法。正朔，指一年的最初起点。④易服色：改变车马、祭牲的颜色。⑤推：推步；推算。本：本源；根据。天元：上天的正道；上天元气的运行规律。⑥厥：其。

太史公曰：神农以前尚矣①。盖黄帝考定星历②，建立五行③，起消息④，正闰余⑤，于是有天地神祇物类之官⑥，是谓五官⑦。各司其序⑧，不相乱也。民是以能有信，神是以能有明德⑨。民神异业⑩，敬而不渎⑪，故神降之嘉生⑫，民以物享⑬，灾祸不生，所求不匮⑭。

【注释】

①神农：又称炎帝、烈山氏。传说中原始社会的领袖人物，是农业和医药的发明者。②盖：表示提起的连词。黄帝：传说中我国中原各族的共同祖先。③五行：古代称构成各种物质的五种元素，就是水、火、木、金、土。④消息：事物一生一灭，互相交替。⑤正闰余：规定闰月来处理每年十二个月以外的剩余时间，从而订正寒暑季节的差错。按：我国古代一直采用阴阳历，它是把朔望月的长度作为一个月的平均值，全年十二个月，比回归年短少约十日二十一时，所以要设置闰月（每三年闰一个月，五年闰两个月，十九年闰七个月，作为一个周期）来纠正寒暑季节的颠倒错乱。⑥神祇（qí）：天神称神，地神称祇。⑦五官：五种官职。传说黄帝时用五色云彩作为官名：青云氏、缙（jìn。浅赤色）云氏、白云氏、黑云氏、黄云氏。⑧司：主持；掌管。序：次序；职责。⑨民是以能有信，神是以能有明德：人民因此能够岁时祭祀天地神祇，做到诚实不欺；天地神祇因此能够调和阴阳，赐福人民，显示完美的德性。⑩业：职司；职责。⑪敬而不渎（dú）：严肃而不马虎。⑫嘉生：嘉禾；好庄稼。⑬物：指供祭祀用的牲畜等。享：祭献；上供。⑭匮（kuì）：空乏；穷尽。

少暤氏之衰也①，九黎乱德②，民神杂扰③，不可放物④，祸灾荐至⑤，莫尽其气⑥。颛顼受之⑦，乃命南正重司天以属神⑧，命火正黎司地以属民⑨，使复旧常⑩，无相侵渎⑪。

【注释】

①少暤（hào）氏：也作"少昊（hào）"，号金天氏。传说中古代东夷族的首领，有的旧史书说他是黄帝的儿子。②九黎：黎，古代南方部族名。九，泛指多数。③民神杂扰：人和神杂乱纷扰。意思是人不相信神，神也不给人赐福。④放（fāng）物：也作"方物"。辨别名分。⑤荐：接连；屡次。⑥莫尽其气：没有人能够享

尽天年。莫，无指代词。气，指生命或寿命。⑦颛顼（zhuān xū）：传说中古代部族首领，号高阳氏。之：指天命或帝位。⑧南正：官名。也称木正。重：人名。属（zhǔ）神：托付祭祀神祇的事宜。⑨火正：官名。也称北正。黎：人名。属（zhǔ）民：托付治理人民的事宜。⑩旧常：先例；老规矩。⑪无：莫；不要。禁戒副词。侵渎：欺压，冒犯。

　　其后三苗服九黎之德①，故二官咸废所职②，而闰余乖次③，孟陬殄灭④，摄提无纪⑤，历数失序⑥。尧复遂重、黎之后不忘旧者⑦，使复典之⑧，而立羲、和之官⑨。明时正度⑩，则阴阳调⑪，风雨节⑫，茂气至⑬，民无夭疫⑭。年耆禅舜⑮，申戒文祖⑯，云"天之历数在尔躬"⑰。舜亦以命禹⑱。由是观之，王者所重也。

【注释】
　　①三苗：古代部族名。也称有苗。在长江中游一带。指九黎的叛乱行动。②咸：皆；都。职：执掌；掌管。动词。③乖：背离；错乱。次：古代把黄道带分成十二个部分，叫作十二次。它们是按照赤道经度等分的，并和二十四节气相联系，如星纪次的起点是大雪，中点是冬至，其余依次类推。④孟陬（zōu）殄（tiǎn）灭：意思是说，闰月设置错了，就使得作为岁首的正月不成其为岁首了。孟陬，夏历正月的别称。⑤摄提无纪：摄提星乱了套。摄提，星名，随着斗柄所指，建十二月，表明岁末。无，不是，不合，动词。纪，指岁、日、月、星辰、历数。⑥历数：推算岁时节候的次序。⑦尧：传说中父系氏族社会后期部落联盟领袖。陶唐氏，名放勋，史书上称为唐尧。曾经设置官吏掌管时令，制定历法。选定舜作继承人，对舜进行三年考察后，派舜摄位行政。他死后，由舜继位。详见《五帝本纪》。遂：培养，提拔。⑧典：执掌；主管。⑨羲、和：羲氏、和氏，两个掌管天地四时的官名。⑩明时正度：阐明天时的变化，符合客观规律。⑪阴阳调：寒暑调和。⑫节：适度。⑬茂气：古人想象中天地间的壮旺之气，它能够促进人们的身心健康发展。⑭无：不。否定副词。夭（yāo）：夭折；早死。疫：瘟疫。动词。⑮耆（qí）：老。禅（shàn）：禅让。把皇帝职位让给别人。舜：传说中父系氏族社会后期部落联盟领袖。⑯申戒：说明，警戒。文祖：有文德的祖宗。本是古代帝王对祖宗的美称。这里有人认为是指唐尧的太祖庙，有人认为是指唐尧的五帝庙。⑰天之历数在尔躬：这句话出于《尚书·大禹谟》，意思是说：制定历法来决定政治活动和农业生产进程的大权掌握在你的手里了。⑱禹：传说中古代部落联盟领袖。姓姒（sì），名文命，也称为大禹、夏禹。

　　夏正以正月①，殷正以十二月②，周正以十一月③。盖三王之正若循环④，穷则反本⑤。天下有道⑥，则不失纪序⑦；无道，则正朔不行于诸侯⑧。

【注释】
　　①夏：我国历史上第一个朝代。以：用。动词。正月：就是现在兼用的阴阳历的正月，把地球公转到黄经三百度到三百三十度之间的朔日作为元旦。这种历法相传是夏代创始的，因此被称为夏历。下文所有的数字纪月，除了有特别交代的以外，都是按照夏历计算的。②殷：朝代名。商汤灭亡夏朝以后建立起商朝，建都亳（bó。今山东省曹县南），后来曾经多次迁移。③周：朝代名。公元前十一世纪周武王灭亡商朝后所建立，建都镐（hào。今陕西省西安市西南）。前770年周平王迁都到洛邑（今河南省洛阳市）。④盖：表示承接关系的连词。三王：

夏禹、商汤、周文王、武王。也指夏、商、周三代。若：如；象。动词。循环：顺着环形的轨道旋转。比喻事物周而复始的运动。⑤穷则反本：到了终点又回到了起点。⑥天下有道：国家政治清明。⑦纪序：岁时节候的常规。⑧正朔不行于诸侯：古代帝王每年冬季把明年十二个月的朔日和每月的政务、农业生产活动等颁发诸侯。在全国政局稳定的时期，诸侯各国都得遵照执行，否则就各行其是。

幽、厉之后①，周室微②，陪臣执政③，史不记时，君不告朔④，故畴人子弟分散⑤，或在诸夏⑥，或在夷狄⑦，是以其禨祥废而不统⑧。周襄王二十六年闰三月，而《春秋》非之⑨。先王之正时也⑩，履端于始⑪，举正于中⑫，归邪于终⑬。履端于始，序则不愆⑭；举正于中，民则不惑⑮；归邪于终，事则不悖⑯。

【注释】

①幽、厉：周厉王，公元前878—前842年在位。周幽王，厉王的孙子，公元前781—前771年在位。②周室：周王族；周王朝。微：衰弱。③陪臣执政：诸侯国的大夫掌握政权。④君：指诸侯。告（gù）朔：诸侯在每年冬季接受了中央王朝颁发的行政历以后，就把它收存在祖庙里，再在每月初一举行祭祀启用行政历，叫作告朔。⑤畴人：历算家。⑥或：有的。虚指代词。诸夏：原指周王朝所分封的各国，后用来泛称中国。⑦夷狄：古代统治阶级对四方外族的称谓。夷，原来主要指东方各族；狄，原来主要指北方各族。⑧禨（jǐ）祥：一、祈祷鬼神求福。二、吉凶的先兆。⑨周襄王二十六年闰三月，而《春秋》非之：周朝自从平王东迁以后，政令不能够推行到全国，因此再没有按期向全国颁发行政历，各诸侯国有的自制历法，参差不齐。⑩先王：古代贤明的帝王。⑪履端于始：推算年历的起点在一年的开始。⑫举正于中：检验校正历法在一年的中途。⑬归邪（yú）于终：归并剩余的时间到闰月里。邪，通"余"；终，指闰月。⑭序则不愆（qiān）：时序就不至于失误。⑮民则不惑：人民进行活动就不至于迷惑。⑯事则不悖（bèi）：事功就不至于荒谬。

其后战国并争①，在于强国禽敌②，救急解纷而已③，岂遑念斯哉④！是时独有邹衍⑤，明于五德之传⑥，而散消息之分⑦，以显诸侯⑧。而亦因秦灭六国⑨，兵戎极烦⑩，又升至尊之日浅⑪，未暇遑也⑫。而亦颇推五胜⑬，而自以为获水德之瑞⑭，更名河曰"德水"⑮，而正以十月，色上黑⑯。然历度闰余⑰，未能睹其真也⑱。

【注释】

①战国：时代名。②强：强大。使动用法。禽：通"擒"。捉。③解纷：解决纷争。④遑（huáng）：暇；空闲。念：考虑。⑤邹衍（约公元前305—前240年）：战国末期齐国人，阴阳家的代表人物。⑥五德之传（zhuǎn）：传，虚"转"，转移。就是所谓"五德终始"，指水、火、木、金、土五种物质的德性相生相克和周而复始的循环变化，用来说明王朝兴废的原因，虚构了一个"五德终始"的历史循环论体系，论证在政治上为了适应"五行配列"，必须制定一套相应的制度，如改正朔、易服色一类的把戏。⑦散：宣布；传播。消息：新陈代谢。分（fèn）：分际。指事物的本质和事物相互之间的关系。⑧显：显扬。这句话的下文有残缺，语意接不下去了。⑨秦：朝代名。⑩兵戎：军事；战争。⑪升：登上。至尊：至高无上的地位。古代多指皇位或皇帝。浅：经过的时间不

久。⑫暇遑：余裕；空闲。动词。⑬推：推算；推究。五胜：五行相胜（克）。⑭自以为获水德之瑞：秦始皇相信当时流行的周朝是靠火德建立王朝的迷信传说，因此自己认为要靠水德来建立新王朝，以便用水德去战胜火德。瑞，瑞应，就是上天赐降的吉祥征兆。⑮河：黄河。⑯色上黑：因为水德是跟黑色配合的，所以要崇尚黑色。⑰历：指历法。就是推算天象来制定岁时的方法。⑱睹：察看；观测。真：指设置闰月的原理原则。

汉兴①，高祖曰"北畤待我而起"②，亦自以为获水德之瑞。虽明习历及张苍等③，咸以为然④。是时天下初定，方纲纪大基⑤，高后女主⑥，皆未遑，故袭秦正朔服色⑦。

【注释】

①汉：朝代名。②高祖（公元前256—前195年）：指汉高帝刘邦。泗水郡沛县人。北畤（zhì）：畤是古代祭祀天地五帝的坛址。秦代先后建有四畤，分别祭祀白帝、青帝、黄帝、赤帝；汉高帝建立北畤，祭祀黑帝。地址在今陕西省凤翔县南。③明习历：通晓历法。及：至；至于。张苍（公元前256—前152年）：三川郡阳武县（今河南省原阳县东南）人。跟随刘邦起兵，立有战功，封北平侯。④然：是；对。⑤纲纪：规划，经营。动词。大基：国家政权的根本制度。⑥高后（公元前241—前180年）：吕雉。汉高帝的皇后。高帝死后，她的儿子汉惠帝（刘盈）即位，她掌握了政权。惠帝死后，她临朝称制，并分封吕家兄弟子侄为王侯，控制南北军。她死后，诸吕想要发动叛乱，被太尉周勃等平定。⑦袭：承袭；继承。

至孝文时①，鲁人公孙臣以终始五德上书②，言"汉得土德③，宜更元④，改正朔，易服色。当有瑞，瑞黄龙见⑤。"事下丞相张苍，张苍亦学律历⑥，以为非是⑦，罢之⑧。其后黄龙见成纪⑨，张苍自黜⑩，所欲论著不成。而新垣平以望气见⑪，颇言正历服色事⑫，贵幸⑬，后作乱，故孝文帝废不复问。

【注释】

①孝文（公元前203—前157年）：指汉文帝刘恒。②鲁：古国名。公元前十一世纪周朝分封的诸侯国，姬姓，开国君主是周公的儿子伯禽。公孙臣：姓公孙，名臣。阴阳家。③汉得土德：根据"五德终始"的迷信，对于汉王朝的建国，当时有人说是靠土德，有人说是靠水德，更流行的说法则是靠火德，反正是鬼话连篇。④更（gēng）元：改元。⑤瑞黄龙见（xiàn）：这种祥瑞就是黄龙出现。"瑞"是主语，"黄龙见"是主谓结构作谓语。见，同"现"。⑥律历：乐理和历法。⑦非是：不对。⑧罢：停止；压制。⑨成纪：县名。今甘肃省秦安县北。⑩自黜（chù）：自请退职。⑪新垣平：姓新垣，名平。赵国（今河北省南部）人。望气：古代迷信占卜法。观察天空云气，附会人事，预告吉凶。见：引见；接见。被动用法。⑫正：考定，订正。⑬贵幸：尊显，宠爱。被动用法。

至今上即位①，招致方士唐都②，分其天部③；而巴落下闳运算转历④，然后日辰之度与夏正同⑤。乃改元⑥，更官号，封泰山⑦。因诏御史曰⑧："乃者⑨，有司言星度之未定也⑩，广延宣问⑪，以理星度⑫，未能詹也⑬。盖闻昔者黄帝合而不死⑭，名察度验⑮，定清浊⑯，起五部⑰，建气物分数⑱。然盖尚矣⑲。书缺乐弛⑳，朕甚闵焉㉑。朕唯未能循明也㉒，䌷绩日分㉓，率应水德之胜㉔。今日顺夏至㉕，黄钟为宫㉖，林钟为徵，太蔟为商，南吕为羽，姑洗为角。自是以后，气复正㉗，羽声复清㉘，名复正变㉙，以至子日当冬至㉚，则阴阳离合之道行焉㉛。十一月甲子朔旦冬至已詹㉜，其更以七年为太初元年㉝。年名'焉逢摄提格'㉞，月名'毕聚'㉟，日得甲子，夜半朔旦冬至㊱。"

【注释】

①今上：当今皇上。这里指汉武帝。即位：君主登位。②招致；招引：收罗。唐都：人名。③分其天部：测算二十八宿的距度（各宿所占天区的赤经广度，它们有大有小，如井宿占三十多度，觜〈zī〉宿只占一度多）。④巴：郡名。地在今四川省东部，治所在江州（今重庆市北）。落下阂（hóng）：落下，也作"洛下"，地名。阂，人名。转历：根据浑天学说转动浑天仪器而制定的历法。⑤日辰之度：日月交会的时刻。特指太初元年前冬十一月甲子夜半朔旦冬至日月五星聚会的现象。⑥乃改元：指把元封七年改为太初元年，同时改用建寅的月份作为正月。⑦封：在泰山上建筑土坛祭天，叫作封。泰山：山名。在今山东泰安北，长约200公里，主峰玉皇顶，海拔1500多米。古时称为"东岳"，也叫岱山、岱宗。⑧因：就；便。副词。诏：帝王颁发的命令文告。这里作动词用。御史：官名。春秋、战国时各国多设置御史，掌管文书和记事。秦代派遣御史监察各郡，于是兼有弹劾纠察的职权。汉代御史因为职务的不同而有侍御史、符玺御史、治书御史、监军御史等名称。⑨乃者：往日；从前。⑩有司：官吏。古代设官分职，各有专司，因此称为有司。星度：天体（主要指五星、二十八宿等）的位置和运行规律。⑪广延宣问：广泛招集人才，公开征求意见。⑫理：考校。⑬詹：当作"雠"（chóu）。⑭盖：表示提起的连词。黄帝合而不死：有两种解释：一、黄帝制作历法，终而复始，无穷无尽。合，制作；不死，指历法循环不止。二、黄帝制作历法，冬至和朔旦吻合，后来他终于登仙升天了。合，吻合；不死，指黄帝长生不死。⑮名察：五星、二十八宿的名称分辨清楚。度验：日、月、星的位置和运行规律验证准确。⑯清浊：指声音的清浊，如五声从宫到羽，十二律从黄钟到应钟，都是由浊到清的变化过程。⑰五部：一、指五行。二、指五声。⑱气：二十四节（中）气。物：指物候。古代历法根据动植物的生长、发育、活动规律和非生物的变化对节候的反应，定五天为一候。分数：指节气物候推移变化在时间和空间上的界限。⑲盖：传疑副词。⑳书缺乐弛：书记（文字记载）缺乏，乐律废弛。㉑朕（zhèn）：古人自称。从秦始皇起，专用作皇帝的自称。焉：于是；对此。兼词。㉒唯：通"惟"。思考；谋虑。循明：当作"修明"。整理，昌明。循，应根据《汉书·律历志》和《史记志疑》改作"修"。㉓绌（chōu）绩：抽引，缀集；研究，编组。日分：指余日和余分。各种历法对余分的测算结果不一致。㉔率应：遵循，适应。水德之胜：指能够克胜水德的土德。㉕今日顺夏至：现在太阳运行正当夏至。《太初历》在太初元年（公元前104年）五月正式颁布实行，所以这样说。㉖黄钟为宫：用黄钟律作为宫声。㉗气复正：二十四节（中）气恢复正常。㉘羽声复清：羽声恢复清越的音调。㉙名：指日、月、五星、二十八宿的位置、出没和盈亏等。正变：正常和变异。变，指各种有规律的周期性的变异。㉚子日：指逢子的日期。㉛阴阳离合之道：指日、月、五星聚会之后，它们的运行有快有慢各不相同的现象。㉜十一月：指太初改历那年的前冬十一月，按照《太初历》推算，这应该说是先年的十一月。甲子：用干支纪日的日期。㉝其：应当。祈使副词。七年：指汉武帝元封七年。汉武帝为了庆祝这次修改历法的成功，把年号改为"太初"。㉞焉逢（péng）摄提格：用岁阳、

岁阴纪年的年名。古代首先用岁阳(它们的名称是:焉逢、端蒙、游兆、强梧、徒维、祝黎、商横、昭阳、横艾、尚章)和岁阴(它们的名称是:困敦、赤奋若、摄提格、单阏(chán yān)、执徐、大荒落、敦牂(zāng)、协洽、涒(tūn)滩、作噩(è)、淹茂、大渊献)配合(焉逢困敦、端蒙赤奋若……横艾淹茂、尚章大渊献)纪年。后来为了简化,便也用干支纪年,于是岁阳、岁阴的名目便成了干支纪年的别称。③⑤毕聚:也作"毕陬(zōu)"。逢甲的正月。③⑥夜半朔旦冬至:古代历法把冬至作为一年的开始,朔日作为一月的开始,夜半作为一天的开始,把冬至遇到朔日夜半的一天作为历元,根据它来推算以后每年的节气和每月的朔望。

历术《甲子篇》①

【注释】

①历术:历法。

太初元年,岁名"焉逢摄提格"①,月名"毕聚",日得甲子,夜半朔旦冬至。正北②。

【注释】

①岁名"焉逢摄提格":武帝于改元之始,使用以甲寅为历元的四分历,表示与秦的取乙卯为历元的颛顼历已有区别。②正北:古代历法,把十九年作为一章,四章作为一蔀(pǒu);把冬至在朔日的那年作为章首,冬至在朔日子时的那年作为蔀首。蔀首的冬至在子时,子时代表正北;第二章首的冬至在酉时,酉时代表正西;第三章首的冬至在午时,午时代表正南;第四章首的冬至在卯时,卯时代表正东。

十二①——无大余,无小余②;无大余,无小余③——焉逢摄提格太初元年④。

【注释】

①十二:十二个月。②无大余,无小余:没有剩余的日子,没有多余的分数。这是指依照朔法推算的结果。③无大余,无小余:没有剩余的日数,没有剩余的分数。④焉逢摄提格太初元年:焉逢摄提格相当于甲寅,依照后世的推算,太初元年是丁丑,前后距甲寅都很远。

十二——大余五十四,小余三百四十八①;大余五,小余八②——端蒙单阏二年③。

【注释】

①大余五十四,小余三百四十八:按照朔法测算,没有闰月的年是三百五十四又九百四十分之三百四十八日,减去五甲(三百日),剩余的五十四日叫作大余,三百四十八分叫作小余。②大余五,小余八:按照至法推算,每年都是三百六十五又三十二分之八日,减去六甲(三百六十日),剩余的五日叫作大余,八分叫作小余。③端蒙单阏:相当于乙卯。

闰十三①——大余四十八,小余六百九十六②;大余十,小余十六③——游兆执徐三年④。

【注释】

①闰十三:闰年十三个月。②大余四十八,小余六百九十六:上年的大余五十四日,加本年的五十四日,减去一甲,得大余四十八日;上年的小

余三百四十八分，加本年的三百四十八分，得小余六百九十六分（如果超过九百四十分，要进位增加大余数）。下文类推。③大余十，小余十六：上年的大余五日，加本年的五日，得大余十日（如果满了一甲，就要减去）；上年的小余八分，加本年的八分，得小余十六分（如果超过三十二分，也要进位增加大余数）。下文类推。④游兆执徐：相当于丙辰。

十二——大余十二，小余六百三[1]；大余十五，小余二十四——强梧大荒落四年[2]。

【注释】

①大余十二，小余六百三：上年的大余四十八日和闰月二十九日加本年的五十四日和小余的进数一日，减去二甲，得大余十二日；上年的小余六百九十六分和闰余四百九十九分，加本年的三百四十八分，进位一日（九百四十分），得小余六百零三分。②强梧大荒落：相当于丁巳。

十二——大余七，小余十一；大余二十一，无小余——徒维敦牂天汉元年[1]。

【注释】

①徒维敦牂：相当于戊午。

闰十三——大余一，小余三百五十九；大余二十六，小余八——祝犁协洽二年[1]。

【注释】

①祝犁协洽：相当于己未。

十二——大余二十五，小余二百六十六；大余三十一，小余十六——商横涒滩三年[1]。

【注释】

①商横涒滩：相当于庚申。

十二——大余十九，小余六百一十四；大余三十六，小余二十四——昭阳作鄂四年[1]。

【注释】

①昭阳作鄂：相当于辛酉。

闰十三——大余十四，小余二十二；大余四十二，无小余——横艾淹茂太始元年[1]。

【注释】

①横艾淹茂：相当于壬戌。太始元年：公元前96年。太始（前96——前93年），汉武帝的年号。

十二——大余三十七，小余八百六十九；大余四十七，小余八——尚章大渊献二年[1]。

【注释】

①尚章大渊献：相当于癸亥。

闰十三——大余三十二，小余二百七十七；大余五十二，小余一十六——焉逢困敦三年①。

【注释】

①焉逢困敦：相当于甲子。

十二——大余五十六，小余一百八十四；大余五十七，小余二十四——端蒙赤奋若四年①。

【注释】

①端蒙赤奋若：相当于乙丑。

十二——大余五十，小余五百三十二；大余三，无小余——游兆摄提格征和元年①。

【注释】

①游兆摄提格：相当于丙寅。

闰十三——大余四十四，小余八百八十；大余八，小余八——强梧单阏二年①。

【注释】

①强梧单阏：相当于丁卯。

十二——大余八，小余七百八十七；大余十三，小余十六——徒维执徐三年①。

【注释】

①徒维执徐：相当于戊辰。

十二——大余三，小余一百九十五；大余十八，小余二十四——祝犁大芒落四年①。

【注释】

①祝犁大荒落：相当于己巳。荒，一作芒。

闰十三——大余五十七，小余五百四十三；大余二十四，无小余——商横敦牂后元元年①。

【注释】

①商横敦牂：相当于庚午。

十二——大余二十一，小余四百五十；大余二十九，小余八——昭阳汁洽二年①。

【注释】

①昭阳汁（xié）洽：相当于辛未。

闰十三——大余十五，小余七百九十八；大余三十四，小余十六——横艾涒滩始元元年①。

【注释】

①横艾涒滩：相当于壬申。始元元年：公元前86年。

十二——大余三十九，小余七百五；大余三十九，小余二十四——尚章作噩二年①。

【注释】

①尚章作噩：相当于癸酉。

十二——大余三十四，小余一百一十三；大余四十五，无小余——焉逢淹茂三年①。

【注释】

①焉逢淹茂：相当于甲戌。

闰十三——大余二十八，小余四百六十一；大余五十，小余八——端蒙大渊献四年①。

【注释】

①端蒙大渊献：相当于乙亥。

十二——大余五十二，小余三百六十八；大余五十五，小余十六——游兆困敦五年①。

【注释】

①游兆困敦：相当于丙子。

十二——大余四十六，小余七百一十六；无大余，小余二十四——强梧赤奋若六年①。

【注释】

①强梧赤奋若：相当于丁丑。

闰十三——大余四十一，小余一百二十四；大余六，无小余——徒维摄提格元凤元年①。

【注释】

①徒维摄提格：相当于戊寅。元凤元年：公元前80年。元凤（前80—前75年），汉昭帝的年号。

十二——大余五，小余三十一；大余十一，小余八——祝犁单阏二年①。

【注释】

①祝犁单阏：相当于己卯。

十二——大余五十九，小余三百七十九；大余十六，小余十六——商横执徐三年①。

【注释】

①商横执徐：相当于庚辰。

闰十三——大余五十三，小余七百二十七；大余二十一，小余二十四——昭阳大荒落四年①。

【注释】

①昭阳大荒落：相当于辛巳。

十二——大余十七，小余六百三十四；大余二十七，无小余——横艾敦牂五年^①。

【注释】

①横艾敦牂（zāng）：相当于壬午。

闰十三——大余十二，小余四十二；大余三十二，小余八——尚章汁洽六年^①。

【注释】

①尚章汁洽：相当于癸未。

十二——大余三十五，小余八百八十九；大余三十七，小余十六——焉逢涒滩元平元年^①。

【注释】

①焉逢涒滩：相当于甲申。

十二——大余三十，小余二百九十七；大余四十二，小余二十四——端蒙作噩本始元年^①。

【注释】

①端蒙作噩：相当于乙酉。本始元年：公元前73年。本始（前73——前70年），汉宣帝刘询的年号。

闰十三——大余二十四，小余六百四十五；大余四十八，无小余——游兆阉茂二年^①。

【注释】

①游兆阉茂：相当于丙戌。

十二——大余四十八，小余五百五十二；大余五十三，小余八——彊梧大渊献三年^①。

【注释】

①彊梧大渊献：相当于丁亥。

十二——大余四十二，小余九百；大余五十八，小余十六——徒维困敦四年^①。

【注释】

①徒维困敦：相当于戊子。

闰十三——大余三十七，小余三百八；大余三，小余二十四——祝犁赤奋若地节元年^①。

【注释】

①祝犁赤奋若：相当于己丑。地节元年：公元前69年。

十二——大余一，小余二百一十五；大余九，无小余——商横摄提格二年^①。

【注释】

①商横摄提格：相当于庚寅。

闰十三——大余五十五，小余五百六十三；大余十四，小余八——昭阳单阏三年^①。

【注释】

①昭阳单阏：相当于辛卯。

十二——大余十九，小余四百七十；大余十九，小余十六——横艾执徐四年①。

【注释】

①横艾执徐：相当于壬辰。

十二——大余十三，小余八百一十八；大余二十四，小余二十四——尚章大荒落元康元年①。

【注释】

①尚章大荒落：相当于癸巳。元康元年：公元前65年。元康（前65——前62年），汉宣帝的年号。

闰十三——大余八，小余二百二十六；大余三十，无小余——焉逢敦牂二年①。

【注释】

①焉逢敦牂：相当于甲午。

十二——大余三十二，小余一百三十三；大余三十五，小余八——端蒙协洽三年①。

【注释】

①端蒙协洽：相当于乙未。

十二——大余二十六，小余四百八十一；大余四十，小余十六——游兆涒滩四年①。

【注释】

①游兆涒滩：相当于丙申。

闰十三——大余二十，小余八百二十九；大余四十五，小余二十四——强梧作噩神雀元年①。

【注释】

①强梧作噩：相当于丁酉。神雀元年：公元前61年。神雀（前61——前58年），汉宣帝的年号。

十二——大余四十四，小余七百三十六；大余五十一，无小余——徒维淹茂二年①。

【注释】

①徒维淹茂：相当于戊戌。

十二——大余三十九，小余一百四十四；大余五十六，小余八——祝犁大渊献三年①。

【注释】

①祝犁大渊献：相当于己亥。

闰十三——大余三十二，小余四百九十二；大余一，小余十六——商横困敦四年①。

【注释】

①商横困敦：相当于庚子。

十二——大余五十七，小余三百九十九；大余六，小余二十四——昭阳赤奋若五凤元年①。

【注释】

①昭阳赤奋若：相当于辛丑。五凤元年：公元前 57 年。

闰十三——大余五十一，小余七百四十七；大余十二，无小余——横艾摄提格二年①。

【注释】

①横艾摄提格：相当于壬寅。

十二——大余十五，小余六百五十四；大余十七，小余八——尚章单阏三年①。

【注释】

①尚章单阏：相当于癸卯。

十二——大余十，小余六十二；大余二十二，小余十六——焉逢执徐四年①。

【注释】

①焉逢执徐：相当于甲辰。

闰十三——大余四，小余四百一十；大余二十七，小余二十四——端蒙大荒落甘露元年①。

【注释】

①端蒙大荒落：相当于乙巳。甘露元年：公元前 53 年。

十二——大余二十八，小余三百一十七；大余三十三，无小余——游兆敦牂二年①。

【注释】

①游兆敦牂：相当于丙午。

十二——大余二十二，小余六百六十五；大余三十八，小余八——强梧协洽三年①。

【注释】

①强梧协洽：相当于丁未。

闰十三——大余十七，小余七十三；大余四十三，小余十六——徒维涒滩四年①。

【注释】

①徒维涒滩：相当于戊申。

十二——大余四十，小余九百二十；大余四十八，小余二十四——祝犁作噩黄龙元年①。

【注释】

①祝犁作噩：相当于己酉。黄龙元年：公元前 49 年。

闰十三——大余三十五，小余三百二十八；大余五十四，无小余——商横淹茂初元元年①。

【注释】

①商横淹茂：相当于庚戌。初元元年：公元前 48 年。初元（前 48——前 44 年），汉元帝刘奭（shì）的年号。

正东

十二——大余五十九，小余二百三十五；大余五十九，小余八——昭阳大渊献二年①。

【注释】

①昭阳大渊献：相当于辛亥。

十二——大余五十三，小余五百八十三；大余四，小余十六——横艾困敦三年①。

【注释】

①横艾困敦：相当于壬子。

闰十三——大余四十七，小余九百三十一；大余九，小余二十四——尚章赤奋若四年①。

【注释】

①尚章赤奋若：相当于癸丑。

十二——大余十一，小余八百三十八；大余十五，无小余——焉逢摄提格五年。

十二——大余六，小余二百四十六；大余二十，小余八——端蒙单阏永光元年①。

【注释】

①永光元年：公元前 43 年。

闰十三——无大余，小余五百九十四；大余二十五，小余十六——游兆执徐二年。

十二——大余二十四，小余五百一；大余三十，小余二十四——强梧大荒落三年。

十二——大余十八，小余八百四十九；大余三十六，无小余——徒维敦牂四年。

闰十三——大余十三，小余二百五十七；大余四十一，小余八——祝犁协洽五年。

十二——大余三十七，小余一百六十四；大余四十六，小余十六——商横涒滩建昭元年①。

【注释】

①建昭元年：公元前 38 年。建昭（前 38—前 34 年），汉元帝的年号。

闰十三——大余三十一，小余五百一十二；大余五十一，小余二十四——昭阳作噩二年。

十二——大余五十五，小余四百一十九；大余五十七，无小余——横艾阉茂三年。

十二——大余四十九，小余七百六十七；大余二，小余八——尚章大渊献四年。

闰十三——大余四十四，小余一百七十五；大余七，小余十六——焉逢困敦五年。

十二——大余八，小余八十二；大余十二，小余二十四——端蒙赤奋若竟宁元年①。

【注释】

①竟宁元年：公元前33年。竟宁，汉元帝的年号。

十二——大余二，小余四百三十；大余十八，无小余——游兆摄提格建始元年①。

【注释】

①建始元年：公元前32年。

闰十三——大余五十六，小余七百七十八；大余二十三，小余八——强梧单阏二年。

十二——大余二十，小余六百八十五；大余二十八，小余十六——徒维执徐三年。

闰十三——大余十五，小余九十三；大余三十三，小余二十四——祝犁大荒落四年①。

【注释】

①四年：指建始四年，时当公元前29年，上距司马迁之死大约六十年，而且在太初制历的时候，怎么能够预知汉昭帝、宣帝、元帝、成帝的年号呢，所以《史记探源》径直定为赝鼎，是有道理的。

右《历书》①：大余者，日也。小余者，月也②。端蒙者，年名也③。支：丑名赤奋若，寅名摄提格。干：丙名游兆。正北，冬至加子时④；正西，加酉时；正南，加午时；正东，加卯时。

【注释】

①右：右边。过去书写方式直写左行，就是每行从上到下，每页从右到左，所以所谓"右"相当于"以上"的意思。②月：当据张文虎《校刊札记》改作"分"。③年名：此处例举年名，举岁阳而不举岁阴，举"端蒙"而不举"焉逢"，显得不伦不类。④加：居，在。按照四分法推算，每章的首年，地球公转达到冬至点，分别在子、卯、午、酉四时。

天官书第五①

中宫天极星②,其一明者,太一常居也③;旁三星三公④,或曰子属⑤。后句四星⑥,末大星正妃⑦,余三星后宫之属也⑧。环之匡卫十二星⑨,藩臣⑩。皆曰紫宫⑪。

【注释】

①天官书:讲述古代天文学的专著,但是其中夹杂着很多占星、望气、候岁之类的占卜术,使得精华与糟粕混杂,披沙拣金,读者须得深思。②中宫:古代把北极星所在的天区看作天空的正中,所以把北极星当作天空的中官。宫,当据《索隐》和王念孙《读书杂志》改作“官”,后文的“东宫”“南宫”“西宫”“北宫”与这里相同。天极星:就是北极星,又叫北辰,包括五颗星,属于紫微垣。现代所称的北极星是指勾陈一星,跟古代所指不同。③太一:天帝的别名,是最尊贵的天神。④三星三公:三颗星象征人世间的三公。周代把太师、太傅、太保称为三公,西汉把丞相、御史大夫、太尉称作三公。⑤子属:指帝王的太子,庶子。属,种类,等辈。⑥句(gōu):通“勾”。弯曲。动词。四星:据《星经》说,这四颗星叫作四辅。⑦正妃:帝王的正妻。⑧后宫:宫中妃嫔(pín)居住的地方。借指妃嫔、姬妾。⑨匡卫:辅助,保卫。⑩藩臣:保卫帝王的诸侯。⑪紫宫:就是紫微宫或紫微垣。既是星官名,又是天区名。这里指星官。

前列直斗口三星①,随北端兑②,若见若不③,曰阴德④,或曰天一⑤。紫宫左三星曰天枪⑥,右五星曰天棓⑦,后六星绝汉抵营室⑧,曰阁道⑨。

【注释】

①直:通“值”。挡。斗口:北斗星的开口。②随:当据《索隐》《史记志疑》改作“隋”,通“堕”(duò),下垂。端:尖端;前端。兑(ruì):通“锐”,尖锐。③若:如;像。动词。见(xiàn):显现。不(fǒu):通“否”。表示对上文的否定。④阴德:星官名。⑤天一:阴德的另一名称。⑥左:据清代方苞《史记注补正》说,应当跟下句的“右”字互换。天枪(chēng):星官名。⑦天棓(bàng):星官名。棓,同“棒”。⑧绝:度过;跨越。汉:指天汉。就是银河,俗称天河。营室:星官名。原来包括室宿和壁宿,后来专指室宿。室宿是二十八宿之一,北方七宿的第六宿,包括两颗星,现在属于飞马座。壁宿又叫东壁,也是二十八宿之一,北方七宿的第七宿,包括两颗星,现在分属于飞马座和仙女座。⑨阁道:星官名。包括六颗星。

北斗七星①,所谓“旋玑、玉衡以齐七政②”。杓携龙角③,衡殷南斗④,魁枕参首⑤。用昏建者杓⑥;杓,自华以西南⑦。夜半建者衡⑧;衡,殷中州河、济之间⑨。平旦建者魁⑩；魁，海岱以东北也⑪。斗为帝车⑫，运于中央⑬，临制四乡⑭。分阴阳⑮，建四时⑯，均五行⑰，移节度⑱，定诸纪⑲，皆系于斗⑳。

【注释】

①北斗：星官名。在北天排斗形的七颗亮星。②旋玑：又作"璇玑"。北斗星的这一部分象征浑天仪或浑天仪的横筒。玉衡：象征浑天仪的横筒或圆形外壳。③杓：指北斗星的柄。携：连接。龙角：星官名。就是角宿。④衡：指北斗星的斗中央。殷：居中；当于。南斗：星官名。就是斗宿，亦名北斗（非指北斗七星）。二十八宿之一，北方七宿的第一宿，包括六颗星，现在属于人马座。⑤魁：指北斗星的第一星。枕（zhèn）：临；靠近。参（shēn）：星官名。二十八宿之一，西方七宿的第七宿，包括七颗星，现在属于猎户座。⑥用：以；于。昏：黄昏。指戌时。相当于现在的十九点至二十一点。建：北斗星的斗柄（或斗魁、或斗衡）所指叫作建，并以建寅（指向东偏北方向）作为基点。杓：指北斗星的第七星。⑦华（huà）：山名。在陕西省东部，属于秦岭山脉东段。⑧夜半：指子时。相当于现在的23时至1时。衡：指北斗星的第五星。⑨中州：古代豫州位置处在九州的中央，称为中州。有时也泛指黄河中游地区。河：古代黄河的专名。济（jǐ）：水名。发源于河南省济源市王屋山，古代分为黄河南、北两部分，下游河道变化很多。⑩平旦：指寅时。相当于现在的三时至五时。⑪海岱（dài）：指东海（今渤海）和泰山之间的地区，就是古代的青州，现在的山东省一带。岱，泰山的别名。⑫帝：天帝。也可象征皇帝。⑬运：运转；转动。中央：天空的正中。⑭临制：统制。临，站在上面俯看下面。四乡：四方。⑮阴阳：昼夜。⑯建：制定。四时：四季。⑰均：调和；调节。五行：指水、火、木、金、土，古代称构成各种物质的五种元素。⑱移：改变。节度：节序度数。⑲诸纪：指岁、日、月、星辰、历数。⑳系：联属依附。

斗魁戴匡六星曰文昌宫①：一曰上将②，二曰次将，三曰贵相，四曰司命，五曰司中，六曰司禄。在斗魁中③，贵人之牢。魁下六星，两两相比者④，名曰三能⑤。三能色齐⑥，君臣和；不齐，为乖戾⑦。辅星明近⑧，辅臣亲强⑨；斥小⑩，疏弱⑪。

【注释】

①匡：通"筐"。文昌宫的六颗星排列成为筐形。文昌宫：星官名。②上将：星名。下文的次将、贵相、司命、司中、司禄都是星名。③在斗魁中：指天理四星。这句上面有缺文。④比（bì）：并列；靠近。动词。⑤三能（tái）：星官名。就是三台。⑥色齐（jì）：颜色平和。指亮度正常稳定。⑦乖戾（lì）：抵触，不一致。⑧辅星：星名。靠近开阳星的伴星。明近：明亮而接近观测者。⑨辅臣：辅佐皇帝的大臣。⑩斥小：远离观测者而微小。⑪疏弱：疏远而无能。

杓端有两星：一内为矛①，招摇；一外为盾②，天锋。有句圜十五星③，属杓④，曰贱人之牢。其牢中星实则囚多⑤，虚则开出⑥。

【注释】

①内：接近。矛：天矛星。②外：远离。盾：天盾星。又叫天锋星。③句圜（yuán）十五星：句指七公星，包括七颗星；圜指贯索星，包括九颗星，但其中正北的一颗星一般隐而不见，因此在观测者看来总计有十五颗星。它们排列成为连环形。

句，通"勾"；圜，通"圆"。④属（zhǔ）：接连。⑤其：那。指示代词。实：充满。⑥开出：开放；释放。

天一、枪、棓、矛、盾动摇，角大①，兵起②。

【注释】

①角：芒角；光芒。②兵：军事；战争。

东宫苍龙①，房、心②。心为明堂③，大星天王④，前后星子属。不欲直⑤，直则天王失计⑥。房为府⑦，曰天驷。其阴⑧，右骖⑨。旁有两星曰钤⑩；北一星曰辖⑪。东北曲十二星曰旗⑫。旗中四星曰天市⑬；中六星曰市楼⑭。市中星众者实⑮；其虚则耗⑯。房南众星曰骑官⑰。

【注释】

①东宫：当作"东官"。②房：房宿。星官名。又叫天驷。二十八宿之一，东方七宿的第四宿，包括四颗星，现在属于天蝎座。心：心宿。星官名。又叫商星。二十八宿之一，东方七宿的第五宿，包括三颗星，现在属于天蝎座。③明堂：古代君王宣明政教的大会堂，所有朝会、祭祀、庆赏等盛大典礼都在这里举行。④天王：春秋时代称周天子为天王，后世泛指皇帝。⑤直：三星排列直线。⑥失计：失策；⑦府：当据《索隐》和《史记志疑》补作"天府"。⑧阴：北边。⑨右骖（cān）：当据《史记志疑》作"左、右骖"。左骖、右骖都是星名。⑩钤（qián）：当据《索隐》《正义》作"钩钤"。钩、钤皆星名。⑪辖（xiá）：同"辖"。星名。⑫旗：天旗。星官名。⑬天市：星官名。⑭市楼：星官名。⑮实：经济繁荣。⑯耗：经济枯竭。⑰骑官：星官名。

左角①，李②；右角，将。大角者③，天王帝廷④。其两旁各有三星，鼎足句之⑤，曰摄提⑥。摄提者，直斗杓所指，以建时节⑦，故曰"摄提格"⑧。亢为疏庙⑨，主疾。其南北两大星，曰南门⑩。氐为天根⑪，主疫。

【注释】

①角：角宿。星官名。二十八宿之一，东方七宿的第一宿，包括两颗星，现在属于室女座。②李：通"理"。法官。③大角：星名。④帝廷：朝廷，朝见的地方。⑤鼎足：比喻三方并立。鼎，古代炊煮用的器具，有三只脚。⑥摄提：星官名。包括六颗星。⑦时节：四季的次序。⑧摄提格：摄提星随着斗柄指向寅位是一年的开始。格，起始。⑨亢：亢宿。星官名。二十八宿之一，东方七宿的第二宿，包括四颗星，现在属于室女座。疏庙：外朝。天帝处理政事的地方。⑩南门：星官名。⑪氐（dī）：氐宿。星官名。二十八宿之一，东方七宿的第三宿，包括四星，现在属于天秤座。天根：它是角、亢两宿的根柢。

尾为九子①，曰君臣；斥绝②，不和。箕为敖客③，曰口舌④。

【注释】

①尾：尾宿。星官名。二十八宿之一，东方七宿的第六宿，包括九颗星，现在属于天蝎座。②斥绝：相距很遥远。③箕：箕宿。星官名。二十八宿之一，东方七宿的第七宿，包括四颗星，现在属于人马座。敖（áo）客：挑拨是非的人。④口舌：口角；争吵。

火犯守角①，则有战。房、心②，王者恶之也③。

【注释】

①火：火星。又叫荧惑。犯守：古人观测天象时的术语。甲星从下往上光芒接触到乙星的光芒，叫作甲星犯乙星；甲星停留在乙星通常所在的位置上，叫作甲星守乙星。②房、心：紧承上句，省略了主语和谓语"火犯守"。③恶（wù）：憎恨；厌恶。

南宫朱鸟，权、衡①。衡，太微，三光之廷②。匡卫十二星，藩臣：西，将；东，相；南四星，执法③——中，端门④；门左右，掖门⑤——门内六星，诸侯⑥。其内五星，五帝坐⑦。后聚一十五星，蔚然⑧，曰郎位⑨；傍一大星⑩，将位也⑪。月、五星顺入⑫，轨道，司其出⑬，所守⑭，天子所诛也。其逆入⑮，若不轨道⑯，以所犯命之⑰；中坐⑱，成形⑲，皆群下从谋也⑳。金、火尤甚㉑。廷藩西有隋星五㉒，曰少微㉓，士大夫。权，轩辕。轩辕，黄龙体㉔。前大星，女主象㉕；旁小星，御者后宫属㉖。月、五星守犯者，如衡占㉗。

【注释】

①南宫：当作"南宫"。权、衡：都是星官名。权，又叫轩辕，包括十七颗星。衡，又叫太微，包括十颗星。②三光：指日、月、五星。③执法：官名。跟上两句的将、相一样，可以看成这些星辰的职务，也可以看作它们的名称。④端门：正门。天空门名。⑤掖门：旁门。天空门名。⑥诸侯：星官名。⑦五帝坐：星官名（坐，通"座"）。它们的名称是：中央黄帝坐，神名含枢纽；东方苍帝坐，神名灵威仰；南方赤帝坐，神名赤熛（biāo）怒；西方白帝坐，神名白昭矩；北方黑帝坐，神名叶（xié）光纪。⑧蔚然：密密麻麻的样子。⑨郎位：星官名。⑩傍（páng）：通"旁"。⑪将位：星名。⑫五星：五大行星。顺入：从西方进入太微廷。⑬司（sì）：通"伺"。等候，观察。出：从太微廷经过五帝坐向东运行。⑭所守：指被月或五星侵占了位置的星辰所象征的大官员。⑮其：倘若；如果。假设连词。逆入：从东方进入太微廷。⑯若：或；或者。选择连词。⑰以：根据；针对。所犯：指被月或五星侵犯了的星辰所象征的大官员。命：给定罪名。⑱中坐：有两种解释：一是侵犯或侵占五帝坐。中（zhòng），冲击。二是指五帝坐的中央黄帝坐。⑲成形：有两解：一是灾祸已经明显地表现出来。二是一定会要施以刑罚。形，通"刑"。⑳从（zōng）谋：勾结起来图谋犯上作乱。㉑金：金星。又叫太白、启明、长庚。㉒廷藩：指作为太微廷的藩臣的各个星官。隋（duò）：通"堕"。下垂。㉓少（shào）微：星官名。㉔黄龙体：比喻轩辕星的形状。㉕女主：指皇后。象：象征；形象。㉖御者：指宫内侍女。㉗占：看兆头以预知吉凶。

东井为水事①。其西曲星曰钺②。钺北，北河③；南，南河④；两河、天阙间为关梁⑤。舆鬼⑥，鬼祠事⑦；中白者为质⑧。火守南、北河，兵起，谷不登⑨。故德成衡⑩，观成潢⑪，伤成钺⑫，祸成井⑬，诛成质⑭。

【注释】

①东井：就是井宿。星官名。二十八宿之一，南方七宿的第一宿，包括八颗星，现在属于双子座。为水事：掌握法令制度的准则。水最平，可以作为制法和执法者的榜样。②钺（yuè）：星名。③北河：星官名。包括三颗星。④南河：星官名。包括三颗星。⑤两河：指北河星、南河星。天阙（què）：星官名。包括两颗星。

关梁：关卡和桥梁。比喻交通要冲。⑥舆鬼：就是鬼宿。星官名。二十八宿之一，南方七宿的第二宿，包括四颗星，现在属于巨蟹座。⑦鬼：当据《正义》、《史记志疑》改作"主"，或依王先谦说作"为"。⑧质：鬼宿四星中央有一个附座星官，名叫质，又叫积尸气或鬼星团。⑨登：成熟。⑩德成衡：帝王施行德政，就会预先从衡星表现出征兆。⑪观成潢（huáng）：帝王外出游览，就会预先从潢星表现出征兆。潢星是天帝的车舍，因此可以看出帝王车马的行踪。潢，又叫天潢或天横，星官名，包括八颗星。⑫伤成钺：帝王胡作非为，就会预先从钺星表现出征兆。⑬祸成井：帝王有灾祸，就会预先从井宿表现出征兆。井宿主水事，有帝王的征象。⑭诛成质：帝王执行诛杀，就会预先从质星表现出征兆。

柳为鸟注①，主木草。七星②，颈，为员官③，主急事。张④，素⑤，为厨，主觞客⑥。翼为羽翮⑦，主远客。

【注释】

①柳：柳宿。星官名。二十八宿之一，南方七宿的第三宿，包括八颗星，现在属于长蛇座。注（zhòu）：通"咮（zhòu）"。鸟口；鸟嘴。②七星：就是星宿。星官名。二十八宿之一，南方七宿的第四宿，包括七颗星，现在属于长蛇座。③员官：喉咙。员，通"圆"。④张：张宿。又叫鹑尾。星官名。二十八宿之一，南方七宿的第五宿，包括六颗星，现在属于长蛇座。⑤素：通"嗉（sù）"。嗉囊。⑥觞（shāng）：盛酒器。敬酒或喝酒。⑦翼：翼宿。星官名。二十八宿之一，南方七宿的第六宿，包括二十二颗星，现在分属巨爵座和长蛇座。

轸为车①，主风。其旁有一小星，曰长沙②，星星不欲明③；明与四星等，若五星入轸星中，兵大起。轸南众星曰天库、楼④；库有五车⑤。车星角⑥，若益众，及不具⑦，无处车马⑧。

【注释】

①轸（zhěn）：轸宿。星官名。二十八宿之一，南方七宿的第七宿，包括四颗星，现在属于乌鸦座。②长沙：星名。③星星：细小。④天库：星官名。包括六颗星。楼：天楼。星官名。包括四颗星。⑤五车：星名。⑥角：光芒。动词。⑦不具：隐而不见。⑧无处（chǔ）：没法安排。

西宫咸池①，曰天五潢②。五潢，五帝车舍。火入，旱；金，兵；水③，水。中有三柱④；柱不具，兵起。

【注释】

①西宫：当作"西官"。咸池：星官名。②"曰"上面疑有缺文。③水：水星。又叫辰星。④三柱：星官名。

奎曰封豕①，为沟渎②。娄为聚众③。胃为天仓④。其南众星曰廥积⑤。

【注释】

①奎（kuí）：奎宿。又叫天豕、封豕。星官名。二十八宿之一，西方七宿的第一宿，包括十六颗星，现在分属仙女座和双鱼座。②沟渎（dú）：沟渠。③娄：娄宿。星官名。二十八宿之一，西方七宿的第二宿，包括三颗星，现在属于白羊座。④胃：胃宿。二十八宿之一，西方七宿的第三宿，包括三颗星，现在属于白羊座。⑤廥（kuài）积：星官名。包括六颗星。

昴曰髦头①，胡星也②，为白衣会③。毕曰罕车④，为边兵，主弋猎⑤。其大星旁小星为附耳⑥。附耳摇动，有谗乱臣在侧⑦。昴、毕间为天街⑧。其阴，阴国⑨；阳⑩，阳国⑪。

【注释】

①昴（mǎo）：昴宿。星官名。二十八宿之一，西方七宿的第四宿。昴宿是一个星团，又叫髦头、昴星团，有七颗较亮的星，现在属于金牛座。②胡星：象征胡人的星辰。③白衣会：古代占卜说是丧事的征兆。白衣，丧服。会，吉凶的遭遇。④毕：毕宿。又叫天浊、罕车。星官名。二十八宿之一，西方七宿的第五宿，包括八颗星，现在属于金牛座。⑤弋（yì）：用绳子系着箭发射。⑥附耳：星名。⑦谗乱：颠倒是非，进行捣乱。⑧天街：星官名。包括两颗星。⑨阴国：指野蛮落后的外族国家。⑩阳：南边。⑪阳国：指文明先进的华夏族国家。

参为白虎①。三星直者，是为衡石②。下有三星，兑，曰罚③，为斩艾事④。其外四星，左右肩股也。小三星隅置⑤，曰觜觿⑥，为虎首，主葆旅事⑦。其南有四星，曰天厕⑧。厕下一星，曰天矢⑨。矢黄则吉；青、白、黑，凶。其西有句曲九星，三处罗⑩：一曰天旗⑪，二曰天苑⑫，三曰九游⑬。其东有大星曰狼⑭。狼角变色，多盗贼。下有四星曰弧⑮，直狼。狼比地有大星⑯，曰南极老人⑰。老人见，治安；不见，兵起。常以秋分时候之于南郊⑱。

【注释】

①参（shēn）：参宿。星官名。②衡石：衡，秤杆，秤；石，古代重量单位，等于四钧、一百二十斤。③罚：也作"伐"。星官名。④艾（yì）：通"刈"。割；杀。⑤隅（yú）置：排列在角落里。⑥觜觿（zī xī）：就是觜宿。星官名。二十八宿之一，西方七宿的第六宿，包括三颗星，现在属于猎户座。⑦葆旅：两解：一是保护军需运输。二是收取野生食物。⑧天厕：星官名。⑨天矢：星名。矢，通"屎"。⑩罗：分布；排列。⑪天旗：星官名。⑫天苑：星官名。⑬九游（liú）：星官名。据《正义》说，天旗星包括九颗星，天苑星包括十六颗星，九游星包括九颗星，跟上句"九星"不合。⑭狼：天狼。星名。天空最亮的恒星，现在属于大犬座。⑮弧：星官名。⑯狼：衍文。当据《汉书·天文志》和《史记志疑》删。⑰南极老人：星名。又叫寿星。天空次亮的恒星，现在属于船底座。⑱以：于；在。候之于南郊：南极星只出现在南天地平线附近，我国中部地区很难见到。

附耳入毕中，兵起①。

【注释】

①这两句话应当移到前文"附耳"句下面。

北宫玄武①，虚、危②。危为盖屋；虚为哭泣之事。

【注释】

①北宫，当作"北官"。玄武：指龟或龟蛇合体的形象。武，龟蛇身有鳞甲，有勇武象。②虚：虚宿。星官名。二十八宿之一，北方七宿的第四宿，包括两颗星，现在分属宝瓶座和小马座。危：危宿。星官名。

其南有众星，曰羽林天军①。军西为垒②，或曰钺。旁有一大星为北落③。北落若微亡④，军星动角益希⑤，及五星犯北落，入军，军起。火、金、水尤甚。火，军忧；水患；木、土⑥，军吉。危东六星，两两相比，曰司空⑦。

【注释】

①羽林天军：星官名。②垒：又叫钺。星官名。③北落：星名。④微亡：隐而不见。微，隐蔽，藏匿；亡，消失。⑤希：通"稀"。稀疏，稀少。⑥木：木星。又叫岁星。土：土星。又叫填（zhèn）星、镇星。⑦司空：星官名。

营室为清庙①，曰离宫阁道②。汉中四星，曰天驷③。旁一星，曰王良④。王良策马⑤，车骑满野⑥。旁有八星，绝汉，曰天潢。天潢旁，江星⑦。江星动，人涉水。

【注释】

①清庙：帝王诸侯祭祀祖宗的祠庙。②离宫：帝王临时居住的宫殿。③天驷：星官名。与房宿的别名"天驷"是两码事。④王良：星名。本是春秋时晋国的一个善于驭马的人。⑤策：星名。策本是马鞭或鞭打的意思，这里借星名作动词用，语意双关。⑥车骑（jì）：车和驾车的马。⑦江星：又叫天江。星官名。

杵臼四星①，在危南。匏瓜②，有青黑星守之③，鱼盐贵。

【注释】

①杵臼：星官名。②匏瓜：星官名。包括五颗星。③青黑星：指天空中新出现的客星。

南斗为庙①，其北建星②。建星者，旗也。牵牛为牺牲③。其北河鼓④。河鼓大星，上将；左右⑤，左右将。婺女⑥，其北织女⑦。织女，天女孙也⑧。

【注释】

①南斗：就是斗宿。星官名。二十八宿之一，北方七宿的第一宿，包括六颗星，现在属于人马座。②建星：星官名。包括六颗星。也叫天旗，跟房宿的"天旗"是两码事。③牵牛：就是牛宿。星官名。二十八宿之一，北方七宿的第二宿，包括六颗星，现在属于摩羯（jié）座。牺牲：古代供祭祀用的牲畜的通称。④河鼓：星官名。包括三颗星，现在属于天鹰座。古代天文书籍大都称牛宿为牵牛星，而在诗文中常常称河鼓星为牵牛星，一般人称它为牛郎星。⑤左右：分别指大星南边和北边的星。⑥婺（wù）女：就是女宿。星官名。二十八宿之一，北方七宿的第三宿，包括四颗星，现在属于宝瓶座。⑦织女：星官名。包括三颗星，现在属于天琴座。⑧天女孙：晋代以后的天文书籍中多作"天女"，在诗文中常简称"天女"或"天孙"。

察日、月之行以揆岁星顺逆①。曰东方木②，主春③，日甲、乙④。义失者，罚出岁星⑤。岁星赢缩⑥，以其舍命国⑦。所在国不可伐，可以罚人⑧。其趋舍而前曰赢⑨，退舍曰缩⑩。赢，其国有兵，不复⑪；缩，其国有忧，将亡⑫，国倾败⑬。其所在，五星皆从而聚于一舍⑭，其下之国可以义致天下⑮。

【注释】

①揆（kuí）：测度；度量。顺逆：顺入或逆入。五大行星围绕太阳运行的轨道是椭圆的，跟黄道斜交。②东方木：根据五行说，把五行跟五方配合：东方木，南方火，西方金，北方水，中央土。③主春：根据五行说，把五行跟四季配合：木主春，火主夏，金主秋，水主冬；还剩下土怎么办呢？于是就从一年四季的中

间划出季夏来跟它配合：土主季夏。④日甲、乙：根据五行说，把五行跟纪日的十干配合：甲乙木，丙丁火，戊己土，庚辛金，壬癸水。⑤义失者，罚出岁星：本文把五行跟道德规范或政治措施配合：木主义，火主礼，土主德，金主杀，水主刑。⑥赢缩：五大行星出现得早叫作赢，出现得晚叫作缩。赢缩就是进退的意思。⑦舍：就是"宿"，侧重指天空区划。命：命名；起名。⑧罚：通"伐"。⑨趋舍：超过正常达到的天区。⑩退舍：落后于正常达到的天区。⑪复：兴复；恢复。⑫将（jiàng）：将帅。⑬倾败：危险，灭亡。⑭五星皆从而聚于一舍：指五大行星同时出现于同一天区，古代称为"五星聚"或"五星连珠"。⑮致：招致；招来。

以摄提格岁①：岁阴左行在寅②，岁星右转居丑③。正月，与斗、牵牛晨出东方，名曰监德④。色苍苍有光⑤。其失次⑥，有应见柳⑦。岁早⑧，水；晚，旱。

【注释】

①摄提格：万物秉承阳气兴起。古代用岁阴的名目纪年，它们的名称是：摄提格、单阏（chán yān）、执徐、大荒落、敦牂（zāng）、协洽、涒（tūn）滩、作噩、阉茂、大渊献、困敦、赤奋若。分别相当于十二支的寅、卯、辰、巳、午、未、申、酉、戌、亥、子、丑。②岁阴：古代天文学中假设的天体名称，又叫太岁或太阴。③右转：从西向东运行。④监德：给正月间每天早晨出现在东方的木星起的特定名称。下文的"降入"、"青章"等名称跟这相类似。⑤苍苍：深青色。⑥次：也称星次。古代为了测量日、月、五星的位置和运动，把黄道带分成十二个部分，叫作十二次。但因为它们是按赤道经度等分的，所以跟现代的黄道十二宫有出入。⑦应：效应；占验。⑧岁早：指一年的前半段；下面的"晚"指后半段。

岁星出，东行十二度，百日而止，反逆行①；逆行八度，百日，复东行。岁行三十度十六分度之七②，率日行十二分度之一③，十二岁而周天④。出常东方，以晨；入于西方，用昏。

【注释】

①反：通"返"。②三十度十六分度之七：就是三十又十六分之七度。③率：大概；通常。④十二岁而周天：根据现代实测，木星的公转周期是 11.86 年。古代把周天分为三百六十五又四分之一度，现在分为三百六十度。这里作动词用，是绕天一周的意思。

单阏岁①：岁阴在卯，星居子②。以二月与婺女、虚、危晨出，曰降入。大有光。其失次，有应见张。名曰降入。其岁大水。

【注释】

①单阏：阴气尽止，阳气推动万物兴起。②星：承上文，指岁星。

执徐岁①：岁阴在辰，星居亥。以三月居与营室、东壁晨出，曰青章。青青甚章②。其失次，有应见轸。曰青章。岁早，旱；晚，水。

【注释】

①执徐：蛰伏的动物缓慢地开始活动。②章：通"彰"。明显，显著。

大荒骆岁①：岁阴在巳，星居戌。以四月与奎、娄胃、昴晨出，曰跰踵②。熊熊赤色③，有光。其失次，有应见亢。

【注释】

①大荒骆：万物都勃然兴起，十分活跃。②跰（pián）踵：星名。一曰路
疃。③熊熊：火焰旺盛的样子。

敦牂岁①：岁阴在午，星居西。以五月与胃、昂、毕晨出，曰开明。炎炎有光。
偃兵②；唯利公王③，不利治兵④。其失次，有应见房。岁早，旱；晚，水。

【注释】

①敦牂：万物壮盛。②偃（yǎn）：止息；停止。③公王：指太平盛世的帝王诸侯。
④治兵：练兵；用兵。

叶洽岁①：岁阴在未，星居申。以六月与觜觿、参晨出，曰长列。昭昭有光②。
利行兵。其失次，有应见箕。

【注释】

①叶（xié）洽：阳气化生，万物和合。叶，也作"协"。②昭昭：明亮；清朗。

涒滩岁①：岁阴在申，星居未。以七月与东井、舆鬼晨出，曰天音。昭昭白。
其失次，有应见牵牛。

【注释】

①涒滩：万物成熟。

作鄂岁①：岁阴在酉，星居午。以八月与柳、七星、张晨出，曰为长王。作
作有芒②。国其昌③，熟谷。其失次，有应见危。曰大章有旱而昌，有女丧，民疾。

【注释】

①作鄂：植物芒角尖锐。②作作：形容光芒四射。③其：将要。

阉茂岁①：岁阴在戌，星居巳。以九月与翼、轸晨出，曰天睢②。白色大明。
其失次，有应见东壁。岁水，女丧。

【注释】

①阉茂：万物都隐蔽起来。②睢（huī）：抬眼看。

大渊献岁①：岁阴在亥，星居辰。以十月与角、亢晨出，曰大章。苍苍然，
星若跃而阴出旦②，是谓"正平"。起师旅③，其率必武④；其国有德，将有四海⑤。
其失次，有应见娄。

【注释】

①大渊献：万物大量深藏。②阴：暗淡；隐约。③师旅：军队；战争。④率：
通"帅"。⑤有：取得；占有。四海：天下。

困敦岁①：岁阴在子，星居卯。以十一月与氐、房、心晨出，曰天泉。玄色
甚明②。江池其昌，不利起兵。其失次，有应见昂。

【注释】

①困敦：万物刚刚萌发，处于混沌状态。②玄色：天青色；浅黑色。

赤奋若岁①：岁阴在丑，星居寅。以十二月与尾、箕晨出，曰天晧②。黭然
黑色甚明③。其失次，有应见参。

【注释】

①赤奋若：阳气振起万物，顺应它们的天性。②皓（hào）：光明。③黰（yān）：黑色的样子。

当居不居①，居之又左右摇，未当去去之②，与他星会，其国凶。所居久，国有德厚③。其角动，乍小乍大，若色数变④，人主有忧。

【注释】

①居：停留。②去：离开。③德厚：道德高厚。④数（shuò）：屡次；频繁。

其失次舍以下①，进而东北，三月生天棓，长四丈，末兑。进而东南，三月生彗星②，长二丈，类彗③。退而西北，三月生天欃④，长四丈，末兑。退而西南，三月生天枪，长数丈，两头兑。谨视其所见之国，不可举事用兵⑤。其出如浮如沉，其国有土功⑥；如沉如浮，其野亡⑦。色赤而有角，其所居国昌。迎角而战者⑧，不胜。星色赤黄而沉，所居野大穰⑨。色青白而赤灰，所居野有忧。岁星入月⑩，其野有逐相；与太白斗⑪，其野有破军。

【注释】

①次舍：行星运行过程中一定时期在十二次和二十八舍（宿）的位置。②彗星：绕太阳运行的一种天体。形状很特别，远离太阳时，是一个云雾状小斑点；接近太阳时，由彗头和彗尾两部分组成，彗尾像扫帚，所以通常叫扫帚星。③类：相似。④天欃（chán）：星名。它和上文的天棓、下文的天枪都是彗星一类的天体。⑤举事：兴办国家大事。⑥土功：土木水利等建筑工程。⑦野：指分野。古代天文学说，把天上星宿的位置跟地上州、国的位置相对应。就天文说，称分星；就地域说，称分野。⑧迎：正对着。⑨穰（ráng）：丰收；繁荣。⑩岁星入月：当木星运行到跟月亮、地球成为一直线时，观测者的视线被月球遮断，看不见木星。这种现象古人叫作月食星。⑪斗：斗争。意谓两星的光芒相接触。

岁星一曰摄提，曰重华，曰应星，曰纪星。营室为清庙，岁星庙也①。

【注释】

①庙：宫室；朝堂。

察刚气以处荧惑①。曰南方火，主夏，日丙、丁。礼失②，罚出荧惑，荧惑失行是也③。出则有兵④，入则兵散⑤。以其舍命国。荧惑为勃乱⑥，残贼、疾、丧、饥、兵⑦。反道二舍以上⑧，居之，三月有殃，五月受兵，七月半亡地，九月太半亡地⑨。因与俱出入⑩，国绝祀⑪。居之，殃还至⑫，虽大当小；久而至，当小反大。其南为丈夫丧⑬，北为女子丧。若角动绕环之，及乍前乍后，左右⑭，殃益大。与他星斗，光相逮⑮，为害；不相逮，不害。五星皆从而聚于一舍，其下国可以礼致天下。

【注释】

①刚气：刚毅之气。因为古人认为火星象征执法者，所以这样说。处（chǔ）：位置；判断位置。动词。②礼：规定社会行为的法则、规范、仪式的总称。③失行：火星在天空中运行，时隐时现时东时西，情况复杂。④出：出现；显现。⑤入：隐没。⑥勃（bèi）：通"悖"。违反；迷惑。⑦残贼：凶杀，暴乱。疾：疾病。瘟疫。丧（sàng）：死亡；灾祸。⑧反道：回转轨道运行。⑨太半：大半；多半。

⑩因与俱出入：承上文而言，意思是说：到了九个月以后，仍然在那里时而出现，时而隐没。⑪绝祀：断绝祭祀。指国家（王朝）灭亡。⑫还（xuán）：通"旋"。随即；不久。⑬丈夫：男子。⑭左右：乍左乍右。状语。⑮逮：及；到。

　　法①，出东行十六舍而止；逆行二舍；六旬②，复东行，自所止数十舍，十月而入西方；伏行五月③，出东方。其出西方曰"反明"，主命者恶之④。东行急，一日行一度半。

【注释】

　　①法：法则；常规。②旬：十日。③伏行：潜伏运行。④主命者：发号施令的人。指帝王诸侯。

　　其行东、西、南、北疾也①。兵各聚其下；用战②，顺之胜③，逆之败。荧惑从太白，军忧；离之，军却④。出太白阴，有分军⑤；行其阳，有偏将战⑥。当其行，太白逮之，破军杀将。其入守犯太微、轩辕、营室，主命恶之⑦。心为明堂，荧惑庙也。谨候此⑧。

【注释】

　　①疾：快速。②用：需要。③顺之：顺着火星运行的方向行进。④却：倒退；退却。⑤分军：别部；奇兵。⑥偏将战：敌对双方约定时间和地点，各据一面，正式交战。⑦主命：就是主命者。⑧候：占验星象。依据天象的变化来预测吉凶。

　　历斗之会以定填星之位①。曰中央土，主季夏②，日戊、己，黄帝③，主德，女主象也。岁填一宿④，其所居国吉。未当居而居，若已去而复还，还居之，其国得土，不⑤，乃得女。若当居而不居，既已居之，又西东去，其国失土，不，乃失女，不可举事用兵。其居久，其国福厚；易⑥，福薄。

【注释】

　　①历：跟踪观测。斗：指斗宿。会：聚合；汇合。②季夏：夏季的最后一个月。③黄帝：指中央天帝。④岁填（zhèn）一宿：土星约二十八年运行一周天（根据现代实测，土星的公转周期是29.46年），每年行程大概相当于一宿的天区。⑤不：通"否"。不然。⑥易：随便；迅速。

　　其一名曰地侯①，主岁②。岁行十三度百十二分度之五，日行二十八分度之一，二十八岁周天。其所居，五星皆从而聚于一舍，其下之国可重致天下③。礼、德、义、杀、刑尽失④，而填星乃为之动摇。

【注释】

　　①地侯：也是土星的别名。②岁：年景；一年的收成。③重：庄严质朴的品行。④杀：杀伐；征战。

　　赢，为王不宁；其缩，有军不复①。填星，其色黄，九芒，音曰黄钟宫②。其失次上二三宿曰赢，有主命不成③，不，乃大水。失次下二三宿曰缩，有后戚④，其岁不复⑤，不，乃天裂若地动。

【注释】

　　①复：还转；返回。②黄钟宫：黄钟律，十二律的第一律；宫声，五声的第一声。③主命不成：君主的命令不能够贯彻执行。④后戚：王后忧伤。⑤不复：

阴阳不调和。

斗为文太室①，填星庙，天子之星也。

【注释】

①文太室：有文采的帝王祖庙的中室。

木星与土合①，为内乱，饥，主勿用战②，败；水则变谋而更事③；火为旱；金为白衣会若木。金在南曰牝牡④，年谷熟。金在北，岁偏无⑤。火与水合为焠⑥，与金合为铄⑦，为丧，皆不可举事，用兵大败。土为忧，主孽卿⑧；大饥，战败，为北军⑨，军困，举事大败。土与水合，穰而拥阏⑩，有覆军⑪，其国不可举事。出，亡地；入，得地。金为疾，为内兵⑫，亡地。三星若合，其宿地国外内有兵与丧，改立公王。四星合，兵丧并起，君子忧⑬，小人流⑭。五星合，是为易行⑮，有德，受庆，改立大人⑯，掩有四方⑰，子孙蕃昌⑱；无德，受殃若亡。五星皆大，其事亦大⑲；皆小，事亦小。

【注释】

①木星与土合：当据《汉书·天文志》和《史记志疑》作"凡五星，木与土合"。②主：注重；着重。③更（gēng）事：更改工作。④金在南曰牝（pìn）牡：木星代表阳，金星代表阴。牝，雌性，阴；牡，雄性，阳。⑤偏：特别；意外。⑥焠（cuì）：通"淬（cuì）"。锻炼；磨炼。⑦铄（shuò）：熔化；销熔。⑧孽（niè）卿：普通人担任大臣的。⑨北军：战败的军队。⑩拥阏（è）：阻塞；不流畅。⑪覆军：覆灭的军队。⑫内兵：内战；内部变乱。⑬君子：古时指统治阶级，后用以称有才德的人。⑭小人：古时指劳动人民，后用以称无才德的人。⑮易行：改变了正常的行程。⑯大人：指帝王。⑰掩：通"奄（yǎn）"。覆盖；包括。⑱蕃（fán）昌：繁荣昌盛。⑲其事：指吉庆或灾祸。

蚤出者为赢①，赢者为客。晚出者为缩②，缩者为主人。必有天应见于杓星。同舍为合。相陵为斗③，七寸以内必之矣④。

【注释】

①蚤出：指超舍而前的现象。②晚出：指退舍以下的现象。③陵：遮掩；冒过。④七寸以内：指观测者所看到的相斗两星间的距离。

五星色白圜，为丧旱；赤圜，则中不平，为兵；青圜，为忧水；黑圜，为疾，多死；黄圜，则吉。赤角犯我城①，黄角地之争，白角哭泣之声，青角有兵忧，黑角则水。意行穷兵之所终②。五星同色，天下偃兵，百姓宁昌。春风秋雨，冬寒夏暑。动摇常以此③。

【注释】

①赤角：发出红色光芒。②意行穷兵之所终：《史记三书正讹》和《史记志疑》认为是衍文。③动摇常以此：跟上下文不相衔接，当是脱文。

填星出百二十日而逆西行，西行百二十日反东行。见三百三十日而入，入三十日复出东方。太岁在甲寅，镇星在东壁，故在营室①。

【注释】

①这一段应该放到前面有关填星的那段。

察日行以处位太白①。曰西方②，秋司兵月行及天氐，庚、辛、主杀。杀失者，罚出太白。太白失行，以其舍命国。其出行十八舍二百四十日而入。入东方，伏行十一舍百三十日；其入西方，伏行三舍十六日而出。当出不出，当入不入，是谓失舍，不有破军，必有国君之篡③。

【注释】

①处（chǔ）位：定位；判断位置。②曰西方：根据五行说，此下缺"金"字。③国君之篡：国君被夺权。

其纪《上元》①，以摄提格之岁，与营室晨出东方，至角而入；与营室夕出西方，至角而入；与角晨出，入毕；与角夕出，入毕；与毕晨出，入箕；与毕夕出，入箕；与箕晨出，入柳；与箕夕出，入柳；与柳晨出，入营室；与柳夕出，入营室。凡出入东西各五，为八岁二百二十日，复与营室晨出东方。其大率②，岁一周天③。其始出东方，行迟，率日半度，一百二十日，必逆行一二舍；上极而反，东行，行日一度半④，一百二十日入。其庳⑤，近日，曰明星⑥，柔；高，远日，曰大嚣，刚。其始出西，行疾，率日一度半，百二十日；上极而行迟，日半度，百二十日，旦入，必逆行一二舍而入。其庳，近日，曰太白，柔；高，远日，曰大相，刚。出以辰、戌⑦，入以丑、未⑧。

【注释】

①《上元》：古代历法名。②大率：大约；大概。③岁一周天：根据现代实测，金星的公转周期是 225 日。④行：衍文，当删。⑤庳（bēi）：低下。⑥明星：金星的特定名称。⑦辰：辰时。相当于现在的七时至九时。⑧丑：丑时。相当于现在的一时至三时。

当出不出，未当入而入，天下偃兵，兵在外，入。未当出而出，当入而不入，天下起兵，有破国。其当期出也，其国昌。其出东为东①，入东为北方；出西为西，入西为南方。所居久，其乡利②；易，其乡凶。

出西至东，正西国吉。出东至西，正东国吉。其出不经天③；经天，天下革政④。

【注释】

①其出东为东：它在东方出现，占验在东方。以下三句类推。②乡：处所；方位。③经天：指金星最亮时白昼当空出现。④革政：改变政权。指改朝换代。

小以角动①，兵起。始出大，后小，兵弱；出小，后大，兵强。出高，用兵深吉②，浅凶③；庳，浅吉，深凶。日方南金居其南④，日方北金居其北⑤，曰嬴，侯王不宁⑥，用兵进吉退凶。日方南金居其北，日方北金居其南，曰缩，侯王有忧，用兵退吉进凶。用兵象太白⑦：太白行疾，疾行；迟⑧，迟行。角，敢战。动摇躁⑨，躁。圜以静，静。顺角所指，吉；反之，皆凶。出则出兵，入则入兵⑩。赤角，有战；白角，有丧，黑圜角，忧，有水事⑪；青圜小角，忧，有木事⑫；黄圜和角，有土事⑬，有年⑭。其已出三日而复有微入⑮，入三日乃复盛出⑯，是谓耎⑰，其下国有军败将北⑱。其已入三日又复微出，出三日而复盛入，其下国有忧：师有粮食兵革⑲，遗人用之⑳，卒虽众㉑，将为人虏㉒。其出西失行，外国败；其出东失行，中国败。其色大圜黄滜㉓，可为好事㉔；其圜大赤，兵盛不战。

【注释】

①以：通"而"。承接连词。②深：周密深入。③浅：冒失轻进。④日方南：指夏至过后，太阳直射光线向南移动。⑤日方北：指冬至过后，太阳直射光线向北移动。⑥侯王：帝王诸侯。⑦象：取法；效法。⑧迟：慢行；缓慢。⑨躁：急躁；不安静。⑩入兵：退兵；收兵。⑪水事：治水之事。⑫木事：斫木的事。⑬土事：动土之事。⑭年：年成；五谷成熟。⑮有：衍文，微入：逐渐隐没。⑯盛出：突然出现。⑰奥（ruǎn）：软弱；退缩。⑱将北：将帅败亡。⑲兵革：兵器和盔甲。泛指武器装备。⑳遗（wèi）：致送；留给。㉑卒：步兵；士兵。㉒将为人虏：两解：一是将要被人家俘虏。二是将要做人家的俘虏。㉓濢（zé）：通"泽"。光润。㉔好事：指各国和平交往的事。

太白白，比狼①；赤，比心②；黄，比参左肩③；苍，比参右肩④；黑，比奎大星⑤。五星皆从太白而聚乎一舍⑥，其下之国可以兵从天下⑦。居实⑧，有得也；居虚⑨，无得也。行胜色⑩，色胜位⑪，有位胜无位，有色胜无色，行得尽胜之。出而留桑榆间⑫，疾其下国⑬。上而疾，未尽其日过参天⑭，疾其对国⑮。上复下，下复上，有反将。其入月⑯，将僇⑰。金、木星合⑱，光⑲，其下战不合⑳，兵虽起而不斗；合相毁㉑，野有破军。出西方，昏而出阴，阴兵强㉒；暮食出㉓，小弱；夜半出，中弱；鸡鸣出㉔，大弱：是谓阴陷于阳㉕。其在东方，乘明而出阳，阳兵之强㉖；鸡鸣出，小弱；夜半出，中弱；昏出，大弱：是谓阳陷于阴。太白伏也㉗，以出兵，兵有殃。其出卯南㉘，南胜北方；出卯北，北胜南方；正在卯，东国利。出西北，北胜南方；出西南，南胜北方；正在酉，西国胜。

【注释】

①比：比拟，类似。②心：指心宿的商星。③参左肩：指参宿三颗亮星的左侧一星。④参右肩：指参宿三颗亮星的右侧一星。⑤奎大星：指奎宿的西南大星，古代称作天豕目。⑥乎：通"于"。介词。⑦从：服从；归顺。⑧居实：处在正常出现的天区。⑨居虚：处在非正常出现的天区。⑩行：指运行的方向（顺行或逆行）或速度（正常或超舍、退舍）。色：指光色的变化和季节的对应关系（春苍、夏赤、季夏黄、秋白、冬黑）。⑪位：指所在次舍。⑫出而留桑榆间：傍晚正常出现应当在视平线上，而停留在桑树、榆树的顶端，是出现得太早了。⑬疾：损害。⑭参（sān）天：三分之一的天空。参，通"三"。⑮疾：《汉书·天文志》作"病"。对国：正对着的国家。⑯其入月：指月食金星。⑰僇（lù）：通"戮"。杀。⑱木：当据《史记三书正讹》《史记志疑》改作"水"。⑲光：有光。两星会合，但水星的光辉并没有被遮掩。⑳战不合：敌对双方对阵而不交战。㉑合相毁：两星会合，金星遮掩了水星的光辉。㉒阴兵：奇兵；秘密偷袭的军队。㉓暮食：就是日入。指酉时。㉔鸡鸣：指丑时。㉕陷：沦陷。㉖阳兵：正兵；公开宣战的军队。比照上文"阴兵强"可以推知。㉗伏也：隐没到了地平线以下。㉘卯：古代用十二支代表方位：子正北，午正南，卯正东，酉正西，以此类推。

其与列星相犯①，小战；五星，大战。其相犯，太白出其南，南国败；出其北，北国败。行疾，武；不行，文。色白五芒，出蚤为月蚀②，晚为天夭及彗星③，将发其国④。出东为德，举事左之迎之⑤，吉。出西为刑，举事右之背之⑥，吉。反之皆凶。太白光见景⑦，战胜。昼见而经天，是谓争明，强国弱，小国强，女主昌。

【注释】

①列星：众星。②蚀（shí）：侵蚀；污损。③夭夭：古人把不是正常出现的天体如彗星等统称为妖星。④发：震动。⑤迎之：面对着它。⑥背之：背向着它。⑦太白光见景（yǐng）：金星的亮度仅次于太阳和月亮，它的光辉照在地物上，有时可以现出影子。

亢为疏庙，太白庙也。太白，大臣也，其号上公①。其他名殷星、太正、营星、观星、宫星、明星、大衰、大泽、终星、大相、天浩、序星、月纬。大司马位谨候此②。

【注释】

①上公：周代官制，三公（太师、太傅、太保）中有特殊功德者，加荣衔称上公。②大司马：周代官制，有大司马掌管庶政。秦代和汉代初期，设太尉掌管军事，为三公之一。到汉武帝时，废太尉，改设大司马，作为权力最大的将军的加衔。

察日、辰之会，以治辰星之位①。曰北方水，太阴之精②，主冬，日壬、癸。刑失者，罚出辰星，以其宿命国③。

【注释】

①日辰之会：指太阳和列宿的会合。治：研究；确定。②太阴：极盛的阴气。③宿：就是"舍"。也是指所停留的天区。

是正四时①：仲春春分②，夕出郊奎、娄、胃东五舍③，为齐④；仲夏夏至⑤，夕出郊东井、舆鬼、柳东七舍，为楚⑥；仲秋秋分⑦，夕出郊角、亢、氐、房东四舍，为汉⑧；仲冬冬至⑨，晨出郊东方，与尾、箕、斗、牵牛俱西⑩，为中国⑪。其出入常以辰、戌、丑、未。

【注释】

①是正：审定；校正。②仲春：春季的中间一个月。③出郊：出现。郊，当据清代钱大昕《廿二史考异》和《史记志疑》改作"效"。东：东行。动词。下文两"东"字都相同。④齐：指战国时代的齐国地区，约当今山东省。⑤仲夏：夏季的中间一个月。⑥楚：指战国时代的楚国地区，约当今湖北省、湖南省、江西省、安徽省一带。⑦仲秋：秋季的中间一个月。秋分：二十四节气之一。约在阳历九月二十三日前后，这时太阳到达黄经一百八十度，阳光直射赤道。⑧汉：指汉朝京都长安附近的三辅地区，约当今陕西省。⑨仲冬：冬季的中间一个月。⑩俱：偕同。西：西行。动词。⑪中国：指中原地区，约当今河南省。

其蚤为月蚀，晚为彗星及夭夭。其时宜效不效为失①，追兵在外不战。一时不出②，其时不和③；四时不出，天下大饥。其当效而出也，色白为旱，黄为五谷熟④，赤为兵，黑为水。出东方，大而白，有兵于外，解⑤。常在东方，其赤，中国胜⑥；其西而赤，外国利。无兵于外而赤，兵起。其与太白俱出东方，皆赤而角，外国大败，中国胜；其与太白俱出西方，皆赤而角，外国利。五星分天之中，积于东方⑦，中国利；积于西方，外国用者利。五星皆从辰星而聚于一舍，其所舍之国可以法致天下⑧。辰星不出，太白为客；其出，太白为主。出而与太白不相从，野虽有军，不战。出东方，太白出西方；若出西方，太白出东方，为格⑨，野虽有兵，不战。失其时而出，为当寒反温，当温反寒。当出不出，是谓击卒⑩，兵大起。其入太白中而上出⑪，破军杀将，客军胜；下出，客亡地。辰星来抵太白⑫，太白不去，将死。正旗上出，破军杀将，客胜；下出，客亡地⑬。视旗所指，以命破军。其绕环太白，若与斗，大战，客胜。兔过大白⑭，间可械剑⑮，小战，客胜。兔居太白前，军罢；出太白左，小战；摩太白⑯，有数万人战，主人吏死⑰；出太白右，去三尺，军急约战⑱。青角，兵忧；黑角，水。赤行穷兵之所终⑲。

【注释】

①效：显现。②时：季节。③不和：晴雨寒暑不调和。④五谷：五种谷物。⑤解：消弭；罢退。⑥中国：指华夏族各国或它的统一王朝。现代"中国"的名称，就是这样起源的。⑦积：聚集；集合。⑧法：法制。⑨格：抗拒；抵触。⑩击卒：斩杀士兵。⑪其入太白中：指水星被金星遮掩。⑫抵：靠近。⑬正旗上出……客亡地：跟上文重复，根据《史记志疑》怀疑是衍文，当是。⑭兔：兔星。水星的又一别名。⑮间（jiàn）：距离。械（hán）：通"含"。容纳。⑯摩：接近；迫近。⑰主人吏：指主方的将校。⑱约战：预先挑战。⑲赤行穷兵之所终：衍文，据《史记三书正讹》《史记志疑》当删。

兔七命①，曰小正、辰星、天攙、安周星、细爽、能星、钩星。其色黄而小，出而易处②，天下之文变而不善矣③。兔五色，青圜忧，白圜丧，赤圜中不平，黑圜吉。赤角犯我城，黄角地之争，白角号泣之声④。

【注释】

①命：名称。②易处：移动位置。③文：礼乐制度。④号（háo）泣：哭泣。

其出东方，行四舍四十八日，其数二十日而反①，入于东方；其出西方，行四舍四十八日，其数二十日而反，入于西方。其一候之营室、角、毕、箕、柳②。出房、心间，地动。

【注释】

①其数：概率；约数。②其一：其他一种情况。

辰星之色：春，青黄；夏，赤白；秋，青白，而岁熟；冬，黄而不明。即变其色①，其时不昌。春不见，大风，秋则不实②。夏不见，有六十日之旱，月蚀。秋不见，有兵，春则不生③。冬不见，阴雨六十日，有流邑④，夏则不长⑤。

【注释】

①即：假若；如果。假设连词。②不实：谷物不成熟。③春：指第二年春季。④流邑：被冲刷的城邑。⑤夏：指第二年夏季。

角、亢、氐，兖州①。房、心，豫州②。尾、箕，幽州③。斗，江、湖④。牵牛、婺女，扬州⑤。虚、危，青州⑥。营室至东壁，并州⑦。奎、娄、胃，徐州⑧。昴、毕，冀州⑨。觜觿、参，益州⑩。东井、舆鬼，雍州⑪。柳、七星、张，三河⑫。翼、轸，荆州。

【注释】

①本节记载的是分星、分野的对应关系，应该移至第一大段"五官"末了。②豫州：古州名。汉代豫州约现在河南省东部和安徽省北部。③幽州：古州名。汉代幽州约现在河北省北部、辽宁省大部和朝鲜大同江流域。④江：指长江下游

地区。湖：指太湖流域一带。⑤扬州：古州名。汉代扬州约当今安徽省南部、江苏省南部和江西省、浙江省、福建省一带。⑥青州：古州名。汉代青州约当今山东省中部和东部、北部。⑦并（bīng）州：古州名。汉代并州约当今山西省大部、河北省西部和内蒙古自治区东南部。⑧徐州：古州名。汉代徐州约当今江苏省北部和山东省东南部。⑨冀州：古州名。汉代冀州约当今河北省中南部和山东省西端、河南省北端地区。⑩益州：汉代州名，约当今四川省东部、甘肃省南端、陕西省南部、湖北省西北部和贵州省大部。⑪雍州：古州名。⑫三河：指河东、河内、河南三郡，约当今山西省西南部和河南省大部。

七星为员官①，辰星庙，蛮夷星也②。

【注释】

①官：当作“宫”。②蛮夷：古时华夏族统治者对四方外族的贬称。

两军相当①，日晕晕等②，力钧③；厚长大，有胜；薄短小，无胜。重、抱、大、破、无④。抱为和，背为不和⑤，为分离相去。直为自立⑥，立侯王；指晕若曰杀将。负且戴⑦，有喜。围在中⑧，中胜⑨；在外⑩，外胜⑪。青外赤中，以和相去；赤外青中，以恶相去。气晕先至而后去⑫，居军胜⑬；先至先去，前利后病⑭；后至后去，前病后利；后至先去，前后皆病，居军不胜。见而去，其发疾，虽胜无功。见半日以上，功大。白虹屈短⑮，上下兑，有者下大流血。日晕制胜⑯，近期三十日，远期六十日。

【注释】

①相当：相互敌对。②日晕（yùn）：太阳光线经过云层中冰晶的折射或反射而形成的光学现象，常见的是围绕太阳内红外紫的彩色光环和通过太阳的白色光带（后者古人称为“白虹贯日”）。③力钧：势均力敌。钧，通“均”。④重（chóng）、抱、大、破、无：指日晕形成、变化和消失的整个过程。⑤背：云气的光芒不是向着太阳，而是向着周围。⑥直：光带笔直。自立：指分裂势力或反对势力宣告独立。⑦负：背着。指云气发生在太阳背后。戴：顶着。指云气发生在太阳顶上。⑧围在中：云气的外层有光芒。⑨中：指处于内线态势的军队。⑩在外：云气的内层有光芒。⑪外：指处于外线态势的军队。⑫气晕：指日晕时出现的光环、光带等。⑬居军：驻守的军队。⑭病：困难；不顺利。⑮屈：弯曲。⑯制胜：制服对方以取得胜利；决断胜败。

其食①，食所不利；复生②，生所利；而食益尽③，为主位④。以其直及日所宿⑤，加以日时⑥，用命其国也。

【注释】

①其食：指日食。②复生：指食甚以后生光或增光。③而食益尽：《史记三书正讹》《史记志疑》认为“而”“益”二字是衍文，当删。④为主位：占验在帝王或诸侯身上。⑤其直：日食部位所当。古人认为地球是天球的中心，太阳围绕地球运行，观测者向着哪个天区看到太阳，就认为太阳经过哪个天区。再根据太阳所在的星次或列宿来确定分野，如星纪次应在扬州，角宿、亢宿、氐宿都应在兖州之类。⑥日时：日食发生的日期（甲、乙……）和时辰（子、丑……），它们都各跟一定的地区对应，如甲应在齐地、乙应在东夷、子应在周地、丑应在北狄之类。

月行中道①，安宁和平。阴间②，多水，阴事③。外北三尺④，阴星⑤。北三尺，太阴⑥，大水，兵。阳间⑦，骄恣⑧。阳星⑨，多暴狱。太阳⑩，大旱丧也。角天门⑪，十月为四月⑫，十一月为五月，十二月为六月，水发，近三尺，远五尺。犯四辅⑬，辅臣诛。行南、北河，以阴阳言⑭，旱、水、兵、丧。

【注释】

①中道：运行线路的名称。指房宿四星的中间。②阴间：指房宿北二星的中间。③阴事：秘密的事情；变乱的事情。④外北：指房宿最北一星的北边。⑤阴星：指房宿最北一星的北边三尺处。⑥太阴：极盛的阴气。不是指月球。⑦阳间：指房宿南二星的中间。⑧骄恣（zì）：骄傲，放纵。⑨阳星：指房宿最南一星的南边三尺处。⑩太阳：极盛的阳气。不是指日球。路线在阳星道以南三尺。⑪角天门：角宿二星是天关，二星的中间是天门。⑫四月：指第二年四月。下文的"五月""六月"以此类推。⑬四辅：房宿四星是心宿的四个辅佐。⑭阴阳：指北河星以北和南河星以南。

月蚀岁星①，其宿地②，饥若亡。荧惑也乱③，填星也下犯上，太白也强国以战败，辰星也女乱④。蚀大角，主命者恶之；心，则为内贼乱也⑤；列星，其宿地忧。

【注释】

①蚀：《汉书·天文志》都作"食"，可以互通。②宿地：指分野。③荧惑：与上句相连，省略了主谓结构"月蚀"。下几句类推。④女乱：指由于帝王宠信后妃或女主掌握政权而导致的动乱。⑤内贼乱：指统治集团内部的变乱。

月食始日①，五月者六②，六月者五，五月复六，六月者一，而五月者凡五百一十三月而复始③。故月蚀，常也；日蚀，为不臧也④。甲、乙，四海之外，日月不占⑤。丙、丁，江、淮、海岱也⑥。戊、己，中州、河、济也。庚、辛，华山以西。壬、癸，恒山以北⑦。日蚀，国君；月蚀，将相当之。

【注释】

①月食始日：指某种历法（如《太初历》）开始出现月食的那天。②五月者六：每过五个月出现月食，如此连续六次。以下四句类推。③凡百一十三月而复始：根据上文合计，应当是一百二十一月，数目有错误。根据现代测算，日月食的周期是十八年十一日（或十日），一个周期内平均出现日食四十三次，月食二十八次。④不臧（zāng）：不好。⑤日月不占：日食月食不能预测，因为灾祥无法验证。⑥淮：淮河。起源于河南省桐柏山，东流经安徽省到江苏省汇入洪泽湖，洪泽湖以下分道流入长江。⑦恒山：古山名。在今河北省曲阳县西北，古时称为"北岳"。

国皇星①，大而赤，状类南极②。所出，其下起兵，兵强；其冲不利③。

【注释】

①国皇星：星名。②南极：就是南极老人。③冲（chòng）：指相互对立的方向。

昭明星①，大而白，无角，乍上乍下。所出国，起兵，多变。

【注释】

①昭明星：星名。又称笔星。

五残星①，出正东东方之野。其星状类辰星，去地可六丈②。

【注释】

①五残星：星名。②可：大约。副词。

大贼星①，出正南南方之野。星去地可六丈，大而赤，数动，有光。

【注释】

①大贼星：星名。

司危星①，出正西西方之野。星去地可六丈，大而白，类太白。

【注释】

①司危星：星名。

狱汉星①，出正北北方之野。星去地可六丈，大而赤，数动，察之中青。此四野星所出②，出非其方，其下有兵，冲不利。

【注释】

①狱汉（zhèn）星：星名。又名咸汉星。②四野星：指五残星、大贼星、司危星、狱汉星。

四填星①，所出四隅②，去地可四丈。

【注释】

①四填星：星名。填通"镇"。②四隅：指东南、西南、东北、西北四个方位。

地维咸光①，亦出四隅，去地可三丈，若月始出。所见下，有乱乱者亡②，有德者昌。

【注释】

①地维：星名。咸光：当从《汉书·天文志》《史记志疑》改作"臧（cáng）光"，隐藏着光芒。②乱乱：下"乱"字为衍文，根据同上当删。

烛星①，状如太白，其出也不行，见则灭。所烛者②，城邑乱③。

【注释】

①烛星：星名。②烛：照。动词。③城邑：城市。借指有中心城市的政区或国家。

如星非星，如云非云，命曰归邪①。归邪出，必有归国者②。

【注释】

①归邪（音蛇）：与彗星相似的天体名称。②归国者：有两种解释：一、回到本国的。指逃亡的国君或大臣而言。二、投降本国的。

星者，金之散气，其本曰火①。星众，国吉；少则凶。

【注释】

①星者，金之散气，其本曰火：星球是金属的液态或气态，它的实质是热能。

汉者，亦金之散气，其本曰水①。汉，星多，多水，少则旱，其大经也②。

【注释】

①其本曰水：它的本质是水蒸气。这是古代对银河的初步认识。现在对银河

的认识,究竟是天体的投影还是密集的天体,似乎还没有定论。②大经:大法;常规。

天鼓①,有音如雷非雷,音在地而下及地②。其所往者,兵发其下。

【注释】

①天鼓:星名。②上"地"字当依据清代张文虎《校刊札记》改作"天"。

天狗①,状如大奔星②,有声,其下止地,类狗。所堕及炎火③,望之如火光炎炎冲天。其下圜如数顷田处,上兑者则有黄色,千里破军杀将。

【注释】

①天狗:实际上是陨星。②奔星:流星。③堕:落下。

格泽星者①,如炎火之状,黄白,起地而上,下大上兑。其见也,不种而获;不有土功,必有大害②。

【注释】

①格泽星:星名。②大害:依据《汉书·天文志》和《史记志疑》作"大客",大客是周代称大诸侯国派出的卿一级的使臣,后来用作对宾客的尊称。

蚩尤之旗①,类彗而后曲,象旗。见则王者征伐四方②。

【注释】

①蚩(chī)尤之旗:星名。蚩尤,相传东方九黎族的首领,神通广大,后来跟黄帝交战,失败被杀。②征伐:用军事手段惩治有罪者。

旬始①,出于北斗旁,状如雄鸡。其怒②,青黑,象伏鳖。

【注释】

①旬始:星名。②怒:光芒四射。

枉矢①,类大流星,蛇行而仓黑②,望之如有毛羽然。

【注释】

①枉矢:星名。②蛇行:蜿蜒曲折地行进。仓:通"苍"。

长庚①,如一匹布著天②。此星见,兵起。

【注释】

①长庚:星名。不是指金星。②著(zhuó)天:挂在天空。著,通"着",附着。

星坠至地①,则石也。河、济之间,时有坠星。

【注释】

①星坠:星体陨落。

天精而见景星①。景星者,德星也。其状无常,常出于有道之国。

【注释】

①精:清亮;明朗。景星:也叫瑞星、德星。

凡望云气①,仰而望之,三四百里;平望,在桑榆上,余二千里;登高而望之,下属地者三千里。云气有兽居上者,胜。

【注释】

①望云气：观察云气，与人间万事相附，预测吉凶。这是一种迷信占卜方法。

自华以南，气下黑上赤。嵩高、三河之郊①，气正赤。恒山之北，气下黑上青。勃、碣、海、岱之间②，气皆黑。江、淮之间，气皆白。

【注释】

①嵩高：山名。也叫嵩山。在河南省登封市北。②勃：勃海。就是渤海。碣（jié）：碣石。山名。在河北省昌黎县西北。

徒气白①。土功气黄②。车气乍高乍下③，往往而聚。骑气卑而布④。卒气抟⑤，前卑而后高者，疾；前方而高⑥；后兑而卑者却。其气平者其行徐⑦。前高而后卑者，不止而反。气相遇者⑧，卑胜高，兑胜方。气来卑而循车通者⑨，不过三四日，去之五六里见⑩。气来高七八尺者，不过五六日，去之十余二十余里里见。气来高丈余二丈者，不过三四十日，去之五六十里见。

【注释】

①徒气：预兆备战的气。②土功气：预测修筑防御工事的气。③车气：预兆车战的气。④骑气：预测骑战的气。⑤卒气：预兆步战的气。卒，步兵。抟（tuán）：收拢；团聚。⑥方：形状平正。⑦徐：缓慢。⑧相遇（ǒu）：互相对抗。遇，通"偶"，对等，对立。⑨通：当据《汉书·天文志》和《史记志疑》改作"道"。⑩不过三四日，去之五六里见：意指，在出现这种气的三四天时间内，在距离这种气的五六里范围内预兆的事件会出现。

稍云精白者①，其将悍，其士怯。其大根而前绝远者②，当战。青白，其前低者，战胜；其前赤而仰者，战不胜。阵云如立垣③。杼云类杼④。轴云抟⑤，两端兑。杓云如绳者⑥，居前亘天⑦，其半半天⑧。其蜺者⑨，类阙旗⑩，故〔兑〕⑪。钩云句曲⑫。诸此云见，以五色合占⑬。而泽抟密，其见动人⑭，乃有占；兵必起，合斗其直⑮。

【注释】

①稍云精白：依据《汉书·天文志》和《史记志疑》作"捎云青白"。捎云，飘拂的云。②天根：云的基部大。③阵云：形状似战阵的云。立垣：高耸的城墙。④杼（zhù）云：形状像织梭的云。杼，织布的梭子。⑤轴云：形状像滚筒的云。⑥杓（sháo）云：形状像杓子的云。杓，舀取液体的器具，像半球形，有柄。⑦亘（gèn）：横贯；从这端直到那端。⑧半天：绵延半个天空。半，占了一半，动词。⑨蜺（niè）者：形状像虹的云。⑩阙旗：当从《汉书·天文志》和《史记志疑》作"斗旗"，按阙、蜺（斗）形似而讹。⑪〔兑〕：原本缺文，根据同上补。⑫钩云：形状像钩的云。⑬合：衍文，当据《汉书·天文志》和《史记志疑》删。⑭动人：引人注意；打动人心。⑮合斗：交战。

王朔所候①，决于日旁。日旁云气，人主象②。皆如其形以占。

【注释】

①王朔：汉武帝时擅长望气的人。②人主象：帝王的征兆。

故北夷之气如群畜穹闾①，南夷之气类舟船幡旗②。大水处，败军场，破国之虚③，下有积钱金宝④，之上皆有气⑤，不可不察。海旁蜄气像楼台⑥，广野气成宫阙然⑦。云气各像其山川人民所聚积⑧。

【注释】

①北夷：古时对北方外族的称呼，含有轻贬的意味。穹（qióng）闾：游牧民族的帐篷。②幡（fān）旗：直着挂的长方形旗子。这里指帆。③虚：通"墟"。废址。④下：指地底下。⑤之：衍文，当据《汉书·天文志》和《史记志疑》删。⑥蜄（shèn）气：蜃景。⑦宫阙（què）：指宫殿。阙，宫门外两侧的牌楼。⑧所聚积：指山川的形势和百姓的气质。聚积，指这些特征的形成和获得的过程。

故候息秭者①，入国邑②，视封疆田畴之正治③，城郭室屋门户之润泽④，次至车服畜产精华⑤。实息者⑥，吉；虚秭者⑦，凶。

【注释】

①息秭（juàn）：情况的好坏。②国邑：国家和行政区域。古时从居民点到封国都可以称邑。③封疆：边界。田畴：耕种的田地。种谷地称田，种麻地称畴。正治：疆界明确，田地耕作得好。④城郭：内城和外城。⑤车服：车马，服饰。精华：华美。指车服的华美和牲畜的肥壮。⑥实息：充实，繁荣。⑦虚秭：空虚，消耗。

若烟非烟，若云非云，郁郁纷纷①，萧索轮囷②，是谓卿云③。卿云，喜气也。若雾非雾，衣冠而不濡④，见则其域被甲而趋⑤。

【注释】

①郁郁：文采明盛的样子。②萧索：云气散开的样子。轮囷（qūn）：弯曲的样子。③卿云：一种彩云。④濡（rú）：沾湿。⑤被（pī）甲而趋：披着铠甲奔走。被，通"披"。

夫雷电、虾虹、辟历、夜明者①，阳气之动者也，春夏则发，秋冬则藏，故候者无不司之。

【注释】

①夫（fú）：指示代词。虾（xiá）虹：虹霓。虾，通"霞"。辟历：同"霹雳"。惊雷。夜明：就是夜气辉。

天开县物①，地动坼绝②。山崩及徙，川塞溪垘③；水澹地长④，泽竭见象⑤。城郭门闾⑥，闰枲槁枯⑦，宫庙邸第⑧，人民所次⑨。谣俗车服⑩，观民饮食。五谷草木，观其所属⑪。仓府厩库⑫，四通之路。六畜禽兽⑬，所产去就⑭；鱼鳖鸟鼠，观其所处⑮。鬼哭若呼，其人逢俉⑯。化言⑰，诚然⑱。

【注释】

①天开县（xuán）物：天空裂开，出现悬空的物象。②坼（chè）绝：断裂。③垘（fú）：堵塞。④水澹（dàn）：波浪起伏，流水回旋。⑤泽竭：湖沼干涸。象：征兆；迹象。⑥闾：里巷的大门。⑦闰枲：当据《汉书·天文志》和《史记志疑》作"润泽"，潮湿的意思。⑧宫：古代是房屋的通称，秦、汉以后专指君主居住的房屋。邸（dǐ）：封国王侯在京城的住所。⑨次：止宿；居住。⑩谣俗：风俗。谣，民间歌谣，歌谣可以反映百姓的风俗习惯。⑪属（zhǔ）：聚会；汇集。

⑫府：储藏财物的地方。库：储藏武器战车的地方。⑬六畜：指牛、马、羊、猪、狗、鸡。⑭去就：去或留；退或进。⑮处（chǔ）：居止；栖息。⑯逢牾（wù）：意外相逢，感到惊怪。牾，通"迕（wù）"，偶然相遇。⑰化言：讹言。"化"为"讹"之误。讹言，即谣言；妖言。⑱诚：真是；的确。

凡候岁美恶①，谨候岁始。岁始或冬至日②，产气始萌③；腊明日④，人众卒岁⑤，一会饮食⑥，发阳气，故曰初岁；正月旦⑦，王者岁首；立春日⑧，四时之始也。四始者⑨，候之日。

【注释】

①候岁：占卜年岁的吉凶。②或：有。动词。③产气：生气。萌：开始；萌生。④腊（là）明日：腊祭的次日，古人称为小岁，举行庆贺。⑤卒岁：过年。卒，终止，结束，动词。⑥一会：一齐集合。⑦正月旦：正月一日。⑧立春：二十四节气之一。⑨四始：指冬至日、腊明日、正月旦、立春日。

而汉魏鲜集腊明、正月旦决八风①。风从南方来，大旱；西南，小旱；西方，有兵；西北，戎菽为②，小雨③，趣兵④；北方，为中岁⑤；东北，为上岁⑥；东方，大水；东南，民有疾疫，岁恶。故八风各与其冲对⑦，课多者为胜⑧。多胜少，久胜亟⑨，疾胜徐。旦至食⑩，为麦；食至日昳⑪，为稷⑫；昳至餔⑬，为黍；餔至下餔⑭，为菽；下餔至日入⑮，为麻。欲终日有云⑯，有风，有日，日当其时者⑰，深而多实；无云，有风日，当其时，浅而多实；有云风，无日，当其时，深而少实；有日，无云，不风，当其时者稼有败⑱。如食顷⑲，小败；熟五斗米顷⑳，大败。则风复起㉑，有云，其稼复起。各以其时用云色占种所宜㉒。其雨雪若寒，岁恶。

【注释】

①魏鲜：汉代善于占候星象的人。八风：八个方面的风。②戎菽：大豆；豌豆；蚕豆。为：成熟。③小雨：衍文，据《史记三书正讹》、《史记志疑》当删。④趣（cù）兵：迅速发生战争。⑤中岁：中等年成。⑥上岁：上等年成。⑦对：敌对，抵消。⑧课：考察；比较。⑨亟（jí）迅速、快速；短暂。⑩旦：平旦。指寅时。食：食时。指辰时。相当于现在的七时至九时。⑪日昳（dié）：指未时，午后日偏斜。⑫稷（jì）：古代常用的粮食作物，黍的一个变种；有时也作为粟或粱的别名。⑬餔（bū）：餔时。也作"晡（bū）时"。指申时。相当于现在的十五时至十七时。⑭下餔：申时过后五刻。相当于现在的十八时过后。⑮日入：指酉时。⑯欲：欲望。⑰日：衍文，当据《汉书·天文志》和《史记志疑》删。当其时者：意思是说，希望整天三有，那就五谷丰登。不然的话，哪一段时间三有，相应的那种作物就能够丰收。如平旦至食时三有，麦子就能够丰收。以下三句类推。⑱稼：庄稼；作物。有：助词。败：歉收。⑲食顷：吃一顿饭的时间。形容时间较短。⑳熟五斗米顷：煮熟五斗米的时间。㉑则：假如；如果。㉒种：指五谷中的某一种。

是日光明①，听都邑人民之声②。声宫③，则岁善，吉；商，则有兵；徵，旱；羽，水；角，岁恶。

【注释】

①是日：指正月一日。②都邑：都市，集镇。声：指乐声和歌声。③宫：古乐五声音阶的名称依次是：宫、商、角、徵（zhǐ）、羽。

或从正月旦比数雨①。率日食一升，至七升而极②；过之，不占。数至十二日，日直其月，占水旱③。为其环域千里内占④，则为天下候，竟正月⑤。月所离列宿⑥，日、风、云，占其国。然必察太岁所在。在金⑦，穰；水，毁；木，饥；火，旱。此其大经也。

【注释】

①比（bì）：排列；接连。数（shǔ）：计算。②率（lǜ）日食一升，至七升而极：计算正月开初一天下雨，百姓会有一升粮食；二天下雨，会有二升粮食……到七日为止，假如天天有雨，会有七升粮食，这就达到了最高限度。③数至十二日，日直其月，占水旱：数到十二日，日期应在跟它相当的月份，占候水旱。就是正月一日下了雨，正月有雨水，否则干旱；二日下了雨，二月有雨水，否则干旱；以下数到十二日为止。④环域：环绕国境；周围。⑤竟：自始至终。⑥离：经历。⑦金：指西方。

正月上甲①，风从东方，宜蚕；风从西方，若旦黄云，恶。

【注释】

①上甲：上旬的甲日。

冬至短极，县土炭①，炭动，鹿解角②，兰根出，泉水跃，略以知日至③，要决晷景④。岁星所在，五谷逢昌⑤。其对为冲⑥，岁乃有殃。

【注释】

①县土炭：在平衡器的两端，分别悬挂土和炭，让它们平衡轻重。②鹿解角：牡鹿的角，每年初春脱落，到春末复生。解，脱落。③日至：太阳运行到达极南或极北的地方，即指太阳直射南回归线即往北运行，直射北回归线即往南运行。④要：总；总要。晷（guǐ）：日规。测量日影以判定时刻的仪器。⑤逢昌：大丰收。逢，大。⑥其对为冲：跟木星所在的星次相对的星次叫作冲。例如：木星在星纪次，鹑首次就是冲；木星在玄枵（xiāo）次，鹑火次就是冲。在这种情况下，鹑首次和鹑火次的分野就有灾殃。

太史公曰：自初生民以来①，世主曷尝不历日月星辰②？及至五家、三代③，绍而明之④，内冠带⑤，外夷狄⑥，分中国为十有二州⑦，仰则观象于天⑧，俯则法类于地⑨。天则有日月，地则有阴阳⑩。天有五星，地有五行。天则有列宿，地则有州域⑪。三光者⑫，阴阳之精，气本在地，而圣人统理之⑬。

【注释】

①生民：人类；出现人类。②世主：君主。星辰：有两解：一、众星的总称。二、星指五星，辰指二十八宿。③五家：就是五帝。④绍：继承。⑤内：亲近，动词。冠带：礼帽和腰带。⑥外：疏远，动词。夷狄：古代对西方外族的贬称，夷，主要指东方外族；狄，主要指北方外族。⑦十有（yòu）二州：《书·尧典》有"肇十有二州"的话，但并没有记载州名，后人根据《书·禹贡》《周礼·职方》《尔雅·释地》三种"九州"名称，拼凑成为冀、幽、并、兖、青、营、徐、扬、荆、豫、梁、雍十二州名。有，通"又"，用在整数和零数之间。⑧观象：观察天象（如日月星辰的运行等）。⑨法类：取法各种事物。⑩阴阳：一种中国古代的哲学思想。⑪州域：州界。⑫三光：指日、月、星。⑬统理：

统一调理。

幽、厉以往①，尚矣②。所见天变③，皆国殊窟穴④，家占物怪⑤，以合时应⑥，其文图籍禨祥不法⑦。是以孔子论《六经》⑧，纪异而说不书。至天道命⑨，不传；传其人⑩，不待告；告非其人，虽言不著⑪。

【注释】

①幽、厉：周厉王，公元前878—前842年在位。周幽王，厉王的孙子，公元前781—前771年在位。以往：以后；以下。②尚：久远。③天变：天象的变化，指日月食、地震之类。④殊：异；不同。窟穴：洞穴。借指灾异现象和它的遗迹。⑤物怪：怪异的事物。⑥合时应：符合当时的应验。⑦文图籍：文字图画的书籍。禨（jī）祥：一、祈祷鬼神求福。二、吉凶的征兆。不法：不可以作为法则。⑧孔子（前551—前479年）：孔丘。春秋末期鲁国陬（zōu）邑（今山东省曲阜市）人。我国历史上伟大的思想家、教育家，儒家学派的创始者。⑨命：天命。就是天神的意旨。⑩其人：指懂得天道、天命的哲人。⑪著：明白；通晓。

昔之传天数者①：高辛之前②，重、黎③；于唐、虞④，羲、和⑤；有夏⑥，昆吾⑦；殷商⑧，巫咸⑨；周室⑩，史佚、苌弘⑪；于宋⑫，子韦⑬；郑则裨灶⑭；在齐⑮，甘公⑯；楚⑰，唐眛⑱，赵⑲，尹皋⑳，魏㉑，石申㉒。

【注释】

①天数：天文历法。②高辛：传说中古代部族领袖帝喾的国号。③重：人名。黎：人名。④唐：陶唐氏，帝尧的国号。虞：有虞氏，帝舜的国号。⑤羲、和：羲氏，和氏，两个掌管天地四时的官名。⑥有夏：夏代，我国历史上第一个朝代，约当公元前21世纪至前16世纪左右。有，用在名词之前的助词。⑦昆吾：夏代部落名。这里指它的君长已樊。⑧殷商：指商、殷、商殷朝代。约当公元前16世纪至前11世纪。⑨巫咸：殷中宗时吴地人。⑩周室：周朝。公元前11世纪建立，建都镐（hào）京（今陕西省西安市西南），前770年迁都洛邑（今河南省洛阳市），前256年灭亡。历史上称建都镐京时期为西周，迁都洛邑以后为东周，东周又分为春秋、战国两个时期。⑪史佚（yì）：周武王时的太史尹佚。苌（cháng）弘：周敬王时的大夫，在晋国大夫内讧中帮助了范氏，因此被杀。⑫宋：古国名。公元前11世纪周朝分封的诸侯国，现在河南省东部和山东省、江苏省、安徽省交界地区，前286年被齐国灭亡。⑬子韦：宋景公时人，天文历算家。⑭郑：古国名。公元前806年周朝分封的诸侯国，地在今河南省境，前375年消亡。裨（pí）灶：郑国的大夫。⑮齐：古国名。公元前11世纪周朝分封的姜姓诸侯国，春秋末年大臣田和夺取了政权，仍沿用齐国号，前221年灭亡。⑯甘公：甘德。战国末人。⑰楚：古国名。西周时开始建国，前223年灭亡。⑱唐眛（mò）：人名。⑲赵：国名。战国初年建国，现在河北省西南部、山西省中北部和内蒙古自治区河套地区，前222年灭亡。⑳尹皋（gāo）：人名。㉑魏：国名。战国初年建国，地在今河南省中北部和山西省、陕西省交界地区，前225年消亡。㉒石申：战国末人。

夫天运①，三十岁一小变，百年中变，五百载大变②；三大变一纪，三纪而大备③：

此其大数也④。为国者必贵三五⑤，上下各千岁，然后天人之际续备⑥。

【注释】

①夫：提起连词。②载（zǎi）：年。唐、虞时代称载，夏代称岁，商代称祀，周代称年。③大备：经过四千五百年，经历了一切变化。④大数：自然的分限，气数，命运。⑤三五：统指三十年至四千五百年这些变化周期。⑥天人之际：天道和人事的相互关系。

太史公推古天变①，未有可考于今者②。盖略以春秋二百四十二年之间③，日蚀三十六，彗星三见，宋襄公时星陨如雨④。天子微⑤，诸侯力政⑥，五伯代兴⑦，更为主命⑧。自是之后，众暴寡⑨，大并小⑩，秦、楚、吴、越⑪，夷狄也，为强伯。田氏篡齐⑫，三家分晋⑬，并为战国⑭。争于攻取，兵革更起⑮，城邑数屠⑯，因以饥馑疾疫焦苦⑰，臣主共忧患，其察机祥候星气尤急⑱。近世十二诸侯七国相王⑲，言从衡者继踵⑳，而皋、唐、甘、石因时务论其书传㉑，故其占验凌杂米盐㉒。

【注释】

①推：推测。②考：验证；占验。③盖：表示推原的承接连词。春秋：时代名。根据鲁国编年史《春秋》得名。④宋襄公时星陨如雨：《春秋》记载陨星事有两次：一次是鲁庄公七年发生在鲁国，这时是宋闵公五年，原文为"夜中星陨如雨"。一次是鲁僖公十六年发生在宋国，这时是宋襄公七年，原文为"陨石于宋五"。⑤天子微：指周王朝势力减弱。⑥力政（zhēng）：用武力征伐。政，通"征"。⑦五伯（bà）：就是五霸。伯，通"霸"。指春秋时期先后称霸的五个诸侯，有三说：一、齐桓公、晋文公、秦穆公、宋襄公、楚庄王。二、齐桓公、晋文公、秦穆公、楚庄王、吴王阖（hé）闾。三、齐桓公、晋文公、楚庄王、吴王阖闾、越王勾践。⑧更（gēng）：连续；交替。⑨暴：欺侮；糟蹋。⑩并：兼并；并吞。⑪秦：古国名。西周时开始建国，现在陕西省和甘肃省、四川省一带，前221年秦始皇统一中国，建立秦朝。吴：古国名。西周初年开始建国，地在今江苏省和安徽省、浙江省的一部分，前473年灭亡。越：古国名。传说于夏代开始建国，地在今浙江省北部和江苏省、安徽省、江西省交界地区，约前306年灭亡。⑫田氏篡齐：齐国国君原来姓姜，前672年田完从陈国逃奔到齐国，以后他的子孙世代担任齐国的大臣，逐渐夺得齐国政权，前386年田和正式自立为齐君。⑬三家分晋：晋国原有六家大臣，经过长期的争夺兼并剩下了三家，前387年，魏斯、韩虔、赵籍三人最后瓜分晋国，分别建立魏国、韩国、赵国。⑭战国：时代名。⑮兵革：借指战争。⑯屠：宰杀牲畜；杀害人命。⑰因：连接。动词。饥馑（jǐn）：灾荒。饥，五谷不成熟；馑，蔬菜不成熟。⑱星气：星象和云气。⑲十二诸侯：指春秋时期的鲁、齐、晋、秦、楚、宋、卫、陈、蔡、曹、郑、燕十二个诸侯国。七国：指战国时期的秦、楚、齐、燕、韩、赵、魏七个强国，通称"七雄"。相王（wàng）：互相尊称为王。王，动词。⑳从（zōng）衡：同"纵横"。指合纵连横的外交斗争。继踵：前后相接。㉑因：就；针对。介词。时务：当时的各种事物。常指国家社会的形势。书传（zhuàn）：文书典籍。这里指占候的书籍。㉒米盐：比喻微小琐碎。

二十八舍主十二州①，斗秉兼之②，所从来久矣。秦之疆也③，候在太白，占于狼、弧。吴、楚之疆，候在荧惑，占于鸟、衡④。燕、齐之疆⑤，候在辰星，占于虚、危。宋、郑之疆，候在岁星，占于房、心。晋之疆⑥，亦候在辰星，占于参、罚。

【注释】

①十二州：联系前文关于分星、分野的记载来看，本文的所指十二州是：兖、豫、幽、扬、青、并、徐、冀、益、雍、三河、荆。这跟汉代学者关于古代十二州的看法和汉代的政区实际都有较大的出入。②斗柄：指北斗星。柄，通"柄"。③疆：国界；国土。④鸟：指柳宿。⑤燕（yān）：古国名。⑥晋：古国名。

及秦并吞三晋、燕、代①，自河山以南者中国②。中国于四海内则在东南，为阳；阳则日、岁星、荧惑、填星；占于街南③，毕主之。其西北则胡、貉、月氏诸衣旃裘引弓之民④，为阴；阴则月、太白、辰星；占于街北，昴主之。故中国山川东北流，其维⑤，首在陇、蜀⑥，尾没于勃、碣⑦。是以秦、晋好用兵，复占太白，太白主中国；而胡、貉数侵掠，独占辰星，辰星出入躁疾⑧，常主夷狄：其大经也。此更为客、主人。荧惑为孛⑨，外则理兵⑩，内则理政。故曰"虽有明天子，必视荧惑所在"⑪。诸侯更强，时灾异记，无可录者。

【注释】

①代：战国时国名。现在河北省蔚（yù）县一带，后来归属赵国。这里指后者。②河：指黄河。山：指秦岭山系。一说指华山。③街：指天街星。④貉（mò）：也作"貊（mò）"。古代对东北部族的贬称。月氏（zhī）：也作"月支"。衣（yì）：穿（衣）。动词。旃（zhān）裘：也作"毡裘"。引弓之民：指以射猎为生的民族。引弓，开弓。⑤维：系统；脉络。⑥陇：陇山。古代称为陇坂，就是六盘山的南段，绵延于陕西省、甘肃省边境地区，因而称这个地区为陇。蜀：古国名。现在四川省中西部，后来称为蜀。⑦没（mò）：沉入水中。⑧躁疾：急躁，快速。⑨孛（bó）：星球光芒四向扫射的现象，也就用作彗星的别称。⑩理：治理；主宰。⑪从"荧惑为孛"起这两句话，根据《汉书·天文志》和《史记志疑》应当移到前面"荧惑"节的末了。

秦始皇之时，十五年彗星四见，久者八十日，长或竟天。其后秦遂以兵灭六王①，并中国，外攘四夷②，死人如乱麻，因以张楚并起③，三十年之间兵相骀藉④，不可胜数⑤。自蚩尤以来，未尝若斯也。

【注释】

①六王：韩王韩安、赵王赵迁、魏王魏假、楚王熊负刍、燕王姬喜、齐王田建。②攘（rǎng）：排斥；排除。四夷：古代对华夏族以外四方各民族的统称。分开来说，就称为东夷、西戎、南蛮、北狄。③张楚：秦代末年农民起义领袖陈胜于公元前209年在陈县（今河南省淮阳县）建立楚政权，号为张楚。④骀藉（tái jiè）：践踏。⑤胜（shēng）：尽。

项羽救巨鹿①，枉矢西流，山东遂合从诸侯②，西坑秦人③，诛屠咸阳④。

【注释】

①项羽（前232—前202年）：名籍，字羽。泗水郡下相县（今江苏省宿迁市西南）人。②山东：战国、秦、汉时代，通称崤（xiáo）山或华山以东为山东，一般专指黄河流域，有时也泛指战国时秦国以外的六国领土。合从（zōng）：也

作"合纵"。联合从南到北的许多势力。③西坑秦人：项羽在巨鹿之战中摧毁了秦军主力，章邯率余部投降。项羽率领诸侯联军和投降的秦军西进到达新安（今河南省渑〈miǎn〉池县东），秦军谋划暴乱。项羽命令楚军夜袭秦军，坑杀秦军士兵二十多万人。坑，活埋。④诛屠：杀戮。咸阳：秦朝的都城，在今陕西省咸阳市东北。

　　汉之兴，五星聚于东井。平城之围^①，月晕参、毕七重^②。诸吕作乱^③，日蚀，昼晦^④。吴、楚七国叛逆^⑤，彗星数丈，天狗过梁野^⑥；及兵起，遂伏尸流血其下^⑦。元光、元狩^⑧，蚩尤之旗再见，长则半天^⑨。其后京师师四出^⑩，诛夷狄者数十年^⑪，而伐胡尤甚。越之亡^⑫，荧惑守斗；朝鲜之拔^⑬，星茀于河戍^⑭；兵征大宛^⑮，星茀招摇：此其荦荦大者^⑯。若至委曲小变^⑰，不可胜道。由是观之，未有不先形见而应随之者也^⑱。

【注释】

　　①平城之围：公元前200年（汉高帝七年），刘邦亲自率领大军出击匈奴，刚到平城（今山西省大同市东北），被匈奴突击部队围困在白登山（在今大同市东北），七天才突围。②月晕：现象和原理都同日晕。③诸吕作乱：公元前180年（汉高后八年），吕雉死后，她的侄儿吕产、吕禄等企图夺取政权，被太尉周勃等平定。④昼晦：白天昏暗。⑤吴、楚七国叛逆：公元前154年（汉景帝前元三年），吴王刘濞（bì）联合楚王刘戊、赵王刘遂、胶西王刘卬（áng）、胶东王刘雄渠、济南王刘辟光、菑（zī）川王刘贤，为了反对朝廷的"削藩"政策，发动大规模动乱，随即被太尉周亚夫等平定。⑥梁：汉初封国，现在河南省、安徽省交界地区。⑦伏尸：尸体倒地。⑧元光：汉武帝的年号，当前134—前129年。元狩：汉武帝的年号，相当于前122—前117年。⑨则：乃至；竟达。⑩京师：首都。借指朝廷。⑪诛夷狄者数十年：指汉武帝时期对匈奴、西南夷、百越、朝鲜、西域的历次战争。⑫越之亡：公元前112年（汉武帝元鼎五年），南越相吕嘉反，武帝派兵征讨，平定南越，设置南海等九郡。越，指南越。⑬朝鲜之拔：公元前109年（汉武帝元封二年），朝鲜王卫右渠攻掠辽东，武帝派兵进击，平定朝鲜，设置乐浪等四郡。⑭茀（bó）：通"孛"。象彗星出现。河戍：河，指南河星、北河星。因为它们的位置是天帝的关梁，是需要守卫的交通要冲，所以称为河戍。⑮兵征大宛（yuān）：公元前104—前101年（汉武帝太初元年至四年），武帝派兵征服大宛，夺得名马。大宛，西域国名，在今苏联中亚费尔干纳盆地。⑯荦（luò）荦：分明的样子。⑰委曲：隐微曲折。委，微末；曲，曲折。⑱形见：指天象变化的出现。应随：指人间灾祸的发生。

　　夫自汉之为天数者，星则唐都^①，气则王朔，占岁则魏鲜。故甘、石历五星法，唯独荧惑有反逆行；逆行所守，及他星逆行，日月薄蚀^②，皆以为占。

【注释】

　　①唐都：汉武帝时方士，通晓天文。②薄（bó）：太阳或月亮被观测不到的高空云气遮挡，因而昏暗无光。

　　余观史记^①，考行事^②，百年之中，五星无出而不反逆行，反逆行，尝盛大而变色^③；日月薄蚀，行南北有时^④：此其大度也^⑤。故紫宫、房心、权衡、咸池、虚危列宿部星^⑥，此天之五官坐位也^⑦，为经^⑧，不移徙^⑨，大小有差^⑩，阔狭有常⑪。水、火、金、木、填星，此五星者，天之五佐，为纬⑫，见伏有时⑬，所过行赢缩有度⑭。

【注释】

①史记：泛指古代史书。②考：稽考；考查。行（xìng）事：事迹；事实。③盛大：光辉强烈闪耀。④南北：指天球黄道的南北。⑤大度：一般规律。⑥列宿：分出星空区划；划分星座。部星：分区管辖众星。⑦五官：中官、东官、南官、西官、北官。坐：通"座"。⑧经：经星。⑨不移徙：相对位置不移动。⑩差（cī）：次序；等级。⑪阔狭：宽窄。⑫纬：纬星。就是行星。⑬见伏：出现和隐没。⑭过（guò）行：运行；经过。

日变修德①，月变省刑②，星变结和③。凡天变，过度乃占④。国君强大有德者昌，弱小饰诈者亡⑤。太上修德，其次修政⑥，其次修救⑦，其次修禳⑧，正下无之⑨。夫常星之变希见⑩，而三光之占亟用⑪。日月晕適⑫，云风，此天之客气⑬，其发见亦有大运⑭。然其与政事俯仰⑮，最近天人之符⑯。此五者，天之感动。为天数者，必通三五⑰，终始古今⑱，深观时变⑲，察其精粗⑳，则天官备矣㉑。

【注释】

①修德：修养品德。②省刑：减省刑罚。③结和：团结起来，实现和睦。④过度：指天变的程度严重或出现次数多。⑤饰诈：虚伪欺骗。⑥修政：修明政治。⑦修救：采取补救措施。⑧修禳（ráng）：祈祷鬼神。⑨正下：最下。无：无视。之：指天变。⑩常星：恒星。⑪亟（qì）：一再；多次。⑫適（zhé）：通"谪"。变异现象。指日食、月蚀。⑬客气：指非常见的自然力量。⑭大运：就是天运。⑮俯仰：上下变化。⑯天人之符：天道和人事的同一性。⑰三五：有两解：一、指天运的变化周期。二、指三光和五星。⑱终始：从头至尾贯通。⑲时变：时势的变迁。⑳精粗：精髓和皮毛。㉑天官：指天文学的理论体系。

苍帝行德，天门为之开。赤帝行德，天牢为之空。黄帝行德，天矢为之起。风从西北来，必以庚、辛。一秋中五至，大赦；三至，小赦。白帝行德。以正月二十日、二十一日，月晕围，常大赦。载，谓有太阳也。一曰：白帝行德，毕、昴为之围。围三暮，德乃成；不三暮及围不合，德不成。二曰：以辰围，不出其旬。黑帝行德，天关为之动。天行德，天子更立年；不德，风雨破石。三能、三。衡者，天廷也。客星出天廷，有奇令。

【注释】

以上字句是一些残简，在长期的传抄、转刻过程中积存下来了。字句错杂，事理紊乱，不好理解。《史记三书正讹》曾经作过一番校对和解说，以下解释供读者参考。

"苍帝行德，天门为之开；赤帝行德，天牢为之空；黄帝行德，天（天）〔矢〕为之起；〔白帝行德，毕、昴为之围；〕〔黑帝行德，天关为之动。〕"这十句应该移到上文末节"此五者，天之感动"的前面，分别说明五方星官发出明亮光辉的不同影响。意指：东方星官发出明亮的光辉，天门因此开启；南方星官发出明亮的光辉，天牢因此空虚；中央星官发出明亮的光辉，天矢因此兴起；西方星官发出明亮的光辉，毕宿、昴宿天区因此月晕环绕；北方星官发出明亮的光辉，天关因此开闭。

"风从西北来，必以庚、辛。一秋中五至，大赦；三至，小赦。"这几句应当移到上文"候岁"段中，但跟魏鲜的说法不同。意指：风从西北吹来，一定在庚日或辛日。一个秋季里出现五次，会宣布大赦；出现三次，会宣布局部赦免。

"白帝行德"一句是衍文。

"以正月二十日、二十一日，月晕围，（常）〔当〕大赦。"这两句是"白帝行德，毕、昴为之围"的旁注，后人误入正文。

"载"字是衍文。

"谓有太阳也。"这一句是"候岁"段中的旁注。

"一曰：围三暮，德乃成；不三暮及围不合，德不成。二曰：以辰围，不出其旬。"这几句是别的占星家的异说。

"白帝行德，毕、昴为之围。""黑帝行德，天关为之动。"这四句移至前面。

"天行德，天子更立年；不德，风雨破石。"这四句说明全天星官都发出明亮的光辉，皇帝应当改定年号；如果都发光暗淡，那就会发生巨大的灾害。

"三能、三……"下面有缺文。

"衡者，天廷也。客星出天廷，有奇令。"这三句申述上文"南官朱鸟"段的一层意思。

封禅书第六①

　　自古受命帝王②，曷尝不封禅③？盖有无其应而用事者矣④，未有睹符瑞见而不臻乎泰山者也⑤。虽受命而功不至⑥，至梁父矣而德不洽⑦，洽矣而日有不暇给⑧，是以即事用希⑨。《传》曰⑩："三年不为礼⑪，礼必废；三年不为乐⑫，乐必坏。"每世之隆⑬，则封禅答焉⑭，及衰而息。厥旷远者千有余载⑮，近者数百载，故其仪阙然堙灭⑯，其详不可得而记闻。

【注释】

　　①封禅书：古代君王即位后，在泰山上筑土为坛以祭天，表示报答上天之功，叫作封；在泰山下面小山梁父上划定地区以祭地，表示报地之功，叫作禅。②受命：接受天命。③曷（hé）：何。④盖：推原之词。应（yìng）：感应；灵应。者矣：表示已然的语助词。⑤符瑞：古代以所谓祥瑞征兆，附会为君主获得上天赐予符命的象征。见（xiàn）：同"现"，显露。臻（zhēn）：至；及。⑥功：事有成效叫做功。⑦梁父（fǔ）：一作"梁甫"。泰山支脉，在今山东省泰安市东南。洽：和协；周遍。⑧日有（yòu）不暇给：指事务繁多没有空闲时间。有，通"又"。暇，空闲。⑨即事：当前的事。这里指当前封禅之事。用：施行；举

行。⑩《传》（zhuàn）：古时典籍都称"传"，此处指《论语·阳货》。⑪礼：泛指古代贵族等级社会中的一切礼仪法度，道德规范。如婚姻之礼，乡饮之礼，丧祭之礼，朝觐（jìn）之礼等。⑫乐（yuè）：音乐。古代五声（宫、商、角、徵、羽）、八音（金、石、丝、竹、匏、土、革、木）的总称。⑬隆：兴隆旺盛。⑭答：报答。⑮厥：其。旷：空阔。埋（yīn）：埋没。⑯仪：仪式。阙：空缺。埋（yīn）：埋没。

《尚书》曰①，舜在璇玑玉衡②，以齐七政③，遂类于上帝④，禋于六宗⑤，望山川⑥，遍群神。辑五瑞⑦，择吉月日⑧，见四岳诸牧⑨，还瑞⑩。岁二月，东巡狩⑪，至于岱宗⑫。岱宗，泰山也。柴，望秩于山川⑬，遂觐东后⑭。东后者，诸侯也。合时月正日⑮，同律度量衡⑯，修五礼⑰，五玉三帛二生一死贽⑱。五月，巡狩至南岳。南岳，衡山也⑲。八月，巡狩至西岳。西岳，华山也⑳。十一月，巡狩至北岳。北岳，恒山也㉑。皆如岱宗之礼。中岳，嵩高也㉒。五载一巡狩。

【注释】

①《尚书》：儒家经典之一。尚，上古。由于其记载为上古典、谟、训、诰之文，所以称《尚书》。②舜：传说中古代部落联盟首领。受尧禅为共主，建都蒲阪（今山西省永济市境），死后禅位于禹。详见《五帝本纪》。在：停留；观察。璇（xuán）：美玉。玑（jī）：古代观测天象的仪器，可以运转，汉代以来叫浑天仪。③七政：日、月五星。古代认为观察天象吉凶，可知政治得失，故曰七政。④类：通"禷（lèi）"。祭天。一说指有大事临时举行的祭祀。上帝：天帝；天神。⑤禋（yīn）：烟。升烟祭祀，使气上达神灵，为古代祭神之礼。六宗：指六种尊崇之神，各家说法不一：一说指四时、寒暑、水旱、日、月、星；一说指水、火、雷、风、山、泽；一说指天上日、月、星，地上河、海、岱；一说指天、地、春、夏、秋、冬。⑥望山川：遥望祭祀九州名山大山。⑦辑：聚集；验视。⑧择：挑选。⑨四岳：古代分管四季四方的长官。牧：一州的长官。⑩还瑞：指舜验视诸侯所奉之圭璧后，再赐还之；以示瑞物虽受之于尧，经舜验视赐还，今后即为舜臣。⑪巡狩（shòu）：古时天子视察诸侯叫巡狩，意谓巡视诸侯守土之责。狩，通"守"。⑫岱宗：泰山别称岱。⑬柴：祭祀的一种。秩：按次序而祭。⑭觐（jìn）：朝见；接受朝见。⑮合时月正日：谓四时气节，月份大小，日子的变动，都能配合齐整。时，四时；月，十二月；日，三百六十日。⑯同：统一。律：音律。一说指法制。⑰修：整治。五礼：指吉礼（祭祀）、凶礼（丧葬）、宾礼（朝会）、军礼（军事）、嘉礼（婚冠）。⑱五玉：即五瑞。三帛：三公述职所持的礼物。二生：指活的羔羊与雁，是卿、大夫所持的礼物。一死：一只死雉，是士所持的礼物。贽（zhì）：古代会见时所送的礼物，也可指这种会见。⑲南岳衡山：此指今安徽霍山县西南之天柱山。⑳西岳华山：在今陕西省华阴市南。㉑北岳恒山：在今河北省曲阳县西北，不是现在山西的恒山。㉒中岳嵩高：即嵩山，亦作崧山，又名太室山。现在河南省登封市北。

禹遵之①。后十四世，至帝孔甲②，淫德好神③，神渎④，二龙去之⑤。其后三世，汤伐桀⑥，欲迁夏社，不可，作《夏社》⑦。后八世⑧，至帝太戊⑨，有桑穀生于廷⑩，一暮大拱⑪，惧。伊陟曰⑫："妖不胜德⑬。"太戊修德，桑穀死。伊陟赞巫咸⑭，巫咸之兴自此始⑮。后十四世，帝武丁得傅说为相⑯，殷复兴焉，称高宗。有雉登鼎耳雊⑰，武丁惧。祖己曰⑱："修德。"武丁从之，位以永宁。后五世，帝武乙慢神而震死⑲。后三世，帝纣淫乱⑳，武王伐之㉑。由此观之，始未尝不肃祇㉒，后稍怠慢也。

【注释】

①禹：传说中古代部落联盟首领。姓姒，名文命，也称大禹、夏禹。②孔甲：夏朝第十四代国君，在位三十一年。③淫：邪恶。④渎（dú）：怠慢；不敬。⑤二龙去之，相传孔甲在位，天赐二龙，与之骑乘，后因孔甲对神怠慢不敬，二龙飞去，夏廷遂衰。⑥汤：又名成汤。商代开国君主。子姓，名履，一名天乙。⑦夏社：上文指夏代国家土神祠，下文《夏社》，《尚书》篇名，今已亡逸。⑧后八世：指商汤以后第八世。⑨太戊：商代第十代国君，在位时任用贤臣伊陟辅政，国事日治。⑩桑穀（gǔ）：桑树和楮树。⑪拱：两手合围。⑫伊陟（zhì）：太戊臣，伊尹之子。⑬胜：占优势。⑭赞：陈说；告诉。巫咸：殷臣，主管祈神消灾之事。⑮巫咸：指祈祷神灵消除灾祸的事情。⑯武丁：即殷高宗。用傅说为相，殷政复兴，在位五十九年。傅说（yuè）：殷高宗贤相。初隐居傅岩（今山西省平陆县东），从事版筑操作，高宗梦说，访得之，举以为相，国事大治。⑰雉：野鸡。鼎：古代炊器，金属制成，三足两耳。相传夏禹铸九鼎，作为传国重器。雊（gòu）：野鸡叫。⑱祖己：殷代贤臣，曾进谏武丁治理民事要兢兢业业，用德化民，祭祀有常，不丰不薄。⑲武乙：在位四年，昏乱无道。慢：同"嫚"。轻侮；傲慢。⑳纣：商末代君主，名受辛，字受德。㉑武王：姓姬，名发，周文王子。㉒肃祗（zhī）：恭敬；谨慎；兢兢业业。

《周官》曰①，冬日至②，祀天于南郊③，迎长日之至④；夏日至⑤，祭地祇⑥。皆用乐舞⑦，而神乃可得而礼也⑧。天子祭天下名山大川，五岳视三公⑨，四渎视诸侯⑩，诸侯祭其疆内名山大川⑪。四渎者，江、河、淮、济也。天子曰明堂、辟雍⑫，诸侯曰泮宫。

【注释】

①《周官》：即《周礼》。儒家经典之一。周朝官制和战国时代各国制度的汇编。②冬日至：即"冬至"。③南郊：古时每年冬至日，于南郊建圜丘，即天坛，大祀皇天，所以也称南郊大祀。④长日：指冬至以后，白天一天比一天长，故称长日。⑤夏日至：指"夏至"。⑥地祇（qí）：地神。⑦乐舞：依据乐曲节拍而起舞。⑧礼：致敬献礼于神灵。动词。⑨五岳：指东岳泰山、南岳衡山、北岳恒山、西岳华山、中岳嵩山。三公：周朝太师、太傅、太保称三公。⑩四渎：古人当时对四条入海的大川的总称，即长江、黄河、淮水、济水。诸侯：这里特指仅次于三公而具有侯爵称号的诸侯，不是泛指五等诸侯。⑪疆：疆界。⑫明堂：古代阐明政教的厅堂。凡祭祀、朝会、敬老、尊贤等大典，都在这里举行。辟雍：周朝所设大学的名称。

周公既相成王①，郊祀后稷以配天②，宗祀文王于明堂以配上帝③。自禹兴而修社祀④，后稷稼穑，故有稷祠，郊社所从来尚矣⑤。

【注释】

①周公：西周初期政治家。姓姬，名旦。相（xiàng）：辅助。成王：西周君主，姬诵。武王儿子。年幼即位，由叔父周公旦摄政。亲政后，继续分封诸侯，加强对地方的控制，奠定了西周统治的基础。②郊祀：在郊外祭祀。③宗祀：在宗庙祭祀。后凡祭祀祖宗，统称宗祀。文王：商末时周族领袖。姓姬，名昌。④社祀：祭土神。⑤郊社：冬至祭天叫"郊"，夏至祭地叫"社"。也泛指祭天地。尚：

久远。

自周克殷后十四世①，世益衰，礼乐废，诸侯恣行②，而幽王为犬戎所败③，周东徙雒邑④。秦襄公攻戎救周，始列为诸侯⑤。秦襄公既侯，居西垂⑥，自以为主少暤之神⑦，作西畤⑧，祠白帝⑨，其牲用骝驹黄牛羝羊各一云⑩。其后十六年，秦文公东猎汧渭之间⑪，卜居之而吉⑫。文公梦黄蛇自天下属地⑬，其口止于鄜衍⑭。文公问史敦⑮，敦曰："此上帝之征，君其祠之。"于是作鄜畤⑯，用三牲郊祭白帝焉⑰。

【注释】

①周：朝代名。公元前 11 世纪，周武王灭商后建立，定都镐京。平王东迁以前称西周，东迁以后称东周。公元前 256 年为秦所灭。殷：朝代名。商王盘庚从奄（今山东省曲阜市境）迁到殷（今河南省安阳市西北的小屯村），因而商也称殷。从盘庚迁殷到纣亡国，一般称为殷，又整个商代也称商殷、殷商。②恣：放纵；没有约束。③幽王：西周国王，姬宫湼（shēng）。犬戎：古代西戎种族名。④雒（luò）邑：都邑名。周成王为了巩固对东方殷故土的统治，在周公主持下所筑。⑤秦襄公：春秋时秦国君主。姓嬴。前 777—前 766 年在位。西周消亡时，护送周平王东迁，被封为诸侯，赐给岐（今陕西省岐山县）以西地。⑥垂：同"陲"。边境。⑦少暤（hào）：亦作"少昊"。传说中古代东夷族首领，名挚。国号金天氏。⑧西畤（zhì）：祭祀坛址的名称。畤，祭祀天地五帝的坛址。⑨白帝：神话中的西方天帝，神名白招拒。⑩骝（liú，也作"䮃"）驹：赤身黑鬣的少壮马。羝（dī）羊：公羊。⑪秦文公：东周初年秦国君主。前 765—前 716 年在位，建都于汧。汧（qiān）：邑名。⑫卜居：用占卜选择居地。⑬黄蛇：古多以蛇神为白帝。属（zhǔ）：连接；附着。⑭鄜（fū）：古地名，反设县。现在陕西省，改名富县。衍：山坡低平之处。⑮史敦：秦之太史，名敦。⑯鄜畤：坛址名称。⑰三牲：牛、羊、豕。

自未作鄜畤也，而雍旁故有吴阳武畤①，雍东有好畤②，皆废无祠。或曰："自古以雍州积高③，神明之隩④，故立畤郊上帝，诸神祠皆聚云。盖黄帝时尝用事⑤，虽晚周亦郊焉。"其语不经见⑥，缙绅者不道⑦。

【注释】

①雍（yōng）：邑名。秦德公建都于此。治所在今陕西省凤翔县南。吴阳：地名。在雍邑附近。武畤：秦时所建祭地神的处所。②好畤：祭天的地方。③雍州：古九州之一。现在陕西省北部、甘肃省西北部及青海省部分地区。④隩（yù又读 ào）：通"墺"。四方之中可居之地。⑤黄帝：传说为上古中原各族共同的祖先。⑥经：正常；时常。⑦缙（jìn）绅：同"搢绅""荐绅"。搢，插。绅，大带。意谓插笏于绅。将笏插于大带与革带之间，官吏的装束。

作鄜畤后九年，文公获若石云①，于陈仓北阪城祠之②。其神或岁不至，或岁数来，来也常以夜，光辉若流星，从东南来集于祠城，则若雄鸡，其声殷云③，野鸡夜雊。以一牢祠④，命曰陈宝⑤。

【注释】

①若石：指其质像玉石。②陈仓：山名。现在陕西省宝鸡市东。阪（bǎn）：

山坡；斜坡。③其神：指雄雉之神叶君，每一、二岁来与雌雉之神宝夫人会合，来时天空发出殷殷雷鸣之声，雌雉高声长鸣。④一牢：牛羊猪一套。⑤命：称名；称呼。

作鄜畤后七十八年，秦德公既立①，卜居雍，后子孙饮马于河，遂都雍②。雍之诸祠自此兴。用三百牢于鄜畤③。作伏祠④。磔狗邑四门⑤，以御蛊灾⑥。

【注释】

①秦德公：前677—前676年在位，建都于雍。②都：定都；建都。动词。③百："即白"。祭西帝少昊之神，牲畜贵用白色，且按礼，祭郊不用三百牢。④伏祠：伏日祭祀的祠庙。夏至到立秋有三伏，即初伏、中伏、末伏。⑤磔（zhé）：分裂牲畜肢体以祭神。邑：城邑。⑥蛊（gǔ）：极毒之虫。聚集百虫于器皿中，半年打开看，别的虫都被一虫食尽。这种虫极毒，名之曰蛊。

德公立二年卒。其后四年，秦宣公作密畤于渭南①，祭青帝②。

【注释】

①秦宣公：前675—前664年在位。密畤：祭祀坛址的名称。②青帝：神话中的东方天帝，神名灵威仰。一说即太昊氏。

其后十四年，秦缪公立①，病卧五日不寤②；寤，乃言梦见上帝，上帝命缪公平晋乱③。史书而记藏之府④。而后世皆曰秦缪公上天。

【注释】

①秦缪公：春秋时秦国君，姓嬴名任好。前659——前621年在位。任用百里奚、蹇叔为谋臣，称霸西戎。缪，通"穆"。②寤（wù）：睡醒。③晋：国名。公元前11世纪周朝分封的诸侯国。晋乱：晋献公宠幸骊姬，杀太子申生。死后群公子争立，相互残杀，致使晋国陷于混乱。④史：官名。在君王左右掌管祭典和记事等。府：古代国家收藏财物、图书的处所。

秦缪公即位九年，齐桓公既霸①，会诸侯于葵丘②，而欲封禅。管仲曰③："古者封泰山禅梁父者七十二家④，而夷吾所记者十有二焉⑤。昔无怀氏封泰山，禅云云⑥；虙羲封泰山⑦，禅云云；神农封泰山⑧，禅云云；炎帝封泰山⑨，禅云云；黄帝封泰山，禅亭亭⑩；颛顼封泰山⑪，禅云云；帝俈封泰山⑫，禅云云；尧封泰山⑬，禅云云；舜封泰山，禅云云；禹封泰山，禅会稽⑭；汤封泰山，禅云云；周成王封泰山，禅社首⑮：皆受命然后得封禅。"桓公曰："寡人北伐山戎⑯，过孤竹⑰，西伐大夏⑱，涉流沙⑲，束马悬车⑳，上卑耳之山㉑；南伐至召陵㉒，登熊耳山以望江、汉㉓。兵车之会三㉔，而乘车之会六㉕，九合诸侯㉖，一匡天下㉗，诸侯莫违我。昔三代受命㉘，亦何以异乎？"于是管仲睹桓公不可穷以辞㉙，因设之以事，曰："古之封禅，鄗上之黍㉚，北里之禾㉛，所以为盛㉜；江、淮之间㉝，一茅三脊㉞，所以为藉也㉟。东海致比目之鱼㊱，西海致比翼之鸟㊲，然后物有不召而自至者十有五焉。今凤皇麒麟不来㊳，嘉谷不生，而蓬蒿藜莠茂㊴，鸱枭数至㊵，而欲封禅，毋乃不可乎㊶？"于是桓公乃止。是岁，秦缪公内晋君夷吾㊷。其后三置晋国之君㊸，平其乱。缪公立三十九年而卒。

【注释】

①齐桓公（？—前643年）：春秋时齐国君主，姜小白。前685—前643年在位。

②葵丘：邑名。现在河南省兰考县东北。齐桓公于公元前651年，邀集鲁、宋、卫、郑、许、曹等国诸侯，在这里结盟，倡导尊贤育才，选拔贤能，永结盟好，借以巩固政权。③管仲（？—前645年）：即管敬仲，名夷吾，字仲。春秋初期政治家，由鲍叔牙推荐，被齐桓公任命为卿。④七十二家：指孔子登泰山，考察古代新建王朝前来泰山祭天的有七十多个，其他曾来泰山祀天而无从查考者，不可胜数。⑤有：通"又"。用在整数与零数之间。⑥无怀氏：古帝号，在太昊氏（伏羲）前。云云：山名。泰山支脉，在今山东省泰安县东南。一说在今山东省蒙阴县。⑦虑（fú）羲：即伏羲。神话传说中人类的始祖。相传人类由他和女娲氏即兄妹相婚而产生。⑧神农：相传我国远古时代农业和医药的发明者。生于姜水，以姜为姓。起于烈山，又号烈山氏（一作厉山氏）。以火德王，故又称炎帝。传说中远古人民过着渔猎、采集生活。他教民用木制作耒耜，从事农业生产。又说他曾亲尝百草，发现药材，教民治病。⑨炎帝：此指传说中神农氏之后代。⑩亭亭：泰山支脉。在今山东省泰安县西。⑪颛顼（zhuān xū）：传说中古代部族首领。号高阳氏。⑫帝俈（kù）：即帝喾。传说中古代部族首领，号高辛氏。⑬尧：传说中父系氏族社会后期部落联盟首领。称陶唐氏，名放勋，史称唐尧。⑭会（kuài）稽：山名。在今浙江省绍兴市南，本名防山、茅山、苗山。相传夏禹曾在此大会诸侯，计功封爵，始名会稽。⑮社首：山名。在今山东省泰安县西南。一说在巨平（今山东省宁阳县境）。⑯山戎：亦称北戎，即鲜卑族。现在今河北省迁安市一带，春秋时常为齐、郑、燕的祸患。⑰孤竹：国名。姓墨胎氏。在今河北省卢龙县。⑱大夏：古并州晋阳。在今山西太原市西南。⑲流沙：在今山西境，平陆县东。⑳束马悬车：包裹马脚，挂牢车辆，以防跌滑。㉑卑耳山：即辟耳山。在今山西省平陆县西北。㉒召（shào）陵：地名。在今河南省郾城县东。齐桓公率诸侯伐楚，楚使屈完来盟于此。㉓熊耳山：在河南省西部卢氏县南，秦岭东段支脉，主峰名全宝山。㉔兵车之会三：指鲁庄公十三年（前681年），齐桓公会盟鲁、宋、陈、蔡、邾等国于北杏（今山东省东阿县北），平定宋动乱；鲁僖公四年（前656年），齐桓公率领诸侯之师，进军蔡国（今河南省新蔡县），蔡军溃败，又乘胜讨伐楚；鲁僖公六年（前654年），齐桓公会宋、陈、卫、曹等国伐郑。㉕乘车之会六：鲁庄公十四年（前680年）冬，桓公与鲁公、宋公、卫侯、郑伯会盟于鄄（今山东省鄄城县北）；十五年（前679年）又会盟于鄄；十六年（前678年）冬，桓公与鲁、宋、陈、卫、郑、许、滑、滕等国诸侯会盟于幽（今河北省北部及辽宁省一带）；僖公五年（前655年），桓公率鲁、宋、陈、卫、郑、许、曹等国诸侯，会于首止（今河南省睢县东南），确定周惠王长子襄王的继承权；僖公八年（前652年），桓公与鲁、宋、卫、许、曹、陈等国诸侯会盟于洮（今山东省鄄城县西），表示效忠周王朝；僖公九年，会于葵丘。㉖九合：指三次兵车会，六次乘车会。㉗一匡天下：有两说，一、概括地说，拯救了天下；二、具体指确定周襄王的继承权。㉘三代：指夏、商、周。㉙穷：穷尽。动词，指使感到理屈词穷。㉚鄗（hào）上：山名。现在河南省荥阳市有鄗山，疑即指此。又地名，在今河北省高邑县东。黍：黍子。子粒叫黄米，可供食用及酿酒。㉛北里：地名。今不详。禾：粮食作物总称。又专指粟。㉜盛（chéng）：装进祭器的粮食祭品。㉝江淮：长江、淮河。㉞茅：草名。有白茅、黄茅、青茅等几种。三脊：指茅草秆有三条棱，古称灵茅。㉟藉（jiè）：以物衬垫。㊱东海：古代泛指东方极远的海域。比目鱼：鲽形目鱼类的总称。此处指两鱼各有一目，比合才得游行之鱼，如版鱼之类。㊲西海：

古代泛称西方极远的海域。比翼鸟：传说中的鸟名。一目一翼，互相辅助而飞。
㊳凤皇：相传祥瑞之鸟。雄曰凤，雌曰凰。皇，通作"凰"。麒麟：传说中的神
兽。似鹿而大，有一角，牛尾马蹄，腹毛黄，背毛五彩，不践生草，不食生物。
㊴蓬（péng）：草名。秋枯根拔，随风飘卷，故称飞蓬。蒿：草名。藜：一年生
草本植物。莠（yǒu）：恶草的通称。蓬、蒿、藜、莠，皆秽恶之草。㊵鸱（chī）：
鹞鹰；猫头鹰之类。枭（xiāo）：通"鸮"。鸱鸮科鸟类的通称。㊶毋乃：岂不。
疑问副词。㊷内：通"纳"。纳入。夷吾：即晋惠公。㊸三置晋国之君：指秦穆
公相继安置晋惠公、晋怀公、晋文公为君。

其后百有余年，而孔子论述六艺①，传略言易姓而王②，封泰山禅乎梁父者
七十余王矣③，其俎豆之礼不章④，盖难言之。或问禘之说⑤，孔子曰："不知。
知禘之说，其于天下也视其掌。"诗云纣在位⑥，文王受命，政不及泰山。武王
克殷二年，天下未宁而崩⑦。爰周德之洽维成王⑧，成王之封禅则近之矣。及后陪
臣执政⑨，季氏旅于泰山⑩，仲尼讥之。

【注释】

①孔子（前551—前479年）：名丘，字仲尼。鲁国陬邑（今山东省曲阜市）人。
②传（zhuàn）：阐述儒家经义的文字。一般文字记载也可称传。略：记载事迹
大略的文字。③乎：通"于"。④章：彰明。⑤禘（dì）：祭名。有时禘、殷禘、
大禘三种。时禘，宗庙四时祭祀的一种。殷禘，帝王诸侯宗庙的大祭。大禘，帝
王祭天，并以始祖和远祖配享。⑥诗：疑为衍文。⑦崩旧称帝王死叫崩。⑧爰：
于是；因此。维：为；是。⑨陪臣：诸侯的大夫对天子自称陪臣，大夫的家臣也
叫陪臣。⑩季氏：春秋鲁国季孙氏为鲁庄公弟季友后代，子孙世为鲁大夫，把持
国政，权势很大。这里指季桓子。

是时苌弘以方事周灵王①，诸侯莫朝周，周力少，苌弘乃明鬼神事，设射狸首②。
狸首者，诸侯之不来者。依物怪欲以致诸侯③。诸侯不从，而晋人执杀苌弘④。周
人之言方怪者自苌弘。

【注释】

①苌弘：周大夫，有方术，能招致神异。方：方术。指卜筮、星占等。周灵
王：姬泄心。前571—前545年在位。②狸首：本为逸诗篇名。狸，一名"不来"；
首，先。③物怪：奇异的动物。④晋人执杀苌弘：周晋王时晋大夫范吉射、中行
寅作乱，事情牵涉苌弘。晋人因此兴师进犯周室，周杀苌弘。

其后百余年，秦灵公作吴阳上畤①，祭黄帝②；作下畤③，祭炎帝④。

【注释】

①秦灵公：前421—前415年在位。②黄帝：神话中的中央天帝，神名含枢纽。
③下畤：祭祀坛址的名称。④炎帝：神话中的南方天帝，神名赤熛怒，一说即神
农炎帝。

后四十八年，周太史儋见秦献公曰①："秦始与周合②，合而离③，五百岁当
复合④，合十七年而霸王出焉⑤。"栎阳雨金⑥，秦献公自以为得金瑞，故作畦畤
栎阳而祀白帝⑦。

【注释】

①太史：西周春秋时期管理起草文书，策命诸侯卿大夫，记载史事，编写史书，掌管国家典籍、天文、历法、祭祀等职的官。儋（dān）：人名。秦献公：嬴师隰。前384—前362年在位。②秦始与周合：谓周、秦同为黄帝之后，在周朝别封非子于秦之前这段时间为合。③合而离：谓周别封非子于秦为其附庸国之后，周秦分离。④五百岁当复合：谓自非子封于秦，至秦孝公二年周显王分赠祭肉，周秦相亲，是为复合。⑤合十七年而霸王出：指自秦孝公三年至十九年，周显王封秦孝公为霸王，则为霸者出现；至惠文王称王，则为王者出现。⑥栎阳：地名。秦献公建都此。现在陕西省西安市临潼区东北。动词。⑦畦（qí）時：祭祀坛址的名称。

其后百二十岁而秦灭周，周之九鼎入于秦①。或曰宋太丘社亡②，而鼎没于泗水彭城下③。

【注释】

①九鼎：传说夏禹铸了九只鼎，象征九州，三代时奉为传国之宝。秦灭周取了九鼎，其中一只沉于泗水，其余无考。②太丘：地名。现在河南永城市西北。③泗水：在山东省中部，源出泗水县东蒙山南麓。彭城：县名。在今江苏省徐州市。

其后百一十五年而秦并天下。

秦始皇既并天下而帝，或曰："黄帝得土德，黄龙地螾现①。夏得木德，青龙止于郊②，草木畅茂。殷得金德，银自山溢。周得火德，有赤乌之符③。今秦变周，水德之时。昔秦文公出猎，获黑龙，此其水德之瑞。"于是秦更命河曰"德水"④，以冬十月为年首，色上黑⑤，度以六为名⑥，音上大吕⑦，事统上法⑧。

【注释】

①地螾（yǐn）：蚯蚓。见（xiàn）：同"现"。出现。②止：居住；栖息。③赤乌之符：相传周武王时有火从天而降，形如赤乌。④更（gēng）命：改名。河：指黄河。⑤上：通"尚"。崇尚。⑥度：度制。以六为名：如符规定为方六寸，长度规定为六尺为一步之类。⑦大吕：十二律之一。⑧事：国家一切政事。

即帝位三年，东巡郡县，祠驺峄山①，颂秦功业。于是征从齐、鲁之儒生博士七十人②，至乎泰山下，诸儒生或议曰："古者封禅为蒲车③，恶伤山之土石草木；扫地而祭，席用菹秸④，言其易遵也。"始皇闻此议各乖异⑤，难施用，由此绌儒生⑥。而遂除车道⑦，上自泰山阳至巅⑧，立石颂秦始皇帝德，明其得封也。从阴道下⑨，禅于梁父。其礼颇采太祝之祀雍上帝所用⑩，而封藏皆秘之⑪，世不得而记也。

【注释】

①驺峄山：山名。又名驺山或峄山。现在山东省邹县东南。②齐：国名。前11世纪周分封的诸侯国。姜姓。现在山东省北部。③蒲车：用蒲草裹着车轮的车子。这种车子常用于祭告天地或者迎接贤士。④菹（zū）：同"葅"。枯草。秸：农作物的茎秆，去皮可以做席。⑤乖异：违背；不和睦。⑥绌（chù）：通"黜"。贬退；排除。⑦除：修治；修建。⑧阳：山的南面，水的北面。⑨阴：山的北面，水的南面。⑩太祝：官名。⑪秘：隐秘。

始皇之上泰山，中阪遇暴风雨①，休于大树下。诸儒生既绌，不得与用于封事之礼②，闻始皇遇风雨，则讥之。

【注释】

①中阪：山坡中段。②与（yù）：参与。

于是始皇遂东游海上，行礼祠名山大川及八神，求仙人羡门之属①。八神将自古而有之，或曰太公以来作之②。齐所以为齐，以天齐也。其祀绝，莫知起时。八神：一曰天主，祠天齐。天齐渊水③，居临菑南郊山下者④。二曰地主，祠泰山梁父。盖天好阴，祠之必于高山之下，小山之上，命曰"畤"；地贵阳，祭之必于泽中圜丘云⑤。三曰兵主，祠蚩尤⑥。蚩尤在东平陆监乡⑦，齐之西境也。四曰阴主，祠三山⑧。五曰阳主，祠之罘⑨。六曰月主，祠之莱山⑩。皆在齐北，并勃海⑪。七曰日主，祠成山⑫。成山斗入海⑬，最居齐东北隅⑭，以迎日出云。八曰四时主，祠琅邪⑮。琅邪在齐东方，盖岁之所始。皆各用一牢具祠⑯，而巫祝所损益⑰，珪币杂异焉⑱。

【注释】

①羡门：古时仙人，名子高。②太公：指姜太公。③天齐渊水：泉水名。在临菑城南。④临菑：都邑名。亦作"临淄"。齐国国都。在今山东省淄博市东北。⑤圜丘：圆形高坛。⑥蚩（chī）尤：相传为黄帝时诸侯，好兵喜乱，被黄帝所杀，其冢在东平陆监乡。⑦东平陆：县名。在今山东省东平县东。监乡：乡名。⑧三山：即参山。汉时在东莱郡曲成县境。在今山东莱州市北。⑨之罘（fú）：山名。也作芝罘。现在山东省烟台市北。⑩莱山：在今山东省龙口市东南。⑪并（bàng）：通"傍"。挨着。⑫成山：现在山东省荣成县东北。⑬斗：通"陡"。⑭隅：角落。⑮琅邪：山名。在山东省胶南市西南。⑯牢具：指盛在器皿中的牲畜。⑰巫祝：祠庙中司祭礼的人。⑱珪币：祭祀用的玉和帛。

自齐威、宣之时①，驺子之徒论著终始五德之运②，及秦帝而齐人奏之③，故始皇采用之。而宋毋忌、正伯侨、充尚、羡门高最后④，皆燕人，为方仙道⑤，形解销化⑥，依于鬼神之事。驺衍以阴阳主运显于诸侯⑦，而燕齐海上之方士传其术不能通⑧，然则怪迂阿谀苟合之徒自此兴⑨，不可胜数也⑩。

【注释】

①齐威、宣：指齐威王、齐宣王。②驺（zōu）子：即驺衍。驺，亦作"邹"。战国时的阴阳五行家。③秦帝：秦国统一天下称帝。帝，动词。④宋毋忌、正伯侨、充尚、羡门高：都是所谓仙人的名字。⑤方：通"仿"。比拟；模仿。⑥形解销化：古代方士说修道可以成仙，把死叫作"形解"，亦作"尸解"。意指解脱形体。⑦阴阳主运：邹衍把古代关于"阴阳交替"的朴素辩证法思想和"天人感应"说结合起来，用它来比附新旧王朝的变更，说它可以主宰一个王朝的命运。⑧方士：古代通晓神仙方术的人。⑨怪迂：奇异脱离实际。苟合：无原则地附和。⑩胜数（shēng shǔ）：尽数。

自威、宣、燕昭使人入海求蓬莱、方丈、瀛洲①。此三神山者，其傅在勃海中②，去人不远，患且至，则船风引而去。盖尝有至者，诸仙人及不死之药皆在焉。其物禽兽尽白，而黄金银为宫阙。未至，望之如云；及到，三神山反居水下。临之，风辄引去，终莫能至云。世主莫不甘心焉③。及至秦始皇并天下，至海上，则方士言之不可胜数。始皇自以为至海上而恐不及矣，使人乃赍童男女入海求之④。船交海中⑤，皆以风为解，曰未能至，望见之焉。其明年，始皇复游海上，至琅邪，过恒山，从上党归⑥。后三年，游碣石⑦，考入海方士，从上郡归⑧。后五年，始皇南至湘山⑨，遂登会稽，并海上，冀遇海中三神山之奇药⑩。不得，还至沙丘崩⑪。

【注释】

①燕昭：指战国时期的燕昭王。蓬莱、方丈、瀛洲：古代传说东海中有此三山，为神仙所居，总称"三神山"。②傅：《汉书·郊祀志》作"传"。③甘心：羡慕。④赍（jī）：携带。⑤交：开始进入。⑥上党：郡名。治所在壶关（现在山西省长治市北），辖境相当今山西省东南部。⑦碣石：山名。在河北省昌黎县北。⑧上郡：郡名。治所在肤施（今陕西省榆林县东南），地在今陕西省北部和内蒙古南端。⑨湘山：一名君山，又名洞庭山。在湖南省岳阳县西洞庭湖中。⑩冀：希望。⑪沙丘：在今河北省广宗县西北大平台。

二世元年①，东巡碣石，并海南，历泰山，至会稽，皆礼祠之，而刻勒始皇所立石书旁，以章始皇之功德②。其秋，诸侯畔秦。三年而二世弑死③。

【注释】

①二世：指秦二世嬴胡亥。二世元年，前209年②章：表彰；表扬。③弑：古代称子杀父、臣杀君为"弑"。此处指秦二世被赵高所杀。

始皇封禅之后十二岁，秦亡。诸儒生疾秦焚《诗》《书》①，诛僇文学②，百姓怨其法，天下畔之，皆讹曰："始皇上泰山，为暴风雨所击，不得封禅。"此岂所谓无其德而用事者邪？

【注释】

①疾：厌恶；憎恶。②僇（lù）：通"戮"。杀戮。

昔三代之居皆在河、洛之间①，故嵩高为中岳，而四岳各如其方，四渎咸在山东②。至秦称帝，都咸阳③，则五岳、四渎皆并在东方。自五帝以至秦④，轶兴轶衰⑤，名山大川或在诸侯，或在天子，其礼损益世殊，不可胜记。及秦并天下，令祠官所常奉天地名山大川鬼神可得而序也⑥。

【注释】

①河、洛：指黄河、洛河。②山东：战国、秦、汉时称崤山或华山以东为山东，也指战国时秦以外的六国地域。③咸阳：都邑名。战国时秦孝公开始建都于此。现在陕西省咸阳市东北。④五帝：相传中的中国原始社会末期部落或部落联盟的领袖。指黄帝、颛顼、帝喾、唐尧、虞舜。⑤轶（dié）：通"迭"。交替地；轮流地。⑥序：依次序排列。

于是自殽以东①，名山五，大川祠二。曰太室。太室，嵩高也。恒山，泰山，会稽，湘山。水曰济，曰淮。春以脯酒为岁祠②，因泮冻③，秋涸冻④，冬塞祷祠⑤。其牲用牛犊各一，牢具珪币各异。

【注释】

①殽（yáo）：即崤山。现在河南省西部。主峰干山在灵宝市东南。②脯（fǔ）：干肉。岁：一年的农事收成。③泮（pàn）：解；散。④涸（hé）冻：结冻。涸，凝结。⑤塞（sài）：通"赛"。祷：祷告；讫求神保佑。

自华以西，名山七，名川四。曰华山，薄山①。薄山者，衰山也。岳山②，岐山③，吴岳④，鸿冢⑤，渎山⑥。渎山，蜀之汶山⑦。水曰河，祠临晋⑧；沔⑨，祠汉中⑩；湫渊⑪，祠朝那⑫；江水⑬，祠蜀⑭。亦春秋泮涸祷塞，如东方名山川；而牲牛犊牢具珪币各异。而四大冢鸿、岐、吴、岳⑮，皆有尝禾⑯。

【注释】

①薄山：即襄山。在今山西永济市南。②岳山：山名。在陕西省武功县境。③岐山：山名。在陕西省岐山县东北。④吴岳：又名吴山。在陕西省陇县西南。⑤鸿冢：山名。现在陕西省凤翔县东。⑥渎山：即四川岷山。⑦汶，通"岷"。⑧临晋：县名。现在陕西省大荔县东。⑨沔（miǎn）：水名。源头出自陕西省略阳县，是汉水的上游。⑩汉中：郡名。这里指郡治南郑（今陕西省汉中市东）。⑪湫（jiǎo）渊：湖名。现在宁夏回族自治区固原市原州区。⑫朝（zhū）那（nuó）：县名。现在宁夏回族自治区固原市原州区东南。⑬江水：指长江。⑭蜀：郡名。这里指郡治成都。⑮冢：山顶。指高大的山。⑯尝禾：用新谷举行祭祀。尝，祭名。

陈宝节来祠。其河加有尝醪①。此皆在雍州之域②，近天子之都，故加车一乘，骝驹四。

【注释】

①醪（láo）：汁滓混合的酒，即酒酿。②雍州：古九州之一。地域约当今陕西、甘肃、宁夏、青海等省区。

霸、产、长水、沣、涝、泾、渭皆非大川①，以近咸阳，尽得比山川祠，而无诸加。

【注释】

①霸：霸水，古滋水。现在陕西省西安市东入渭水。产：浐水。源出自陕西蓝田县西南山谷中，至西安市东南合霸水入渭。长水：源出陕西省蓝田县境，至西安市长安区东南流入浐水。沣：水名。源出自陕西户县东南终南山，北流至咸阳市东南入渭河。涝：水名。源出自陕西省户县西南，流入浐水后再入渭河。泾：水名。源出宁夏固原市原州区南六盘山，往东南流至陕西高陵县入渭河。

汧、洛二渊①，鸣泽、蒲山、岳嶊山之属②，为小山川，亦皆岁祷塞泮涸祠，礼不必同。

【注释】

①洛：洛水有二：一、今名北洛河。在陕西省北部，发源于定边县南梁山，流入渭河。二、今名洛河，本名雒水。在河南省西部，源出自陕西省华山，流入黄河，这里可能是指前者。②鸣泽：泽名。在河北省涿州市北。蒲山：山名。无考。岳嶊（xū）山：山名。在华山西。

而雍有日、月、参、辰、南北斗、荧惑、太白、岁星、填星、辰星、二十八宿、风伯、雨师、四海、九臣、十四臣、诸布、诸严、诸逑之属①，百有余庙。西亦有数十祠②。于湖有周天子祠③。于下邽有天神④。沣、滈有昭明、天子辟池⑤。于杜、亳有三社主之祠、寿星祠⑥；而雍菅庙亦有杜主⑦。杜主，故周之右将军，其在秦中⑧，最小鬼之神者。各以岁时奉祠。

【注释】

①参（shēn）：星官名。二十八宿之一。辰：即心宿。二十八宿之一。南北斗：南斗、北斗，都是斗宿的别名，二十八宿之一。荧（yíng）惑：即火星。太白：即金星。岁星：即木星。填（zhèn）星：即土星。辰星：即水星。②西：县名。现在甘肃省天水市西南。③湖：县名。在今河南灵宝市境。④下邽（guī）：县名。在今陕西省渭南县东北。天神：古人所想象的天上日、月、星辰、风雨的主宰。⑤滈（hào）：水名。在陕西省西安市西。今已废绝。昭明：火星的又一别名。辟池：即滈池。⑥杜：县名。现在陕西省西安市东南。亳（bó）：亭名。在杜县境。社主：《汉书·郊祀志》作"杜主"，照应下文以"杜主"为是。寿星：南极老人星。⑦菅（jiān）：茅草。杜主：杜伯，周宣王的大夫，封于杜地，无罪被杀，人以为神。⑧秦中：地区名。现在陕西省中部，因春秋、战国时为秦国而得名。

唯雍四畤上帝为尊①，其光景动人民唯陈宝。故雍四畤，春以为岁祷，因泮冻，秋涸冻，冬塞祠，五月尝驹②，及四仲之月月祠③，若陈宝节来一祠。春夏用骍④，秋冬用骝。骝驹四匹，木禺龙栾车一驷⑤，木禺车马一驷⑥，各如其帝色。黄犊羔各四⑦，珪币各有数，皆生瘗埋⑧，无俎豆之具⑨。三年一郊。秦以冬十月为岁首，故常以十月上宿郊见⑩，通权火⑪，拜于咸阳之旁，而衣上白，其用如经祠云⑫。西畤、畦畤，祠如其故，上不亲往。

【注释】

①四畤上帝：在鄜畤祭典白帝，在密畤祭典青帝，在吴阳上畤祭典黄帝，在吴阳下畤祭典炎帝（赤帝）。鄜畤在咸阳东，其他三鄜畤在咸阳西。②尝驹：用少壮的骏马举行祭祀。③四仲之月：四季的中间一个月，即二、五、八、十一月。④骍（xīn）：赤色马。⑤木禺（ǒu）龙：木头雕的龙。栾（luán）车：有铃的车。栾，通"銮"。车辆的马铃。⑥驷（sì）：古代四马一车，因以称一车所驾之四马或驾四马之车。这里指四条龙。⑦羔：小羊。⑧瘗（yì）：埋葬。⑨俎（zǔ）豆：祭祀宴享的祭品。俎，祭祀时用以盛祭品的礼器，青铜制，也有木制漆饰的。豆，盛干肉一类食物的器皿。⑩上宿：皇上斋戒，以示崇敬。⑪权火：烽火。⑫经：经常。指常行的仪式。

诸此祠皆太祝常主，以岁时奉祠之。至如他名山川诸鬼及八神之属，上过则祠，去则已①。郡县远方神祠者，民各自奉祠，不领于天子之祝官②。祝官有秘祝③，即有灾祥④，辄祝祠移过于下⑤。

【注释】

①已：停止。②祝官：主管祭祀的官员。③秘祝：官名。④灾祥：灾异和吉祥。这里指灾异。⑤辄：就；总是。

汉兴，高祖之微时①，尝杀大蛇。有物曰②："蛇，白帝子也，而杀者赤帝子③。"高祖初起，祷丰枌榆社④。徇沛⑤，为沛公，则祠蚩尤，衅鼓旗⑥。遂以十月至灞上⑦，与诸侯平咸阳⑧，立为汉王。因以十月为年首，而色上赤。

【注释】

①高祖：汉高帝刘邦的庙号。微：卑贱。②物：指鬼神。③赤帝：神话中的南方天帝。④丰枌榆社：指汉高帝故乡丰邑枌榆乡的土地神。⑤徇（xùn）：攻取；

巡行。沛（pèi）：现在江苏省沛县。⑥衅（xìn）：古代新制器物成功，杀牲以祭，用血涂缝隙之称。⑦灞（bà）上：地名。现在陕西省西安市东南。⑧平：平定。

二年，东击项籍而还入关①，问："故秦时上帝祠何帝也？"对曰："四帝，有白、青、黄、赤帝之祠。"高祖曰："吾闻天有五帝，而有四，何也？"莫知其说。于是高祖曰："吾知之矣，乃待我而具五也。"乃立黑帝祠②，命曰北畤③。有司进祠，上不亲往。悉召故秦祝官，复置太祝、太宰④，如其故仪礼。因令县为公社⑤。下诏曰："吾甚重祠而敬祭。今上帝之祭及山川诸神当祠者，各以其时礼祠之如故。"

【注释】

①二年：汉王二年，前205年。项籍（前232—前202年）：名籍，字羽。秦末农民起义军首领。下相（今江苏省宿迁市西南）人。②黑帝：神话传说中的北方天帝，神名汁光纪。一说即颛顼。③北畤：祭祀坛址的名称。④太宰：官名。掌管祭祀贡享。⑤公社：官府祭典天地神鬼的地方。

后四岁，天下已定，诏御史①，令丰谨治枌榆社，常以四时春以羊彘祠之②。令祝官立蚩尤之祠于长安。长安置祠祝官、女巫。其梁巫③，祠天、地、天社、天水、房中、堂上之属④；晋巫⑤，祠五帝、东君、云中君、司命、巫社、巫祠、族人、先炊之属⑥；秦巫⑦，祠社主、巫保、族累之属⑧；荆巫⑨，祠堂下、巫先、司命、施糜之属⑩；九天巫⑪，祠九天；皆以岁时祠宫中。其河巫祠河于临晋⑫，而南山巫祠南山秦中⑬。秦中者，二世皇帝。各有时日。

【注释】

①御史：官名。秦以前本为史官。②彘（zhì）：猪。③梁：指战国时的魏地。因魏国从惠王以后一直建都大梁，故又别称梁国。④天社、天水、房中、堂上：都是神名。⑤晋：指春秋时的晋地。⑥东君：日神。云中君：云神。司命、巫社、巫祠、族人、先炊：都是神名。⑦秦：指战国时的秦地。⑧社主：仍以作"杜主"为宜。巫保、族累：神名。⑨荆：指春秋战国时的楚地。楚国建国于荆山一带，故又别称荆。⑩堂下、巫先、施糜：都是神名。⑪九天巫：专管祭祀九天的巫师。九天，指中央和八方之天。⑫河巫：专管祭典黄河的巫师。⑬南山：山名。现在秦岭终南山。秦中：这里借指秦二世。因他被赵高所杀，魂魄变成了厉鬼。

其后二岁，或曰周兴而邑邰①，立后稷之祠，至今血食天下②。于是高祖制诏御史③："其令郡国县立灵星祠④，常以岁时祠以牛。"

【注释】

①邰（tái）：一作"斄"。邑名。现在陕西省武功县西南。②血食：享受祭祀。因祭祀宰牲牢。③制诏：汉代皇帝文告的两种形式：制书命令三公，传达州郡；诏书布告臣民。④郡国：汉初，郡和王国同为地方高级行政区划。

高祖十年春，有司请令县常以春二月及腊祠社稷以羊豕①，民里社各自财以祠②。制曰："可。"

【注释】

①有司：主管官吏。腊：夏历十二月祭名，因借以指十二月。社稷：古代帝王、诸侯所祭祀的土神和谷神。②里社：古时里中供奉土地神的处所。

其后十八年，孝文帝即位①。即位十三年，下诏曰："今秘祝移过于下，朕甚不取②。自今除之。"

【注释】

①孝文帝：刘恒。前179—前158年在位。②朕（zhèn）：从秦始皇起专用为皇帝的自称。

始名山大川在诸侯，诸侯祝各自奉祠，天子官不领①。及齐、淮南国废②，令太祝尽以岁时致礼如故。

【注释】

①领：管领。②齐：汉初封国名。始王为汉高帝长子刘肥。再传至刘则，死后无子，封国被废除。境内有泰山。淮南国：汉初封国名。

是岁①，制曰："朕即位十三年于今，赖宗庙之灵，社稷之福，方内艾安②，民人靡疾③。间者比年登④，朕之不德，何以飨此⑤？皆上帝诸神之赐也。盖闻古者飨其德必报其功，欲有增诸神祠。有司议增雍五畤路车各一乘⑥，驾被具⑦；西畤畦畤禺车各一乘，禺马四匹，驾被具；其河、湫、汉水加玉各二⑧；及诸祠，各增广坛场，珪币俎豆以差加之⑨。而祝釐者归福于朕⑩，百姓不与焉⑪。自今祝致敬，毋有所祈⑫。"

【注释】

①是：此；这。②方内：四境之内；国内。艾（yì）安：一作"乂安"。太平安定。③靡：无；不。④间者：近来。登：庄稼成熟。⑤飨（xiǎng）：通"享"。享受。⑥路车：亦作"辂车"。帝王诸侯乘坐的车子。⑦被：通"披"。⑧汉水：即汉江。发源于陕西省西南部宁强县，东南流经陕西省南部，湖北省西北部和中部，在武汉市汇入长江。⑨以：按照。⑩釐（xī）：通"禧"。福。⑪与（yù）：在其中。⑫毋：莫；不要。

鲁人公孙臣上书曰①："始秦得水德，今汉受之，推终始传，则汉当土德，土德之应黄龙见。宜改正朔②，易服色③，色上黄。"是时丞相张苍好律历④，以为汉乃水德之始⑤，故河决金堤⑥，其符也⑦。年始冬十月，色外黑内赤，与德相应。如公孙臣言，非也。罢之。后三岁，黄龙见成纪⑧。文帝乃召公孙臣，拜为博士，与诸生草改历服色事⑨。其夏，下诏曰："异物之神见于成纪，无害于民，岁以有年。朕祈郊上帝诸神，礼官议，无讳以劳朕⑩。"有司皆曰"古者天子夏亲郊，祀上帝于郊，故曰郊"。于是夏四月，文帝始郊见雍五畤祠，衣皆上赤。

【注释】

①鲁：指春秋时的鲁地，现在山东省泰山以南地区。公孙臣：方士。②正（zhēng）朔：指每年的第一天。我国古代夏历以孟春之月（建寅之月）为岁首，商、周两代各向上推一月，即商以季冬之月（建丑之月，夏历十二月）为岁首，周以仲冬之月（建子之月，夏历十一月）为岁首，秦代改以夏历十月（孟冬之月，建亥之月）为岁首，汉初沿用秦历。正，阴历每年的第一个月。朔，每月的初一。③易：改变。服色：古时每一朝代所定的车马祭祀的颜色。如夏尚黑色，商尚白色，周尚赤色，各代以其所崇尚之色为正色。④丞相：官名。始于战国时，是百官之长。张苍：阳武（今河南省原阳县东南）人。秦时为御史，后归汉。精通律历，历任御史大夫、丞相，封北平侯。⑤乃：是；就是。⑥决：冲破堤岸。金

堤：指修筑得很坚固的江河堤塘。这里指西汉时东郡一带黄河两岸石筑的金堤。⑦符：符应。⑧成纪：县名。即今甘肃省秦安县北。⑨草：草拟；起稿。⑩讳：隐瞒；忌讳。

其明年，赵人新垣平以望气见上①，言"长安东北有神气，成五采，若人冠绕焉②。或曰东北神明之舍，西方神明之墓也。天瑞下③，宜立祠上帝，以合符应"。于是作渭阳五帝庙④，同宇，帝一殿，面各五门，各如其帝色⑤。祠所用及仪亦如雍五畤。

【注释】
①赵：指战国时的赵地。新垣平：方士。姓新垣，名平。②冠绕（miǎn）：官吏所戴的帽子。绕，同"冕"。③天瑞：天降吉祥。④渭阳五帝庙：旧址在今咸阳市东北。⑤各如其帝色：东方青色，南方赤色，西方白色，北方黑色，中央黄色。

夏四月，文帝亲拜霸、渭之会①，以郊见渭阳五帝。五帝庙南临渭，北穿蒲池沟水②，权火举而祠，若光辉然属天焉③。于是贵平上大夫④，赐累千金。而使博士诸生刺《六经》中作《王制》⑤，谋议巡狩封禅事。

【注释】
①霸：霸水。渭：渭水。会：汇合口。②蒲池：可能就是秦始皇修建的人工湖——兰池，旧址在今咸阳市东北。③属：连接。④贵：尊宠，宠信。使动用法。上大夫：官名。⑤刺：采取。《王制》：书名。

文帝出长门①，若见五人于道北，遂因其直北立五帝坛②，祠以五牢具。

【注释】
①长门：亭名。今西安市临潼区。②因：根据；就着。直：通"值"。当其处。

其明年，新垣平使人持玉杯，上书阙下献之①。平言上曰："阙下有宝玉气来者。"已视之，果有献玉杯者，刻曰："人主延寿"。平又言"臣候日再中②"。居顷之，日却复中③。于是始更以十七年为元年④，令天下大酺⑤。

【注释】
①阙下：指君王宫殿之下。②日再中：太阳再次在天当中。③却：退。④更：调换；改变。⑤大酺（pú）：盛大聚饮。皇帝准许臣民盛大聚会饮宴。

平言曰："周鼎亡在泗水中，今河溢通泗，臣望东北汾阴直有金宝气①，意周鼎其出乎②？兆见不迎则不至③。"于是上使使治庙汾阴南，临河，欲祠出周鼎。

【注释】
①汾阴：县名。在今山西省万荣县西南。②意：意料。③兆：征象；预兆。

人有上书告新垣平所言气神事皆诈也①。下平吏治，诛夷新垣平②。自是之后，文帝怠于改正朔服色神明之事，而渭阳、长门五帝使祠官领，以时致礼，不往焉。

【注释】
①诈：欺诈。②诛夷：杀戮；消灭。除灭其家室宗族。

明年，匈奴数入边，兴兵守御。后岁少不登①。

【注释】

①少：稍；稍微。

数年而孝景即位。十六年，祠官各以岁时祠如故，无有所兴，至今天子。今天子初即位，尤敬鬼神之祀①。

【注释】

①本篇以本段以下内容与《今上本纪》完全相同，只是个别字句有出入。

元年，汉兴已六十余岁矣，天下艾安，搢绅之属皆望天子封禅改正度也①，而上乡儒术②，招贤良③，赵绾、王臧等以文学为公卿，欲议古立明堂城南，以朝诸侯④。草巡狩、封禅、改历服色事未就。会窦太后治黄老言⑤，不好儒术，使人微伺得赵绾等奸利事⑥，召案绾、臧⑦，绾、臧自杀，诸所兴为皆废。

后六年，窦太后崩。其明年，征文学之士公孙弘等⑧。

【注释】

以尊显。及今上即位，则厚礼置祠之内中，闻其言，不见其人云。

【注释】

①三岁一郊：三年中第一年祭天，第二年祭地，第三年祭五畤。每三年轮流一遍。②神君：对神灵的敬称。③上林：苑名。旧址在陕西省西安市西南周至县、户县界。蹏氏观（guàn）：上林苑中宫观名。④长陵：县名。西汉五陵之一的高祖陵墓所在地。故城在今西安市北。⑤先后：兄弟妻相互称"先后"，即妯娌。宛若：人名。⑥平原君：武帝外祖母。

是时，李少君亦以祠灶、谷道、却老方见上①，上尊之。少君者，故深泽侯舍人②，主方③。匿其年及其生长④，常自谓七十，能使物⑤，却老。其游以方遍诸侯。无妻子。人闻其能使物及不死，更馈遗之⑥，常余金钱衣食。人皆以为不治生业而饶给⑦，又不知其何所人，愈信，争事之⑧。少君资好方⑨，善为巧发奇中⑩。尝从武安侯饮⑪，坐中有九十余老人，少君乃言与其大父游射处⑫，老人为儿时从其大父，识其处，一坐尽惊。少君见上，上有故铜器⑬，问少君。少君曰："此器齐桓公十年陈于柏寝⑭。"已而案其刻⑮，果齐桓公器。一宫尽骇，以为少君神，数百岁人也。

【注释】

①灶：灶神。谷道：一说是种谷得金的方法，一说是长生不老的方法。②故：死亡。深泽侯：指赵将夕。舍人：家臣。战国及汉初王公贵官都有舍人。③主方：主管方术、医药之事。④匿：隐瞒。生长：指生平经历。⑤使物：一、驱使鬼神；二、使用药物。⑥更：连续；相继。馈遗（wèi）：赠予。⑦治：管理。泛指进行某种工作。生业：职业；产业。⑧事：侍奉。⑨资：资质，即人的天资禀赋。⑩巧发奇中（zhòng）：善于伺机发言，且每能猜中、应验。⑪武安侯：田蚡（fén）。⑫大父：祖父。游射：游乐射击。⑬故：古旧。⑭陈：陈放。柏寝：春秋时齐国的台名。⑮已而：随即。案：通"按"。刻：指刻在上面的文字。

少君言上曰："祠灶则致物①，致物而丹沙可化为黄金②，黄金成以为饮食器则益寿，益寿而海中蓬莱仙者乃可见，见之以封禅则不死，黄帝是也。臣尝游海上，见安期生③，安期生食巨枣④，大如瓜。安期生仙者，通蓬莱中，合则见人⑤，不合则隐。"于是天子始亲祠灶，遣方士入海求蓬莱安期生之属⑥，而事化丹沙诸药齐为黄金矣⑦。

【注释】

①致：招引；招来。②丹沙：即丹砂（硫化汞）。古代方士说可用它炼制长生不老药，又说可用它炼制黄金。③安期生：先秦时方士。后代传说为道家仙人。④巨枣：《今上本纪》和《汉书·郊祀志》作"臣枣"。相传中的仙果，后因有安期枣之称。⑤合：和合；融洽。此指道相合。⑥属（shǔ）：种类；等辈。⑦事：从事。齐：通"剂"。

居久之，李少君病死。天子以为化去不死，而使黄锤史宽舒受其方①。求蓬莱安期生莫能得，而海上燕、齐怪迂之方士多更来言神事矣②。

【注释】

①黄：县名。治所在今山东省黄县东。锤：县名。治所在今山东省福山县。《秦始皇本纪》"过黄锤"。疑初为一县，后乃分治。史：掌管文书的小史。宽舒：后任祠官。②燕（yān）：国名。前11世纪分封的诸侯国。辖今河北省北部和辽宁省西端。齐：国名。前11世纪周分封的诸侯国。辖今山东省北部，后又扩充到山东省东部。此指原齐国地区。

亳人谬忌奏祠太一方，曰："天神贵者太一，太一佐曰五帝①。古者天子以春秋祭太一东南郊，用太牢②，七日，为坛开八通之鬼道③。"于是天子令太祝立其祠长安东南郊，常奉祠如忌方④。其后人有上书，言"古者天子三年壹用太牢祠神三一⑤：天一、地一、太一⑥"。天子许之，令太祝领祠之于忌太一坛上⑦，如其方。后人复有上书，言"古者天子常以春解祠⑧，祠黄帝用一枭破镜⑨；冥羊用羊祠⑩；马行用一青牡马⑪；太一、泽山君地长用牛⑫；武夷君用干鱼⑬；阴阳使者以一牛⑭"。令祠官领之如其方，而祠于忌太一坛旁。

【注释】

①亳（bó）：地名。有南亳、北亳、西亳；南亳在今河南省商丘市西南；北亳在今山东曹县南，西亳在河南省偃师县西。谬忌：方士。济阴郡薄县人。太一：也作"泰一"神。佐：辅佐。这里指辅佐太一的神。②太牢：指牛、羊、猪三牲。③坛：土筑的高台，古代用于祭祀、朝会、盟誓等大事。八通之鬼道：八面筑有台阶的坛，作为神鬼来往的通道。④太祝：掌管祭祀的官。⑤壹：通"一"。⑥天一、地一：都是神名。⑦领：管领。指祀天地于太一坛。⑧解祠：为了消灾解祸而祭典。⑨枭（xiāo）：传说中吃母的恶鸟。破镜：也称"獍"（jìng）。相传吃父的猛兽，似虎豹而小。⑩冥羊：神名。⑪马行：神名。⑫泽山君地长（zhǎng）：神名。⑬武夷君：武夷山神。武夷山在福建省崇安县境。⑭阴阳使者：主司阴阳之神。

其后，天子苑有白鹿①，以其皮为币②，以发瑞应③，造白金焉④。

【注释】

①苑：养禽兽、植树木的地方，后多指帝王游乐打猎的园林。②币：皮币。既作货币，又作用以垫璧的礼品。③瑞应：吉祥的征象。④白金：本指银，这里指银锡合金。

其明年，郊雍，获一角兽①，若麃然②。有司曰："陛下肃祗郊祀，上帝报享③，锡一角兽，盖麟云④。"于是以荐五畤⑤，畤加一牛以燎⑥。锡诸侯白金，风符应合于天也⑦。

【注释】

①一角兽：有一只角的兽。②麃（páo）：同"麀"。鹿一类的动物，形似獐，牛尾，一角。③报享：酬报祭享之德。④锡：赐。麟：即麒麟。传说外形像鹿，一只角，全身有鳞甲，牛尾。⑤荐：进献。⑥燎：烧柴火祭天的祭礼。⑦风（fěng）：示意；暗示。符应：以所谓天降祥瑞来附会人事。

于是济北王以为天子且封禅①，乃上书献太山及其旁邑②，天子以他县偿之。常山王有罪③，迁④，天子封其弟于真定⑤，以续先王祀⑥，而以常山为郡，然后五岳皆在天子之郡。

【注释】

①济北王：刘胡。汉高祖曾孙。国都故城在现在的山东省济南市长清区南。②太山：即泰山。邑：指县。③常山王：刘勃。汉景帝孙。国都故城在今河北省元氏县西北。④迁：贬谪；流放。⑤真定：县名。治所在现在的河北省正定县南。汉武帝元鼎四年（前113年）更常山国为真定国。⑥续：延续；继续。祀：祭祀。

其明年，齐人少翁以鬼神方见上①。上有所幸王夫人②，夫人卒，少翁以方盖夜致王夫人及灶鬼之貌云③，天子自帷中望见焉④。于是乃拜少翁为文成将军⑤，赏赐甚多，以客礼礼之。文成言曰："上即欲与神通⑥，宫室被服非象神，神物不至。"乃作画云气车，及各以胜日驾车辟恶鬼⑦。又作甘泉宫⑧，中为台室，画天、地、太一诸鬼神，而置祭具以致天神。居岁余，其方益衰，神不至。乃为帛书以饭牛，详不知⑨，言曰此牛腹中有奇。杀视得书，书言甚怪。天子识其手书⑩，问其人，果是伪书，于是诛文成将军，隐之。

其后则又作柏梁、铜柱、承露仙人掌之属矣⑪。

【注释】

①少翁：方士。隐含"少年老头"的意思。②王夫人：《汉书·郊祀志》《外戚传》都认为是李夫人。③云：句末助词。④帷：帷幕。⑤拜：授予官职。⑥即：如果；假如。通：会遇。⑦胜日：指干支五行相胜（克）之日。如甲乙日驾青车，丙丁日驾赤车占据优势；又驾青车办土事，驾赤车办金事占据优势之类。辟：排除；驱走。⑧甘泉宫：又名云阳宫。⑨帛书：指在帛上书写文字。详：通"佯"。⑩手书：书写的手迹；笔迹。⑪柏梁：台名。相传台高二十丈，又以香柏为梁，故名。旧址在西安城中。承露仙人掌：武帝迷信神仙，在建章宫神明台立铜柱，高二十丈，大七围，上有仙人掌举盘以承接甘露。

文成死明年，天子病鼎湖甚①，巫医无所不致，不愈。游水发根言上郡有巫②，病而鬼神下之。上召置祠之甘泉。及病，使人问神君。神君言曰："天子无忧病。病少愈，强与我会甘泉③。"于是病愈，遂起，幸甘泉，病良已④。大赦，置寿宫神君⑤。寿宫神君最贵者太一，其佐曰大禁、司命之属⑥，皆从之。非可得见，闻其言，言与人音等。时去时来，来则风肃然。居室帷中。时昼言，然常以夜。天子袚⑦，然后入。因巫为主人，关饮食⑧。所以言，行下。又置寿宫、北宫⑨，张羽旗⑩，设供具⑪，以礼神君。神君所言，上使人受书其言，命之曰"画法"⑫。其所语，世俗之所知也，无绝殊者，而天子心独喜⑬。其事秘，世莫知也。

【注释】

①鼎湖：宫名。故址在今陕西省蓝田县西。②游水发根：姓游水，名发根。一说游水即"油水"；水名：发根，人名。③无：莫；不用。④幸：封建社会称帝王亲临某地。⑤寿宫：神庙。⑥大禁：神名。⑦祓（fú）：灭灾祈福的仪式。⑧因：依靠。关：领取。⑨北宫：宫名。故址在今西安市长安区境内。⑩张：陈设。羽旗：用羽毛装饰的旗帜。⑪供具：摆设酒食的器具。⑫画法：记下法术。⑬绝：独特。

其后三年，有司言元宜以天瑞命①，不宜以一、二数。一元曰"建"②，二元以长星曰"光"③，三元以郊得一角兽曰"狩"云④。

【注释】

①元：开始。这里指纪元。天瑞：天降的祥瑞。②建：指汉武帝的第一个年号"建元"。③长星：彗星。光：指汉武帝的第二个年号"元光"。④三元……曰"狩"：汉武帝元朔七年冬十月，在雍县祭祀五帝时，获得了一只独角兽，附会为所谓"白麟"，因即改年号为"元狩"，这是汉武帝的第四个年号。"三元"的说法有错误，中漏武帝的第三个年号"元朔"。

其明年冬，天子郊雍，议曰："今上帝朕亲郊，而后土无祀，则礼不答也①。"有司与太史公、祠官舒宽议②："天地牲角茧栗③。今陛下亲祠后土，后土宜于泽中圜丘为五坛，坛一黄犊太牢具，已祠尽瘞，而从祠衣上黄④。"于是天子遂东，始立后土祠汾阴脽丘⑤，如宽舒等议。上亲望拜，如上帝礼。礼毕，天子遂至荥阳而还⑥。过雒阳⑦，下诏曰："三代邈绝⑧，远矣难存。其以三十里地封周后为周子南君，以奉其先祀焉⑨。"是岁，天子始巡郡县，侵寻于泰山矣⑩。

【注释】

①后土：古时称地神或土神。答：回报；引申为周全。②太史公：指司马谈（太史公司马迁之父）。③牲角茧栗：牛角的形状有的小如蚕茧，有的小如板栗。④圜（yuán）丘：祭天的坛。其外形圆如天体，高如小丘。圜，通"圆"。瘞（yì）：埋葬。从祠：陪祭。这里指陪祭者。⑤脽丘：汾阴土丘名。在现在的山西省万荣县西南。⑥荥阳：县名。治所在现在的河南省荥阳市东北。⑦雒阳：都城名。在现在的洛阳市东北。⑧邈（miǎo）：遥远。⑨周子南君：即周朝后代姬嘉。子南，封邑名。⑩侵寻于泰山：指武帝将有泰山之行。侵夺：渐进。

其春，乐成侯上书言栾大①。栾大，胶东宫人②，故尝与文成将军同师，已而为胶东王尚方③。而乐成侯姊为康王后，无子。康王死，他姬子立为王。而康后有淫行，与王不相中，相危以法④。康后闻文成已死，而欲自媚于上，乃遣栾大因乐成侯求见言方⑤。天子既诛文成，后悔其蚤死，惜其方不尽，及见栾大，大说⑥。大为人长美，言多方略，而敢为大言，处之不疑⑦。大言曰："臣常往来海中，见安期、羡门之属。顾以臣为贱，不信臣⑧。又以为康王诸侯耳，不足与方。臣数言康王，康王又不用臣。臣之师曰：'黄金可成，而河决可塞，不死之药可得，仙人可致也⑨。'然臣恐效文成，则方士皆奄口，恶敢言方哉⑩！"上曰："文成食马肝死耳⑪。子诚能修其方，我何爱乎⑫！"大曰："臣师非有求人，人者求之。陛下必欲致之，则贵其使者，令有亲属，以客礼待之，勿卑，使各佩其信印⑬，乃可使通言于神人。神人尚肯邪不邪⑭。致尊其使⑮，然后可致也。"于是上使验小方，斗棋⑯，棋自相触击。

【注释】

①乐成侯：丁义。②胶东：汉初封国名。景帝之子刘寄为王。③故：以往。尚方：官名。④中：投合；和谐。⑤因：凭借；通过。⑥蚤，通"早"。说：通"悦"。⑦方略：计谋策略。处之不疑：指说谎话时神态镇定。⑧安期、羡门：即安期生、羡门高。⑨致：求得。⑩奄：通"掩"。恶（wū）：何；怎么。⑪马肝：相传马肝有毒，人吃了会死。⑫诚：果真；如果。修：学习；研修。爱：吝惜。⑬信印：即印信。⑭尚：犹；还。邪（yé）：语气助词。表疑问。不（fǒu）：同"否"。⑮致尊：表示尊敬之意。⑯斗棋：方士利用磁力作用，使棋子在棋盘上自相触击，用这种魔术手段来欺骗人。棋通"旗"。

是时上方忧河决，而黄金不就①，乃拜大为五利将军。居月余，得四印，（五利将军）、佩天士将军、地士将军、大通将军印。制诏御史："昔禹疏九江②，决四渎③。间者河溢皋陆④，堤繇不息⑤。朕临天下二十有八年，天若遗朕士而大通焉⑥。《乾》称'蜚龙'⑦，'鸿渐于般'⑧，朕意庶几与焉⑨。其以二千户封地士将军大为乐通侯⑩。"赐列侯甲第⑪，僮千人⑫。乘舆斥车马帷幄器物以充其家⑬。又以卫长公主妻之⑭，赍金万斤⑮，更命其邑曰当利公主⑯。天子亲如五利之第⑰。使者存问供给⑱，相属于道⑲。自大主将相以下⑳，皆置酒其家，献遗之。于是天子又刻玉印曰"天道将军"，使使衣羽衣㉑，夜立白茅上㉒，五利将军亦衣羽衣，夜立白茅上受印，以示不臣也㉓。而佩"天道"者，且为天子道天神也㉔。于是五利常夜祠其家，欲以下神。神未至而百鬼集矣，然颇能使之。其后装治行㉕，东入海，求其师云。大见数月㉖，佩六印，贵震天下，而海上燕、齐之间，莫不搤捥而自言有禁方㉗，能神仙矣。

【注释】

①方：正当。副词。②九江：指在湖北省境内长江的九条水道。《汉书·郊祀志》作"九河"，则是指黄河在河北省境内的九条水道。③决：开道引水。四渎：指长江、黄河、淮河、济水。④皋（gāo）：岸；水旁地。陆：广阔的平原。⑤堤繇：修筑堤防的劳役。繇，通"徭"。劳役。⑥临：统管；治理。通：通晓。⑦乾（qián）：《易》卦名。蜚（fēi）龙：语本《易·乾》"飞龙在天"。意指获得了道术，就像天上的飞龙。蜚，通"飞"。⑧鸿渐于般（pán）：语出《易·渐》。意指得到了栾大，就像大雁进到了涯岸，可以高飞远翔了。渐，进。般：水边高岸。⑨庶几：也许；差不多。与：赞许。⑩其：应当。表祈使的副词。⑪列侯：秦、汉二十等爵的最高一级为彻侯，后避武帝讳，改为通侯，或称列侯。甲第：上等房屋。原指封侯者的住宅，后泛指显贵者的豪华住宅。⑫僮：奴隶。⑬乘（shèng）舆：帝王所用的车马、衣服、器械、百物曰乘舆。斥：指；指视。《后汉书·孔融传》："拟斥乘舆。"李贤注："斥，指也。"帷幄：宫室的帐幕。借指宫廷。⑭卫长（zhǎng）公主：卫皇后的长女。妻（qì）：以女嫁人。⑮赍：赠送。⑯邑：封地。当利：县名。治所在今山东省莱州市西南。⑰如：往；到。⑱存：问候；省视。⑲属：连接；跟随。⑳大主：即大长公主。窦太后之女，武帝姑母。㉑衣（yì）：穿。羽衣：用羽毛做成的服装。㉒白茅：多年生草。㉓臣：看作臣子。㉔道：通"导"。引导。㉕装治行：整理行装，准备出行。㉖见：引见。㉗搤捥（è wàn）：同"扼腕"。握住手腕，表示激动、振奋的动作。禁方：秘方。

其夏六月中，汾阴巫锦为民祠魏脽后土营旁①，见地如钩状，掊视得鼎②。鼎大异于众鼎，文镂无款识③，怪之，言吏。吏告河东太守胜④，胜以闻⑤。天子使使验问巫得鼎无奸诈，乃以礼祠，迎鼎至甘泉，从行，上荐之。至中山⑥，曣㬈⑦，有黄云盖焉。有麃过，上自射之，因以祭云。至长安，公卿大夫皆议请尊宝鼎。天子曰："间者河溢，岁数不登，故巡祭后土，祈为百姓育谷。今岁丰庑未报，鼎曷为出哉⑧？"有司皆曰："闻昔泰帝兴神鼎一⑨，一者壹统，天地万物所系终也⑩。黄帝作宝鼎三，象天地人⑪。禹收九牧之金⑫，铸九鼎。皆尝亨鬺上帝鬼神⑬。遭圣则兴，鼎迁于夏商。周德衰，宋之社亡，鼎乃沦没，伏而不见⑭。《颂》云⑮'自堂徂基⑯，自羊徂牛；鼐鼎及鼒⑰，不吴不敖⑱，胡考之休'⑲。今鼎至甘泉，光润龙变⑳，承休无疆㉑。合兹中山㉒，有黄白云降，盖若兽为符㉓，路弓乘矢㉔，集获坛下㉕，报祠大享。唯受命而帝者心知其意而合德焉㉖。鼎宜见于祖祢㉗，藏于帝廷㉘，以合明应㉙。"制曰："可。"

【注释】

①锦：人名。魏：指战国时期魏地。脽：即脽丘。营：祠庙四周的界限。②掊（póu）：用手扒土。③文镂：雕刻的花纹。款识（zhì）：钟鼎等器物上刻的文字。阴文叫款，阳文叫识。④河东：郡名。地位于现在的山西省西南部。治所在安邑（今夏县西北）。胜：人名。⑤以闻：把这件事上报。⑥中（zhòng）山：山名。在陕西省淳化县东南。⑦曣㬈（yàn wēn）：天气晴和温暖。⑧丰庑（wú）：丰收。庑，通"芜"。草本茂盛。报：即报赛。一年的农事完毕后举行的祭典。曷：何；什么。⑨泰帝：传说中的太昊伏羲氏。⑩系终：归结。⑪象：象征。⑫九牧：九州。牧，原指州的长官。⑬亨鬺（pēng shāng）：烹煮，特指烹煮牲畜以祭祀。亨，通"烹"。⑭社：祭祀土神的场所。宋社：指亳社。⑮《颂》：指《诗经·周颂·丝衣》。⑯堂：正屋。徂（cú）：往；到。基：指门外两侧房屋的地基。⑰鼐（nài）：最大的鼎。鼒（zī）：口小肚大的鼎。⑱吴：喧哗。敖（ào）：通"傲"。傲慢。⑲胡考：长寿。休：福。⑳龙变：龙是古代传说中的神异动物，它能大能小，能上天下海，变化莫测，所以龙变就是变幻神奇的意思。㉑疆：极限；尽头。㉒兹：此；这。㉓符：符瑞；瑞应。㉔路：大。乘："四"的代称。㉕集：会聚；纷杂。㉖合德：天人互相感应。迷信的人认为，天控制着人事，人的言行也能感动上天。㉗祖祢（nǐ）：祖先。祢：父死，牌位进入宗庙以后称祢。㉘帝廷：指甘泉宫天帝殿廷。㉙明应：上天降赐的神明符应。

入海求蓬莱者，言蓬莱不远，而不能至者，殆不见其气①。上乃遣望气佐候其气云②。

【注释】

①殆：大概。②望气佐：望气的官吏。望气：一种迷信活动。候：等着观察。

其秋，上幸雍，且郊。或曰"五帝，太一之佐也①，宜立太一而上亲郊之"。上疑未定。齐人公孙卿曰②："今年得宝鼎，其冬辛巳朔旦冬至③，与黄帝时等④。"卿有札书曰⑤："黄帝得宝鼎宛朐⑥，问于鬼臾区⑦。鬼臾区对曰：'帝得宝鼎神策⑧，是岁己酉朔旦冬至，得天之纪⑨，终而复始。'于是黄帝迎日推策⑩，后率二十岁复朔旦冬至，凡二十推⑪，三百八十年，黄帝仙登于天。"卿因所忠欲奏之⑫。所忠视其书不经，疑其妄书，谢曰：'宝鼎事已决矣，尚何以为！'卿因嬖人奏之⑬。

上大说，乃召问卿。对曰："受此书申公，申公已死⑭。"上曰："申公何人也？"卿曰："申公，齐人。与安期生通，受黄帝言，无书，独有此鼎书。曰'汉兴复当黄帝之时'。曰'汉之圣者在高祖之孙且曾孙也⑮。宝鼎出而与神通，封禅。封禅七十二王，唯黄帝得上泰山封'。申公曰：'汉主亦当上封，上封则能仙登天矣。黄帝时万诸侯，而神灵之封居七千⑯。天下名山八，而三在蛮夷，五在中国⑰。中国华山、首山、太室、泰山、东莱⑱，此五山黄帝之所常游，与神会。黄帝且战且学仙。患百姓非其道者⑲，乃断斩非鬼神者⑳。百余岁然后得与神通。黄帝郊雍上帝，宿三月。鬼臾区号大鸿㉑，死葬雍，故鸿冢是也。其后黄帝接万灵明廷㉒。明廷者，甘泉也。所谓寒门者，谷口也㉓。黄帝采首山铜，铸鼎于荆山下㉔。鼎既成，有龙垂胡髯下迎黄帝㉕。黄帝上骑，群臣后宫从上者七十余人，龙乃上去。余小臣不得上，乃悉持龙髯㉖，龙髯拔，堕，堕黄帝之弓。百姓仰望黄帝既上天，乃抱其弓与胡髯号㉗，故后世因名其处曰鼎湖，其弓曰乌号。'"于是天子曰："嗟乎㉘！吾诚得如黄帝，吾视去妻子如脱蹝耳㉙。"乃拜卿为郎㉚，东使候神于太室。

【注释】

①或：有人。②公孙卿：方士。③其冬辛巳朔旦冬至：这年仲冬月辛巳日是朔日，凌晨交冬至中气。④等：相同。⑤札书：写在木简上的文书。⑥宛朐（yuān qú）：县名。治所在现在的山东省菏泽市西南。⑦鬼臾区：相传为黄帝的臣子。⑧神策：即神蓍（shī）。草名。⑨纪：历数。⑩迎日推策：推算历法，预知朔、望、节气等。⑪率：大致；一般。推：推算。⑫所忠：汉武帝近臣。⑬嬖（bì）人：宠信的人。⑭申公：方士名。《今上本纪》作"申功"⑮且：抑；或。选择连词。⑯神灵之封：指为主持祭祀名山大川而建立的封国。⑰蛮夷：指中原华夏族以外的外族地区。中国：指华夏族居住的中原地区。⑱首山：在今山西省永济市南。太室：即嵩山。在今河南省登封市北。东莱：即莱山。在山东黄县东南。⑲患：忧虑。非：非难；反对。⑳断斩：斩杀；审判斩杀。㉑号：别号。㉒明廷：即明堂。㉓寒门：一作"塞门"。谷口：地名。在现在的陕西省礼泉县东北。㉔荆山：在今河南省灵宝市境。㉕胡：颈项下垂的肉。㉖悉：全；都。㉗号（háo）：大声哀号。㉘嗟乎：感叹声。㉙蹝（xǐ）：别作"屣"。鞋子。㉚郎：皇帝侍从官，议郎、中郎、侍郎、郎中等的称呼。

上遂郊雍，至陇西①，西登崆峒②，幸甘泉。令祠官宽舒等具太一祠坛③，祠坛放薄忌太一坛④，坛三垓⑤。五帝坛环居其下，各如其方，黄帝西南，除八通鬼道⑥。太一，其所用如雍一畤物，而加醴枣脯之属⑦，杀一狸牛以为俎豆牢具⑧。而五帝独有俎豆醴进。其下四方地，为醊食群神从者及北斗云⑨。已祠，胙余皆燎之⑩。其牛色白，鹿居其中，彘在鹿中⑪，水而洎之⑫。祭日以牛，祭月以羊彘特⑬。太一祝宰则衣紫及绣⑭。五帝各如其色，日赤，月白。

【注释】

①陇西：郡名。②崆峒（kōng tóng）：山名。在甘肃省平凉市西。③具：备置；供设。④放（fǎng）：通"仿"。模仿；仿效。薄忌：亳人谬忌。薄，通"亳"。⑤垓（gāi）：层。一说台阶的阶层。⑥除：修治。⑦醴：甜酒。⑧狸（lí）牛：身上长着长毛的牦牛。⑨醊（zhuì）：连续祭祀。⑩胙（zuò）：祭肉。燎（liáo）：焚化以祭神。⑪彘（zhì）：猪。⑫洎（jì）：浸润。⑬特：牲一头。⑭祝宰：掌

管祭祀的官员。

十一月辛巳朔旦冬至，昧爽①，天子始郊拜太一。朝朝日②，夕夕月③，则揖；而见太一如雍郊礼。其赞飨曰④："天始以宝鼎神策授皇帝，朔而又朔⑤，终而复始，皇帝敬拜见焉。"而衣上黄。其祠列火满坛⑥，坛旁亨炊具⑦。有司云"祠上有光焉"。公卿言"皇帝始郊见太一云阳，有司奉瑄玉嘉牲荐飨⑧。是夜有美光，及昼，黄气上属天"。太史公、祠官宽舒等曰⑨："神灵之休⑩，祐福兆祥，宜因此地光域立太畤坛以明应⑪。令太祝领，秋及腊间祠。三岁天子一郊见。"

【注释】

①昧爽：拂晓。②朝（zhāo）朝（cháo）日：早晨朝拜太阳。③夕月：夜晚祭祀月亮。夕，动词。④赞飨（xiǎng）：祝词。⑤朔：月球运行到地球与太阳之间，和太阳同时没时所呈现的新月月相，叫朔。夏历把这天定为初一。⑥列火：陈列火炬。⑦亨：今作"烹"。烹饪。⑧瑄（xuān）玉：六寸大的玉璧。⑨太史公：指司马谈。⑩休：美善，指美好的景象。⑪光域：指华光所出现的地域。

其秋，为伐南越①，告祷太一。以牡荆画幡日月北斗登龙②，以象太一三星，为太一锋③，命曰"灵旗"。为兵祷，则太史奉以指所伐国④。而五利将军使不敢入海⑤，之泰山祠。上使人随验，实毋所见。五利妄言见其师，其方尽，多不雠⑥。上乃诛五利。

【注释】

①南越：也作"南粤"。指现在的广东、广西一带。当时，南越相国吕嘉谋反，杀南越王赵兴、王太后、汉使者终军等，武帝因此率兵讨伐。②牡荆：灌木名。以牡荆为幡竿③太一：星官名。锋：指竖在最前面的旗帜。④奉：通"捧"。⑤使：被派遣出使。⑥雠（chóu）：应验。

其冬，公孙卿候神河南，言见仙人迹缑氏城上①，有物如雉②，往来城上。天子亲幸缑氏城视迹。问卿："得毋效文成、五利乎？"卿曰："仙者非有求人主，人主者求之。其道非少宽假③，神不来。言神事，事如迂诞④，积以岁乃可致也。"于是郡国各除道，缮治宫观名山神祠所⑤，以望幸矣。

【注释】

①缑（gōu）氏：县名。在现在的河南省偃师县东南。②雉（zhì）：野鸡。③少（shǎo）：略微。宽假：宽容。④迂诞：迂阔荒诞。⑤除道：修筑和清扫道路。缮治：修补；修整。宫观：供君主临时居住的宫馆。

其春，既灭南越，上有嬖臣李延年以好音见①。上善之②，下公卿议，曰："民间祠尚有鼓舞乐，今郊祀而无乐，岂称乎③？"公卿曰："古者祠天地皆有乐，而神祇可得而礼④。"或曰："太帝使素女鼓五十弦瑟⑤，悲，帝禁不止，故破其瑟为二十五弦。"于是塞南越⑥，祷祠太一、后土，始用乐舞，益召歌儿⑦，作二十五弦及空侯琴瑟自此起⑧。

【注释】

①李延年：汉武帝李夫人之兄。②善：喜爱；赞许。③称（chèn）：相当；适合。④神祇（qí）：指天神和地神。⑤素女：神女名。⑥塞（sài）：通"赛"。

酬神报功。⑦益：更加。歌儿：这里泛指歌手。⑧空侯：即"箜篌"。乐器名，似瑟而较小。传为武帝令乐人侯调所作。

其来年冬，上议曰："古者先振兵泽旅①，然后封禅。"乃遂北巡朔方②，勒兵十余万③，还祭黄帝冢桥山④，释兵须如⑤。上曰："吾闻黄帝不死，今有冢，何也？"或对曰："黄帝已仙上天，群臣葬其衣冠。"既至甘泉，为且用事泰山⑥，先类祠太一⑦。

【注释】

①泽（shì）：通"释"。遣散。旅：指军队。②朔方：郡名。管辖地在现在的内蒙古自治区西南部，治所在朔方（今杭锦旗北）。③勒：统率。④桥山：在现在的陕西省黄陵县北。⑤须如：地名。在现在的陕西陇县西北。⑥用事：行事。⑦类祠：为特定目的而举行祭典。

自得宝鼎，上与公卿诸生议封禅①。封禅用希旷绝②，莫知其仪礼，而群儒采封禅《尚书》《周官》《王制》之望祀射牛事③。齐人丁公年九十余，曰："封禅者，合不死之名也。秦皇帝不得上封。陛下必欲上，稍上即无风雨，遂上封矣。"上于是乃令诸儒习射牛，草封禅仪。数年，至且行。天子既闻公孙卿及方士之言，黄帝以上封禅，皆致怪物与神通，欲放黄帝以上接神仙人蓬莱士，高世比德于九皇④，而颇采儒术以文之⑤。群儒既已不能辨明封禅事，又牵拘于《诗》《书》古文而不能骋⑥。上为封禅祠器示群儒，群儒或曰"不与古同"，徐偃又曰"太常诸生行礼不如鲁善⑦"，周霸属图封禅事⑧，于是上绌偃、霸，而尽罢诸儒不用。

【注释】

①诸生：众儒生。②希：通"稀"。③《周官》：即《周礼》。《王制》：《礼记》篇名。射牛：旧时君主祭天地宗庙，亲自射杀牲牛，以示隆重。④高世：高出世俗。九皇：相传为远古帝王。⑤文：修饰。⑥骋：自由发挥。⑦徐偃：博士。太常：官名。为九卿之一，掌礼乐郊庙社稷事宜。⑧周霸：生平不详。属图：串联策划。

三月，遂东幸缑氏，礼登中岳太室。从官在山下闻若有言"万岁"云。问上，上不言；问下，下不言。于是以三百户封太室奉祠，命曰崇高邑。东上泰山，泰山之草木叶未生，乃令人上石立之泰山巅①。

【注释】

①上：运上去。使动用法。

上遂东巡海上，行礼祠八神①。齐人之上疏言神怪奇方者以万数，然无验者。乃益发船，令言海中神山者数千人求蓬莱神人。公孙卿持节常先行候名山，至东莱，言夜见大人，长数丈，就之则不见②，见其迹甚大，类禽兽云。群臣有言见一老父牵狗，言"吾欲见巨公③"，已忽不见④。上即见大迹，未信，及群臣有言老父，则大以为仙人也。宿留海上⑤，予方士传车及间使求仙人以千数⑥。

【注释】

①八神：指天主、地主、兵主、阴主、阳主、月主、日主、四时主等八位神灵。②节：古时使者用作凭证的信物。就：接近。③巨公：指天子。④已忽：随

即。⑤宿（sù）留：停留；逗留。⑥传（zhuàn）车：官府载人的车。

　　四月，还至奉高①。上念诸儒及方士言封禅人人殊②，不经，难施行。天子至梁父，礼祠地主。乙卯，令侍中儒者皮弁荐绅③，射牛行事。封泰山下东方，如郊祀太一之礼。封广丈二尺，高九尺，其下则有玉牒书④，书秘。礼毕，天子独与侍中奉车子侯上泰山⑤，亦有封。其事皆禁。明日，下阴道⑥。丙辰，禅泰山下址东北肃然山⑦，如祭后土礼。天子皆亲拜见，衣上黄而尽用乐焉。江淮间一茅三脊为神藉⑧。五色土益杂封⑨。纵远方奇兽蜚禽及白雉诸物⑩，颇以加礼。兕牛犀象之属不用⑪，皆至泰山祭后土。封禅祠；其夜若有光，昼有白云起封中。

【注释】

　　①奉高：县名。治所在现在的山东省泰安市东。②殊：异；差异。③侍中：官名。皮弁（biàn）：用白鹿皮制作的帽子。荐绅：在腰带间插着笏。荐，通"搢"。插。④玉牒书：帝王封禅所用的文书，写在简牒上，用玉作装饰。⑤奉车：官名。即奉车都尉。掌管皇帝车马。⑥阴道：山北的道路。⑦下址：山脚下。肃然山：山名。为泰山东麓，在现在的山东省莱芜市东北。⑧藉；垫席。⑨杂：五颜六色相错杂。⑩蜚禽：飞鸟。蜚，通"飞"。⑪兕（sì）：兽名。古书中常将兕与犀对举。

　　天子从禅还，坐明堂，群臣更上寿①。于是制诏御史："朕以眇眇之身承至尊②，兢兢焉惧不任③。维德菲薄④，不明于礼乐。修祠太一，若有象景光⑤，屑如有望⑥，震于怪物，欲止不敢，遂登封太山，至于梁父，而后禅肃然。自新，嘉与士大夫更始⑦，赐民百户牛一酒十石⑧，加年八十孤寡布帛二匹。复博、奉高、蛇丘、历城⑨，无出今年租税。其大赦天下，如乙卯赦令。行所过毋有复作⑩。事在二年前，皆勿听治⑪。"又下诏曰："古者天子五载一巡狩，用事泰山，诸侯有朝宿地。其令诸侯各治邸泰山下⑫。"

【注释】

　　①更：接连；轮流。②眇眇：微小。至尊：最尊贵的地位。③兢兢：小心谨慎的样子。④菲薄：微薄。⑤景光：吉祥之光。⑥屑：轻快的样子。⑦嘉：希望。⑧石（shí）：容量单位。十斗为一石。⑨复：免除赋税或徭役。博：即博阳县。治所在现在的山东泰安市东南。蛇（yí）丘：县名。今山东肥城市南。历城：县名。治所在今山东省济南市郊。⑩复作：监外劳役。⑪事：指触犯法令的事。听治：判决；处理。⑫邸（dǐ）：王侯府第。

　　天子既已封泰山，无风雨灾，而方士更言蓬莱诸神若将可得，于是上欣然庶几遇之①，乃复东至海上望，冀遇蓬莱焉②。奉车子侯暴病，一日死。上乃遂去，并海上，北至碣石③，巡自辽西④，历北边至九原⑤。五月，反至甘泉。有司言宝鼎出为元鼎，以今年为元封元年⑥。

【注释】

　　①若：或许。庶几（jǐ）：几乎；或许。表示希望。②冀（jì）：希望。③并（bàng）：通"傍"。沿着。碣石：山名。在河北省昌黎县北。④辽西：郡名。管辖地当今河北东部辽宁西部的部分地区。⑤九原：县名。⑥元鼎：为武帝时第五个年号（前116—前111年）。元封：为武帝时第六个年号（前110—前105年）。

其秋，有星茀于东井①。后十余日，有星茀于三能②。望气王朔言③："候独见填星出如瓜④，食顷复入焉⑤。"有司皆曰："陛下建汉家封禅，天其报德星云⑥。"

【注释】

①茀（bèi）：通"孛"。星球光芒四射的现象，因此为彗星的别称。东井：星官名。即井宿。二十八宿之一。②三能（tái）：星官名。即三台。③王朔：方士名。④候：伺望；观测。"填"应为"旗"，当据《索隐》改。⑤食顷：吃一顿饭的时间。⑥德星：迷信者称主祥瑞的星为德星。方士虚诞之言，不必据岁星为德星。

其来年冬，郊雍五帝。还，拜祝祠太一。赞飨曰："德星昭衍①，厥维休祥②。寿星仍出，渊耀光明③。信星昭见④，皇帝敬拜太祝之享。"

【注释】

①德星：即"旗星出如瓜"。昭衍：光明广布。②厥：其；那。维：是。休祥：吉祥。③寿星：即南极老人星。仍：接着。④信星：即土星，古又名镇星。

其春，公孙卿言见神人东莱山，若云"欲见天子"。天子于是幸缑氏城，拜卿为中大夫①。遂至东莱，宿留之数日，无所见，见大人迹云。复遣方士求神怪采芝药以千数②。是岁旱，于是天子既出无名，乃祷万里沙③，过祠泰山。还至瓠子，自临塞决河④，留二日，沉祠而去⑤。使二卿将卒塞决河⑥，徙二渠⑦，复禹之故迹焉。

【注释】

①中大夫：官名。②芝：即灵芝草。③万里沙：神祠。旧址在现在的山东省莱州市东北。④瓠（hú）子：地名。在河南省濮阳县西南，也称瓠子口。是黄河在元光三年（前132年）的决口。元封二年（前109年），武帝遣兵填塞，作《瓠子歌》。⑤沉祠：祭祀河神时，把祭品沉入河中。这次沉的是白马和玉璧。⑥二卿：指汲仁、郭昌。⑦徙二渠：疏浚两条支流，使黄河改道。二渠指大河（在今河南省滑县境内）和漯水（在今河南省南乐县附近），分别在瓠子口的上游和下游。

是时既灭两越①，越人勇之乃言"越人俗鬼②，而其祠皆见鬼，数有效。昔东瓯王敬鬼③，寿百六十岁。后世怠慢，故衰耗④"。乃令越巫立越祝祠，安台无坛，亦祠天神上帝百鬼，而以鸡卜⑤。上信之，越祠鸡卜始用。

【注释】

①两越：指南越、东越。②勇之：人名。③东瓯王：汉惠帝三年（前192年），封东越族首领摇为东海王，建都东瓯（在今浙江省永嘉县西南），所以又称东瓯王。④衰耗：衰败。耗同"耗"。⑤鸡卜：用鸡骨占卜。

公孙卿曰："仙人可见，而上往常遽①，以故不见。今陛下可为观②。如缑城，置脯枣，神人宜可致也。且仙人好楼居。"于是上令长安则作蜚廉、桂观③，甘泉则作益延寿观④，使卿持节设具而候神人。乃作通天茎台⑤，置祠具其下，将招来仙神人之属。于是甘泉更置前殿，始广诸宫室⑥。夏，有芝生殿房内中。天子为塞河，兴通天台，若见有光云，乃下诏："甘泉房中生芝九茎，赦天下，毋有复作。"

【注释】

①遽（jù）：迅。②观（guàn）：楼台；庙宇。③蜚廉、桂观：二观名。④益延寿观：指益寿、延寿二观。⑤通天茎台：《今上本纪》和《汉书·武帝纪》《郊祀志下》均作"通天台"。⑥广：扩大；扩充。

其明年，伐朝鲜①。夏，旱。公孙卿曰："黄帝时封则天旱，干封三年②。"上乃下诏曰："天旱，意干封乎③？其令天下尊祠灵星焉④。"

【注释】

①朝鲜：国名。相传周初箕子封于此。汉初卫满自立为朝鲜王，其南部为三韩诸国。②干封：晒干封坛的土。③意：意料；猜测。④灵星：星名。又称天田星。

其明年，上郊雍，通回中道①，巡之。春，至鸣泽，从西河归②。

【注释】

①回中道：道路名。②西河：郡名。管辖地为今内蒙古、山西、陕西三省交界处的部分地区。

其明年冬，上巡南郡，至江陵而东①。登礼潜之天柱山②，号曰南岳③。浮江，自寻阳出枞阳④，过彭蠡⑤，礼其名山川。北至琅邪⑥，并海上。四月中，至奉高修封焉。

【注释】

①南郡：郡名。辖今湖北省西部、中部，治所在江陵（今江陵县）。②潜：县名。治所在今安徽省霍山县。天柱山：又名皖山，一名潜山。现在的安徽省潜山县西北。③南岳：古时本以湖南的衡山为南岳，汉武帝改以天柱山为南岳，隋以后仍以衡山为南岳。④寻阳：县名。治所在今湖北省黄梅县西南。枞（zōng）阳：县名。治所在今安徽省枞阳县。⑤彭蠡：湖名。即今江西省的鄱阳湖。⑥琅邪：山名、县名、郡名。山在今山东省胶南市南，县治所在今琅邪台西北；郡以东武（在今诸城市）为郡所，管辖地为今山东半岛东南部。

初，天子封泰山，泰山东北址古时有明堂处，处险不敞①。上欲治明堂奉高旁，未晓其制度。济南人公玉带上黄帝时明堂图②。明堂图中有一殿，四面无壁，以茅盖，通水，圜宫垣为复道③，上有楼，从西南入，命曰昆仑，天子从之入，以拜祠上帝焉。于是上令奉高作明堂汶上④，如带图。及五年修封，则祠太一、五帝于明堂上坐，令高皇帝祠坐对之。祠后土于下房，以二十太牢。天子从昆仑道入，始拜明堂如郊礼。礼毕，燎堂下。而上又上泰山，自有秘祠其巅。而泰山下祠五帝，各如其方，黄帝并赤帝，而有司侍祠焉。山上举火，下悉应之。

【注释】

①敞：宽广；高朗。②公玉（sù）带：方士。姓公玉，名带。③圜：通"环"。围绕。复道：高楼间或山岩险要处的架空通道。④汶（wèn）：水名。即现在的大汶河。在今山东省莱芜市至梁山县一带，中经奉高城西南。

其后二岁，十一月甲子朔旦冬至，推历者以本统①。天子亲至泰山，以十一月甲子朔旦冬至日祠上帝明堂，毋修封禅。其赞飨曰："天增授皇帝太元神策②，周而复始。皇帝敬拜太一。"东至海上，考入海及方士求神者，莫验，然益遣，冀遇之。

【注释】

①其后二岁：指元封七年，亦即太初元年（前104年）。本篇下文说，这一年五月，汉武帝诏令改历。②太元：《今上本纪》作"泰元"。天的别称。策：蓍（shī）草。

十一月乙酉，柏梁灾①。十二月甲午朔，上亲禅高里②，祠后土。临勃海③，将以望祀蓬莱之属，冀至殊廷焉④。

【注释】

①灾：发生火灾。②高里：山名。③勃海：即当今渤海。④殊廷：指蓬莱中仙人之庭。

上还，以柏梁灾故，朝受计甘泉①。公孙卿曰："黄帝就青灵台，十二日烧②，黄帝乃治明廷。明廷，甘泉也。"方士多言古帝王有都甘泉者。其后天子又朝诸侯甘泉，甘泉作诸侯邸。勇之乃曰："越俗，有火灾，复起屋必以大，用胜服之③。"于是作建章宫，度为千门万户④。前殿度高未央⑤。其东则凤阙⑥，高二十余丈。其西则唐中⑦，数十里虎圈。其北治大池，渐台高二十余丈，命曰太液池⑧，中有蓬莱、方丈、瀛洲、壶梁⑨，象海中神山龟鱼之属。其南有玉堂、璧门、大鸟之属⑩。乃立神明台、井幹楼⑪，度五十丈，辇道相属焉⑫。

【注释】

①受计：接受郡国所呈上的计簿（指包括户口登记在内的会计簿册）。②就：建成。十二日：徐广曰："日，一作月。"③胜服：制服。④建章宫：宫名。故址在今陕西省西安市长安区西。⑤未央：宫名。故址在今陕西省西安市西北。⑥凤阙：阙名。上有铜凤凰，故名。⑦唐中：池名。⑧渐台：台名。渐，浸。台建于池中，故名。太液池：池名。相传面积达一千亩（汉制）。⑨蓬莱、方丈、瀛洲、壶梁：都是模拟海上仙山的人造山。⑩玉堂：宫名。璧门：建章宫正门的名称。⑪神明台：台名。台上立铜仙人，有承露盘。井幹（hán）楼：楼名。⑫辇（niǎn）道：供辇车通行的天桥。辇，秦汉以后专指皇帝的车子。

夏，汉改历，以正月为岁首，而色上黄，官名更印章以五字①，为太初元年。是岁，西伐大宛②。蝗大起。丁夫人、雒阳虞初等以方祠诅匈奴、大宛焉③。

【注释】

①更印章以五字：据方士推算，汉为土德，而在五行中，土的序数为五，因此将官印改为五字。②大宛（yuān）：西域国名。③丁夫人：方士名。姓丁，名夫人。虞初：方士名。匈奴：部族名。秦汉时也称"胡"。

其明年，有司上言雍五畤无牢熟具，芬芳不备。乃令祠官进畤犊牢具，色食所胜①，而以木禺马代驹焉②。独五月尝驹，行亲郊用驹。及诸名山川用驹者，悉以木禺马代。行过，乃用驹。他礼如故。

【注释】

①色食所胜：祭牲的毛色，按五行相克的原则，加以选择。②驹：两岁以下的幼马或少壮的骏马。禺：通"偶"。

其明年，东巡海上，考神仙之属，未有验者。方士有言"黄帝时为五城十二楼，以候神人于执期①，命曰迎年②"。上许作之如方，命曰明年③。上亲礼祠上帝焉。

【注释】

①五城十二楼：传说，黄帝在昆仑山上建有金台五座，玉楼十二座。②迎年：祠名。③明年：祠名。

公玉带曰："黄帝时虽封泰山，然风后、封巨、岐伯令黄帝封东泰山①，禅凡山②，合符③，然后不死焉。"天子既令设祠具，至东泰山，东泰山卑小，不称其声，乃令祠官礼之，而不封禅焉。其后令带奉祠候神物。夏，遂还泰山，修五年之礼如前，而加以禅祠石闾④。石闾者，在泰山下址南方，方士多言此仙人之闾也⑤，故上亲禅焉。

【注释】

①风后、封巨、岐伯：传说都是黄帝的臣子。东泰山：山名。在现在的山东省临朐县南。②凡山：山名。在现在的山东省临朐县东北。③合符：指神灵降赐的瑞应。④石闾：山名。在山东省泰安市南。⑤闾：里巷的大门；里巷。

其后五年，复至泰山修封，还过祭恒山。

今天子所兴祠，太一、后土，三年亲郊祠，建汉家封禅，五年一修封。薄忌太一及三一、冥羊、马行、赤星①，五，宽舒之祠官以岁时致礼。凡六祠②，皆太祝领之。至如八神诸神，明年、凡山他名祠，行过则祠，行去则已。方士所兴祠，各自主，其人终则已，祠官不主③。他祠皆如其故。今上封禅，其后十二岁而还，遍于五岳、四渎矣。而方士之候祠神人，入海求蓬莱，终无有验。而公孙卿之候神者，犹以大人之迹为解，无有效。天子益怠厌方士之怪迂语矣，然羁縻不绝④，冀遇其真。自此之后，方士言祠神者弥众，然其效可睹矣。

【注释】

①薄忌太一、三一、冥羊、马行、赤星：都是神祠名。②凡六祠：上文所言五祠，加上后土祠，共六。③主：主持致祭。④羁縻（jī mí）：笼络。

太史公曰：余从巡祭天地诸神、名山川而封禅焉。入寿宫侍祠神语，究观方士祠官之意①，于是退而论次自古以来用事于鬼神者②，具见其表里③。后有君子，得以览焉。若至俎豆珪币之详，献酬之礼④，则有司存⑤。

【注释】

①究观：仔细观察。②论次：按次序论述。③表里：内外。④献酬：献祭神灵，酬报神功。⑤存：保存；记载在卷。

河渠书第七^①

《夏书》曰^②：禹抑洪水十三年^③，过家不入门。陆行载车^④，水行载舟，泥行蹈毳^⑤，山行即桥^⑥。以别九州^⑦，随山浚川^⑧，任土作贡^⑨。通九道^⑩，陂九泽^⑪，度九山^⑫。然河灾衍溢^⑬，害中国也尤甚^⑭。唯是为务^⑮。故道河自积石历龙门^⑯，南到华阴^⑰，东下砥柱^⑱，及孟津^⑲、雒汭^⑳，至于大邳^㉑。于是禹以为河所从来者高^㉒，水湍悍^㉓，难以行平地，数为败^㉔，乃厮二渠以引其河^㉕。北载之高地^㉖，过降水^㉗，至于大陆^㉘，播为九河^㉙，同为逆河^㉚，入于勃海^㉛。九川既疏^㉜，九泽既洒^㉝，诸夏艾安^㉞，功施于三代^㉟。

【注释】

①河渠书：本篇叙述从夏禹到汉武帝时期水利事业发展的历史，是《禹贡》之后的又一篇水利史专著。②夏书：《今文尚书》中的《禹贡》《甘誓》两篇是记载夏代史事之书，称为《夏书》。③抑：治。④载：乘载。⑤蹈：踏。毳（qiāo）：通"橇"。古代在泥路上行走所乘之具。《集解》引孟康说，橇形象箕，适合在泥上爬行。⑥即：则。桥：登山的轿。"桥"是"轿"的假借字。⑦别：区分。九州：传说禹治水后划分天下为九州。据《禹贡》，九州是冀州、兖州、青州、徐州、扬州、荆州、豫州、梁州、雍州。⑧随山浚川：顺着山势的高下来疏浚河道。浚，疏通。⑨任土作贡：根据各地土地的肥瘠多少，制定贡赋。任，依据。⑩通九道：开通九州的道路。⑪陂（bēi）九泽：给九州的湖泊修筑堤防，不让泛滥。陂，障遏，堵塞，指修筑堤防。⑫度（duó）九山：测量九州的山势，以便疏通水道，开通道路。⑬河：黄河。衍溢：泛滥。⑭中国：指黄河中下游一带。上古时代，我国华夏族建国于黄河中下游一带，以为居天下之中，故称中国。⑮唯是为务：唯以此（治理黄河）为当务之急。是，此。⑯积石：指大积石山，在今青海省南部。黄河流经此山。龙门：即龙门山。在今山西河津市西北及陕西韩城市东北，跨黄河两岸。黄河至此，两岸悬崖壁立，巨涛奔流其间，形如阙门，传说是大禹治水所开。⑰华阴：华山北面。汉始置华阴县，即今陕西华阴市。⑱砥柱：即砥柱山，又名三门山。在今河南三门峡市黄河之中。以山在水中若柱，故名。因修三门峡水库，现已炸毁。⑲孟津：古黄河津渡名。在今河南孟津县东北。⑳雒汭（luò ruì）：古地区名，亦名洛口。指雒水（今洛河）入古黄河处。在今河南巩义市境内。㉑大邳：山名。在今河南浚县东南。㉒于是：当时。"于"是"当"的意思，"是"为"时"的假借字。本文中的"于是"，有的作"当时"讲，有的作连词"于是"用，由上下文义而定。所从来者高：是说黄河从地势高的地方流来。㉓湍（tuān）悍：水势湍急而凶悍。㉔数（shuò）：多次。败：害；灾害。㉕乃：

于是。厮：分。二渠：禹导河至于大邳山后，分黄河为两支，以泄其湍激之水势。其一为黄河主流；其一即漯（tà）水，一名漯川。故道自今河南浚县西南别黄河，东北流经濮阳、范县、山东莘县、聊城、临邑、滨县等县境入海。今山东徒骇河即古漯水的残余而稍有变迁。㉖载：乘，登。㉗降（jiàng）水：清胡渭以为是古漳、绛二水的通称。绛水乃浊漳水上游，源出今山西屯留，东流入漳水，在今河北肥乡、曲周间注入古黄河。㉘大陆：古泽薮名。即大陆泽，又名巨鹿泽。在今河北隆尧、巨鹿、任县之间。源出内丘以南，太行山区的河流都汇注于此，今已淤成平地。㉙播：分。九河：据《尔雅·释水》说是徒骇、太史、马颊、覆釜、胡苏、简、絜、钩盘、鬲津等九条河，今已不能确指。今人多主张九河不一定是九条河，而是古时黄河下游许多支派的总称。㉚同为逆河：是说黄河"播为九河"之后，又合而为一，名为"逆河"。同，汇合。据梁启超考证，逆河在今天津市，及河北沧县、盐山，山东无棣、沾化等县境。㉛勃海：即今渤海。㉜九川：指九州的大川。《索隐》以为即弱水、黑水、河水、漾水、江水、沈水、淮水、渭水、洛水。既：已。㉝九泽：九州的湖泊。洒：划分。㉞诸夏：古代泛称中国为诸夏。艾（yì）安：同"乂（yì）安"。太平无事。㉟施（yì）：延续。

　　自是之后①，荥阳下引河东南为鸿沟②，以通宋、郑、陈、蔡、曹、卫③，与济、汝、淮、泗会④。于楚⑤，西方则通渠汉水、云梦之野⑥，东方则通沟江淮之间⑦。于吴⑧，则通渠三江、五湖⑨。于齐⑩，则通菑济之间⑪。于蜀⑫，蜀守冰凿离碓⑬，辟沫水之害⑭，穿二江成都之中⑮。此渠皆可行舟⑯，有余则用溉浸⑰，百姓飨其利⑱。至于所过⑲，往往引其水⑳，益用溉田畴之渠㉑，以万亿计，然莫足数也㉒。

【注释】

　　①是：此，指大禹治水。②荥（xíng）阳：在现在的河南省荥阳市东北。战国时韩为荥阳邑，秦置县。鸿沟：古运河名。约在战国魏惠王十年（前360年）开通。③宋：诸侯国名。周朝封国，前286年为齐国所灭。在今河南商丘市一带。郑：诸侯国名。前806年郑武公立国，前375年被韩国所灭。在今河南新郑市一带。陈：诸侯国名。周朝封国，建国于今河南淮阳县一带。前479年为楚所灭。蔡：诸侯国名。曾建都于今河南上蔡县。后多次迁都。前447年为楚所灭。曹：诸侯国名。建都于今山东定陶西南。前487年为宋所灭。卫：诸侯国名。曾先后建都于今河南淇县、滑县、濮阳。④济：济水，古水名。包括黄河南北两部分，河北部分源出今河南济源市西王屋山，河南部分本系黄河的一个支派，河道几经变迁。汝：汝水，古水名。上游即今河南北汝河，下游东沅水（今洪河），南经上蔡县至遂平县又东会溱水（今沙河），此下即今南汝河及新蔡县以下的洪河。淮：淮水。即今淮河。泗：泗水，古水名。因其四源合为一水，故名，即今泗河，但河道有变迁。会：会合。⑤于：在。下文"于吴""于齐""于蜀"的"于"均同。楚：指楚国。⑥西方：楚国的西部。下文的"东方"即楚国的东部。汉水：又名汉江。长江最大的支流。发源于今陕西宁强县北蟠冢山。初出山时名漾水，东南经勉县为沔水，东经褒城县，合褒水，始为汉水。东南流经陕西、湖北至武汉入长江。云梦：即云梦泽。野：郊野，这里泛指汉水与云梦泽之间的地方。⑦沟：指邗（hán）沟。古运河。春秋时吴王夫差为争霸中原在江淮间开凿。⑧吴：指吴国。在现在的江苏省境内，前473年为越所灭。建都今江苏苏州市。⑨三江：三江的说法很多，但都很牵强。近人多认为三江是长江下游众多水道的总称，并

非确指某三条水。"三",古人常用来表示多数。五湖:泛指太湖流域一带所有的湖泊,并非实指某五个湖泊。⑩齐:指齐国。⑪菑(zī):通"淄"。水名,即今淄河。发源于山东莱芜,东北流经临淄东,北上合小清河入海。济:指济水。⑫蜀:指战国时期秦国的蜀郡。在今四川省境内,治今成都市。⑬守:郡守。冰:即李冰,战国时期的水利家,约前256—前251年被秦昭王任为蜀郡守。在任期间,主持兴建了著名的都江堰水利工程。凿:凿开;挖通。离碓:即离堆。⑭辟:通"避"。沫水:即今大渡河。⑮穿二江成都之中:岷江上游,流经川北山区,水流湍急,挟带着大量泥沙。岷江进入灌县以后,就进入了成都平原,水流突然变缓慢,泥沙在灌县地方壅积,河床垫高,容易泛滥,以至平原地区常闹水灾。在李冰主持下,成都平原的劳动人民在灌县附近把岷江分为郫江(即内江)和检江(即外江)两支,使岷江的水流分散,既可免除泛滥的水灾,又便利了航运和灌溉,使成都平原成为"天府之国"。⑯此渠:指这一段提到的鸿沟、邗沟等所有人工开凿的沟渠水道。这些沟渠水道,都是春秋战国时代各国先后开凿的。⑰溉浸(jìn):灌溉。⑱飨:通"享"。⑲所过:渠道所经过的地方。⑳往往:到处;处处。㉑益:增加。田畴:田地;农田。㉒然:承接连词,和"则"差不多,译为"就"或"便"。莫足:不能;无法。

西门豹引漳水溉邺①,以富魏之河内②。

【注释】

①西门豹:战国魏文侯(前445—前396年在位)时邺令。漳水:有清漳河、浊漳河两源,均出自山西省东南部,在河北省南部汇合后称漳河,东南流入卫河。邺:古都邑名。②河内:古地区名。春秋战国时以黄河以北为河内,黄河以南为河外。邺属河内。

而韩闻秦之好兴事①,欲罢之②,毋令东伐③,乃使水工郑国间说秦④,令凿泾水自中山西邸瓠口为渠⑤,并北山东注洛三百余里⑥,欲以溉田。中作而觉⑦,秦欲杀郑国。郑国曰:"始臣为间,然渠成亦秦之利也。"秦以为然⑧,卒使就渠⑨。渠就,用注填阏之水⑩,溉泽卤之地四万余顷⑪,收皆亩一钟⑫。于是关中为沃野⑬,无凶年⑭,秦以富强⑮,卒并诸侯⑯,因命曰郑国渠⑰。

【注释】

①韩:韩国。战国七雄之一。秦:秦国。好(hào)兴事:喜欢兴办各种事业。②罢(pí):通"疲"。使动用法。之:代词,指秦国。③毋:不。东伐:指向东方攻打韩国。④使:派遣。水工:治水的工程人员。郑国:战国末水利家。⑤泾水:水名。上游两源:北源出自甘肃平凉,南源出自甘肃华亭,至甘肃泾川汇合,东南流至陕西彬县,再折而东南至高陵南流入渭河。自中山西邸瓠口为渠:是说从中山(又名仲山,在今陕西省泾阳县西北)引泾水向西到瓠口(即焦获泽,在今泾阳北)作为渠口,利用西北微高,东南略低的地形,沿北山南麓引水向东伸展。⑥并(bàng):通"傍"。挨着;沿着。北山:泛指关中平原北面诸山。洛:洛河,即北洛河。发源于今陕西定边县东南,东南流经志丹、甘泉、富县,至洛川纳沮河,又流经蒲城,到大荔南合渭河后,东入黄河。⑦中作:工程进行到一半的时候。觉:发觉。⑧然:是;对。⑨卒:终于;就。就:成就;完成。⑩注:引。阏:通"淤"。填阏,淤泥。填阏之水,指含有淤泥,十分浑浊的水。这种水可

以降低土地的盐碱含量。⑪泽卤之地：盐碱地。⑫钟：六斛四斗为一钟。⑬关中：指关中平原。沃野：肥沃的田野。⑭凶年：荒年。⑮以：因此。⑯并：吞并。诸侯：指关东六国。⑰命：命名。郑国渠：自中山引泾水西至瓠口，然后沿北山南麓向东伸展，经今三原、富平等县，穿过许多纵流的小河，从今大荔县东南，注入洛水。

汉兴三十九年①，孝文时河决酸枣②，东溃金堤③，于是东郡大兴卒塞之④。

【注释】

①汉兴三十九年：时为汉文帝十二年（前168年）。从刘邦初为汉王时算起，至此整三十九年。②孝文：即汉文帝刘恒，前180—前157年在位。孝文时，指文帝十二年。酸枣：县名。治所在今河南省延津县西南。③东溃：西汉时的黄河故道自现在的河南浚县西南为东北流向，南岸的堤防溃决，水流向东，因此称"东溃"。金堤：西汉时东郡、魏郡、平原郡界内黄河两岸，都有石筑的大堤，高者至四五丈，因修筑得很坚固而被称为金堤。此次东溃金堤在东郡白马（今河南滑县境）。④东郡：郡名。治所在今河南濮阳西南。兴：征发。卒：民伕。塞：堵塞。

其后四十有余年①，今天子元光之中②，而河决于瓠子③，东南注钜野④，通于淮、泗⑤。于是天子使汲黯、郑当时兴人徒塞之⑥，辄复坏⑦。是时武安侯田蚡为丞相⑧，其奉邑食鄃⑨。蚡居河北⑩，河决而南则鄃无水灾，邑收多。蚡言于上曰："江河之决皆天事⑪，未易以人力为强塞⑫，塞之未必应天⑬。"而望气用数者亦以为然⑭。于是天子久之不事复塞也⑮。

【注释】

①其后四十有余年：指汉文帝十二年黄河决堤之后四十多年。实际上汉文帝十二年到汉武帝元光三年河决于瓠子，仅有三十六年。②今天子：指汉武帝刘彻。前140—前87年在位。司马迁为汉武帝时人，故提到汉武帝时称"今天子"或"天子"。元光：汉武帝年号，前134年至前129年。元光之中，指元光三年（前132年）。③瓠（hú，旧读hú）子：地名，亦称瓠子口。在现在的河南省濮阳县西南。④钜野：钜野泽，又名大野泽。约在今山东巨野县北部，今湮没。⑤通于淮泗：黄河决口之后，水流入淮水、泗水等河。⑥汲黯：西汉濮阳（今河南濮阳西南）人。汉武帝时任东海郡太守。后召为主爵都尉。郑当时：西汉陈（今河南淮阳县）人。武帝时曾为九卿。⑦辄：随即；马上。复：又。⑧武安侯田蚡（fén）：西汉长陵（今陕西咸阳东北）人。汉景帝王皇后同母弟。武帝时以贵戚封武安侯。曾任太尉、丞相，骄横专断。武安，今河北武安县。⑨奉邑：即食邑，采邑。鄃（shū）；鄃县，县名。治所在今山东平原县西南。⑩河北：黄河以北。⑪江河：这里是泛指，并不专指长江和黄河。⑫未：不能。易：轻易。⑬应天：与天意相合。⑭望气用数者：指方士、术士等。望气，方士的一种占候术，望云气以测吉凶。⑮之：语气助词，用在"久"字之后，以补凑音节，无实在意义。不事复塞：不再从事堵塞黄河决口。

是时郑当时为大农①，言曰："异时关东漕粟从渭中上②，度六月而罢③，而漕水道九百余里④，时有难处⑤。引渭穿渠起长安⑥，并南山下⑦，至河三百余里，径⑧，易漕，度可令三月罢；而渠下民田万余顷⑨，又可得以溉田：此损漕省卒⑩，而益肥关中之地，得谷⑪。"天子以为然，令齐人水工徐伯表⑫，悉发卒数万人穿漕渠⑬，三岁而通。通，以漕⑭，大便利。其后漕稍多⑮，而渠下之民颇得以溉田矣⑯。

【注释】

①是时：此时，指武帝元光六年（前129年）。大农：大农令，九卿之一。汉武帝太初元年（前104年）改名为大司农。主要掌管租税钱谷盐铁等事。②异时：往日；从前。关东：指函谷关以东的地区。漕粟：从水路运输粮食。渭：即渭水。源出甘肃省渭源县西北鸟鼠山，东南流至清水县，入陕西省境，横贯关中平原，东流至潼关，入黄河。从渭中上：从渭水西运京师长安。③度（duó）：估计。六月：六个月。罢：完；结束。指把漕粟运到长安。④漕水道：漕运的水道。⑤时：时时；时常。难处：难以行船之处。⑥引渭穿渠起长安：据《水经注》说，在郑当时主持下所修的漕渠是引昆明池（故址在今西安市西南）水，傍南山（秦岭）开渠，东至于黄河，不是引渭水。⑦南山：终南山，即秦岭。在今陕西西安市南。⑧径：直。指路线直，距离短。⑨渠下：因为渠紧临终南山，山下有农田，故谓渠下。⑩损漕：减少漕运时间。损，减少。⑪得谷：多打粮食。⑫徐伯：西汉齐郡（治今山东淄博市临淄县）人。是当时的水利专家。⑬穿：开凿。漕渠：漕运之渠。⑭以漕：用来漕运。⑮稍：逐渐。⑯颇：皆，多。

其后河东守番系言①："漕从山东西②，岁百余万石，更砥柱之限③，败亡甚多④，而亦烦费⑤。穿渠引汾溉皮氏、汾阴下⑥，引河溉汾阴、蒲坂下⑦，度可得五千顷。五千顷故尽河壖弃地⑧，民茭牧其中耳⑨，今溉田之⑩，度可得谷二百万石以上。谷从渭上⑪，与关中无异⑫，而砥柱之东可无复漕⑬。"天子以为然，发卒数万人作渠田⑭。数岁，河移徙⑮，渠不利⑯，则田者不能偿种⑰。久之，河东渠田废，予越人⑱，令少府以为稍入⑲。

【注释】

①河东：郡名，秦置。治所在安邑（今山西夏县西北）。辖境相当今山西沁水以西、霍山以南地区。黄河进入陕西、山西两省交界地区时，作北南流向，当时的河东郡位于黄河东边，故名。守：即太守。番（pó）系：人名。当时为河东郡太守。②山东：秦汉时代，称崤山或华山以东为山东，与"关东"的含义相同。漕从山东西，谓漕粮从山东地区西运。③更：历；经。砥柱：即砥柱山。限：险阻。④败亡：指物资损失和人员伤亡。⑤烦费：耗费。⑥汾：汾河。黄河支流。发源于今山西省宁武县管涔山，南流至曲沃县西折，在河津县入黄河。皮氏：县名。治所在今山西河津市西。汾阴：县名。治所在今山西省万荣县境，故在汾河之南而得名。⑦蒲坂：县名。治所在今山西永济市西蒲州。⑧故：本来。尽：都是。河壖（ruán）：河边地。弃地：荒地。⑨茭牧其中：谓放牧牛马，使食其中的茭草。茭，茭草，可喂牲口。⑩田：耕种。⑪谷从渭上：粮食沿渭水运上。⑫与关中无异：是说从渭水运粮到京师，路程很近，和从关中各地运粮到京师没有多少差别。⑬无复：不再。⑭作渠田：兴修水渠，开垦田地。⑮移徙：迁移；改道。⑯不利：不能发挥作用。⑰则：而。不能偿种：是说收成很少，连种子都收不回来。⑱予越人：当时越人有徙居者，废弃的渠田便给了他们。⑲少府：官名。九卿之一。掌山海池泽收入和皇室手工业制造，为皇帝的私府。稍，小。

其后人有上书欲通褒斜道及漕①，事下御史大夫张汤②。汤问其事③，因言④："抵蜀从故道⑤，故道多阪⑥，回远⑦。今穿褒斜道，少阪，近四百里；而褒水通沔⑧，斜水通渭，皆可以行船漕。漕从南阳上沔入褒⑨，褒之绝水至斜⑩，间百余里⑪，以车转⑫，从斜下下渭⑬。如此，汉中之谷可致⑭，山东从沔无限⑮，便于砥柱之漕。且褒斜材木竹箭之饶⑯，拟于巴蜀⑰。"天子以为然，拜汤子卬为汉中守⑱，发数万人作褒斜道五百余里。道果便近⑲，而水湍石⑳，不可漕。

【注释】

①人有：有人。上书：古时臣下或官吏用文字向帝王或上官陈述意见或建议称上书。通：开通。褒斜（yé）道：古道路名。因取道褒水、斜水两河谷而得名。两水同出秦岭太白山。褒水南注汉水，谷口在旧褒城县北十里；斜水北注渭水，谷口在眉县西南三十里。汉武帝时曾征发数万人治褒斜水道，欲使通漕运，没成功。褒斜道自汉以后长期为往来秦岭南北的重要通道之一。②事下：皇帝把事情交给大臣去拟议叫"事下"。御史大夫：官名。秦汉时仅次于丞相的中央最高长官。主要职务为监察、执法，兼掌重要文书图籍。张汤：（？——前115年）杜陵（今陕西西安东南）人。汉武帝时历任廷尉、御史大夫等职。用法严峻。曾与赵禹共定律令。建议铸造白金（银币）及五铢钱，支持盐铁官营，制定"告缗令"，以打击富商大贾。因被朱买臣等陷害，自杀。③问：有的本子作"阿"。王先谦说，"阿"字因形近而误为"问"。当据改作"阿"。阿，阿谀，奉承，迎合。④因：于是，就，便。⑤抵：至；到。蜀：蜀郡。故道：又名陈仓道。起自陈仓（今陕西省宝鸡市东），西南行出散关，沿故道水谷道至今凤县折而东南入褒谷，出抵汉中。道虽迂远，以坡度较平缓，自古以来为往来秦岭南北的通道。⑥阪（bǎn）：山坡。⑦回远：绕远。⑧沔：沔水。本为汉水的上游，后因通称汉水为沔水。⑨南阳：郡名。治所在今河南南阳市。⑩绝水：指源头（河流的发源处）。⑪间：间隔。⑫转：陆运。⑬下下：《汉书·沟洫志》无后一"下"字，《史记会注考证》认为是衍文，应删减。⑭汉中：即汉中郡。致：运到。⑮无限：无所阻隔。⑯褒斜：指褒水、斜水流域。竹箭：一名筿（tiáo），小竹，可以作箭杆。⑰拟：比。巴蜀：巴郡和蜀郡，包括今四川省全境。⑱拜：授官。⑲便近：既方便又近。⑳而：但。水湍石：当作"水多湍石"。《史记会注考证》说，神田抄本有"多"字，与《汉书·沟洫志》相合。当补。湍石：湍流激石。

其后庄熊罴言①："临晋民愿穿洛以溉重泉以东万余顷故卤地②。诚得水③，可令亩十石。"于是为发卒万余人穿渠，自征引洛水至商颜山下④。岸善崩⑤，乃凿井，深者四十余丈。往往为井⑥，井下相通行水。水颓以绝商颜⑦，东至山岭十余里间⑧。井渠之生自此始⑨。穿渠得龙骨⑩，故名曰龙首渠⑪。作之十余岁，渠颇通，犹未得其饶⑫。

【注释】

①庄熊罴：人名。②临晋：县名。治所在今陕西大荔县东朝邑旧县东南。重泉：县名。卤地：盐碱地。③诚：果然。④征：县名。在现在的陕西澄城县西南。商颜：山名，即今铁镰山。在今陕西大荔县北。⑤岸善崩：是说商颜山下的土质疏松，渠岸容易崩塌。⑥往往：一处一处地。⑦颓：水向下流。绝：通过；越过。⑧东至山岭十余里间：与上文相连是说，井渠从商颜山下修起，越过商颜山，向东修到距离山岭十余里的地方。⑨生：产生；出现。⑩龙骨：古代脊椎动物的骨骼和牙齿的化石。⑪龙首渠：此渠是汉武帝时为灌溉今陕西北洛水下游东岸一万多顷盐碱地而开凿。渠自今澄城县西南引北洛水东南流，至今大荔西仍入洛。渠经商颜山下，由于土质松散，渠岸易崩，故凿井在井下开渠通水，长十余里。这是我国历史上第一条地下井渠。汉朝人发明的这种井渠法未大成功，此法后由中

国传至西域及波斯。⑫犹：依然；仍然。饶：利；好处。

自河决瓠子后二十余岁，岁因以数不登①，而梁楚之地尤甚②。天子既封禅③，巡祭山川④，其明年⑤，旱，干封少雨⑥。天子乃使汲仁、郭昌发卒数万人塞瓠子决⑦。于是天子已用事万里沙⑧，则还自临决河⑨，沉白马玉璧于河⑩，令群臣从官自将军已下皆负薪填决河⑪。是时东郡烧草⑫，以故薪柴少⑬，而下淇园之竹以为楗⑭。

【注释】

①岁：年成。因以：因此。数（shuò）：屡次；连年。②梁楚之地：梁、楚均为西汉的封国。梁治睢阳（今河南商丘南），楚治彭城（今江苏徐州市）。③既：已。封禅：封建帝王祭祀天地的典礼。在泰山上筑土为坛祭天，称"封"；在泰山南的梁父山上辟场祭地，称"禅"。汉武帝举行封禅典礼在元封元年。④巡：天子到各地视察叫"巡"。武帝封禅后曾不断出巡。山川：指名山大川。⑤其明年：指武帝封禅后的第二年，即元封二年（前109年）。⑥干封：西汉方士有一种迷信说法，凡是帝王封禅后应连续三年不下雨，以便晒干祭坛之土。封，指封禅时所筑祭天之土坛。⑦汲仁：汲黯之弟，曾为九卿。郭昌：云中（治所在今内蒙古托克托东北）人，曾任校尉。⑧用事：行事。指行祭祀之事。万里沙：即万里沙祠。在今山东半岛莱州市北。⑨则：于是；便；就。自：亲自。临：到。⑩沉白马玉璧于河：这是一种祭祀水神之礼。⑪薪：草。⑫烧草：用草作燃料。⑬以故：因此。⑭而：于是；便；就。下：顺流运输曰"下"。淇园：地名。古以产竹闻名，在今河南省淇县附近。楗（jiàn）：古代用以堵塞河决的埽（sào），以竹为之称竹楗。据《元和志》，李冰曾做楗尾堰，以防江决。其法：破竹为笼，圆径三尺，长十丈，装以石头，一层层累起以堵水，此为下竹为楗之法。

天子既临河决，悼功之不成①，乃作歌曰②："瓠子决兮将奈何③？晧晧旰旰兮闾殚为河④！殚为河兮地不得宁⑤，功无已时兮吾山平⑥。吾山平兮巨野溢⑦，鱼沸郁兮柏冬日⑧。延道弛兮离常流⑨，蛟龙骋兮方远游⑩。归旧川兮神哉沛⑪，不封禅兮安知外！为我谓河伯兮何不仁⑫，泛滥不止兮愁吾人！啮桑浮兮淮泗满⑬，久不反兮水维缓⑭。"一曰："河汤汤兮激潺湲⑮，北渡污兮浚流难⑯。搴长茭兮沉美玉⑰，河伯许兮薪不属⑱。薪不属兮卫人罪⑲，烧萧条兮噫乎何以御水⑳！颓林竹兮楗石菑㉑，宣房塞兮万福来㉒。"于是卒塞瓠子㉓，筑宫其上，名曰宣房宫。而道河北行二渠㉔，复禹旧迹，而梁、楚之地复宁，无水灾。

【注释】

①悼：伤；痛；悲。功：事，指堵塞河决之事。②歌：即《瓠子歌》，共二首。第一首写河决瓠子，灾情严重，堵塞决口，刻不容缓。第二首写塞河本事，祝其功成来福。③兮（xī）：语气助词。相当于现代汉语中的"啊"。奈何：怎么办。④晧晧（hào）：同"浩浩"，水盛大的样子。旰旰（hàn）：水盛大的样子。闾：是"虑"的假借字。虑，大抵，大都。⑤地：指梁、楚之地。⑥已：止。吾（yú）山：指鱼山。在现在的山东东阿县西南。当时大量开采吾山之石以塞黄河决口，所以慨叹地说"吾山平"。⑦巨野：即巨野泽。⑧沸郁：读为"沸渭"。"沸渭"犹"纷纭"，盛多貌。柏：通"迫"。接近。柏冬日，是说时已近冬，黄河之水仍泛滥不止。⑨延：有的本子作"正"，《汉书·沟洫志》作"正"，

《水经注》亦作"正"。王先谦说，"延"是"正"的误字。当改。弛：毁坏。⑩骋（chěng）：奔驰。方：通"放"，恣意；放纵。⑪归旧川：水还旧道。神：这里指河神。哉：语气助词。相当于"啊"。沛：滂沛。形容神力的巨大。⑫为：替。谓：告语。河伯：河神。⑬啮桑：地名，即啮桑亭。在今江苏省沛县西南。浮：漂没。满：溢。⑭反：同"返"。水维：河水的纲维，指河堤。缓：舒缓。指河堤崩溃。⑮汤汤（shāng）：水盛貌。激潺湲（chán yuán）：水势急疾。⑯污（yū）：通"纡"，纡曲。⑰搴（qiān）：取。菱（jiǎo）：篾缆，即用薄竹片或芦苇编成的大索，用来引致土石。沉美玉：是祭祀河神之礼。⑱许：答应佑助。属（zhǔ）：接连。不属，接济不上，供应不及。⑲卫人罪：东郡是战国时期卫国的地方。所以这里把东郡人叫"卫人"。⑳烧萧条：草都烧尽，田野萧条。噫（yī）乎：感叹词，相当于现代汉语中的"唉"。御：抵挡；堵塞。㉑颓林竹：即上文所说"下淇园之竹"。颓：下。楗：桩。作动词用，即"打桩"。石菑（zì）：打桩所用的石柱。楗石菑，是说用竹楗和石菑来巩固河堤。㉒宣房：武帝堵塞瓠子决口后，在瓠子堤上筑宫，名曰"宣房"。这里用来指代瓠子决口。㉓卒：终于。㉔道河北行二渠：元封二年（前109年），堵塞瓠子决口，河归故道及其支流漯水，故称"道河北行二渠"。

自是之后，用事者争言水利①。朔方②、西河③、河西④、酒泉皆引河及川谷以溉田⑤；而关中辅渠⑥、灵轵引堵水⑦；汝南⑧、九江引淮⑨；东海引巨定⑩；泰山下引汶水⑪；皆穿渠为溉田⑫，各万余顷。佗小渠山通道者⑬，不可胜言。然其著者在宣房⑭。

【注释】

①用事者：犹言"有司"，指官吏。②朔方：郡名。汉武帝元朔二年（前127年）设置。治所在朔方（今内蒙古杭锦旗北）。管辖境地为相当今河套西北部及后套地区。③西河：郡名。汉武帝元朔四年置。治所在平定（今内蒙古东胜县境）。辖境相当今内蒙古鄂尔多斯东部、山西吕梁山、芦芽山以西、石楼以北及陕西宜川以北黄河沿岸地带。④河西：地区名。指今甘肃、青海两省黄河以西，即河西走廊与湟水流域。⑤酒泉：郡名。汉武帝元狩二年（前121年）置。治所在福禄（今甘肃酒泉）。川谷：指河流。⑥辅渠：又称六辅渠、六渠。汉武帝元鼎六年（前111年）在左内史倪（ní）宽的主持下，于郑国渠上游南岸开凿六道小渠，以辅助灌溉郑国渠所不能达到的高地。约起自今陕西淳化县西南，至泾阳西北的云阳镇北。⑦灵轵：即灵轵渠。汉武帝时，自今陕西眉县东北渭水北岸，引渭水东流经今扶风南，武功、兴平、咸阳之北，至灞、渭会合处东注渭水，称为成国渠。堵水：徐广说，一本作"诸川"。当据改。诸川，众水。⑧汝南：郡名。汉高祖刘邦四年（前203年）置。治所在上蔡（今河南上蔡西南）。⑨九江：郡名。秦置。治所在寿春（今安徽寿县）。汉武帝时辖境相当今安徽省淮河以南、瓦埠湖流域以东、巢湖以北地区。⑩东海：郡名。治所在郯县（今山东郯城北）。巨定：泽名，即巨定泽。今山东广饶东北清水泊的前身。汉时为一大湖，淄水、时水、女水、浊水、洋水等河流皆汇于此，北出为马车渎，东北流入海。⑪泰山：郡名。治所在博县（今山东泰安东南），后移治奉高（今泰安东北）汶（wèn）水：今称大汶水或大汶河。发源于山东莱芜北，西南流经古嬴县南，又西南会牟汶、北汶、石汶、柴汶至今东平县戴村坝，西流经东平县南至梁山东南入济水。⑫为：

以。⑬佗（tuō）：通"他"，即其他。披山通道：谓随山势造陂池以导水。道，通"导"。⑭著：显著；有名。宣房：指堵塞瓠子决口的水利工程。

太史公曰：余南登庐山①，观禹疏九江②，遂至于会稽太湟③，上姑苏④，望五湖；东窥洛汭、大邳、迎河⑤，行淮、泗、济、漯、洛渠⑥；西瞻蜀之岷山及离碓⑦；北自龙门至于朔方。曰：甚哉，水之为利害也！余从负薪塞宣房，悲《瓠子》之诗，而作《河渠书》。

【注释】

①庐山：即现今江西九江县的庐山。②观：观察；实地考察。九江：长江水系的九条河。③会（kuài）稽：山名。在现今浙江省绍兴县东南十二里。④姑苏：山名。在今江苏苏州市西南。⑤窥：看。迎河：即逆河。见前注。⑥渠：河。⑦瞻：观望。岷山：在四川松潘县北，绵延四川、甘肃两省边境。

平准书第八①

汉兴②，接秦之弊③，丈夫从军旅④，老弱转粮饷⑤，作业剧而财匮⑥，自天子不能具钧驷⑦，而将相或乘牛车⑧，齐民无藏盖⑨。于是为秦钱重难用⑩，更令民铸钱⑪，一黄金一斤⑫，约法省禁⑬。而不轨逐利之民⑭，蓄积余业以稽市物⑮，物踊腾粜⑯，米至石万钱⑰，马一匹则百金⑱。

【注释】

①平准书：本篇论述汉初到武帝时一百多年财政经济的发展变化过程；是我国史籍中最早的经济史专门著作。内容主要是阐述财政经济政策的变动和得失。②汉兴：指汉高祖刘邦初为汉王之时。③弊：凋敝；衰败。指社会经济。④丈夫：指成年男子。从：参加。军旅：军队。⑤转：转运。粮饷：指军粮。⑥作业：所从事的谋生之业。这里指社会生产。剧：难；不易。这里有停滞的意思。财：指物资。匮（kuì）：缺乏。⑦自：即使。让步连词。天子：指刘邦。钧驷：古代一车套四马。四匹马的毛色一样，叫作钧驷。钧，同，这里指马色相同。驷，四马。⑧或：有的人。虚指代词。⑨齐民：平民；百姓。藏盖：储蓄。⑩于是：当时。介宾词组。"于"为介词，是"在""当"的意思；"是"为"时"的假借字。本文中的"于是"，除少数是口语中的承接连词以外，多数作"当时"讲。这从上下文中可以辨别出来。⑪更令民铸钱：秦以"半两钱"为全国统一的货币。每枚重量为当时的半两，即十二铢，合今二钱。汉初由于铜料缺乏，故托秦钱太重，令民改铸轻钱。⑫一黄金一斤：一黄金又称一金，是黄金单位，犹言黄金一锭。秦以一镒（二十两，一说二十四两）为一金，汉初为了以少量之金，当多量之用，规定以一斤（十六两）为一金。⑬约法省禁：简约法令，减省禁律。⑭不轨逐利

之民：指富商大贾（gǔ）。不轨，不遵守法度，越出常轨。逐利，追逐商贾之利。⑮蓄积：聚积。余业：丰厚的产业，指钱财。稽（jī）：囤积。市物：市场上的货物。⑯物踊腾粜：《史记志疑》以为"踊""粜"都是误字，当依《汉书·食货志》作"物痛腾跃"。痛，大大地。腾跃，跳跃，表示物价上涨。⑰石（dàn）：十斗为一石。⑱百金：在汉代，凡说"黄金"若干"斤"指的是真金；不言"黄"字"斤"字，如十金、百金，指的是钱。一金万钱，十金十万，百金百万。

天下已平①，高祖乃令贾人不得衣丝乘车②，重租税以困辱之③。孝惠、高后时④，为天下初定⑤，复弛商贾之律⑥，然市井之子孙亦不得仕宦为吏⑦。量吏禄⑧，度官用⑨，以赋于民⑩。而山川园池市井租税之入⑪，自天子以至于封君汤沐邑⑫，皆各为私奉养焉⑬，不领于天下之经费⑭。漕转山东粟⑮，以给中都官⑯，岁不过数十万石⑰。

【注释】

①天下已平：天下太平以后。前202年，汉高祖刘邦战胜项羽，统一天下，即皇帝位。②贾（gǔ）人：指商人。衣（yì）丝：穿丝织品的衣服。衣，穿（衣服）。③重租税：加重租税。之：他们。指商人。④孝惠（前216—前188年）：即刘邦的儿子汉惠帝刘盈，前194—前188年在位。高后（前241—前180年）：即高祖刘邦的皇后吕雉。⑤为：由于。⑥弛：放松。商贾之律：指困辱商贾的法律。⑦市井：原指做买卖的地方，犹言市场，这里用来指商贾。仕宦：做官。⑧量：估量。吏禄：官吏的俸给。⑨度（duó）：估计。官用：政府的经费。⑩赋：征收赋税。⑪山川园池市井租税：汉代所谓山、川、园、池、市井租税，包括盐铁税；海租（即渔税）；假税（天子或诸侯的园囿池苑佃给人民所收之税）；工税（向手工业者征收的税）；市租（商品交易税）等。⑫封君：受有封邑的公主及列侯之属。汤沐邑：这里指公主、列侯的封邑。意思是说，邑内收入供封君朝见天子时斋戒沐浴之用，故名。⑬私奉养：私人的生活费用。⑭不领于天下之经费：不属于国家的经费。领，属。天下，国家。汉代的赋税管理制度是，田租和算赋等的收入，归治粟内史（后改称大农令、大司农）掌管，属于国家经费。"山川园池市井租税之入"则归少府掌管，属于皇帝的私奉养，供皇室享用，不属于国家的经费。诸侯的封国和公主、列侯的封邑，也是一样。⑮漕转：从水道运输粮食。漕，水道运粮。转，车运。山东：战国秦汉时称崤山或华山以东为山东。也称关东。⑯中都官：京师各官府。中都，古代对京师的通称。⑰岁：年。

至孝文时①，荚钱益多②，轻，乃更铸四铢钱，其文为"半两"③，令民纵得自铸钱④。故吴⑤，诸侯也，以即山铸钱⑥，富埒天子⑦，其后卒以叛逆⑧。邓通⑨，大夫也，以铸钱财过王者。故吴、邓氏钱布天下⑩，而铸钱之禁生焉⑪。

【注释】

①孝文：即汉文帝刘恒（前179—前157年），高祖刘邦的中子，是西汉第三代皇帝，前179—前157年在位。②荚钱：即上文高祖刘邦"更令民铸钱"以来民间私铸之轻钱。③文：钱文，钱上铸的文字。④令民纵得自铸钱：纵，随意、任意。⑤吴：西汉初期的一个诸侯王国。吴王刘濞（bì），是刘邦的侄儿，高帝十二年（前195）封。他在封国内铸钱、煮盐，招纳亡人，扩张势力。景帝前三年（前154年），他联合楚、赵等六个诸侯国，发动叛乱，史称"吴楚七国之

乱"。不久失败，逃到东越被杀。⑥以：凭；依靠。即：就。⑦埒（liè）：等于；相等。⑧卒：终于。⑨邓通：西汉蜀郡南安（今四川乐山）人。文帝时初为黄头郎（掌管船舶行驶的吏员。戴黄帽，故名），后得宠幸，官至上大夫。⑩布：流传。⑪而铸钱之禁生焉：连上句是说，自从文帝放铸以后，吴、邓之钱布天下，而景帝时禁止民间铸钱的原因就产生于此。

匈奴数侵盗北边，屯戍者多①，边粟不足给食当食者②。于是募民能输及转粟于边者拜爵③，爵得至大庶长④。

【注释】

①屯戍：驻防边境。②给食（sì）：给养。食，通饲，给人吃。当食者：指驻防边境的士卒。③募：招募。能输：能向国家捐献粮食。输，献纳。转粟于边：把国家的粮食转运到边境。拜爵：封爵。④爵得至大庶长：是说买爵可以买到大庶长这一级。汉爵二十等，大庶长为第十八等爵。文帝前十二年（前168年）采用晁错建议，实行卖爵政策。入粟六百石爵上造（第二等爵），累增至四千石为五大夫（第九等爵），再累增至一万二千石为大庶长。

孝景时①，上郡以西旱②，亦复修卖爵令③，而贱其价以招民④；及徒复作得输粟县官以除罪⑤。益造苑马以广用⑥，而宫室列观舆马益增修矣⑦。

【注释】

①孝景：即汉景帝刘启（前188—前141年），汉文帝的儿子，西汉第四代皇帝，前156—前141年在位。②上郡以西旱：事在景帝中三年（前147年）。上郡，治肤施（今陕西榆林县东南），辖境当今无定河流域及内蒙古鄂托克旗等地。③修：修订。④贱其价：使其价贱。⑤徒复作：刑名。遇赦令，对判了刑的人，免除其罪犯身份，但仍令其在官府服劳役，服完原定刑期。这样的人，叫"徒复作"，也叫"免徒复作"。⑥益：增。造苑马：造苑养马。苑，牧场。汉西北边郡有六牧师苑，养马三十万匹。广用：宽裕军用；使军用宽裕。⑦列观：各观。观，供皇帝游憩的宫馆。舆马：车马。益增修：逐渐增建和修饰。

至今上即位数岁①，汉兴七十余年之间，国家无事，非遇水旱之灾，民则人给家足，都鄙廪庾皆满②，而府库余货财。京师之钱累巨万③，贯朽而不可校④。太仓之粟陈陈相因⑤，充溢露积于外⑥，至腐败不可食。众庶街巷有马⑦，阡陌之间成群⑧，而乘字牝者傧而不得聚会⑨。守闾阎者食粱肉⑩，为吏者长子孙⑪，居官者以为姓号⑫。故人人自爱而重犯法⑬，先行义而后绌耻辱焉⑭。当此之时，网疏而民富⑮，役财骄溢⑯，或至兼并⑰；豪党之徒，以武断于乡曲⑱；宗室有土公卿大夫以下⑲，争于奢侈，室庐舆服僭于上⑳，无限度。物盛而衰，固其变也。

【注释】

①今上：当今皇上，指汉武帝刘彻（前156—前87年）。②都鄙：指郡县政府所在的地邑。廪庾（yǔ）：米仓。③累：累积；积聚。巨万：万万。④贯：穿钱的绳索，即钱串。校（jiào）：计点；计数。⑤太仓：汉代京城储粮的大仓。陈陈相因：是说太仓的粮食吃不完，陈粮加陈粮，层层积累。⑥充溢：米装的太满，溢出仓外。露积：露天堆积。⑦众庶：庶民；众民。⑧阡陌（qiān mò）：田间小路。⑨字牝（pìn）：母马。傧（bìn）：通"摈"。排斥。⑩闾阎：里巷的门。粱肉：

指精美的膳食。粱，小米。⑪为吏者长子孙：是说当时太平无事，官吏不轻易调动，以至于在任所使子孙长大。"长"字在这里是使动用法。⑫居官者以为姓号：是说做官的人久任其职，便以官名作为自己的姓氏。⑬重：难；不轻易。⑭先行（xìng）义而后绌耻辱焉：《汉书补注》及《史记会注考证》都认为"先"与"绌"对文，《汉书·食货志》无"后"字，"后"字是衍文，当删。先行义，把品行端正看作首要的事。先，首要的事情，意动用法。⑮网疏而民富：是说当时"约法省禁"，法网宽疏，谋生之途广，百姓殷富。当然，这里所谓"民"以及上面所谓"众庶"，都不是指农民，而是指地主阶级和富商大贾。一般农民不是荒年也仅能自给而已。⑯役：使用，有"凭藉"的意思。骄溢：骄傲放纵。⑰或：有的人。至：甚至。兼并：指兼并土地。⑱以：用法同"则"。武断：横行霸道。乡曲：乡里；乡间。⑲宗室：与皇帝同宗的贵族。有土：有封邑的列侯。⑳僭（jiàn）：超越本分。

　　自是之后，严助、朱买臣等招来东瓯①，事两越②，江淮之间萧然烦费矣③。唐蒙、司马相如开路西南夷④，凿山通道千余里，以广巴、蜀⑤，巴、蜀之民罢焉⑥。彭吴贾灭朝鲜⑦，置沧海之郡⑧，则燕、齐之间靡然发动⑨。及王恢设谋马邑⑩，匈奴绝和亲⑪，侵扰北边，兵连而不解⑫，天下苦其劳⑬。而干戈日滋⑭，行者赍⑮，居者送，中外骚扰而相奉⑯，百姓抏弊以巧法⑰，财赂衰耗而不赡⑱。入物者补官⑲，出货者除罪⑳，选举陵迟㉑，廉耻相冒㉒，武力进用㉓，法严令具㉔。兴利之臣自此始也㉕。

【注释】

　　①招来东瓯：东瓯为古代越族的一支，秦汉时分布在今浙江南部瓯江、灵江流域。②事两越：两越指南越和闽越。闽越也是古代越族的一支，秦汉时分布在今福建北部、浙江南部的部分地区。其首领无诸，相传与东瓯王摇同是越王勾践的后裔。汉初受封为闽越王，治东冶（今福建福州）。后分为繇和东越两部。武帝元鼎六年（前111年），东越王余善反抗汉朝，武帝拜侍中朱买臣为会稽太守，在会稽郡预治楼船、贮备粮食。元封元年（前110年），朱买臣受诏将兵，与横海将军韩说等一同击破东越，徙东越人于江淮地区。南越是南方越人的一支。秦于其地置桂林、南海和象郡。秦末，龙川令赵佗兼并三郡，建立南越国。汉武帝建元六年（前135年），闽越兴兵击南越，南越向汉朝求援，武帝派兵攻闽越。闽越王弟余善杀闽越王以降，汉乃罢兵。武帝令严助讽谕南越，南越王即遣太子随严助入侍。元鼎五年（前112年），南越相吕嘉反，武帝出兵于次年平定越地，置九郡。③萧然：即骚然，动乱不安的样子。④开路西南夷：因为开通西南夷始自唐蒙、司马相如，因此这里说"唐蒙、司马相如开路西南夷"。⑤巴、蜀：巴郡，治江州（今重庆市北嘉陵江北岸）；蜀郡，治成都（今成都市）。⑥罢（pí）：通"疲。"⑦彭吴：人名。贾：当依《汉书·食货志》作"穿。"⑧置沧海之郡：武帝元朔元年（前128年）秽君降汉。⑨燕、齐：燕，指今河北省北部和辽宁省西端，是战国时燕国之地，汉代仍沿称为燕。齐，指今山东省泰山以北黄河流域及山东半岛地区，为战国时齐国之地，汉代仍沿称为齐。靡然：随风披靡貌。发动：动作起来。元封二年（前109年），汉遣楼船将军杨仆从齐地渡海，左将军荀彘从燕地出辽东，攻打朝鲜，因此这里说"燕、齐之间靡然发动。"⑩王恢设谋马邑：元光二年（前133年），武帝采用大行王恢所设的计谋，在马邑（今山西省朔县）旁伏兵三十万，欲诱致匈奴邀击之。单于入塞，在距马邑百余里的地

方发觉，乃引兵还。⑪和亲：从高祖刘邦时开始，以宗室女嫁给匈奴单于，并年年送给匈奴大批礼物，以换取匈奴的不来侵扰，叫作"和亲"。直到文帝、景帝时，对匈奴仍是继续采取和亲政策。⑫兵连：一个战争接连一个战争。⑬苦：痛苦。意动用法。⑭干戈：干，盾；戈，平头戟。滋：增多。⑮赍：携带。指出征的人携带衣食等物。⑯奉：供应。⑰抏（wán）弊：抏，消耗。巧法：用欺骗取巧的办法来抵制朝廷的法令。⑱财赂（lù）：财物。赡：足。⑲入物：向政府缴纳财物。补官：做官。⑳出货：拿出财货给政府。㉑选举：选拔任用官吏的制度。陵迟：衰颓、败坏。㉒廉耻相冒：是"不顾廉耻"的意思。冒，有所干犯而不顾叫"冒"。㉓武力进用：武勇有力的人得到提升重用。㉔法严令具：法令苛细。严，密；具，完备。㉕兴利之臣：指东郭咸阳、孔仅、桑弘羊之类为汉武帝谋利之臣。

其后汉将岁以数万骑出击胡①，及车骑将军卫青取匈奴河南地②，筑朔方③。当是时，汉通西南夷道，作者数万人④。千里负担馈粮⑤，率十余钟致一石⑥。散币于邛、僰集之⑦。数岁道不通，蛮夷因以数攻吏⑧。发兵诛之⑨，悉巴、蜀租赋不足以更之⑩。乃募豪民田南夷⑪，入粟县官⑫，而内受钱于都内⑬。东至沧海之郡，人徒之费拟于南夷⑭。又兴十万余人筑卫朔方⑮，转漕甚辽远⑯，自山东咸被其劳⑰，费数十百巨万⑱，府库益虚。乃募民能入奴婢得以终身复⑲，为郎增秩⑳，及入羊为郎㉑，始于此。

【注释】

①岁：年；每年。以：介词。率领。骑（jì）：骑兵。胡：指匈奴。②卫青（？—前106年）：西汉名将。河东平阳（今山西临汾西南）人。卫皇后弟。本平阳公主家奴，后为汉武帝重用。初拜车骑将军，后为大将军。元朔二年（前127年），他率军大败匈奴，取得了匈奴占领下的河套地区，在那里设置了朔方郡。元狩四年（前119年），与霍去病共同击垮匈奴主力。他前后七次出击匈奴，解除了匈奴对西汉王朝的威胁。③朔方：朔方城在今内蒙古杭锦旗北。元朔三年（前126年）筑朔方城。④作者：指被征发修筑道路的人。⑤负担：负，背（bēi）；担，挑。馈：送。⑥率（shuài）：副词。大率；大致。钟：古量器名。六斛四斗为一钟。致：送到。⑦币：指财物。邛：古族名，分布在今四川省西昌地区。僰（bó）：古族名，分布在今四川省宜宾一带。集：安定。⑧蛮夷：指西南夷。数（shuò）：屡次。⑨诛：讨伐。⑩悉：尽。更：抵偿。⑪豪民：豪富之民。⑫入粟：缴纳粮食。县官：指巴、蜀各县政府。⑬都内：官名。西汉大司农属官有都内令、丞，是主管国库的官。⑭拟：相等。⑮筑卫朔方：既修筑朔方城又守卫朔方城。⑯转漕：车运叫"转"，水运叫"漕"。⑰被：蒙受；遭受。⑱数十百巨万：数十万万以至百万万。巨万，万万。⑲复：免除徭役。⑳秩：官吏的品级。㉑入羊为郎：畜牧主卜式，屡以家财捐助政府，武帝任为中郎，借以鼓励其他富商大贾出钱。

其后四年①，而汉遣大将将六将军②，军十余万，击右贤王③，获首虏万五千级④。明年⑤，大将军将六将军仍再出击胡，得首虏万九千级。捕斩首虏之士受赐黄金二十余万斤⑥，虏数万人皆得厚赏⑦，衣食仰给县官⑧；而汉军之士马死者十余万⑨，兵甲之财⑩，转漕之费，不与焉⑪。于是大农陈藏钱经耗⑫，赋税既竭⑬，犹不足以奉战士⑭。有司言⑮："天子曰：'朕闻五帝之教不相复而治⑯，禹汤之法不同道而王⑰。所由殊路⑱，而建德一也⑲。北边未安，朕甚悼之⑳。日者㉑，大将军攻匈奴，斩首虏万九千级，留蹛无所食㉒。议令民得买爵及赎禁锢免减罪㉓。请置赏官㉔，命曰武功爵㉕。级十七万，凡直三十余万金㉖。诸买武功爵官首者试补吏㉗，先除㉘；千夫如五大夫㉙；其有罪又减二等㉚；爵得至乐卿㉛：以显军功㉜。"军功多用越等㉝，大者封侯卿大夫，小者郎吏㉞。吏道杂而多端㉟，则官职耗废㊱。

【注释】

①其后四年：元朔五年（前124年）。②大将：当作"大将军"。③右贤王：匈奴官名。是单于下的最高官职。冒顿单于（mòdú chányú）时，除自领中部外，设左、右贤王，分领东西二部，由单于子弟担任。④级：战国时期秦国规定：斩下敌人一个人头，赐爵一级。因此"级"字便用来作为计数单位。如"斩首数十级"，即斩下人头数十个。这里说"获首虏万五千级"，是说斩首和俘虏的数目共计一万五千。俘虏应说若干"人"，不应说"级"，这是古人行文不嫌疏略，从一而省的写法。⑤明年：元朔六年（前1年）。⑥黄金二十余万斤：指的是真金。⑦虏数万人皆得厚赏：俘虏得厚赏，这是汉武帝对待匈奴的俘虏政策。⑧县官：指朝廷，中央政府。⑨士马：士卒和马匹。⑩兵甲：兵，兵器；甲，战士的护身衣，用皮革或金属制成。⑪不与（yù）焉：不计算在内。焉，于此，在这里面。⑫大农：即大司农。官名。九卿之一。掌管国家租税钱谷盐铁的财政收支。陈藏钱：库藏旧存之钱。上文说武帝初年"府库余财"，"贯朽而不可校"，就是指的陈藏钱。陈，久、旧。经：已经。耗：尽。⑬既：已。竭：尽。⑭奉：供给。⑮有司：古代设官分职，各有专司，因称官吏为"有司"。⑯朕：从秦始皇开始，皇帝自称"朕"。五帝：传说中上古时期的五个帝王。据《五帝本纪》说是黄帝、颛顼、帝喾、唐尧、虞舜。教：教化。相复：递相重复。⑰禹：夏朝第一代君主。汤：商朝的建立者。法：法令、制度。王（wàng）：称王，统治天下。⑱所由殊路：所经的道路不同。由，经过。⑲建德：立德，树立德业。古人把创立一种能使百姓得到好处的法令制度，叫作"立德"。一：一致。⑳悼：悲伤。㉑日者：往日；从前。㉒留踬（zhì）："踬"通"滞"。滞留，停留。㉓禁锢：不准做官。据《汉书·贡禹传》说，文帝时，贾人、赘婿和官吏贪污的，都禁锢不准做官，而且没有赎罪之法。㉔赏官：用于赏赐的官爵。㉕命：命名；起名。㉖凡直三十余万金：是说武功爵每级卖价十七万钱，卖爵总值是三十余万万钱（用胡三省说）。万金，万万钱。㉗试补吏：官首为吏称"试"，有试用的意思。补，补缺任用。㉘先除：优先任命。除，任命、授职的意思。㉙千夫如五大夫：武帝时除武功爵外，尚有旧二十等爵并行。㉚其有罪又减二等：是说有罪的人买爵要减二等。如每级十七万出至五十一万者当得三等爵良士，因有罪，故只授一等爵造士。余类推。㉛爵得至乐卿：是说不管什么人，买爵只能买到第八级乐卿为止，第九级执戎以上，只有立下军功的人才能得到。㉜显：显扬。㉝越等：越级。这里是越级提拔的意思。㉞郎吏：郎，郎官，皇帝侍从官的通称；吏，指官府中的低级官员。㉟吏道：做官的途径。㊱官职：官吏的职务。

自公孙弘以《春秋》之义绳臣下取汉相①，张汤用峻文决理为廷尉②，于是见知之法生③，而废格沮诽穷治之狱用矣④。其明年⑤，淮南、衡山、江都王谋反迹见⑥，而公卿寻端治之⑦，竟其党与⑧，而坐死者数万人⑨，长吏益惨急而法令明察⑩。

【注释】

①公孙弘（前200—前121年），西汉菑川（郡治今山东寿光南）薛人。少

为狱吏。年四十余始治《春秋公羊传》。绳：纠正。②张汤（？—前115年）：西汉杜陵（今陕西西安东南）人。武帝时历任廷尉、御史大夫等职。建议铸造白金及五铢钱，并支持盐铁官营政策，制订"告缗令"，以打击富商大贾。主办许多重大审判案件，用法严峻。曾与赵禹共同编订律令。峻文：严峻的法律条文。决理：断狱；判案。廷尉：官名，九卿之一，掌刑狱。张汤为廷尉在元朔三年（前126年）。③见知之法：官吏明明见到、知道某人犯法的事而不予处理，要判以故纵之罪。④废格：废阁的假借。阁，今作搁。搁置；拖延。沮诽：指对抗、毁谤皇帝诏令的行为。沮，阻止；诽，毁谤。穷治：追根到底地处理。狱：罪案。用：行；流行。⑤其明年：元狩元年（前122年）。⑥淮南、衡山、江都王：三王都是汉武帝时代的同姓诸侯王。淮南王刘安，衡山王刘赐，江都王刘建。⑦端：头绪；线索。⑧竟：追究。党与：朋党；参与其事的人。⑨坐死者：因为犯牵连罪而被处死的人。⑩长吏：六百石以上的官吏称长吏，一说二百石至四百石的县吏称长吏。这里指一般审理案件的官吏。惨急：惨酷峻急，指用法严酷。明察：苛细。

当是之时，招尊方正贤良文学之士①，或至公卿大夫。公孙弘以汉相，布被，食不重味②，为天下先③。然无益于俗，稍骛于功利矣④。

【注释】

①方正贤良文学：汉代选拔官吏的科目之一。文帝前二年（前178年），为了询访政治得失，始诏"举贤良方正能直言极谏者"。凡中选者，皆授以官职。武帝时，或诏举贤良，或诏举贤良方正，或昭举贤良文学，名目时有不同，性质无异。②食不重（chóng）味：每顿饭只吃一个菜。③先：先导；表率；榜样。④稍：渐渐。

其明年①，骠骑仍再出击胡②，获首四万。其秋，浑邪王率数万之众来降③，于是汉车二万乘迎之④。既至，受赏⑤，赐及有功之士。是岁费凡百余巨万。

【注释】

①明年：元狩二年（前121年）。②骠骑（piào qí）：指骠骑将军霍去病。霍去病（前140—前117年），西汉名将。河东平阳（今山西临汾市西南）人。官至骠骑将军。他在元狩二年（前121年）春天和夏天接连两次大败匈奴，控制了河西地区，断了匈奴的"右臂"，打开通往西域的道路。元狩四年，又和卫青共同击垮匈奴主力。他前后六次出击匈奴，解除了西汉初年以来匈奴对汉王朝的威胁。③浑邪（yé）王：浑邪与休屠（chú）是匈奴的两个部落，同居于今甘肃河西地区。元狩二年夏天，霍去病击败匈奴，取得焉支山、祁连山。同年秋天，浑邪王杀休屠王，并其众降汉，共四万人。汉以其地置武威、酒泉两郡。④汉发车二万乘迎之：浑邪王率四万众来降，汉恐其有诈，故命霍去病征发战车二万乘迎接。乘（shèng），古时一车四马为一乘。⑤受赏：是说来降的浑邪王部众四万人受到汉朝的赏赐。

初，先是往十余岁河决①，（观）〔灌〕梁、楚之地②，固已数困③，而缘河之郡堤塞河④，辄决坏⑤，费不可胜计。其后番系欲省底柱之漕⑥，穿汾、河渠以为溉田⑦，作者数万人；郑当时为渭漕渠回远⑧，凿直渠自长安至华阴，作者数万人；朔方亦穿渠⑨，作者数万人：各历二三期⑩，功未就，费亦各巨万十数⑪。

【注释】

①往十余岁河决：指元光三年（前132年）黄河在瓠子（堤名，在今河南濮阳境古黄河南岸）决口。从浑邪王来降之元狩二年（前121年）算起，首尾共十二年，故云"往十余岁"。②观：古县名，本属上句。《史记志疑》《廿二史考异》和李慈铭《汉书札记》都考证黄河决口的瓠子在濮阳，不在观县，"观"乃"灌"字之讹，当从《汉书·食货志》作"灌"，属下句。今据改。③固：本来。数（shuò）困：数，屡次，频繁；困，贫困，穷困。④堤塞：筑堤堵塞。⑤辄：每每，往往，常常。⑥番（pó）系：是武帝时的河东郡太守，姓番名系。他认为当时每年从山东地区往京师长安运粮一百多万石，经过底柱险流，损失很大，也太耗费，向武帝建议在河东地区修渠，引汾水和黄河水灌溉皮氏（今山西河津西）、汾阴（今山西万荣西南宝鼎）、蒲坂（今山西蒲州）一带，估计可溉田五千顷，每年可得谷二百万石以上。这样就可以不再从底柱以东运粮了。武帝采纳了他的建议，征发数万人修渠。渠成之后不久，因黄河改道，渠废。底柱：即底柱山，又名三门山。⑦以为：同义词连用，"为"也当"以"讲，介词。⑧郑当时：武帝时为大司农。元光六年（前129年），在他的建议并主持下，征发数万人，由水工徐伯督率，自昆明池（故址在今西安市西南斗门镇东南一片洼地）南傍南山（秦岭）开渠，东至华阴（今县）通黄河。三年而成。当时此渠既便漕运关东粟，又可溉田。今已无水。为：因为。渭漕渠：渭水漕运的河道。回：弯弯曲曲。⑨朔方：指河套地区。⑩期（jī）：整年。⑪巨万十数（shǔ）：以十万万为单位来计算。数，计。

天子为伐胡，盛养马①，马之来食长安者数万匹②。卒牵掌者关中不足③，乃调旁近郡。而胡降者皆衣食县官，县官不给④，天子乃损膳⑤，解乘舆驷⑥，出御府禁藏以赡之⑦。

【注释】

①盛：多。②食（sì）：同"饲"。饲养。③卒牵掌者：卒之牵马掌马者，即马夫。④县官不给：政府经费不足，不能供给。⑤损膳：即减膳。膳，饭食。减膳是吃素或减少鱼肉之类的菜肴。⑥解乘舆驷：意思是武帝解下自己用的车上的四匹马，来补助国家的经费。乘舆，皇帝坐的车。驷，四马，古时一车四马。⑦御府禁藏：内廷的库藏。赡（shàn）：供给。

其明年①，山东被水灾②，民多饥乏。于是天子遣使者虚郡国仓廥③，以赈贫民④。犹不足⑤，又募豪富人相贷假⑥。尚不能相救，乃徙贫民于关以西⑦，及充朔方以南新秦中⑧，七十余万口，衣食皆仰给县官⑨。数岁，假予产业⑩，使者分部护之⑪，冠盖相望⑫。其费以亿计，不可胜数。于是县官大空。

【注释】

①明年：元狩三年（前120年）。②被：遭受。③仓廥（kuài）：粮仓。④赈：救济。⑤犹：还；仍。⑥贷假：借贷。这里是把粮食借给贫民的意思。⑦关：指函谷关或潼关。⑧新秦：秦始皇遣蒙恬击匈奴，得其河南地，名曰"新秦"，汉代仍沿称，即今河套地区。⑨仰：依靠。⑩产业：指土地、房屋、牲畜、农具等。⑪使者：指朝廷派去管理移民的官吏，名义上是皇帝的使者。⑫冠盖相望：冠是官吏的礼帽，盖是车盖，相望，互相看得见。这是形容朝廷的使者来往不绝，他

们坐着车子，前后都能互相看见。

而富商大贾或蹛财役贫①，转毂百数②，废居居邑③，封君皆低首仰给④。冶铸煮盐⑤，财或累万金，而不佐国家之急，黎民重困⑥。于是天子与公卿议，更钱造币以赡用⑦，而摧浮淫并兼之徒⑧。是时禁苑有白鹿而少府多银锡⑨。自孝文更造四铢钱⑩，至是岁四十余年⑪。从建元以来⑫，用少，县官往往即多铜山而铸钱⑬，民亦间盗铸钱⑭，不可胜数。钱益多而轻⑮，物益少而贵⑯。有司言曰："古者皮币⑰，诸侯以聘享⑱。金有三等，黄金为上，白金为中⑲，赤金为下⑳。今半两钱，法重四铢㉑，而奸或盗摩钱质而取镕㉒，钱益轻薄而物贵，则远方用币烦费不省。"乃以白鹿皮方尺，缘以藻绩㉓，为皮币，直四十万㉔。王侯宗室朝觐聘享㉕，必以皮币荐璧㉖，然后得行㉗。

【注释】

①蹛财役贫：这是说富商大贾积贮财货，役使贫民，远途贩卖。蹛，通"滞"，贮。役，役使。②转毂：载运货物的车子。"蹛财役贫，转毂百数"指行商。③废居：废，舍弃，在这里是"出卖"的意思。居，囤积。居邑：居，住。邑，城市。居邑，住在城市中。废居居邑指坐贾。④封君皆低首仰给：是说有封邑的公主列侯都低下头来向富商大贾告贷，靠富商大贾借钱给他们。⑤冶铸：冶铁，铸造铁器。⑥重：益加。⑦更：改。赡：充裕。用：财用，犹今言"经费"。⑧摧：抑；压制；打击。浮淫：骄溢不法。并兼：兼并土地。⑨禁苑：皇家园囿。少府：官名，九卿之一。掌山川园池市井租税之入和皇室手工业制造，是皇帝的私府。⑩孝文更造四铢钱：文帝前五年（前175年）改铸四铢重的"半两"钱为法钱。⑪至是岁四十余年：是岁，指元狩三年（前120年）。⑫建元：汉武帝的第一个年号，前140年至前135年。⑬即：就。⑭间（jiàn）暗暗地，偷偷地。副词。益铸钱：私自铸钱。自景帝中六年（前144年）下令禁止民间私自铸钱。⑮轻：贱，指币值，不是指重量。⑯贵：指物价昂贵。⑰皮币：用皮作的货币。⑱聘享：聘问献纳。⑲白金：银。⑳赤金：铜。㉑半两钱：指文帝前五年铸的四铢重的"半两"钱。法：标准。㉒摩：通"磨"，磨擦。里：铜钱有字的一面称"文"，无字的一面称"里"。镕（yù）：铜屑。㉓缘以藻绩（huì）：用彩绣来饰边。缘，绕。藻绩，彩绣。㉔直：通"值"。㉕朝觐：王侯朝见天子叫朝觐。㉖荐：垫。璧：平圆形中心有孔的玉器。古代朝聘、祭祀、丧葬时用为礼器。㉗得：可以。

又造银锡为白金①。以为天用莫如龙②，地用莫如马③，人用莫如龟④，故白金三品：其一曰重八两⑤，圜之⑥，其文龙⑦，名曰"白选"，直三千⑧；二曰以重差小⑨，方之，其文马，直五百；三曰复小，撱之⑩，其文龟，直三百。令县官销半两钱⑪，更铸三铢钱，文如其重⑫。盗铸诸金钱罪皆死，而吏民之盗铸白金者不可胜数。

【注释】

①又造银锡为白金：以银锡为原料造白金。据《汉书·武帝本纪》，造白金、皮币和改铸三铢钱都在元狩四年（前119年）。②用：行；飞行。莫：没有哪一种东西。③用：行；奔驰。④用：使用。⑤其一曰重八两：不少学者认为此句以下文字有脱误。⑥圜：同"圆"。⑦文：花纹；图案。⑧直：通"值"。⑨以：他本《史记》无"以"字。细按上下文，其一"重八两"，二则"重差小"，三

则"复小"，文从字顺，若加"以"字，不仅多余，而且费解，宜删。⑩撱：是"椭"的讹字，当改。椭，椭圆形。⑪县官：指各郡国政府。半两钱：指四铢重的半两钱。⑫文如其重：钱重三铢，钱上的文字也是"三铢"，钱文和钱重相符。

于是以东郭咸阳、孔仅为大农丞①，领盐铁事②；桑弘羊以计算用事③，侍中④。咸阳，齐之大煮盐⑤，孔仅，南阳大冶⑥，皆致生累千金⑦，故郑当时进言之⑧。弘羊，雒阳贾人子⑨，以心计⑩，年十三侍中。故三人言利事析秋豪矣⑪。

【注释】

①东郭咸阳：姓东郭，名咸阳。大农丞：大农令（后改大司农）的属官。②领：管领。③用事：当权。④侍中：在宫中侍从皇帝左右。⑤大煮盐：大盐商。⑥大冶：大铁商。⑦致：获得。生：产业。⑧进言：向皇帝进言，这里是"推荐"的意思。⑨雒（luò）阳：即洛阳。⑩心计：心算。⑪利事：赢利的事。秋豪：鸟兽在秋天新长出来的细毛。比喻细微。

法既益严，吏多废免①。兵革数动②，民多买复及五大夫③，征发之士益鲜④。于是除千夫、五大夫为吏⑤，不欲者出马；故吏皆适令伐棘上林⑥，作昆明池⑦。

【注释】

①废：罢官。免：免官。②兵革：是兵器和衣甲的总称，引申指战争。③买复及五大夫：向政府缴纳一定数量的财物，可以免除徭役，叫"买复"，如晁错《贵粟疏》说，献马一匹，免除三个人的徭役。④鲜（xiǎn）：少。⑤除千夫、五大夫为吏：本来在元朔六年（前1年）就规定，买爵至千夫的和五大夫一样，可以做官，是一种优待，但由于法令越来越严峻，做官容易获得罪谴，因此那些买得千夫爵和五大夫爵的人宁肯不去做官，现在下令"除千夫、五大夫为吏"，强迫他们去做官。⑥故吏：因为有罪被废免的官吏。适（zhé）：通"谪"，责罚。棘：有刺草木的通称。上林：即上林苑。故址在今西安市西及周至、户县界，周围二百多里。⑦昆明池：故址在今西安市西南斗门镇东南一片洼地。元狩三年，武帝为准备与昆明国作战、训练水军和解决长安水源不足的困难而开凿。周围四十里。

其明年①，大将军、骠骑大出击胡②，得首虏八九万级，赏赐五十万金，汉军马死者十余万匹，转漕车甲之费不与焉。是时财匮，战士颇不得禄矣③。

【注释】

①明年：指元狩四年（前119年）。②大将军：指大将军卫青。骠骑：指骠骑将军霍去病。③颇：间或，有时。禄：俸禄。

有司言三铢钱轻，易奸诈，乃更请诸郡国铸五铢钱①，周郭其下②，令不可磨取镕焉。

【注释】

①诸郡国铸五铢钱：据《汉书·武帝纪》，元狩五年（前118年）行五铢钱。②周郭其下：周郭，铜钱的轮廓（外框）。下，铜钱无字的一面，也称"里"。原来铜钱的下面无周郭，磨镕与否不易发现；现在在钱的下面铸以周郭，可以防止磨镕，因为磨则郭灭，容易发现。

大农上盐铁丞孔仅、咸阳言："山海，天地之藏也①，皆宜属少府②，陛下不私，以属大农佐赋。愿募民自给费③，因官器作④；煮盐，官与牢盆⑤。浮食奇民欲擅管山海之货⑥，以致富羡⑦，役利细民⑧，其沮事之议⑨，不可胜听。敢私铸铁器煮盐者，钛左趾⑩，没入其器物。郡不出铁者，置小铁官⑪，便属在所县⑫。"使孔仅、东郭咸阳乘传举行天下盐铁⑬，作官府⑭，除故盐铁家富者为吏。吏道益杂，不选⑮，而多贾人矣。

【注释】

①天地：天地之间；世界上。藏：储存东西的地方，如库藏、府藏。②宜属少府：山海池泽之税本来是天子的"私奉养"，归少府管领，不属于政府的经费，所以孔仅、咸阳说"宜属少府"。③自给费：自己拿本钱。④因：用。作：指冶铁铸器。⑤牢盆：煮盐用的铁盆名牢盆。⑥浮食奇民：浮食即浮末，指商贾等业。奇（jī）民，奇邪之民。浮食奇民指垄断盐铁业的富商大贾和地方豪强。擅管：犹今言"垄断"。山海之货：指盐铁。⑦富羡：富饶。⑧役利：役使。⑨沮（jǔ）事：阻止破坏已成之事。⑩钛（dì）：足钳，重六斤，着左足下，类似后世的"脚镣"。趾：脚。⑪小铁官：汉武帝为了实行盐铁官营，据《汉书·地理志》记载，在全国设铁官者凡四十郡，共五十处。产铁地方置铁官，主铸造铁器，不出铁的地方置小铁官，铸旧铁。⑫便属在所县：是说铁官、小铁官即管辖所在郡之各县铁器。便，即。属，管辖。⑬乘传（zhuàn）：驿站传车的一种。举行：举办。⑭作：设立。⑮选：选举。

商贾以币之变①，多积货逐利。于是公卿言："郡国颇被灾害②，贫民无产业者，募徙广饶之地③。陛下损膳省用，出禁钱以振元元④，宽贷赋⑤，而民不齐出于南亩⑥，商贾滋众⑦。贫者畜积无有⑧，皆仰县官。异时算轺车贾人缗钱皆有差⑨，请算如故。诸贾人末作⑩，贳贷卖买⑪，居邑稽诸物⑫，及商以取利者，虽无市籍⑬，各以其物自占⑭，率缗钱二千而一算⑮。诸作有租及铸⑯，率缗钱四千一算。非吏比者、三老、北边骑士⑰，轺车以一算；商贾人轺车二算；船五丈以上一算。匿不自占，占不悉，戍边一岁，没入缗钱⑱。有能告者，以其半畀之⑲。贾人有市籍者，及其家属，皆无得籍名田⑳，以便农。敢犯令，没入田僮㉑。"

【注释】

①以：借。②郡国颇被灾害：指上文"其明年，山东被水灾"。③募徙广饶之地：指上文"乃徙贫民于关以西，及充朔方以南新秦中，七十余万口"。④禁钱：内廷库藏的钱，也就是少府掌管的钱。元元：庶民；众民。⑤宽贷：宽缓。⑥出于南亩：意思是到田地里去耕种。南亩，泛指农田。⑦滋：益加。⑧畜（xù）积：积蓄。⑨异时：往时；从前。算轺车：征收轺车税。算，本义是计算，引申为"征税"。缗钱：缗是穿钱的丝绳，一缗千钱。缗钱即俗所谓"贯钱"，是汉代向工商业者征收财产税时计算其资产的单位名称，同时也是工商业资产税名称。算缗钱即征收工商业资产税。据《武帝纪》，"元狩四年初算缗钱"。这里说过去就曾算缗钱，《史记》《汉书》的本纪和列传均无记载，可能指汉武帝以前向商人征收的"訾算"（财产税）。有差（cī）：是说征税有差等。⑩末作：即末业，指工商业。"诸贾人末作"总冒以下"贳贷卖买，居邑稽诸物，及商以取利者"诸句。⑪贳贷卖买：贳贷，指高利贷者。卖买，指贱买贵卖的商人，行商坐贾全部包括在内。⑫居邑稽诸物：指囤户。⑬市籍：商贾的户籍。⑭自占：犹自报。⑮率（shuài）：一概；一律。缗钱二千而一算：商人财产以"缗钱"为单位计算，值缗钱二千出

一算。算是税额单位名称，每算一百二十文。⑯诸作有租及铸：是"诸作及铸有租"的倒装。诸作指各种手工业。铸，指铸造铜锡合金器物的行业。这个行业本来也属于手工业，因其较为突出，故特为标出，与"诸作"平列。⑰吏比者：与官吏相等的人。指那些有千夫、五大夫以上爵位的人。三老：掌教化的乡官。西汉有乡三老、县三老。北边骑士：北部边郡做骑士的人。⑱没入缗钱：据《汉书·昭帝纪》如淳注，商人自报财产不实，没收其隐匿不报的财产。⑲畀（bì）：给予。⑳籍：衍文，当删。名田：以个人名义占有田地。㉑田僮：田地和僮仆。

　　天子乃思卜式之言①，召拜式为中郎②，爵左庶长③，赐田十顷④，布告天下，使明知之。

【注释】

　　①卜式之言：指下段卜式回答使者的话："天子诛匈奴，愚以为贤者宜死节于边，有财者宜输委，如此而匈奴可灭也。"②召：呼唤使来。拜：授予官职叫"拜"。中郎：皇帝的侍从官。③左庶长：二十等爵的第十等。④顷：田百亩为顷。

　　初，卜式者，河南人也①，以田畜为事②。亲死③，式有少弟。弟壮④，式脱身出分⑤，独取畜羊百余⑥，田宅财物尽予弟。式入山牧十余岁，羊致千余头，买田宅。而其弟尽破其业⑦，式辄复分予弟者数矣⑧。是时汉方数使将击匈奴⑨，卜式上书，愿输家之半县官助边⑩。天子使使问式⑪："欲官乎？"式曰："臣少牧，不习仕宦⑫，不愿也。"使问曰："家岂有冤⑬，欲言事乎？"式曰："臣生与人无分争⑭。式邑人贫者贷之⑮，不善者教顺之⑯，所居人皆从式⑰，式何故见冤于人⑱！无所欲言也。"使者曰："苟如此⑲，子何欲而然⑳？"式曰："天子诛匈奴㉑，愚以为贤者宜死节于边㉒，有财者宜输委㉓，如此而匈奴可灭也。"使者具其言入以闻㉔。天子以语丞相弘㉕。弘曰："此非人情。不轨之臣㉖，不可以为化而乱法㉗，愿陛下勿许。"于是上久不报式㉘，数岁，乃罢式㉙。式归，复田牧。岁余，会军数出㉚，浑邪王等降，县官费众，仓府空㉛；其明年㉜，贫民大徙㉝，皆仰给县官，无以尽赡㉞，卜式持钱二十万予河南守，以给徙民。河南上富人助贫人者籍㉟，天子见卜式名，识之㊱，曰"是固前而欲输其家半助边"㊲，乃赐式外繇四百人㊳。式又尽复予县官。是时富豪皆争匿财㊴，唯式尤欲输之助费㊵。天子于是以式终长者㊶，故尊显以风百姓㊷。

【注释】

　　①河南：河南郡，治雒阳（今洛阳市东北）。②田：耕田。畜（xù）：畜牧。③亲：父母。④壮：壮年。⑤脱身出分：从家庭里抽身份出来。⑥畜羊：所养的羊。⑦业：产。⑧辄：每每；总是。数（shuò）：多次。⑨方：正在。数使将击匈奴：指元光六年（前129年）至元朔六年（前123年），汉不断遣将出击匈奴，特别是元朔五年和六年，大将军卫青接连两次将六将军兵十余万，出击匈奴。⑩助边：补助边防的军费。⑪使使：派使者。⑫习：熟悉。仕宦：做官。⑬岂：难道；莫非。⑭分争：即纷争。⑮邑人：同邑的人。贷：施舍。⑯教顺：即教训。"顺"是"训"的假借字。⑰从：顺从。⑱见：被。⑲苟：假如，如果。⑳子：表敬意的对称，相当于"您"。㉑诛：讨伐。㉒死节：尽节义而死。㉓输委：献纳其所蓄财物。㉔具其言：把他的话全部写出来。闻：使皇上听见；向皇上报告。㉕弘：公孙弘。㉖轨：法。㉗化：教化。㉘不报：吏民上书后，皇上置之不理，不予答复叫"不

报"。㉙乃：才。罢：即报罢。吏民上书言事，皇上拒不采纳，宣令退去叫"报罢"。㉚会：恰巧；适逢。㉛仓府：仓指存粮的米仓，借指存钱的府库。㉜明年：元狩三年。㉝贫民大徙：指元狩三年徙贫民七十余万口于关以西及朔方以南。㉞无以：犹无从，无法。㉟籍：名册。㊱识（zhì）：通"志"，记得。㊲是：此人。㊳赐式外繇四百人：汉法规定，每个成年男子都要用一定时间为国家戍边。不愿戍边的，一人出三百钱由政府雇人代役，这代役钱即"过更"。赐式外繇四百人，即赐给卜式每年四百人的过更钱，共为十二万钱。一说是免除其家四百人的徭役。繇，通"徭"。㊴匿财：隐藏财产。㊵尤：古"犹"字，当却讲。㊶终：终归。长者：性情谨厚，有德行的人。㊷尊显：尊贵显达。使动用法。风（fēng）百姓：教化百姓，希望他们效法卜式，向国家输财助边。

初，式不愿为郎。上曰："吾有羊上林中①，欲令子牧之。"式乃拜为郎，布衣屩而牧羊②。岁余，羊肥息③。上过见其羊，善之④。式曰："非独羊也，治民亦犹是也⑤。以时起居；恶者辄斥去⑥，毋令败群⑦。"上以式为奇，拜为缑氏令试之⑧，缑氏便之⑨。迁为成皋令⑩，将漕最⑪。上以为式朴忠⑫，拜为齐王太傅⑬。

【注释】

①吾有羊上林中：《汉书·卜式传》"羊"后有"在"字。王念孙说："《类聚》《御览》引《史记》并有'在'字，今本脱去。"当据补。②屩（jué）：草鞋。③息：繁殖。④善之：以之为善；认为他放牧的很好。⑤犹是：如此。⑥辄：立即；立刻。⑦毋（wú）：不要。⑧缑（gōu）氏：汉县，治今河南省偃师东南。令：县令。汉代万户以上的县官称"令"，万户以下的县官称"长"。⑨便之：以之为便。⑩成皋：汉县，治今河南省荥阳市汜水镇。⑪将：领；管领。漕：漕运。最：指成绩最好。⑫朴忠：忠诚老实。⑬齐王：元狩六年（前117年），武帝封皇子刘闳为齐王。太傅：是辅导诸侯王的官。

而孔仅之使天下铸作器①，三年中拜为大农②，列于九卿③。而桑弘羊为大农丞④，管诸会计事⑤。稍稍置均输以通货物矣⑥。

【注释】

①孔仅之使天下铸作器：指上文元狩四年"孔仅、东郭咸阳乘传举行天下盐铁，作官府，除故盐铁家富者为吏"，实行盐铁官营。使，出使。铸作器，铸作铁器。②三年中拜为大农：孔仅于元鼎二年（前115年）任大农令。③九卿：汉以太常、光禄勋、卫尉、太仆、廷尉、鸿胪、宗正、大农（大司农）、少府为九卿。④桑弘羊为大农丞：元鼎二年，桑弘羊为大农中丞。⑤会计：古代所谓会计，是指为朝廷掌管财物赋税，进行月计、岁会的工作。每月计算为"计"，年终合算为"会"。⑥稍稍：渐渐；逐渐。均输：汉武帝实行的一项经济措施。元鼎二年开始在一些地区置均输官，元封元年（前110年）在全国遍设均输官。

始令吏得入谷补官①，郎至六百石②。

【注释】

①吏得入谷补官：谓已试为吏者入赀补官，由二百石至六百石。汉郎吏二百石至六百石，郡丞及减（不足）万户的县长及诸曹丞皆六百石。②郎至六百石：为郎者入谷可以提高级别，到六百石为止。

自造白金五铢钱后五岁①，赦吏民之坐盗铸金钱死者数十万人②。其不发觉相杀者③，不可胜计。赦自出者百余万人④，然不能半自出。天下大抵无虑皆铸金钱矣⑤。犯者众，吏不能尽诛取⑥。于是遣博士褚大、徐偃等分曹循行郡国⑦，举兼并之徒守相为利者⑧。而御史大夫张汤方隆贵用事⑨，减宣、杜周等为中丞⑩，义纵、尹齐、王温舒等用惨急刻深为九卿⑪，而直指夏兰之属始出矣⑫。

【注释】

①自造白金五铢钱后五岁：据《汉书·武帝纪》，元狩四年（前119年）造白金，五年行五铢钱，元鼎元年（前116年）赦天下，首尾只有四年，应该说"后三年"。②坐：犯……罪。③不发觉相杀者：此句费解。可能是指有的盗铸者被官府严刑拷问致死，而始终没有得到盗铸实证的。"相杀"犹"杀之"。④自出：自首。⑤大抵：大都；大致。无虑：大略；大约。⑥诛取：捕杀。⑦褚大：胡母生弟子，治《公羊春秋》。分曹：分批。循行郡国：循通"巡"，往来视察的意思。⑧举：检举。兼并：指兼并土地。守：郡守。相：诸侯国的相。为利者：贪污受贿的。⑨御史大夫：是当时仅次于丞相的最高长官，主要职务为监察、执法，兼管重要文书图籍。张汤：杜陵（今西安市东南）人。武帝时历任廷尉、御史大夫等职。建议铸造白金及五铢钱，并支持盐铁官营，制订"告缗令"以打击富商大贾。主办许多重大案件，用法严峻。曾和赵禹共同编定律令。⑩减宣：杨县（今山西省洪洞县东南）人。初以佐史给事河东太守，逐渐迁升至中丞。使治主父偃及淮南王案件，论杀甚众，称为敢决疑。杜周：南阳杜衍（今河南省南阳市西南）人。义纵为南阳守，以杜周为爪牙。后事张汤，升为御史。办案多杀人，奏事中上意，故见任用，与减宣轮流为中丞十余年。中丞：御史大夫属官，受公卿奏事，举劾案章。⑪义纵：河东（治今山西省夏县北）人。群盗出身。武帝时任长陵和长安令，执法严峻。继迁河内都尉，族灭豪强穰氏之属。尹齐：东郡茌（chí）平（在今山东茌平县西南）人。以刀笔吏渐升至御史。事张汤，斩伐不避贵戚。武帝以为能，迁为中尉。王温舒：阳陵（治今陕西省高陵县西南）人。盗墓出身。事张汤，为御史。督"盗贼"，杀伤甚多。迁为河内太守，捕杀郡中豪强，连坐千余家，"至流血十余里"。武帝以为能，迁为中尉。张汤败后，徙为廷尉，又拜为少府。惨急刻深：惨酷峻急，苛刻严峻。指用法严酷。⑫直指：汉朝政府特派官员，衣绣衣，持节发兵，有权诛杀办事不力的官员，称绣衣直指，或称直指绣衣使者。夏兰：人名。

而大农颜异诛①。初，异为济南亭长②，以廉直稍迁至九卿。上与张汤既造白鹿皮币，问异。异曰："今王侯朝贺以苍璧③，直数千，而其皮荐反四十万，本末不相称④。"天子不说⑤，张汤又与异有郤⑥，及有人告异以它议⑦，事下张汤治异⑧。异与客语，客语初令下有不便者⑨，异不应，微反唇⑩。汤奏当异九卿见令不便⑪，不入言而腹诽⑫，论死⑬。自是之后，有腹诽之法比⑭，而公卿大夫多谄谀取容矣⑮。

【注释】

①大农颜异诛：据《汉书·百官表》，颜异诛在元狩六年。②济南：济南郡，治东平陵（今山东省章丘市西北）。亭长：西汉时在乡村每十里设一亭，亭有亭长，掌治安警卫，兼管停留旅客，治理民事。③苍璧：青色的璧。④称（chèn）：适合；相副。⑤说（yuè）：通"悦"。⑥郤（xì）：通"隙"。嫌隙。⑦它议：

犹"非议"。⑧治：审理。异：杨树达《汉书窥管》说，此文当以"事下张汤治"为句，"异"字是衍文，当删。⑨初令：新令。⑩反唇：翻其唇，表示心有所不服。⑪当：判（罪）。⑫腹诽：口里不说，心里不以为然。⑬论：定罪。⑭比：则例。⑮谄谀取容：巴结奉承，讨别人的喜欢。

天子既下缗钱令而尊卜式①，百姓终莫分财佐县官②，于是告缗钱纵矣③。

【注释】

①缗钱令：指元狩四年颁布的算缗钱（向工商业征收资产税）的法令。②莫：没有人。③告缗钱：告发商人自报缗钱不实者。据《汉书·武帝纪》，元鼎三年十一月曾下告缗令，鼓励百姓告缗，以没收缗钱的一半给予告发者。纵：放；放令百姓告发。

郡国多奸铸钱①，钱多轻②，而公卿请令京师铸钟官赤侧③，一当五，赋官用非赤侧不得行④。白金稍贱，民不宝用⑤，县官以令禁之，无益。岁余，白金终废不行。

【注释】

①奸铸：用奸巧的办法，杂以铅锡铸钱，不合规格。②轻：指重量轻。③而：所以。钟官赤侧：钟官是水衡都尉属官，掌铸钱。元鼎二年（前115年）由钟官铸赤侧钱。其钱以赤铜为郭（外框），故名钟官赤侧。④赋：缴纳赋税。官用：给官用；给政府缴钱。⑤宝：爱。

是岁也①张汤死而民不思。

【注释】

①是岁：元鼎二年。

其后二岁①，赤侧钱贱，民巧法用之②，不便③，又废。于是悉禁郡国无铸钱④，专令上林三官铸⑤。钱既多，而令天下非三官钱不得行，诸郡国所前铸钱皆废销之⑥，输其铜三官⑦。而民之铸钱益少⑧，计其费不能相当⑨，唯真工大奸乃盗为之⑩。

【注释】

①其后二岁：张汤死后二岁，应是元鼎四年，实际以下记事，都在元鼎三年（前114年）。②巧法用之：用巧诈的手段抵制法令，不按政府规定的一当五来使用。③不便：意思是赤侧钱行不通。④无：通"毋"。不要。⑤上林三官：指钟官、辨铜、技巧三令丞。三官皆属水衡都尉，而水衡都尉设在上林苑，故称上林三官（用陈直《史记新证》说）。⑥销：熔化。⑦输：运送。⑧益：逐渐。⑨计其费不能相当：是说盗铸者计算一下铸钱的费用超过钱值，无利可图。⑩真工大奸：技术巧妙的豪民。真工，谓技术巧妙，能以伪乱真。乃：才。

卜式相齐，而杨可告缗遍天下①，中家以上大抵皆遇告②。杜周治之，狱少反者③。乃分遣御史廷尉正监分曹往④，即治郡国缗钱⑤。得民财物以亿计，奴婢以千万数，田大县数百顷，小县百余顷，宅亦如之⑥。于是商贾中家以上大率破⑦，民偷甘食好衣⑧，不事畜藏之产业⑨。而县官有盐铁缗钱之故⑩，用益饶矣⑪。

【注释】

①杨可告缗遍天下：是说武帝命杨可主持告缗的事，告缗的案件遍于天下，

所在皆有。这一句和上文"告缗钱纵矣"，说的是同一年的同一回事。②中家：中产之家。在当时有十万钱财产的算是中产之家。大抵：大概；大都。③狱：罪案；案件。少反者：很少有翻案的。④御史：西汉御史大夫之下有御史中丞，御史中丞之下有侍御史十五人，通称御史。其职掌或给事殿中，或举劾非法，或督察郡县，或奉使出外执行指定的任务。廷尉正监：西汉廷尉之下有廷尉正和左右监，都是司法官。⑤即：就。缗钱：指告缗钱的案件。⑥如之：像财物、奴婢和田一样，相当多。⑦大率：大概；大都。⑧偷：苟且；只图眼前，得过且过。⑨之：其。⑩而：然而。有：以；因。⑪用：财用。益：逐渐。

益广关①，置左右辅②。

【注释】

①益广关：把函谷关东移。益，加；广，东西为广。函谷关原在今河南省灵宝东北。因关在谷中，深险如函得名。现尚存关门。②置左右辅：据《汉书·百官公卿表》，元鼎四年置三辅都尉。左辅都尉治高陵（今陕西省高陵县），右辅都尉治郿（今陕西省眉县），京辅都尉治华阴（今陕西省华阴市）。这里只说置左右辅，可能是省略的说法。

初，大农管盐铁官布多①，置水衡②，欲以主盐铁。及杨可告缗钱，上林财物众，乃令水衡主上林。上林既充满，益广。是时越欲与汉用船战逐③，乃大修昆明池④，列观环之⑤。治楼船⑥，高十余丈，旗帜加其上，甚壮。于是天子感之⑦，乃作柏梁台⑧，高数十丈。宫室之修，由此日丽⑨。

【注释】

①布：分布。②水衡：元鼎二年置水衡都尉，掌上林苑，兼管皇室财物及铸钱。③战逐：战斗驰逐。④大修昆明池：元狩三年开始修昆明池，是为准备与滇王战；元鼎二年又大修昆明池，是为准备与南越战。⑤观（guàn）：楼、馆一类的建筑。⑥治：修造。⑦感之：是说武帝对楼船之宏伟，有感于中，于是思作高台以登临。⑧柏梁台：据《汉书·武帝纪》，元鼎二年作柏梁台。以香柏为之，故名。⑨日：更加。

乃分缗钱诸官①，而水衡、少府、大农、太仆各置农官②，往往即郡县比没入田田之③。其没入奴婢，分诸苑养狗马禽兽④，及与诸官。诸官益杂置多⑤，徒奴婢众⑥，而下河漕度四百万石⑦，及官自籴乃足⑧。

【注释】

①缗钱：指没收的财物。②太仆：掌皇帝的舆马和马政，为九卿之一。③往往：处处；到处。比：近来。田（diàn）：通"佃"，耕种。④诸苑：武帝时除上林苑外，还有博望苑，边郡又有六牧师苑养马。⑤杂置：杂设分管各种事情的官员。⑥徒奴婢：指没入官的奴婢。其身份有如囚徒，故称"徒奴婢"。⑦下河：指潼关以东的黄河。度：运。⑧官自籴：政府自己出钱买粮食。

所忠言①："世家子弟富人或斗鸡走狗马②，弋猎博戏③，乱齐民④。"乃征诸犯令⑤，相引数千人⑥，命曰"株送徒"⑦。入财者得补郎，郎选衰矣⑧。

【注释】

①所忠：武帝的近臣。②世家：世代做官的人家。斗鸡走狗马：游手好闲不

务正业者的嬉戏。③弋（yì）猎：射猎。博戏：棋弈之类的游戏。④乱：惑乱。⑤征：通"惩"。⑥引：牵引；牵连。⑦命：名。⑧郎选：选拔郎官的制度。

是时山东被河灾①，及岁不登数年②，人或相食③，方一二千里。天子怜之④，诏曰⑤："江南火耕水耨⑥，令饥民得流就食江淮间⑦，欲留⑧，留处⑨。"遣使冠盖相属于道⑩，护之⑪，下巴、蜀粟以振之⑫。

【注释】

①山东被河灾：据《汉书·武帝纪》，事在元鼎二年。②岁：年成；年景。登：庄稼成熟。③人或相食：据《武帝纪》，人相食在元鼎三年。④怜：哀怜。⑤诏曰：据《武帝纪》，诏书下在元鼎二年，其内容是专就江南地区水潦说的，与本文所说"山东被河灾"，不是一回事。⑥江南：当时指今湖北省的长江以南部分和湖南、江西省一带。火耕水耨：是古代一种粗放的耕作方法。先用火烧掉田里的杂草，作为肥料，然后下水种稻。等到杂草又生出来，再加以芟除。⑦流：迁徙。⑧留：留住；定居。⑨留处：留住下来，加以安排。处，安排。⑩属（zhǔ）：接连。⑪护：监领；管理。⑫下：当时运巴、蜀的粮食到江南赈济饥民，是从长江顺流而下，所以说"下"。

其明年①，天子始巡郡国。东度河，河东守不意行至②，不辨③，自杀。行西逾陇④，陇西守以行往卒⑤，天子从官不得食，陇西守自杀。于是上北出萧关⑥，从数万骑⑦，猎新秦中⑧，以勒边兵而归⑨。新秦中或千里无亭徼⑩，于是诛北地太守以下⑪，而令民得畜牧边县，官假马母⑫，三岁而归⑬，及息什一⑭，以除告缗⑮，用充仞新秦中⑯。

【注释】

①其明年：据《汉书·武帝纪》，武帝始巡郡国在元鼎四年（前113年）。②河东守：河东郡太守。河东郡治安邑，今山西省夏县东北。③不辨：不办，食宿的事情没有办好。辨通"办"。④西逾陇：据《武帝纪》，武帝西逾陇在元鼎五年（前112年）。逾，越过。陇，陇山，在今陕西省陇县西北，跨甘肃省清水县，亦名陇坻、陇坂、陇首。⑤行往卒：天子到得突然。⑥萧关：故址在今宁夏回族自治区固原市原州区东南，为关中通向塞北的交通要冲。⑦骑（jì）：骑兵。⑧猎新秦中：在新秦地区围猎，实际是军事演习性质。⑨以勒边兵：以围猎检阅边兵。勒，训练。检阅。⑩亭：亭障，古时建筑在边境上的烽火亭。徼（jiào）：关塞。⑪北地：北地郡，治马岭（今甘肃省庆阳市西北）。⑫马母：母马。⑬三岁而归：三年后归还官假母马。⑭息什一：借官家母马十匹，三年后还官家一驹，这叫作利息十分之一。⑮除告缗：对于在边县畜牧的人，废除告缗。⑯充仞：充实。

既得宝鼎①，立后土、太一祠②，公卿议封禅事③，而天下郡国皆豫治道桥④，缮故宫，及当驰道县⑤，县治官储⑥，设供具⑦，而望以待幸⑧。

【注释】

①得宝鼎：据《汉书·武帝纪》和《郊祀志》，元鼎四年十一月立后土祠于汾阴（治今山西省万荣西南宝鼎）脽（shuì）上（地名），同年六月，得宝鼎于后土祠旁。②后土：土地神。太一：亦作"泰一"。天神。据《武帝纪》，元鼎五年十一月立泰一祠于甘泉（宫名，故址在今陕西省淳化西北甘泉山）。③议：

计议。④而：所以。⑤驰道：秦代修筑的专供帝王行驶马车的道路。道广五十步，每隔三丈种树。⑥官储：官府贮存的物资叫官储。这里指粮食酒肉等饮食之物。⑦设：设置。供具：供天子及从官酒食用器皿等物。⑧以：语气助词，无义。幸：帝王驾临曰"幸"。

其明年①，南越反②，西羌侵边为桀③。于是天子为山东不赡④，赦天下囚⑤，因南方楼船卒二十余万人击南越⑥，数万人发三河以西骑击西羌⑦，又数万人度河筑令居⑧。初置张掖、酒泉郡⑨，而上郡⑩、朔方、西河⑪、河西开田官，斥塞卒六十万人戍田之⑫。中国缮道馈粮⑬，远者三千，近者千余里，皆仰给大农。边兵不足⑭，乃发武库工官兵器以赡之⑮。车骑马乏绝⑯，县官钱少，买马难得，乃著令⑰，令封君以下至三百石以上吏，以差出牝马天下亭⑱，亭有畜牸马⑲，岁课息⑳。

【注释】

①明年：元鼎五年（前112年）。②南越反：据《汉书·武帝纪》，元鼎五年南越相吕嘉反，杀汉使者及其王、太后。③西羌侵边：据《武帝纪》，元鼎五年九月，西羌与匈奴勾结，十余万人反，攻故安（在今甘肃省兰州市南）、枹罕（在今甘肃省临夏县东北）。④为：因为。不赡：不充裕。指山东地区遭水灾，连年收成不好。⑤赦天下囚：据《武帝纪》，元鼎五年赦天下，使罪人从军击南越。⑥因：就。楼船士：西汉根据地方特点训练各兵种，江淮以南训练水军，称为楼船士。二十余万人击南越：《南越列传》《汉书·武帝纪》《五行志》都说是令罪人及江淮以南楼船士十万人击南越，不是二十余万。⑦数万人：有"数万人"三字，文法不通。三河以西：《武帝纪》说，元鼎六年"发陇西、天水、安定骑士及中尉、河南、河内卒十万人"征西羌。汉以河内、河南、河东为三河。陇西、天水、安定在三河以西，所以这里说"三河以西"。⑧令（lián）居：令居故城在今甘肃省永登县西北，地当自湟水流域通向河西走廊的要冲。⑨初置张掖、酒泉郡：据《武帝纪》，元狩二年置武威、酒泉二郡，元鼎六年分武威郡为张掖郡，分酒泉郡为敦煌郡。此处酒泉当作敦煌。⑩上郡：治肤施，在今陕西省榆林县东南。⑪西河：西河郡，治平定，在今内蒙古自治区东胜县境。⑫河西：地区名，指今甘肃、青海两省黄河以西，即河西走廊与湟水流域。开田官：当时在四地区普设田官主持屯田，统名"开田官"。斥塞卒：当时在四地区有卒六十万人，且田且戍，称"斥塞卒"。戍：防守边疆。⑬馈：送。⑭兵：兵器。⑮武库工官：汉代各郡国皆有武库，储存武器；有的还设有工官，制造武器。赡（shàn）：供给。⑯车骑马：指战马。⑰著令：制定法令。⑱差：等级。牝马：母马。⑲牸马：母马。⑳课息：征收利息。利息不是要钱，而是要马。

齐相卜式上书曰："臣闻主忧臣辱。南越反，臣愿父子与齐习船者往死之①。"天子下诏曰："卜式虽躬耕牧②，不以为利③，有余辄助县官之用④。今天下不幸有急，而式奋愿父子死之。虽未战，可谓义形于内⑤。赐爵关内侯⑥，金六十斤，田十顷。"布告天下，天下莫应⑦。列侯以百数⑧，皆莫求从军击羌、越。至酎⑨，少府省金⑩，而列侯坐酎金失侯者百余人。乃拜式为御史大夫。

【注释】

①习船者：善于行船的人。②躬：亲自。③以为：同义词连用，只等于"为"，

当"为了"讲。④辄：往往；每每。⑤义形于内：事君报国的正义之情，发自于内心。⑥关内侯：二十等爵的第十九级。⑦莫：无指代词。没有人；没有谁。⑧列侯：二十等爵的最高级。原称"彻侯"，避武帝讳改称"通侯"，又改"列侯"。列侯均有封邑，关内侯一般无封邑。⑨酎（zhòu）：经过三次重酿的醇酒。汉律，每年八月，天子以酎酒祭宗庙，诸侯王、列侯都必须按规定献金助祭，叫"酎金"。⑩省金：省察酎金的好坏多少。

式既在位，见郡国多不便县官作盐铁①，铁器苦恶②，贾贵③，或强令民卖买之④。而船有算⑤，商者少，物贵。乃因孔仅言船算事⑥。上由是不悦卜式⑦。

【注释】

①不便：不宜；不方便。意动用法。县官作盐铁：由政府煮盐、铸铁器。指盐铁官营。②苦恶：粗制滥造，质量不好。苦，粗劣。③贾（jià）：通"价"。④卖买：交易。"强令民卖买之"，是说强迫百姓交易，买官作铁器。⑤船有算：即上文所说"船五丈以上一算"。⑥因：通过。⑦由是：因此。

汉连兵三岁①，诛羌②，灭南越，番禺以西至蜀南者置初郡十七③，且以其故俗治④，毋赋税⑤。南阳、汉中以往郡⑥，各以地比给初郡吏卒奉食币物⑦，传车马被具⑧。而初郡时时小反，杀吏。汉发南方吏卒往诛之，间岁万余人⑨，费皆仰给大农。大农以均输调盐铁助赋⑩，故能赡之。然兵所过县，为以訾给毋乏而已⑪，不敢言擅赋法矣⑫。

【注释】

①连兵三岁：元鼎五年（前112年）击南越，六年征西羌，又击东越，至元封元年（前110年）东越杀其王余善降，一连用兵首尾共三年。②诛：讨伐。③番（pān）禺：秦置县，在今广州市南部。④且：姑且；暂且。⑤毋赋税：不征赋税。⑥南阳：郡名，治宛县，今河南省南阳市。汉中：郡名，治南郑，今陕西省汉中东。以往：指南阳、汉中以南。⑦各以地比：各就地之所近。比，近。奉：俸禄。⑧传（zhuàn）车马：传车传马。古代驿站上的车称"传车"，马称"传马"。被具：泛指驾车乘马之物。⑨间岁：隔一年。⑩以均输调盐铁：由政府统一运销盐铁，以调剂各地盐铁的供应。助赋：补助赋税的收入。⑪为以：同义词连用，只相当于"以"。以，则。訾给：供给。訾通"资"。⑫擅赋法：大概当时有擅赋法，禁止在政府规定的赋税以外另征赋税。

其明年，元封元年，卜式贬秩为太子太傅①。而桑弘羊为治粟都尉②，领大农③，尽代仅管天下盐铁④。弘羊以诸官各自市⑤，相与争，物故腾跃⑥，而天下赋输或不偿其僦费⑦，乃请置大农部丞数十人⑧，分部主郡国，各往往县置均输、盐、铁官⑨，令远方各以其物贵时商贾所转贩者为赋⑩，而相灌输⑪。置平准于京师⑫，都受天下委输⑬。召工官治车诸器⑭，皆仰给大农。大农之诸官尽笼天下之货物⑮，贵即卖之，贱则买之。如此，富商大贾无所牟大利则反本⑯，而万物不得腾踊⑰。故抑天下物⑱，名曰"平准"。天子以为然⑲，许之⑳。于是天子北至朔方㉑，东到太山㉒，巡海上㉓，并北边以归㉔。所过赏赐，用帛百余万匹，钱金以巨万计，皆取足大农。

【注释】

①贬秩：降职。②治粟都尉：治粟都尉惟汉初有之，武帝时无此官。武帝时设搜粟都尉，掌太常三辅饲马之粟。③领：兼领；兼管。④仅：孔仅。⑤诸官：即上文分受缗钱的各官府。各自市：各自经商，贱买贵卖。⑥腾跃：指物价上涨。⑦赋输：各地作为赋税缴纳的各种物品。僦（jiù）费：运输费。僦，运输。⑧大农部丞：大农令的属官。⑨往往：处处。置均输、盐、铁官：均输官大概只设在郡国，可考者有千乘、辽东、河东三郡，想来不止这三郡。设盐官者，据《汉书·地理志》有三十六郡县；设铁官者，据《地理志》有五十郡县。⑩以其物贵时商贾所转贩者为赋：按照当地作为赋税应缴之物最贵的时候商贾所卖的价钱来缴纳赋税。⑪相灌输：均输官以所收赋税购当地所产之物，运销外地；又以外地所产之物，运销本地，这就是互相灌输。⑫平准：大农属官有平准令、丞，掌物价调节。⑬都：总。委输：郡国所贮积的货物随时输送京师曰委输。委，积。⑭工官：官名。西汉京师各官署多设有工官，或主造武器，或主造御用冠服，或主造日用器物，或主造各种手工艺品。车诸器：车及各种车器，造之以供运输之用。⑮笼：收揽；掌握。⑯年：取；求取。反本：回到农业上去。反同"返"。本，本业，指农业。⑰腾踊：涨价。⑱抑天下物：压平天下的物价。⑲然：是；对。⑳许之：允许他施行。㉑北至朔方：据《汉书·武帝纪》记载，元封元年（前110年），武帝自云阳（今陕西省淳化县西）出发，经过上郡、西河、五原（今内蒙古包头市西北），出长城，北登单于台（在今呼和浩特市西），至朔方，北临黄河，勒兵十八万骑，旌旗千余里，威震匈奴。㉒东到太山：据《武帝纪》，元封元年四月，武帝登封泰山。㉓巡海上：据《武帝纪》，武帝登封泰山以后，自泰山出发，东巡海上，至碣石（山名，在河北省昌黎县北）。㉔并（bàng）北边以归：并，通"傍"，挨着，沿着。以，而。

弘羊又请令吏得入粟补官①，及罪人赎罪。令民能入粟甘泉各有差②，以复终身，不告缗③。他郡各输急处④，而诸农各致粟⑤，山东漕益岁六百万石⑥。一岁之中，太仓、甘泉仓满，边余谷；诸物均输⑦，帛五百万匹⑧。民不益赋而天下用饶⑨。于是弘羊赐爵左庶长⑩，黄金再百斤焉⑪。

【注释】

①吏得入粟补官：《汉书·食货志》作"民得入粟补吏"。②甘泉：指甘泉仓，在今陕西省淳化西北甘泉山。有差：有差次，有差别。③不告缗：对于入粟甘泉买复的人废除告缗，这实际上是鼓励商人入粟买复。④他郡各输急处：其他各郡入粟，各就近输送紧急需要处。这里既说"他郡各输急处"，可见入粟甘泉者限于甘泉旁近各郡。⑤诸农：指上文"水衡、少府、太仆、大农各置农官，往往即郡县比没入田田之"的各农官。⑥益：增加。⑦诸物均输：是说各种货物用均输法统一运销以赢利。⑧帛五百万匹：是均输赢利所得。⑨民不益赋：此"赋"指田租口赋，商贾之算缗不计在内。⑩左庶长：二十等爵的第十级。⑪再百斤：两次各赐百斤。再，两次。

是岁小旱，上令官求雨。卜式言曰："县官当食租衣税而已，今弘羊令吏坐市列肆①，贩物求利。亨弘羊②，天乃雨。"

【注释】

①市列肆：市中商店。王念孙《读书杂志》说“肆”为衍文。《汉书·食货志》无“肆”字。②亨：今作烹。古代用鼎镬煮人的酷刑。

太史公曰①：农工商交易之路通，而龟贝金钱刀布之币兴焉②。所从来久远③。自高辛氏之前尚矣④，靡得而记云⑤。故《书》道唐虞之际⑥，《诗》述殷周之世⑦，安宁则长庠序⑧，先本绌末⑨，以礼义防于利⑩；事变多故而亦反是⑪。是以物盛则衰⑫，时极而转⑬，一质一文⑭，终始之变也。《禹贡》九州⑮，各因其土地所宜⑯，人民所多少，而纳职焉⑰。汤武承弊易变⑱，使民不倦⑲，各兢兢所以为治⑳，而稍陵迟衰微㉑。齐桓公用管仲之谋㉒，通轻重之权㉓，徼山海之业㉔，以朝诸侯㉕，用区区之齐㉖，显成霸名㉗。魏用李克㉘，尽地力㉙，为强君㉚。自是之后，天下争于战国㉛，贵诈力而贱仁义㉜，先富有而后推让㉝。故庶人之富者或累巨万，而贫者或不厌糟糠㉞；有国强者或并群小以臣诸侯㉟，而弱国或绝祀而灭世㊱。以至于秦，卒并海内㊲。虞夏之币㊳，金为三品㊴，或黄㊵，或白㊶，或赤㊷；或钱，或布，或刀，或龟贝。及至秦，中一国之币为二等㊸，黄金以溢名㊹，为上币；铜钱识曰“半两”㊺，重如其文，为下币。而珠玉、龟贝、银锡之属为器饰宝藏，不为币。然各随时而轻重无常㊻。于是外攘夷狄㊼，内兴功业㊽，海内之士力耕不足粮饷㊾，女子纺绩不足衣服。古者尝竭天下之资财以奉其上㊿，犹自以为不足也。无异故云，事势之流(51)，相激使然(52)，曷足怪焉(53)！

【注释】

①太史公曰：史书在每篇的结尾部分，作者往往要写一段评论的话，《史记》以“太史公曰”开始，班固《汉书》、范晔《后汉书》以“赞曰”开始，陈寿《三国志》以“评曰”开始，荀悦《汉纪》以“论曰”开始。②龟：指龟甲，古代用作货币。贝：指贝壳，古代用作货币。金：指黄金、白银、赤铜。刀：刀币。形似刀，故名。布：布币。形似铲，故又名铲币。③所：近指代词，相当于“此”。④高辛氏：即帝喾。传说中的五帝之一。尚：久远。⑤靡：不。记：记述。⑥故：语气助词，用在句首，和“夫”差不多，表议论的开始。《书》：指《尚书》。⑦《诗》：指《诗经》。⑧安宁：安定，指天下太平，社会稳定。长（zhǎng）：崇尚。庠（xiáng）序：古代地方学校名。⑨先：首要的事情。意动用法。本：指农业。末：指工商业。⑩于：语气助词，用在单音动词后面补凑音节，没有实义。⑪事变多故：指社会动乱不安。而：则。反是：相反于此；与此相反。是，此。⑫是以：语气助词。用在句首，与“夫”差不多，不当“因此”讲。⑬时：时世；时代。极：极点；尽头。⑭一质一文：是说时代风尚一时质朴，一时文采。⑮《禹贡》：《尚书》篇名。九州：指冀州、兖州、青州、徐州、扬州、荆州、豫州、梁州、雍州。⑯因：根据；按照。所：之。宜：指宜于种植之物。⑰职：贡。⑱汤：商汤，商王朝的建立者。武：周武王，西周王朝的建立者。弊：流弊；弊病。易变：改变；交通。⑲使民不倦：连上句是说，汤、武各承前代制度上的流弊，加以改革变通，使百姓各乐其业而不懈怠。⑳兢兢：小心谨慎貌。以为：同义词连用，只相当于“为”。稍：逐渐。㉑陵迟：衰颓。㉒齐桓公（？—前643年）：春秋时齐国的国君。前685—前643年在位。管仲（？—前645年）：春秋初期政治家。㉓通轻重之权：指实行稳定物价，调节民食的政策。据《管子·国蓄》说，其办法是，政府掌握粮价的涨落，贱时籴入，贵时粜出，使粮价保持稳定，富商大贾无法囤积居奇。通，

行。轻重，指粮食与货币的轻重关系。权，权衡，均平。㉔徼（yāo）：通“邀”。求取。山海之业：指盐铁业。㉕以：而。朝：朝见。使动用法。㉖区区：小小。㉗显成霸名：成就霸业，显扬名声。㉘李克：《史记·孟荀列传》说“魏有李悝尽地力之教”，《汉书·食货志》亦说“李悝为魏文侯作尽地力之教”。《汉书·艺文志》李克七篇在儒家，李悝三十二篇在法家。故王应麟《困学纪闻》、梁玉绳《史记志疑》、周寿昌《汉书注校补》都认为尽地力者是李悝，不是李克，故当改。㉙尽地力：尽量发掘土地潜力，发展农业生产。㉚强君：强国之君。㉛于：为。战国：好战之国。㉜贵：意动用法。诈力：欺诈与武力。㉝先：意动用法。后：意动用法。推让：谦让。㉞厌：饱。糟糠：酒渣糠皮之类的东西。㉟有国：即国。“有”字语助，无义。群小：指众小国。臣：臣服。使动用法。㊱绝祠：断绝祭祠。灭世：诸侯封国由子孙世世享有，灭世谓诸侯子孙失去世禄。㊲卒：终于。海内：古人认为我国疆域四面环海，故称国境以内为海内。㊳夏：夏朝。㊴品：等级。㊵黄：指黄金。㊶白：指白银。㊷赤：指赤铜。㊸中：分。一国：全国。㊹溢：通“镒”。《集解》引孟康说，二十两为溢。名：计算单位之名。㊺识（zhì）：标记。指铜钱上的文字。㊻轻重：贵贱。㊼外攘夷狄：指秦始皇北击匈奴，南定百越。㊽内兴功业：指秦始皇统一六国后，车同轨，书同文，统一度量衡，筑长城，修驰道，动员七十多万人修阿房宫及骊山陵等事。㊾士：男子。㊿古者：古代。尝：曾经。竭：尽。使动用法。(51)事势：事物发展的趋势。(52)相激使然：激，阻遏水势。然，如此。此连上文是说“竭天下之资财以奉其上，犹自以为不足”的原因在于事物发展的趋势像流水一样受到阻遏，以致如此。这是作者讥评汉武帝连年用兵，挥霍无度，以致财政耗竭，不得不实行一系列搜括民财的财经政策，但往往愈是搜括民财，愈是感到不足。(53)曷：何。

吴太伯世家第一①

吴太伯②，太伯弟仲雍③，皆周太王之子④，而王季历之兄也⑤。季历贤⑥，而有圣子昌⑦，太王欲立季历以及昌，于是太伯、仲雍二人乃奔荆蛮⑧，文身断发⑨，示不可用，以避季历。季历果立⑩，是为王季，而昌为文王。太伯之奔荆蛮，自号句吴⑪。荆蛮义之⑫，从而归之千余家，立为吴太伯。

【注释】

①世家：纪传体史书的一种编写体例，主要记述世袭封国的诸侯的事迹。但个别特殊的重要历史人物如儒家学派的创始人孔丘、农民起义领袖陈胜的传记也列入了“世家”。②吴太伯：太伯，一作“泰伯”。周太王的长子。吴：也叫句吴。③仲雍：又称“虞仲”“吴仲”。周太王的次子。伯、仲、叔、季是区分兄弟次第的用字。④周太王：即古代周族领袖古公亶父。他是周朝建国的始祖。传说是

后稷的十二代孙。⑤王季历：周太王的少子。武王灭商，追尊季历为王季。⑥贤：才能、德行好。⑦圣：道德、智慧极高。⑧荆蛮：周朝人对楚国的贬称。西周时吴地并不属于楚国的范围，这里是指战国时楚国的疆域。⑨文身：在身上刺画花纹。⑩立：立为国君。⑪句（gōu）吴：也作"勾吴"。即吴国。⑫义：合理；适宜。以动用法，即"感到（认为）……义"。

太伯卒，无子，弟仲雍立，是为吴仲雍。仲雍卒，子季简立。季简卒，子叔达立。叔达卒，子周章立。是时周武王克殷，求太伯、仲雍之后，得周章。周章已君吴，因而封之。乃封周章弟虞仲于周之北故夏虚①，是为虞仲，列为诸侯。

【注释】

①虞仲：仲是字，虞是始封地。夏虚：指夏代故都的所在地。虚，通"墟"，故城废址。

周章卒，子熊遂立。熊遂卒，子柯相立。柯相卒，子强鸠夷立。强鸠夷卒，子馀桥疑吾立。馀桥疑吾卒，子柯卢立。柯卢卒，子周繇立。周繇卒，子屈羽立。屈羽卒，子夷吾立。夷吾卒，子禽处立。禽处卒，子转立。转卒，子颇高立。颇高卒，子句卑立。是时晋献公灭周北虞公，以开晋伐虢也。句卑卒，子去齐立。去齐卒，子寿梦立。寿梦立而吴始益大，称王。

自太伯作吴①，五世而武王克殷②，封其后为二：其一虞，在中国；其一吴，在夷蛮。十二世而晋灭中国之虞。中国之虞灭二世，而夷蛮之吴兴。大凡从太伯至寿梦十九世。

【注释】

①作：兴建。②五世：五代。指太伯、仲雍、季简、叔达、周章五代。

王寿梦二年①，楚之亡大夫申公巫臣怨楚将子反而奔晋②，自晋使吴，教吴用兵乘车，令其子为吴行人③，吴于是始通于中国。吴伐楚。十六年，楚共王伐吴，至衡山④。

【注释】

①王寿梦：公元前585—前561年在位。②申公巫臣：巫臣本姓屈，曾为申县之尹，故称申公巫臣。③行人：官名。管理朝觐聘问接待宾客。④衡山：古山名。此山一说在今浙江吴兴县南；一说在今安徽当涂县东北。

二十五年，王寿梦卒。寿梦有子四人，长曰诸樊，次曰馀祭，次曰馀昧，次曰季札。季札贤，而寿梦欲立之，季札让不可，于是乃立长子诸樊，摄行事当国①。

【注释】

①摄：代理。

王诸樊元年①，诸樊已除丧②，让位季札。季札谢曰③："曹宣公之卒也，诸侯与曹人不义曹君④，将立子臧⑤，子臧去之，以成曹君，君子曰'能守节矣'。君义嗣⑥，谁敢干君⑦！有国，非吾节也。札虽不材，愿附于子臧之义。"吴人固立季札，季札弃其室而耕，乃舍之。秋，吴伐楚，楚败我师。四年，晋平公初立。

【注释】

①诸樊：公元前560—前548年在位。②除丧：也叫"除服"。服丧期满，

除去丧服。③谢：推辞。④曹君：指曹成公负刍。他是曹宣公的庶子，杀宣公太子而自立为君。⑤子臧：也是曹宣公的庶子（一说宣公之弟），负刍的庶兄。⑥义嗣：嫡子继位符合当时的礼制。⑦干：冒犯。

　　十三年，王诸樊卒。有命授弟馀祭①，欲传以次，必致国于季札而止②，以称先王寿梦之意③，且嘉季札之义，兄弟皆欲致国，令以渐至焉。季札封于延陵④，故号曰延陵季子。

【注释】

　　①有命：指诸樊有遗嘱。馀祭（zhài）：公元前547—前531年在位。②致：传致；达到。③称（chèn）：符合。④延陵：邑名。故城在今江苏常州市。

　　王馀祭三年，齐相庆封有罪①，自齐来奔吴。吴予庆封朱方之县②，以为奉邑，以女妻之，富于在齐。

【注释】

　　①庆封：齐国大夫。②朱方：邑名。故城在今江苏镇江市丹徒区境。

　　四年，吴使季札聘于鲁，请观周乐①。为歌《周南》《召南》②。曰："美哉，始基之矣③，犹未也④。然勤而不怨⑤。"歌《邶》《鄘》《卫》⑥。曰："美哉，渊乎⑦，忧而不困者也。吾闻卫康叔、武公之德如是⑧，是其《卫风》乎？"歌《王》⑨。曰："美哉，思而不惧，其周之东乎？"歌《郑》⑩。曰："其细已甚⑪，民不堪也，是其先亡乎？"歌《齐》⑫。曰："美哉，泱泱乎大风也哉⑬。表东海者⑭，其太公乎？国未可量也。"歌《豳》⑮。曰："美哉，荡荡乎⑯，乐而不淫，其周公之东乎⑰？"歌《秦》⑱。曰："此之谓夏声⑲。夫能夏则大，大之至也，其周之旧乎？"歌《魏》⑳。曰："美哉，沨沨乎㉑，大而宽，俭而易，行以德辅，此则盟主也㉒。"歌《唐》㉓。曰："思深哉，其有陶唐氏之遗风乎㉔？不然，何忧之远也？非令德之后㉕，谁能若是！"歌《陈》㉖。曰："国无主，其能久乎？"自《郐》以下㉗，无讥焉㉘。歌《小雅》㉙。曰："美哉，思而不贰㉚，怨而不言，其周德之衰乎？犹有先王之遗民也。"歌《大雅》㉛。曰："广哉，熙熙乎㉜，曲而有直体，其文王之德乎？"歌《颂》㉝。曰："至矣哉㉞，直而不倨㉟，曲而不诎㊱，近而不偪㊲，远而不携㊳，迁而不淫㊴，复而不厌，哀而不愁，乐而不荒㊵，用而不匮㊶，广而不宣㊷，施而不费㊸，取而不贪，处而不底㊹，行而不流。五声和㊺，八风平㊻，节有度㊼，守有序，盛德之所同也。"见舞《象箾》㊽《南籥》者㊾，曰："美哉，犹有感㊿。"见舞《大武》㊾①，曰："美哉，周之盛也其若此乎？"见舞《韶护》者㊾②，曰："圣人之弘也，犹有惭德，圣人之难也！"见舞《大夏》㊾③，曰："美哉，勤而不德！非禹其谁能及之？"见舞《招箾》㊾④，曰："德至矣哉，大矣，如天之无不焘也㊾⑤，如地之无不载也，虽甚盛德，无以加矣。观止矣㊾⑥，若有他乐，吾不敢观。"

【注释】

　　①聘：古代国与国之间遣使访问。周乐：周朝王室的乐舞。成王曾赐给鲁国以天子之乐，所以在鲁国可以欣赏到周乐。②《周南》《召（shào）南》：周、召是周公、召公最初的封地。③始基：开始奠定基础。④未：指没有《雅》《颂》的成功。意思是说，还有商纣的虐政，没有达到尽善。⑤言民赖其德，虽勤于王室而其音不怨恨。⑥《邶（bèi）》《鄘（yōng）》《卫》：指采自邶、鄘、卫

三国的乐歌。这三国在同一地区，也就是原商纣的首都地区。邶，周武王封商纣王之子武庚于此，都城在今河南汤阴县东南。鄘，周武王弟管叔的封地，都城在今河南汲县北。⑦渊：深沉。⑧康叔：姬姓。卫国的始祖。周武王的弟弟。因封于康（今河南禹县西北），故称康叔。周公攻灭武庚后，把商的故都四周地区封给他，国号卫。详见《卫康叔世家》。武公：卫武公。康叔的九世孙。传说康叔和武公都是卫国的贤君。⑨《王》：指采自王城一带的乐歌。⑩《郑》：指采自郑国的乐歌。郑国都城在今河南新郑市。⑪细：本指音乐的细弱，象征政令的烦琐细碎。已：太。⑫《齐》：指采自齐国的乐歌。齐国都城临淄（在今山东淄博市东北）。⑬泱泱：深广宏大的样子。⑭表：表式；表率。⑮《豳（bīn）》：指采自豳地的乐歌。原是周的旧邑，公刘所居。故城在今陕西旬邑县西。⑯荡荡：广大的样子。⑰东：指周公东征，因管、蔡叛乱，周公东征三年。⑱《秦》：指采自秦国的乐歌。秦国地在陕西、甘肃一带。⑲夏声：指中原地区的民间音乐。⑳《魏》：指采自魏国的乐歌。魏国都城安邑，在今山西夏县。㉑沨（fēng）沨：形容乐声宛转抑扬。㉒盟：《集解》引徐广曰："盟，一作'明'。"《左传》也作"明"。㉓《唐》：指采自唐国的乐歌。唐原是晋始祖叔虞的封国，都城在今山西翼城县西。㉔陶唐氏：即唐尧，传说中的古代帝王。㉕令德：美德；善德。㉖《陈》：指采自陈国的乐歌。陈国都宛丘（今河南淮阳县），地在今河南东部和安徽一部分。㉗《郐（kuài）》：指采自郐国的乐歌。郐国都城在今河南密县东北。㉘无讥：没有批评。对《郐风》、《曹风》，因国小诗少，无所刺讥。㉙《小雅》：《诗经》组成部分。共七十四篇。㉚贰：叛逆。㉛《大雅》：《诗经》组成部分。共三十一篇。大都是西周王室贵族的音乐。㉜熙熙：和乐声。㉝《颂》：《诗经》组成部分。有《周颂》《鲁颂》《商颂》三部分，共四十篇。是歌颂贵族的作品。㉞至：至善。㉟倨：傲慢。㊱诎：通"屈"，屈挠，曲折。㊲偪：通"逼"，逼迫。㊳携：分离；离异。㊴迁：变动。淫：邪乱。㊵荒：迷乱。㊶匮（kuì）：缺乏。㊷宣：显示；显露。㊸费：耗损。㊹厎（zhǐ）：终；停滞。㊺五声：也称五音。古乐五声音阶的阶名：宫、商、角、徵（zhǐ）、羽。㊻八风：八方之风。㊼节：节拍。指八音（金、石、丝、竹、匏（páo）、土、革、木八类乐器）的节拍。度：尺度；常度。㊽《象箾（shuò）》：模拟武功的舞曲。箾，舞者所执之竿。㊾《南籥（yuè）》：宣扬文德的舞曲。籥：管乐器，可以用作舞具。㊿感（hàn）：通"憾"。不满足。51《大武》：简称《武》。周代"六舞"之一。52《韶护》：又称《大濩（hù）》，周代"六舞"之一。为商代歌颂商汤伐桀功勋的乐舞。53《大夏》：周代"六舞"之一。54《招箾（sháo xiāo）》：招，也作"韶"；箾，也作"箫"。周代"六舞"之一。相传虞舜时代的乐舞。55焘：同"帱"（dào）。覆盖。56观止：看到了止境，看到了尽头。

去鲁，遂使齐。说晏平仲曰①："子速纳邑与政。无邑无政，乃免于难。齐国之政将有所归；未得所归，难未息也。"故晏子因陈桓子以纳政与邑，是以免于栾高之难②。

【注释】

①晏平仲：（？—前500年）即晏婴。夷维（今山东高密市）人。②栾高之难：栾，栾施；高，高强。齐景公十四年两家相攻，经陈桓子调停才止。

去齐，使于郑。见子产①，如旧交。谓子产曰："郑之执政侈②，难将至矣，政必及子。子为政，慎以礼。不然，郑国将败。"去郑，适卫。说蘧瑗、史狗、史鳅、公子荆、公叔发、公子朝曰③："卫多君子，未有患也。"

【注释】

①子产：（？—前522年）即公孙侨。郑国贵族，郑简公十二年（前544年）为卿，积极实行改革，对郑国的政治起了较大的作用。②执政：指良霄（伯有）。③蘧瑗：字伯玉。卫国的贤大夫。史鳅（qiú）：字子鱼，也称史鱼。以正直敢谏著名。

自卫如晋①，将舍于宿②，闻钟声，曰："异哉！吾闻之，辩而不德，必加于戮。夫子获罪于君以在此③，惧犹不足，而又可以畔乎④？夫子之在此，犹燕之巢于幕也⑤。君在殡而可以乐乎⑥？"遂去之。文子闻之，终身不听琴瑟。

【注释】

①如：往；去。②宿：此处音cì，通"戚"。戚，卫邑，孙文子的食邑。③夫子：指孙文子。即孙林父，卫大夫，先曾以武力赶走卫献公，十二年后又要求晋国帮助卫献公回国复位。④畔：读乐，玩乐；"乐"谓所闻钟声。⑤幕：帐幕。⑥君：指卫献公。

适晋，说赵文子、韩宣子、魏献子曰①："晋国其萃于三家乎②！"将去，谓叔向曰③："吾子勉之④！君侈而多良⑤，大夫皆富，政将在三家。吾子直，必思自免于难。"

【注释】

①赵文子：赵武。韩宣子：韩起。魏献之：魏仲舒。三人都是晋国的大臣。②萃（cuì）：聚集。③叔向：羊舌肸（xī）的字。曾任太傅。④子：古代对男子的敬称。⑤良：谓良臣。

季札之初使，北过徐君①。徐君好季札剑，口弗敢言。季札心知之，为使上国②，未献。还至徐，徐君已死，于是乃解其宝剑，系之徐冢树而去。从者曰："徐君已死，尚谁予乎？"季子曰："不然。始吾心已许之，岂以死倍吾心哉③！"

【注释】

①过：拜见。徐：古国名。嬴姓。周初徐戎所建，故城在今江苏泗洪县南。②上国：春秋时齐晋等中原诸侯国称为"上国"。③倍：通"背"。背弃。

七年，楚公子围弑其王夹敖而代立①，是为灵王。十年，楚灵王会诸侯而以伐吴之朱方，以诛齐庆封②。吴亦攻楚，取三邑而去。十一年，楚伐吴，至雩娄③。十二年，楚复来伐，次于乾谿④，楚师败走。

【注释】

①围：楚共王庶子，康王之弟。夹敖：也作郏敖。康王之子。②齐庆封：庆封是齐景公的相国，因专政骄横，被田、鲍、高、栾四家驱逐，出奔吴，吴将朱方之地给庆封，聚族而居，比在齐国时还富。③雩（yú）娄：古城名。故址在今河南固始县东南。④次：停留。乾（gān）谿：地名，楚东境，在今安徽亳县东南。

十七年，王馀祭卒，弟馀眛立①。王馀眛二年，楚公子弃疾弑其君灵王代立焉②。

【注释】

①馀眜（mò）：前530—前527年在位。②弃疾：楚灵王弟，即位后为平王。

四年，王馀眜卒，欲授弟季札。季札让，逃去。于是吴人曰："先王有命，兄卒弟代立，必致季子。季子今逃位，则王馀眜后立。今卒，其子当代。"乃立王馀眜之子僚为王①。

【注释】

①僚：前526—前515年在位。

王僚二年，公子光伐楚①，败而亡王舟②。光惧，袭楚，复得王舟而还。

【注释】

①公子光：诸樊的长子，后来为吴王阖庐。②亡：失去。

五年，楚之亡臣伍子胥来奔①，公子光客之。公子光者，王诸樊之子也。常以为吾父兄弟四人，当传至季子。季子即不受国②，光父先立。即不传季子。光当立。阴纳贤士，欲以袭王僚。

【注释】

①伍子胥：名员（yún）。他的父（伍奢）、兄（伍尚）被楚平王杀害，故逃来吴国。②即：如果。

八年，吴使公子光伐楚，败楚师，迎楚故太子建母于居巢以归①。因北伐，败陈、蔡之师。九年，公子光伐楚，拔居巢、钟离②。初，楚边邑卑梁氏之处女与吴边邑之女争桑③，二女家怒相灭，两国边邑长闻之，怒而相攻，灭吴之边邑。吴王怒，故遂伐楚，取两都而去④。

【注释】

①太子建母：楚平王蔡姬。居巢：邑名。②拔：攻克。钟离：邑名。故城在今安徽凤阳县东北。③卑梁：邑名。故城在今安徽天长市西北。④两都：指居巢、钟离。

伍子胥之初奔吴，说吴王僚以伐楚之利。公子光曰："胥之父兄为僇于楚①，欲自报其仇耳，未见其利。"于是伍员知光有他志，乃求勇士专诸②，见之光。光喜，乃客伍子胥。子胥退而耕于野，以待专诸之事。

【注释】

①僇（lù）：通"戮"。杀戮。②专诸：一作"鱄设诸"，堂邑（故城在今江苏南京市六合区）人。

十二年冬，楚平王卒。十三年春，吴欲因楚丧而伐之，使公子盖馀、烛庸以兵围楚之六、灊①。使季札于晋，以观诸侯之变②。楚发兵绝吴兵后，吴兵不得还。于是吴公子光曰："此时不可失也③。"告专诸曰："不索何获！我真王嗣，当立，吾欲求之。季子虽至，不吾废也。"专诸曰："王僚可杀也。母老子弱，而两公子将兵攻楚，楚绝其路。方今吴外困于楚，而内空无骨鲠之臣④，是无奈我何。"光曰："我身，子之身也⑤。"四月丙子，光伏甲士于窟室⑥，而谒王僚饮⑦，王僚使兵陈于道，自王宫至光之家，门阶户席，皆王僚之亲也，人夹持铍⑧。公子光详为足疾⑨，入于窟室，使专诸置匕首于炙鱼之中以进食，手匕首刺王僚，铍交于匈^⑩，遂弑王僚。公子光竟代立为王，是为吴王阖庐^⑪。阖庐乃以专诸子为卿^⑫。

【注释】

①盖馀（《春秋》作"掩馀"）、烛庸：二人为王僚弟。六：邑名。故城在今安徽六安市东北。灊（qián）：邑名。故城在今安徽霍山县东北。②变：指国势强弱的变化。③时：时机；机会。④骨鲠：比喻刚直、正直。⑤我身子之身也：意思就是两人一体，不分你我，生死相关，荣辱与共。身，身子。⑥窟室：地下室。⑦谒（yè）：请。⑧铍（pī）：两刃小刀。⑨详：通"佯"。假装。⑩匈：同"胸"。⑪阖庐：亦作"阖闾"。前514——前496年在位。⑫卿：古代天子、诸侯所属的高级大臣的称呼。

季子至，曰："苟先君无废祀，民人无废主，社稷有奉，乃吾君也。吾敢谁怨乎？哀死事生^①以待天命。非我生乱，立者从之，先人之道也。"复命，哭僚墓，复位而待。吴公子烛庸、盖馀二人将兵遇围于楚者，闻公子光弑王僚自立，乃以其兵降楚，楚封之于舒^②。

【注释】

①事：事奉。②舒：邑名。故城在今安徽舒城县东南。

王阖庐元年，举伍子胥为行人而与谋国事^①。楚诛伯州犁^②，其孙伯嚭亡奔吴，吴以为大夫。

【注释】

①与（yù）：参预；参加。②伯州犁：原为晋国人，后逃来楚国，曾任太宰，后来被楚灵王所杀。

三年，吴王阖庐与子胥、伯嚭将兵伐楚，拔舒，杀吴亡将二公子。光谋欲入郢^①，将军孙武^②曰："民劳，未可，待之。"四年，伐楚，取六与灊。五年，伐越，败之。六年，楚使子常囊瓦伐吴^③。迎而击之，大败楚军于豫章^④，取楚之居巢而还^⑤。

【注释】

①郢（yǐng）：楚的国都。故城在今湖北江陵县西北纪南城。②孙武：原为齐国人，这时任吴将。③子常：囊瓦的字。当时为令尹。④豫章：古地区名。⑤居巢：邑名。故城在今安徽巢县。

九年，吴王阖庐请伍子胥、孙武曰^①："始子之言郢未可入，今果如何？^②"二子对曰："楚将子常贪，而唐、蔡皆怨之^③。王必欲大伐，必得唐、蔡乃可。"阖庐从之，悉兴师^④，与唐、蔡西伐楚，至于汉水。楚亦发兵拒吴，夹水陈。吴王阖庐弟夫概欲战，阖庐弗许，夫概曰："王已属臣兵，兵以利为上，尚何待焉？"遂以其部五千人袭冒楚，楚兵大败，走。于是吴王遂纵兵追之。比至郢^⑤，五战，楚五败。楚昭王亡出郢^⑥，奔郧^⑦。郧公弟欲弑昭王^⑧，昭王与郧公奔随^⑨。而吴兵遂入郢。子胥、伯嚭鞭平王之尸以报父仇^⑩。

【注释】

①请：问。②果：果真；诚然。③唐：国名。姬姓。这时国君为唐成公。都城在今湖北随县西北。蔡：国名。姬姓。这时国君为蔡昭侯。④悉：全部。⑤比：及；等到。⑥楚昭王：前515—前498年在位。⑦郧（yún）：一年"邧"。古国

名。⑧郧公：郧县长官。名斗（dòu）辛，其弟名斗怀。⑨随：国名。姬姓。地在今湖北随县一带。⑩鞭：鞭打。

十年春，越闻吴王之在郢，国空，乃伐吴。吴使别兵击越。楚告急秦，秦遣兵救楚击吴，吴师败。阖庐弟夫概见秦越交败吴，吴王留楚不去，夫概亡归吴而自立为吴王。阖庐闻之，乃引兵归，攻夫概。夫概败奔楚。楚昭王乃得以九月复入郢，而封夫概于堂谿①，为堂谿氏。十一年，吴王使太子夫差伐楚，取番②。楚恐而去郢徙鄀③。

【注释】

①堂谿：一作"棠谿"地在今河南西平县西南。②番（pó）：通"鄱"。地在今江西鄱阳县。说此波阳非当时吴楚兵争之地，疑番在今安徽凤台县西北。③鄀（ruò）：邑名。即鄀郢。

十五年，孔子相鲁①。

【注释】

①相（xiàng）：辅助。这里指代行国相职务。

十九年夏，吴伐越，越王句践迎击之檇李①。越使死士挑战②，三行造吴师③，呼，自刭。吴师观之，越因伐吴，败之姑苏④，伤吴王阖庐指⑤，军却七里。吴王病伤而死。阖庐使立太子夫差⑥，谓曰："尔而忘句践杀汝父乎⑦？"对曰："不敢！"三年，乃报越。

【注释】

①句践：也作"勾践"。前497—前465年在位。檇（zuì）李：邑名。一作"醉李"。故城在今浙江嘉兴县南。②死士：敢死队员。③造：往；到。④姑苏：台名。在今江苏苏州市西。⑤指：脚趾。⑥夫（fú）差：阖庐之子。前495——前473年在位。⑦而（néng）：通"能"。

王夫差元年，以大夫伯嚭为太宰①。习战射，常以报越为志。二年，吴王悉精兵以伐越，败之夫椒②，报姑苏也。越王句践乃以甲兵五千人栖于会稽③，使大夫种因吴太宰嚭而行成④，请委国为臣妾⑤。吴王将许之，伍子胥谏曰："昔有过氏杀斟灌以伐斟寻⑥，灭夏后帝相⑦。帝相之妃后缗方娠⑧，逃于有仍而生少康⑨。少康为有仍牧正⑩。有过又欲杀少康，少康奔有虞⑪。有虞思夏德，于是妻之以二女而邑之于纶⑫，有田一成⑬，有众一旅⑭。后遂收夏众，抚其官职。使人诱之，遂灭有过氏，复禹之绩，祀夏配天⑮，不失旧物⑯。今吴不如有过之强，而句践大于少康。今不因此而灭之，又将宽之⑰，不亦难乎！且句践为人能辛苦，今不灭，后必悔之。"吴王不听，听太宰嚭，卒许越平⑱，与盟而罢兵去。

【注释】

①太宰：官名。也名冢宰。②夫（fú）椒：山名。在今浙江绍兴县北。一说在江苏吴县西南太湖中。③栖：鸟类歇宿。泛指居住、停留。会（kuài）稽：山名。在今浙江中部绍兴县东南，嵊县、诸暨、东阳间。④种：文种，楚国鄀人。后被句践逼迫自杀。行成：求和。⑤委国：把国家政权交给人。臣妾：奴隶。男奴叫臣；女奴叫妾。⑥有过（guō）氏：过，古国名。⑦相：夏启之孙。因丧失国家，依附二斟，被寒浞、浇所杀。⑧后缗（mín）：有仍氏之女，缗姓。娠（shēn）：

怀孕。⑨有仍：国名。都城在今山东济宁县。⑩牧正：官名。主管畜牧。⑪有虞：国名。相传是虞帝舜的后代。都城在今河南虞城县西南。⑫纶：虞邑。故城在今河南虞城县东南。⑬成：古称地方十里为成。⑭旅：五百人为旅。⑮配：配享。按照古代礼节，祭天时同时祭祀开国始祖。⑯旧物：指先代的典章制度。⑰宽：宽容，宽恕。⑱平：媾和。

七年，吴王夫差闻齐景公死而大臣争宠①，新君弱②，乃兴师北伐齐。子胥谏曰："越王句践食不重味，衣不重采，吊死问疾，且欲有所用其众。此人不死，必为吴患。今越在腹心疾而王不先，而务齐③，不亦谬乎④！"吴王不听，遂北伐齐，败齐师于艾陵⑤。至缯⑥，召鲁哀公而征百牢⑦。季康子使子贡以周礼说太宰嚭⑧，乃得止。因留略地于齐鲁之南⑨。九年，为驺伐鲁⑩，至，与鲁盟乃去。十年，因伐齐而归。十一年，复北伐齐。

【注释】

①齐景公死而大臣争宠：事见《齐太公世家》。②新君：指晏孺子（姜荼）。后被齐臣田乞所杀，在位仅一年。③务：勉力从事。④谬：错误。⑤艾陵：齐邑。故城在今山东泰安市东南。一说在今莱芜市东北。⑥缯（céng）：邑名。也作"鄫"。故城在今山东枣庄市东。⑦召：呼唤。牢：牛羊猪一套（各一只）。⑧子贡：姓端木，名赐。卫国人。有口才，善货殖。孔子弟子。详见《仲尼弟子列传》。⑨略：侵略；夺取。⑩驺（zōu）：同"邹"。本作"邾"。古国名，曹姓。故城在今山东邹县。

越王句践率其众以朝吴，厚献遗之①，吴王喜。唯子胥惧，曰："是弃吴也②。"谏曰："越在腹心，今得志于齐，犹石田③，无所用。且《盘庚之诰》有颠越勿遗，商之以兴④。"吴王不听，使子胥于齐，子胥属其子于齐鲍氏⑤，还报吴王。吴王闻之，大怒，赐子胥属镂之剑以死⑥。将死，曰："树吾墓上以梓，令可为器⑦。抉吾眼置之吴东门⑧，以观越之灭吴也。"

【注释】

①遗（wèi）：赠予；致送。②弃：抛弃。《左传》作"豢"。豢，养。③石田：多石不可耕的田。比喻无用。④《盘庚之诰》：指《尚书·盘庚》。颠越勿遗：坏东西应当彻底消灭，不留残余。颠越，仆倒，坠落。⑤齐鲍氏：齐大夫鲍息。⑥属镂：剑名。⑦器：指棺材，意谓吴必亡。⑧抉（jué）：挖；挑出。

齐鲍氏弑齐悼公①。吴王闻之，哭于军门外三日，乃从海上攻齐。齐人败吴，吴王乃引兵归。

【注释】

①鲍氏：指鲍牧的族人党徒。

十三年，吴召鲁、卫之君会于橐皋①。

【注释】

①橐（tuó）皋：邑名。故城在今安徽巢县西北。

十四年春，吴王北会诸侯于黄池①，欲霸中国以全周室②。六月丙子③，越王句践伐吴。乙酉，越五千人与吴战。丙戌，虏吴太子友。丁亥，入吴。吴人告败于王夫差，夫差恶其闻也④。或泄其语，吴王怒，斩七人于幕下⑤。七月辛丑，吴王与晋定公争长。吴王曰："于周室我为长⑥。"晋定公曰："于姬姓我为伯⑦。"赵鞅怒⑧，将伐吴，乃长晋定公⑨。吴王已盟，与晋别，欲伐宋。太宰嚭曰："可胜而不能居也。"乃引兵归国。国亡太子⑩，内空，王居外久，士皆罢敝⑪，于是乃使厚币以与越平⑫。

【注释】

①黄池：地名。即黄亭。在今河南封丘县西南。②全：保全。③丙子：古代用十天干（甲乙丙丁戊己庚辛壬癸）和十二地支（子丑寅卯辰巳午未申酉戌亥）依次配合（如甲子、乙丑、丙寅、丁卯……）纪日，六十日一周期。后来也用以纪年、月。④其：代词。指越入吴之事。⑤幕：帐幕。会盟时在郊野，各国自立帐幕。⑥于周室我为长：吴国的始祖太伯是周太王的长子。晋国的始祖叔虞是周成王的弟弟，按辈分吴国比晋国大三代。⑦于姬姓我为伯（bà）：伯，通"霸"。当时姬姓诸侯称霸的只有晋国。⑧赵鞅：晋正卿。即赵简子，又名正父，亦称赵孟。⑨《史记》中的《秦本纪》《晋世家》《赵世家》以及《国语》和《公羊传》都说是吴领先。⑩亡：损失；丧失。⑪罢（pí）敝：疲困。敝，疲劳。罢，通"疲"。⑫厚币：诸多贵重的礼物。厚，丰厚。币，古代玉、马、皮、圭、璧、帛皆称币，泛指贵重物品。

十五年，齐田常杀简公①。

【注释】

①田常：齐相国。本名恒，田氏原为陈氏，故又称陈恒、陈成子。

十八年，越益强。越王句践率兵复伐败吴师于笠泽①。楚灭陈。

【注释】

①笠泽：水名。一说即今太湖；一说系太湖东岸一小湖，在今江苏吴江市境；一说即今吴淞江。

二十年，越王句践复伐吴。二十一年，遂围吴。二十三年十一月丁卯，越败吴。越王句践欲迁吴王夫差于甬东①，予百家居之。吴王曰："孤老矣，不能事君王也。吾悔不用子胥之言，自令陷此②。"遂自刭死。越王灭吴，诛太宰嚭，以为不忠，而归。

【注释】

①甬东：地名，一作甬句东。即今浙江舟山岛。②陷：陷落；陷入。

太史公曰：孔子言"太伯可谓至德矣，三以天下让，民无得而称焉①。"余读《春秋》古文，乃知中国之虞与荆蛮句吴兄弟也。延陵季子之仁心，慕义无穷②，见微而知清浊。呜呼，又何其闳览博物君子也③！

【注释】

①引语出于《论语·泰伯》。②慕义：向慕正义。③闳：宏大。

齐太公世家第二①

太公望吕尚者②，东海上人③。其先祖尝为四岳④，佐禹平水土甚有功。虞夏之际封于吕⑤，或封于申⑥，姓姜氏。夏商之时，申、吕或封枝庶子孙⑦，或为庶人，尚其后苗裔也⑧。本姓姜氏，从其封姓，故曰吕尚。

【注释】

①齐：始建国于公元前 11 世纪。姜姓。领地在今山东省北部，后扩张到山东东部。建都营丘（后称临淄，故城在今山东淄博市东北）。②太公望：姓姜，名牙，周文王时号太公望，武王时号师尚父，祖先曾封于吕，又名吕尚。③东海：东方滨海之地，约当今江苏、山东沿海一带。非指今东海。上：畔。④四岳：传说为尧、舜时掌管四时的官长，主持方岳巡守之事。⑤吕：古国名。相传为炎帝之裔，伯夷之后，掌四岳有功，封于吕。故城在今河南南阳市西。⑥申：古国名。⑦枝庶：宗族旁出的支派。⑧苗裔：后代子孙。

吕尚盖尝穷困，年老矣①，以渔钓奸周西伯②。西伯将出猎，卜之③，曰"所获非龙非彲④，非虎非罴⑤，所获霸王之辅"。于是周西伯猎，果遇太公于渭之阳⑥，与语大说⑦，曰："自吾先君太公曰'当有圣人适周⑧，周以兴'。子真是邪？吾太公望子久矣。"故号之曰"太公望"，载与俱归，立为师⑨。

【注释】

①据传当时太公年七十二岁。②奸（gān）：通"干"。求取。周西伯：即周文王姬昌。商末周族领袖。③卜：古人用火灼龟甲取征兆来预测吉凶，叫卜。④彲（chī）：同"螭"。传说中一种像龙的动物。⑤罴（pí）：兽名。俗称人熊。⑥渭：水名。即今渭河。在陕西省中部。⑦说：通"悦"。⑧适：往，到。⑨师：统帅军队的长官。

或曰，太公博闻，尝事纣①。纣无道②，去之。游说诸侯，无所遇，而卒西归周西伯。或曰，吕尚处士③，隐海滨。周西伯拘羑里④，散宜生、闳夭素知而招吕尚⑤。吕尚亦曰："吾闻西伯贤，又善养老，盍往焉⑥"。三人者为西伯求美女奇物，献之于纣，以赎西伯。西伯得以出，反国⑦。言吕尚所以事周虽异，然要之为文武师。

【注释】

①纣：商代最后一个君主。②无道：暴虐，没有德政。③处士：有才德而隐居不仕的人。④羑（yǒu）里：地名。故址在今河南汤阴县北。⑤散宜生：西周

初年大臣。⑥盍（hé）：何不。副词。⑦反：同"返"。

周西伯昌之脱羑里归，与吕尚阴谋修德以倾商政①，其事多兵权与奇计②，故后世之言兵及周之阴权皆宗太公为本谋③。周西伯政平，及断虞芮之讼④，而诗人称西伯受命曰文王。伐崇、密须、犬夷⑤，大作丰邑⑥。天下三分，其二归周者⑦，太公之谋计居多。

【注释】

①阴谋：秘密计谋。倾：颠覆。②兵权：用兵的权谋。③阴权：阴谋权术。宗：尊崇。本谋：主要的策划者。④虞：国名。姬姓。都城在今山西平陆县北。芮（ruì）：国名。姬姓。都城在今陕西大荔县东南。⑤崇：国名。都城在今陕西户县东。密须：一作"密"，国名。都城在今甘肃灵台县西南；一说在今河南密县东。犬夷：也作犬戎。部族名。周初活动于今陕西彬县、岐山一带。⑥大作：大兴土木。丰邑：西周的京都。故城在今陕西西安市西南。⑦归：归顺。

文王崩，武王即位。九年，欲修文王业，东伐以观诸侯集否①。师行，师尚父左杖黄钺②，右把白旄以誓③，曰："苍兕苍兕④，总尔众庶，与尔舟楫，后至者斩！"遂至盟津⑤。诸侯不期而会者八百诸侯⑥。诸侯皆曰："纣可伐也。"武王曰："未可。"还师，与太公作此《太誓》⑦。

【注释】

①集否：指人心的向与背。集，聚集。②杖：执持。黄钺（yuè）：以黄金为饰的钺斧。③白旄（máo）：古代军旗的一种，竿顶用旄牛尾为饰。④苍兕（sì）：水兽名。善奔突，能覆舟。以苍兕名官，职掌舟楫。⑤盟津：地名。即孟津。故城在今河南孟津县东北。⑥不期：事先未约定。句末的"诸侯"二字是衍文。⑦《大誓》：《尚书》篇名。

居二年，纣杀王子比干①，囚箕子②。武王将伐纣，卜龟兆，不吉，风雨暴至。群公尽惧，唯太公强之劝武王③，武王于是遂行。十一年正月甲子④，誓于牧野⑤，伐商纣。纣师败绩。纣反走⑥，登鹿台⑦，遂追斩纣。明日，武王立于社⑧，群公奉明水⑨，卫康叔封布采席⑩，师尚父牵牲⑪，史佚策祝⑫，以告神讨纣之罪。散鹿台之钱，发钜桥之粟⑬，以振贫民⑭。封比干墓⑮，释箕子囚。迁九鼎⑯，修周政，与天下更始⑰。师尚父谋居多。

【注释】

①比干：殷末纣王的叔父，（一说是庶兄）。管少师。②箕子：殷末纣王的诸父（同宗族的伯叔辈），一说是庶兄。官太师。③强：坚决。④甲子：古代用十天干相配以纪年。⑤牧野：古地名。在今河南淇县西南。⑥反走：回头跑。反，通"返"。⑦鹿台：台名。旧址在今河南淇县。商纣所筑。⑧社：祭祀土神之所。⑨明水：祭祀所用的净水。⑩布：铺展。⑪牲：牺牲，做祭品用的牲口，如牛、羊之类。⑫史佚：西周初期史官。策祝：向神诵祷告之文。⑬钜桥：商代粮仓所在地。故址在今河北曲周县东北。⑭振：通"赈"，救济。⑮封：筑土增高。⑯九鼎：古代象征国家政权的传国之宝。⑰更始：除旧布新。

于是武王已平商而王天下，封师尚父于齐营丘①。东就国②，道宿行迟。逆旅之人曰③："吾闻时难得而易失。客寝甚安，殆非就国者也④。"太公闻之，夜衣而行，犁明至国⑤。莱侯来伐，与之争营丘。营丘边莱⑥。莱人，夷也，会纣之乱而周初定，未能集远方⑦，是以与太公争国。

【注释】

①营丘：邑名。齐的都城。后改为临菑。故城在今山东淄博市东北。②就：趁；归。③逆旅：客舍；旅馆。④殆：大概；恐怕。⑤犁明：即黎明。⑥莱：即莱夷，古国名，都城在今山东黄县东南。后为齐所灭，成为齐邑。⑦集：通"辑"。辑睦；安定。

太公至国，修政，因其俗，简其礼，通商工之业，便鱼盐之利，而人民多归齐，齐为大国。及周成王少时①，管蔡作乱②，淮夷畔周③，乃使召康公命太公曰④："东至海，西至河，南至穆陵⑤，北至无棣⑥。五侯九伯⑦，实得征之。"齐由此得征伐，为大国。都营丘。

【注释】

①及：至；到。②管、蔡：即管叔、蔡叔。二人都是周武王的弟弟，因封于管（故城在今河南郑州市）、蔡（故城在今河南上蔡县），故称。③淮夷：部族名。三代时分布在今淮河下游一带。④召康公：姬奭。周代燕国的始祖。因封邑在召（今陕西岐山西南），故称召公或召伯。成王时任太保，与周公旦分陕而治，陕以西由他治理。⑤穆陵：邑名。在今山东临朐县南。⑥无棣（dì）：邑名。在今山东无棣县北。⑦五侯：指公、侯、伯、子、男五等诸侯。九伯：九州之长。

盖太公之卒百有余年，子丁公吕伋立。丁公卒，子乙公得立。乙公卒，子癸公慈母立。癸公卒，子哀公不辰立。

哀公时，纪侯谮之周①，周烹哀公而立其弟静②，是为胡公。胡公徙都薄姑③，而当周夷王之时。

【注释】

①谮（zèn）：诬陷。②烹：古代用鼎镬煮人的酷刑。③薄姑：国名。一作"蒲姑"。

哀公之同母少弟山怨胡公，乃与其党率营丘人袭攻杀胡公而自立，是为献公。献公元年，尽逐胡公子，因徙薄姑都，治临菑。

九年，献公卒，子武公寿立①。武公九年，周厉王出奔②，居彘③。十年，王室乱，大臣行政，号曰"共和"④。二十四年，周宣王初立。

【注释】

①武公：前850—前825年在位。②奔：逃跑。③彘（zhì）：地名。故城在今山西霍县东北。④共和：周厉王时，奴隶和自由民大暴动，厉王逃跑，至宣王执政，中间十四年，号共和。

二十六年，武公卒，子厉公无忌立①。厉公暴虐，故胡公子复入齐，齐人欲立之，乃与攻杀厉公。胡公子亦战死。齐人乃立厉公子赤为君，是为文公②，而诛杀厉公者七十人。

【注释】

①厉公：前824—前816年在位。②文公：前815—前804年在位。

文公十二年卒，子成公脱立①。成公九年卒，子庄公购立②。

【注释】

①成公：前 803—前 795 年在位。②庄公：前 794—前 731 年在位。

庄公二十四年，犬戎杀幽王①，周东徙雒②。秦始列为诸侯。五十六年，晋弑其君昭侯。

【注释】

①犬戎：部族名。戎人的一支。商、周时游牧于泾渭流域（今陕西省境内）。幽王：姬宫湦（shēng）。前 781—771 年在位。任用虢石父执政，剥削严重，使人民流离失所。②雒（luò）：雒，通"洛"。都邑名。故城在今河南洛阳市西。

六十四年，庄公卒，子禧公禄甫立①。

【注释】

①：禧（xǐ）公：前 730—前 698 年在位。禧，通"僖"。

禧公九年，鲁隐公初立①。十九年，鲁桓公弑其兄隐公而自立为君。

【注释】

①鲁隐公：姬息。前 722—前 712 年在位。

二十五年，北戎伐齐①。郑使太子忽来救齐，齐欲妻之。忽曰："郑小齐大，非我敌②。"遂辞之。

【注释】

①北戎：又称山戎。部族名。春秋时分布在今河北省北部。②敌：相当；匹配。

三十二年，禧公同母弟夷仲年死。其子曰公孙无知，禧公爱之，令其秩服奉养比太子①。

【注释】

①秩：俸禄。服：指衣服、车马、宫室等。奉养：供养；赡养。比：按照；类似。

三十三年，禧公卒，太子诸儿立，是为襄公①。

【注释】

①襄公：前 697—前 686 年在位。

襄公元年，始为太子时，尝与无知斗，及立，绌无知秩服①，无知怨。

【注释】

①绌：通"黜"。贬退；废除。

四年，鲁桓公与夫人如齐①，齐襄公故尝私通鲁夫人②。鲁夫人者③，襄公女弟也，自禧公时嫁与鲁桓公妇，及桓公来而襄公复通焉。鲁桓公知之，怒夫人，夫人以告齐襄公。齐襄公与鲁君饮，醉之，使力士彭生抱上鲁君车，因拉杀鲁桓公④，桓公下车则死矣。鲁人以为让⑤，而齐襄公杀彭生以谢鲁⑥。

【注释】

①如：往；到。②通：通奸。③鲁夫人：文姜。齐襄公同父异母的妹妹。④拉杀：打折其胁致死。⑤让：责备。⑥谢：认错，道歉。

八年，伐纪，纪迁去其邑①。

【注释】

①纪：国名。都城在今山东寿光市南。

十二年，初，襄公使连称、管至父成葵丘①，瓜时而往②，及瓜而代③。往戍一岁，卒瓜时而公弗为发代④。或为请代，公弗许。故此二人怒，因公孙无知谋作乱，连称有从妹在公宫，无宠，使之间襄公⑤，曰："事成以女为无知夫人⑥。"冬十二月，襄公游姑棼⑦，遂猎沛丘⑧，见彘，从者曰"彭生"。公怒，射之，彘人立而啼⑨。公惧，坠车伤足，失屦⑩。反而鞭主屦者茀三百。茀出宫。而无知、连称、管至父等闻公伤，乃遂率其众袭宫。逢主屦茀，茀曰："且无入惊宫，惊宫未易入也。"无知弗信，茀示之创⑪，乃信之。待宫外，令茀先入。茀先入，即匿襄公户间。良久，无知等恐，遂入宫。茀反与宫中及公之幸臣攻无知等，不胜，皆死。无知入宫，求公不得。或见人足于户间，发视，乃襄公，遂弑之，而无知自立为齐君。

【注释】

①连称、管至父：都是齐国大夫。②瓜时：七月，指瓜熟的时候。③及瓜：指第二年瓜熟的时候。代：替代。④卒：终，尽。⑤间（jiàn）：找空子。⑥女（rǔ）：通"汝"。你。⑦姑棼（fén）：齐地名。又名薄姑。在今山东博兴县东南。⑧沛丘：地名。或作泲丘、贝丘。在今山东博兴县东南（薄姑东南）。⑨人立：如人一般站立。⑩屦（jù）：麻、葛等制成的鞋子。⑪创（chuāng）：创伤。

桓公元年春①，齐君无知游于雍林②。雍林人尝有怨无知，及其往游，雍林人袭杀无知，告齐大夫曰："无知弑襄公自立，臣谨行诛。唯大夫更立公子之当立者，唯命是听。"

【注释】

①桓公：姜小白。前685—前643年在位。春秋时的第一个霸主。②雍林：地名。齐临淄西门曰雍门，雍林当在临淄近郊。一本作"雍廪"，系人名，为渠丘大夫，故雍林也可理解为人名。

初，襄公之醉杀鲁桓公，通其夫人，杀诛数不当①，淫于妇人，数欺大臣，群弟恐祸及，故次弟纠奔鲁。其母鲁女也。管仲、召忽傅之②。次弟小白奔莒③，鲍叔傅之④。小白母，卫女也，有宠于禧公。小白自少好善大夫高傒⑤。及雍林人杀无知，议立君，高、国先阴召小白于莒⑥。鲁闻无知死，亦发兵送公子纠，而使管仲别将兵遮莒道，射中小白带钩⑦。小白详死⑧，管仲使人驰报鲁。鲁送纠者行益迟，六日至齐，则小白已入，高傒立之，是为桓公。

【注释】

①数（shuò）：屡次，多次。②管仲（？—前645年）：管夷吾，字仲。齐颍上人。佐齐桓公成为五霸之首。③莒（jù）：国名。都城在今山东莒县。④鲍叔：即鲍叔牙，齐国大夫。以知人著称。⑤高傒：齐国正卿。⑥国：国懿仲。齐国正卿。⑦带钩：束腰革带上的金属钩。⑧详：同"佯"。假装。

桓公之中钩，详死以误管仲，已而载温车中驰行①，亦有高、国内应，故得先入立，发兵距鲁②。秋，与鲁战于乾时③，鲁兵败走，齐兵掩绝鲁归道④。齐遗鲁书曰："子纠兄弟，弗忍诛，请鲁自杀之。召忽、管仲仇也，请得而甘心醢之⑤。

不然，将围鲁。"鲁人患之，遂杀子纠于句窦⑥。召忽自杀，管仲请囚。桓公之立，发兵攻鲁，心欲杀管仲。鲍叔牙曰："臣幸得从君，君竟以立。君之尊，臣无以增君。君将治齐，即高傒与叔牙足也。君且欲霸王，非管夷吾不可。夷吾所居国国重，不可失也。"于是桓公从之。乃详为召管仲欲甘心，实欲用之。管仲知之，故请往。鲍叔牙迎受管仲，及堂阜而脱桎梏⑦，斋祓而见桓公⑧。桓公厚礼以为大夫，任政。

【注释】

①已而：不久；随后。温车：卧车。即有帐幕之车。温，一作"辒"。②距：通"拒"。抵御。③乾（gān）时：齐地名。在今山东益都县境。④掩绝：拦截；阻击。⑤甘心：称心；快意。醢（hǎi）：将人剁成肉酱的酷刑。⑥句窦（dòu）：鲁地名。即"句渎"。在今山东菏泽市北。⑦堂阜：地名。在今山东蒙阴县西北。⑧斋：斋戒。即沐浴更衣素食以示诚敬。祓（fú）：古代除灾祈福的仪式。

桓公既得管仲，与鲍叔、隰朋、高傒修齐国政①，连五家之兵②，设轻重鱼盐之利③，以赡贫穷④，禄贤能⑤，齐人皆说。

【注释】

①隰（xí）朋：齐国大夫。②五家之兵：一种兵民结合的军事行政制度。③轻重：指钱。设轻重之利是指铸货币，控制物价流通。④赡（shàn）：赡养，救济。丰富，充足。⑤禄：薪金。这里作动词用，意即使贤能的人得到俸禄，也就是起用优待贤能的人。

二年，伐灭郯①，郯子奔莒。初，桓公亡时，过郯，郯无礼，故伐之。

【注释】

①郯（tán）：国名。都城在今山东郯城县东北。

五年，伐鲁，鲁将师败。鲁庄公请献遂邑以平①，桓公许，与鲁会柯而盟②。鲁将盟，曹沬以匕首劫桓公于坛上③，曰："反鲁之侵地！④"桓公许之。已而曹沬去匕首，北面就臣位。桓公后悔，欲无与鲁地而杀曹沬。管仲曰："夫劫许之而倍信杀之⑤，愈一小快耳⑥，而弃信于诸侯，失天下之援，不可。"于是遂与曹沬三败所亡地于鲁。诸侯闻之，皆信齐而欲附焉。七年，诸侯会桓公于甄⑦，而桓公于是始霸焉。

【注释】

①遂邑：鲁邑名。故城在今山东宁阳县北。②柯：齐邑名。故城在今山东东阿县西南。③劫：威逼；胁迫。坛：土筑的高台。④反：通"返"。归还。⑤倍：通"背"。⑥愈（yù）：愉快，满足。⑦甄：卫邑名。故城今山东鄄城县西北。

十四年，陈厉公子完①，号敬仲，来奔齐。齐桓公欲以为卿，让；于是以为工正②。田成子常之祖也③。

【注释】

①陈完：陈厉公之子。陈国内乱，出奔齐，改姓田，任齐国大夫，死谥敬仲。②工正：官名。百工之长。③田成子：即陈成子。春秋末齐国大臣。

二十三年，山戎伐燕，燕告急于齐①。齐桓公救燕，遂伐山戎，至于孤竹而还②。燕庄公遂送桓公入齐境。桓公曰："非天子，诸侯相送不出境，吾不可以无礼于燕。"于是分沟割燕君所至与燕，命燕君复修召公之政，纳贡于周，如成康之时。诸侯闻之，皆从齐。

【注释】

①告急：报告战事危急。②孤竹：古国名。故城在今河北卢龙县东。

二十七年，鲁滑公母曰哀姜①，桓公女弟也。哀姜淫于鲁公子庆父②，庆父弑滑公，哀姜欲立庆父，鲁人更立禧公③。桓公召哀姜，杀之。

【注释】

①滑（mǐn）：通"闵"。谥号用字。②庆父：鲁桓公庶子，庄公庶弟。③禧（xī）：通"僖"。谥号用字。

二十八年，卫文公有狄乱①，告急于齐。齐率诸侯城楚丘而立卫君②。

【注释】

①狄：部族名。亦作"翟"。②楚丘：卫国都城。故城在今河南滑县东。城：筑城。卫都原在朝歌（故城在今河南淇县）。

二十九年，桓公与夫人蔡姬戏船中。蔡姬习水①，荡公②，公惧，止之，不止，出船，怒，归蔡姬，弗绝。蔡亦怒，嫁其女。桓公闻而怒，兴师往伐。

【注释】

①习水：会游泳。②荡：摇动。

三十年春，齐桓公率诸侯伐蔡①，蔡溃②。遂伐楚。楚成王兴师问曰："何故涉吾地③？"管仲对曰："昔召康公命我先君太公曰：'五侯九伯，若实征之④，以夹辅周室⑤。'赐我先君履⑥，东至海，西至河，南至穆陵，北至无棣。楚贡包茅不入⑦，王祭不具，是以来责。昭王南征不复⑧，是以来问。"楚王曰："贡之不入，有之，寡人罪也，敢不共乎⑨！昭王之出不复，君其问之水滨。"齐师进次于陉⑩。夏，楚王使屈完将兵尔齐⑪，齐师退次召陵⑫。桓公矜屈完以其众⑬。屈完曰："君以道则可；若不⑭，则楚方城以为城⑮，江、汉以为沟⑯，君安能进乎？"乃与屈完盟而去。过陈，陈袁涛涂诈齐，令出东方，觉⑰。秋，齐伐陈。是岁，晋杀太子申生。

【注释】

①蔡：国名。②溃：逃散。③涉：到。④若：你。实：是。⑤夹辅：在左右辅佐。⑥履（lǚ）：鞋；踩。此处指足迹所到的范围。⑦包茅：楚国的特产植物。不入：没有进贡。⑧昭王：周昭王，一作邵王。名瑕，在南征途中渡汉江溺死。⑨共（gōng）：通"供"。供给。⑩次：停留。也指行军在一处停留超过一宿。陉（xíng）：楚地名。在今河南郾城县境。⑪尔：保卫；抵御。⑫召（shào）陵：楚邑名，故城在今河南郾城县东。⑬矜（jīn）：夸耀。⑭不（fǒu）：通"否"。⑮方城：春秋时楚国所筑长城，北起今之河南方城县北，南至泌阳县东北。⑯江：长江。汉：汉江。沟：指护城河。⑰觉：发觉。

三十五年夏，会诸侯于葵丘①。周襄王使宰孔赐桓公文武胙、彤弓矢、大路②，命无拜。桓公欲许之，管仲曰："不可。"乃下拜受赐。秋，复会诸侯于葵丘，益有骄色。周使宰孔会。诸侯颇有叛者。晋侯病③，后，遇宰孔。宰孔曰："齐侯骄矣。弟无行④。"从之，是岁，晋献公卒，里克杀奚齐、卓子，秦穆公以夫人入公子夷吾为晋君⑤。桓公于是讨晋乱，至高梁⑥，使隰朋立晋君，还。

【注释】

①葵丘：宋邑名。故城在今河南兰考县境。②宰孔：周朝太宰周公姬孔。胙（zuò）：祭祀用的肉。彤弓矢：朱红色的弓箭。大路：大车。路，通"辂"。③晋侯：指晋献公。④弟：通"第"。但，且。⑤夫人：穆姬。夷吾的异母姐姐。⑥高梁：晋地名。在今山西临汾县东北。

是时周室微，唯齐、楚、秦、晋为强。晋初与会①，献公死，国内乱。秦穆公辟远②，不与中国会盟。楚成王初收荆蛮有之，夷狄自置。唯独齐为中国会盟，而桓公能宣其德，故诸侯宾会③。于是桓公称曰④："寡人南伐至召陵，望熊山⑤；北伐山戎、离枝、孤竹⑥；西伐大夏⑦，涉流沙⑧；束马悬车登太行⑨，至卑耳山而还⑩。诸侯莫违寡人。寡人兵车之会三⑪，乘车之会六⑫，九合诸侯⑬，一匡天下⑭。昔三代受命，有何以异于此乎？吾欲封泰山，禅梁父⑮。"管仲固谏，不听；乃说桓公以远方珍怪物至乃得封，桓公乃止。

【注释】

①与（yù）：参加。②辟：通"僻"。偏僻。③宾：归服；顺从。④称：声称。⑤熊山：山名。在今河南省西部卢氏县、洛宁县南。⑥离枝：国名。又名令友，地在今河北迁安市西。⑦大夏：地名。在今山西太原市南。⑧流沙：沙漠。在今山西境平陆县东。⑨束马悬车：山路险隘难行，包裹马脚，将车钩挂牢，以防滑跌。太行：山名。绵延山西、河北、河南三省间。⑩卑耳山：即辟耳山。在今山西平陆县西北。⑪兵车之会三：为战争而举行的盟会有三次：鲁庄公十三年（前681年），平宋乱；僖公四年（前656年），侵蔡，伐楚；僖公六年（前654年），伐郑，围新城。⑫乘（shèng）车之会六：为和平而举行的盟会有六次：鲁庄公十四年，会于鄄（juàn）（卫邑，故城在今山东鄄城县）；十五年，又会鄄；十六年，盟于幽（宋地）；僖公五年，会首止（卫地，故城在今河南睢县东南）；八年，盟于洮（táo）（曹地，故城在今山东鄄城西）；九年，会葵丘。⑬合：会合。⑭一匡天下：指洮之会确定了周襄王的继承权一事。⑮梁父（fǔ）：山名。泰山南坡的一座小山，在山东新泰市西。禅（shàn）：扫地而祭。

三十八年，周襄王弟带与戎、翟合谋伐周，齐使管仲平戎于周。周欲以上卿礼管仲，管仲顿首曰："臣陪臣①，安敢！"三让，乃受下卿礼以见。三十九年，周襄王弟带来奔齐。齐使仲孙请王，为带谢。襄王怒，弗听。

【注释】

①陪臣：诸侯的大夫，对天王自称陪臣。也可指大夫的家臣。陪，重；层迭。

四十一年，秦穆公虏晋惠公，复归之。是岁，管仲、隰朋皆卒。管仲病，桓公问曰："群臣谁可相者？"管仲曰："知臣莫如君。"公曰："易牙如何①？"对曰："杀子以适君，非人情，不可。"公曰："开方如何②？"对曰："倍亲以适君，非人情，难近。"公曰："竖刀如何③？"对曰："自宫以适君④，非人情，难亲。"管仲死，而桓公不用管仲言，卒近用三子，三子专权。

【注释】

①易牙：齐桓公宠臣。一作狄牙。雍人，名巫，亦称雍巫。长调味，善逢迎。②开方：齐桓公宠臣。卫懿公的儿子，他离开母亲在外十五年没有回去过。③竖刀：齐桓公的近臣。④宫：阉割生殖器。

四十二年，戎伐周，周告急于齐，齐令诸侯各发卒戍周①。是岁，晋公子重耳来②，桓公妻之。

【注释】

①戍：军队驻防。②重耳：（前636—前628年在位）即晋文公。

四十三年。初，齐桓公之夫人三：曰王姬、徐姬、蔡姬，皆无子。桓公好内①，多内宠②，如夫人者六人③，长卫姬，生无诡；少卫姬，生惠公元；郑姬，生孝公昭；葛嬴，生昭公潘；密姬，生懿公商人；宋华子④，生公子雍。桓公与管仲属孝公于宋襄公⑤，以为太子。雍巫有宠于卫共姬，因宦者竖刀以厚献于桓公，亦有宠，桓公许之立无诡。管仲卒，五公子皆求立。冬十月乙亥，齐桓公卒。易牙入，与竖刀因内宠杀群吏⑥，而立公子无诡为君。太子昭奔宋。

【注释】

①好（hào）内：贪女色。②内宠：宠爱的姬妾。③如夫人：意谓同于夫人，礼数与夫人无别，故称如夫人。④宋华子：宋华氏之女，子姓。⑤属：托付。⑥内宠：此指有权势的内官。"多内宠"，指姬妾。指内宫之有权宠者。

桓公病，五公子各树党争立①。及桓公卒，遂相攻，以故宫中空，莫敢棺②。桓公尸床上六十七日，尸虫出于户。十二月乙亥，无诡立，乃棺赴③，辛巳夜，敛殡④。

【注释】

①树党：培植党羽。②棺：收尸入棺。动词。③赴：同"讣"，报丧。④敛殡：为死者装殓，将棺材停在堂上拜祭。

桓公十有余子，要其后立者五人①：无诡立三月死，无谥；次孝公；次昭公；次懿公；次惠公。孝公元年三月，宋襄公率诸侯兵送齐太子昭而伐齐。齐人恐，杀其君无诡。齐人将立太子昭，四公子之徒攻太子，太子走宋，宋遂与齐人四公子战。五月，宋败齐四公子师而立太子昭，是为齐孝公②。宋以桓公与管仲属之太子，故来征之。以乱故，八月乃葬齐桓公。

【注释】

①要：总计。②孝公：前642——前633年在位。

六年春，齐伐宋，以其不同盟于齐也①。夏，宋襄公卒。七年，晋文公立。

【注释】

①齐孝公二年，诸侯在齐国举行盟会，宋襄公没有参加。

十年，孝公卒，孝公弟潘因卫公子开方杀孝公子而立潘，是为昭公①。昭公，桓公子也，其母曰葛嬴。

【注释】

①昭公：前632—613年在位。

昭公元年，晋文公败楚于城濮①，而会诸侯践土②，朝周，天子使晋称伯③。六年，翟侵齐。晋文公卒。秦兵败于殽④。十二年，秦穆公卒。

【注释】

①城濮：卫地名。在今山东鄄城县西南临濮集。②践土：郑地名。在今河南原阳县西南。③伯（bà）：通"霸"。④殽：山名。即崤山。

十九年五月，昭公卒，子舍立为齐君。舍之母无宠于昭公，国人莫畏。昭公之弟商人以桓公死争立不得，阴交贤士①，附爱百姓②，百姓说③。及昭公卒，子舍立，孤弱，即与众十月即墓上弑齐君舍，而商人自立，是为懿公④。懿公，桓公子也，其母曰密姬。

【注释】

①阴交：暗中交结。②附（fǔ）爱：抚爱。③说：通"悦"。④懿公：前612—前609年在位。

懿公四年春，初，懿公为公子时，与丙戎之父猎，争获不胜①，及即位，断丙戎父足②，因使丙戎仆③。庸职之妻好，公内之宫④，使庸职骖乘⑤。五月，懿公游于申池⑥，二人浴，戏。职曰："断足子！"戎曰："夺妻者！"二人俱病此言⑦，乃怨。谋与公游竹中，二人弑懿公车上，弃竹中而亡去。

【注释】

①获：指猎得的禽兽。②断丙戎父足：时其人已死，掘墓断其足。③仆：驾车。④内（nà）：通"纳"。⑤骖乘：陪乘。乘车时居于车右。⑥申池：齐南城门叫申门，此指申门外之池。⑦病：以为耻辱。动词。

懿公之立，骄，民不附。齐人废其子而迎公子元于卫，立之，是为惠公①。惠公，桓公子也。其母卫女，曰少卫姬，避齐乱，故在卫。

【注释】

①惠公：前608—前599年在位。

惠公二年，长翟来①，王子城父攻杀之②，埋之于北门。晋赵穿弑其君灵公。

【注释】

①长翟：狄族的一支。身体高大。翟，通"狄"。②王子城父：齐国大夫。

十年，惠公卒，子顷公无野立①。初，崔杼有宠于惠公，惠公卒，高、国畏其逼也②，逐之，崔杼奔卫。

【注释】

①顷公：前598——前582年在位。②高、国：齐国的两个大家族。世为齐卿。逼：侵逼；逼迫。

顷公元年，楚庄王强，伐陈；二年，围郑，郑伯降，已复国郑伯。

六年春，晋使郤克于齐①，齐使夫人帷中而观之②。郤克上，夫人笑之。郤克曰："不是报③，不复涉河！"归，请伐齐，晋侯弗许。齐使至晋，郤克执齐使者四人河内④，杀之。八年，晋伐齐，齐以公子强质晋，晋兵去。十年春，齐伐鲁、卫。鲁、卫大夫如晋请师，皆因郤克。晋使郤克以车八百乘为中军将，士燮将上军，栾书将下军，以救鲁、卫，伐齐。六月壬申，与齐侯兵合靡笄下⑤。癸酉，陈于鞍⑥，逢丑父为齐顷公右⑦。顷公曰："驰之，破晋军会食。"射伤郤克，流血至履。克欲还入壁⑧，其御曰："我始入，再伤，不敢言疾，恐惧士卒⑨，愿子忍之。"遂复战。战，齐急，丑父恐齐侯得⑩，乃易处，顷公为右，车絓于木而止⑪。晋小将韩厥伏齐侯车前，曰："寡君使臣救鲁、卫"，戏之。丑父使顷公下取饮，因得亡，脱去，入其军。晋郤克欲杀丑父。丑父曰："代君死而见僇⑫，后人臣无忠其君者矣。"克舍之，丑父遂得亡归齐。于是晋军追齐至马陵⑬。齐侯请以宝器谢，不听；必得笑克者萧桐叔子⑭，令齐东亩⑮。对曰："叔子，齐君母。齐君母亦犹晋君母，子安置之？且子以义伐而以暴为后，其可乎？"于是乃许，令反鲁、卫之侵地。

【注释】

①郤 (xì) 克：晋国大夫，是个跛子。②帷中：帐幕内。③不是报：即"不报是"，不报此仇。动词否定式其代词宾语前置。④河内：地区名。春秋战国时，以黄河以北为河内。⑤合靡笄下：在靡笄山下交锋。靡笄：山名，即今山东济南千佛山。⑥癸酉：(鲁成公二年的六月) 十七日。陈：通"阵"，列阵。鞍：齐地名。在今山东济南西北。⑦逢丑父：齐国大夫。右：车右。古时乘车位于御者右边的卫士。⑧壁：营垒。⑨恐惧士卒：恐怕使士兵们惧怕。惧：惊吓，震惊，使动用法。⑩得：获得，俘虏。此处为被动用法。意谓丑父怕齐侯被晋军俘虏。⑪絓于木：战车被树木绊住了。絓：同"挂"。受阻，绊住。⑫见僇：被杀戮。僇：通"戮"。见：表被动。⑬马陵：当作马陉，齐邑名。在今山东益都西南。⑭萧桐叔子：萧国君桐叔的女儿，即齐顷公之母。⑮令齐东亩：使齐国田亩间的沟垄都改成东西向，以便于晋军车马向齐国进军。

十一年，晋初置六卿，赏鞍之功。齐顷公朝晋，欲尊王晋景公①，晋景公不敢受，乃归。归而顷公弛苑囿②，薄赋敛③，振孤问疾④，虚积聚以救民，民亦大说。厚礼诸侯。竟顷公卒，百姓附⑤，诸侯不犯⑥。

【注释】

①尊王：用朝见周王的礼节对待晋君。②弛：开放。苑囿（yòu）：种植花木、畜养禽兽供王侯游玩打猎的风景园林。③薄：减轻。④振：通"赈"，救济。⑤附：亲附。⑥犯：侵犯；欺侮。

十七年，顷公卒，子灵公环立①。

【注释】

①灵公：前581—前554年在位。

灵公九年，晋栾书弑其君厉公。十年，晋悼公伐齐，齐令公子光质晋①。十九年，立子光为太子，高厚傅之，令会诸侯盟于钟离②。二十七年，晋使中行献子伐齐。齐师败，灵公走入临菑。晏婴止灵公③，灵公弗从。曰："君亦无勇矣！"晋兵遂围临菑，临菑城守不敢出，晋焚郭中而去④。

【注释】

①质：作为抵押品的人或物。②钟离：古邑名。故城在沂州承县界，即今山

东枣庄市南。③晏婴（？—前500年）：字平仲，齐国大臣。④郭：外城。

二十八年，初，灵公取鲁女①，生子光，以为太子。仲姬，戎姬。戎姬嬖②，仲姬生子牙，属之戎姬。戎姬请以为太子，公许之。仲姬曰："不可。光之立，列于诸侯矣③，今无故废之，君必悔之。"公曰："在我耳。"遂东太子光④，使高厚傅牙为太子。灵公疾，崔杼迎故太子光而立之，是为庄公⑤。庄公杀戎姬。五月壬辰，灵公卒，庄公即位，执太子牙于句窦之丘，杀之。八月，崔杼杀高厚。晋闻齐乱，伐齐，至高唐⑥。

【注释】

①取：通"娶"。②嬖（bì）：宠爱。③列于诸侯：指跟随灵公参加诸侯会盟征战。④东：流放到齐国的东部边境。⑤庄公：前553—前548年在位。⑥高唐：齐邑名。城故在今山东高唐县东北。

庄公三年，晋大夫栾盈奔齐，庄公厚客待之。晏婴、田文子谏，公弗听。四年，齐庄公使栾盈间入晋曲沃为内应①，以兵随之，上太行，入孟门②。栾盈败，齐兵还，取朝歌③。

【注释】

①间：私自；秘密。曲沃：晋邑名。故城在今山西闻喜县东北。②孟门：山名。为晋国要隘。在今河南辉县西。③朝（zhāo）歌：故城在今河南淇县。原为卫邑，后归晋。

六年，初，棠公妻好①，棠公死，崔杼取之。庄公通之，数如崔氏，以崔杼之冠赐人。侍者曰："不可。"崔杼怒，因其伐晋，欲与晋合谋袭齐而不得间②。庄公尝笞宦者贾举，贾举复侍，为崔杼间公以报怨。五月，莒子朝齐，齐以甲戌飨之③。崔杼称病不视事④。乙亥，公问崔杼病，遂从崔杼妻。崔杼妻入室，与崔杼自闭户不出，公拥柱而歌。宦者贾举遮公从官而入⑤，闭门，崔杼之徒持兵从中起。公登台而请解⑥，不许；请盟，不许；请自杀于庙⑦，不许。皆曰："君之臣杼疾病⑧，不能听命。近于公宫⑨。陪臣争趣有淫者⑩，不知二命⑪。"公逾墙，射中公股，公反坠，遂弑之。晏婴立崔杼门外，曰："君为社稷死则死之，为社稷亡则亡之。若为己死己亡，非其私昵⑫，谁敢任之！"门开而入，枕公尸而哭，三踊而出⑬。人谓崔杼："必杀之。"崔杼曰："民之望也⑭，舍之得民⑮。"

【注释】

①棠公妻：齐国棠邑（在今山东聊城市西北）大夫的妻子，叫棠姜。是崔杼的家臣东郭偃的姐姐。②间（jiàn）：间隙；空隙。③飨（xiǎng）：用酒食款待。④视事：办公；就职。⑤遮：阻止；拦住。⑥解：和解。⑦庙：王宫的前殿；朝堂。⑧疾病：病重。⑨近于公宫：意谓崔杼家邻近齐宫，淫犯可能冒称齐君。⑩争趣：《左传》作扞趣。⑪二命：其他命令。⑫私昵（nì）：个人宠爱。⑬三踊：三次往上跳。有表示痛定奋起的意思。⑭望：仰望。⑮舍：释放。

丁丑，崔杼立庄公异母弟杵臼，是为景公①。景公母，鲁叔孙宣伯女也。景公立，以崔杼为右相，庆封为左相②。二相恐乱起，乃与国人盟曰："不与崔庆者死！"晏子仰天曰："婴所不获唯忠于君利社稷者是从③！"不肯盟。庆封欲杀晏子，崔杼曰："忠臣也，舍之。"齐太史书曰④"崔杼弑庄公"，崔杼杀之。其弟复书，崔杼复杀之。少弟复书，崔杼乃舍之。

【注释】

①景公：前547—前490年在位。②庆封：齐国大夫。③婴所不获唯忠于君利社稷者是从：我所以不争取什么，就在于只有忠于君王利于社会的人才服从他。获，争取；得到。④太史：官名。三代为史官和历官之长。

景公元年，初，崔杼生子成及强，其母死，取东郭女①，生明。东郭女使其前夫子无咎与其弟偃相崔氏②。成有罪，二相急治之，立明为太子。成请老于崔③，崔杼许之，二相弗听，曰："崔，宗邑④，不可。"成、强怒，告庆封。庆封与崔杼有郤⑤，欲其败也。成、强杀无咎、偃于崔杼家，家皆奔亡。崔杼怒，无人，使一宦者御，见庆封。庆封曰："请为子诛之。"使崔杼仇卢蒲嫳攻崔氏⑥，杀成、强，尽灭崔氏，崔杼妇自杀。崔杼毋归，亦自杀。庆封为相国，专权。

【注释】

①东郭女：即棠姜，亦称东郭姜。②相：辅佐。③崔：齐地名，是崔杼的封邑。在今山东济阳县东北。④宗邑：宗庙所在的地方。⑤郤（xì）：通"隙"。嫌隙。⑥卢蒲嫳（piè）：齐大夫庆封的亲信。

三年十月，庆封出猎。初，庆封已杀崔杼，益骄，嗜酒好猎，不听政令。庆舍用政①，已有内郤。田文子谓桓子曰②："乱将作。"田、鲍、高、栾氏相与谋庆氏。庆舍发甲围庆封宫，四家徒共击破之。庆封还，不得入，奔鲁。齐人让鲁，封奔吴。吴与之朱方③，聚其族而居之，富于在齐。其秋，齐人徙葬庄公，僇崔杼尸于市以说众。

【注释】

①庆舍：庆封的儿子。用：执掌。②田文子：田须无，谥文子。桓子：田无宇，谥桓子。③朱方：吴邑名。故城在今江苏丹徒县境。

九年，景公使晏婴之晋①，与叔同私语曰②："齐政卒归田氏。田氏虽无大德，以公权私，有德于民，民爱之③。"十二年，景公如晋，见平公④。欲与伐燕。十八年，公复如晋，见昭公⑤。二十六年，猎鲁郊，因入鲁，与晏婴俱问鲁礼。三十一年，鲁昭公辟季氏难⑥，奔齐。齐欲以千社封之⑦，子家止昭公⑧，昭公乃请齐伐鲁，取郓以居昭公⑨。

【注释】

①之：往；到。②叔向：晋国大夫，即羊舌肸（xī）。③田氏虽无大德：指田氏祖先没有做出有大利于天下的德泽，如姜氏的太公辅佐周文王、武王灭纣兴周的业绩。以公权私：谓田氏为公事树私恩，如向百姓收赋税用小斗，私家贷给百姓粮食则用大斗之类。④平公：晋国君。前557—前532年在位。⑤昭公：晋国君。前531—前526年在位。⑥辟：通"避"。⑦社：古代地方基层行政单位。二十五家为一社。⑧子家：鲁国公族，随同昭公出奔。⑨郓（yùn）：鲁邑名。

三十二年，彗星见①。景公坐柏寝②，叹曰："堂堂！谁有此乎？"群臣皆泣，宴子笑，公怒。晏子曰："臣笑群臣谀甚。"景公曰："彗星出东北，当齐分野③，寡人以为忧。"晏子曰："君高台深池，赋敛如弗得，刑罚恐弗胜，茀星将出④，彗星何惧乎？"公曰："可禳否⑤？"晏子曰："使神可祝而来⑥，亦可禳而去也。百姓苦怨以万数，而君令一人禳之，安能胜众口乎？"是时景公好治宫室⑦，聚狗马，奢侈，厚赋重刑，故晏子以此谏之。

【注释】

①见（xiàn）：同"现"。②柏寝：台名。在今山东广饶县东北。③分野：古代占星术，把十二星次或二十八宿的位置跟地上州、国的位置相对应。④茀（音佩）星：即孛星。⑤禳（ráng）：祭祷消灾。⑥祝：祈祷。⑦治：修建；整治。

四十二年，吴王阖闾伐楚，入郢①。

【注释】

①郢（yǐng）：楚都城。故城在今湖北江陵县东北。按郢原在今江陵县西北纪南城。楚平王迁至今江陵县东北。

四十七年，鲁阳虎攻其君①，不胜，奔齐，请齐伐鲁。鲍子谏景公②，乃囚阳虎。阳虎得亡，奔晋。

【注释】

①阳虎：一作阳货，或说字货。②鲍子：鲍国。谥文子。齐大臣。

四十八年，与鲁定公好会夹谷①。犁鉏曰："孔丘知礼而怯②，请令莱人为乐③。因执鲁君，可得志。"景公害孔丘相鲁④，惧其霸，故从犁鉏之计。方会，进莱乐，孔子历阶上⑤，使有司执莱人斩之⑥，以礼让景公。景公惭，乃归鲁侵地以谢⑦，而罢去。是岁，晏婴卒。

【注释】

①好会：和平友好相会。夹谷：即祝其。齐地名。在今山东莱芜市东南。②孔丘（前551—前479年）：即孔子，字仲尼。③莱人：即莱夷，部族名。当时居住在今山东半岛东部。④害：妒忌。⑤历阶：一脚踏一台阶急上。⑥有司：古代设官分职，各有专司，因称官吏为有司。⑦谢：认错，道歉。

五十五年，范、中行反其君于晋①，晋攻之急，来请粟。田乞欲为乱②，树党于逆臣，说景公曰③："范、中行数有德于齐，不可不救。"乃使乞救而输之粟。

【注释】

①范：晋国大夫范吉射。②田乞：齐国大臣。田无宇之子。③说（shuì）：劝说。

五十八年夏，景公夫人燕姬适子死①。景公宠妾芮姬生子荼，荼少，其母贱，无行，诸大夫恐其为嗣，乃言愿择诸子长贤者为太子。景公老，恶言嗣事，又爱荼母，欲立之，惮发之口②，乃谓诸大夫曰："为乐耳，国何患无君乎？"秋，景公病，命国惠子、高昭子立少子荼为太子③，逐群公子，迁之莱。景公卒，太子荼立，是为晏孺子。冬，未葬，而群公子畏诛，皆出亡。荼诸异母兄公子寿、驹、黔奔卫，公子驵、阳生奔鲁④。莱人歌之曰："景公死乎弗与埋，三军事乎弗与谋⑤，师乎师乎⑥，胡党之乎⑦？"

【注释】

①適（dí）：通"嫡"。②惮：怕。③国惠子：国夏，谥惠子。高昭子：高张，谥昭子。④驵：音zǎng。⑤三军：周制，王设六军，诸侯大国设立三军，齐国设上、

中、下三军，每军一万二千五百人。谋：计议；商量。⑥师：众人。指群公子的部下。⑦胡：何，哪。党：处所。

　　晏孺子元年春，田乞伪事高、国者①，每朝，乞骖乘，言曰："子得君②，大夫皆自危，欲谋作乱。"又谓诸大夫曰："高昭子可畏，及未发③，先之。"大夫从之。六月，田乞、鲍牧乃与大夫以兵入公宫④，攻高昭子。昭子闻之，与国惠子救公。公师败，田乞之徒追之，国惠子奔莒，遂反杀高昭子。晏圉奔鲁⑤。八月，齐秉意兹⑥。田乞败二相，乃使人之鲁召公子阳生。阳生至齐，私匿田乞家⑦。十月戊子，田乞请诸大夫曰："常之母有鱼菽之祭⑧，幸来会饮。"会饮，田乞盛阳生橐中⑨，置坐中央⑩，发橐出阳生⑪，曰："此乃齐君矣！"大夫皆伏谒⑫。将与大夫盟而立之，鲍牧醉，乞诬大夫曰⑬："吾与鲍牧谋共立阳生。"鲍牧怒曰："子忘景公之命乎？"诸大夫相视欲悔，阳生前，顿首曰："可则立之，否则已。"鲍牧恐祸起，乃复曰："皆景公子也，何为不可！"乃与盟，立阳生，是为悼公⑭。悼公入宫，使人迁晏孺子于骀⑮，杀之幕下⑯，而逐孺子母芮子。芮子故贱而孺子少⑰，故无权，国人轻之。

【注释】

　　①伪：假装。②得君：得到君主的宠信。③发：发动。④鲍牧：齐国大夫。⑤晏圉：晏婴之子。⑥秉意兹：齐国大夫。⑦匿：躲藏。⑧常之母：田乞指他的妻子。常，指田常，田乞的儿子。⑨盛：装。橐（tuó）：无底的袋子。⑩坐：通"座"。⑪发：揭开。⑫伏谒：伏地谒见。⑬诬：欺骗。⑭悼公：前488—前485年在位。⑮骀（tái）：齐邑名。故城在今山东临朐县境。⑯幕：指途中临时设置的帐幕。⑰故：原来，本来。

　　悼公元年，齐伐鲁，取讙、阐①。初，阳生亡在鲁，季康子以其妹妻之②。及归即位，使迎之。季姬与季鲂侯通③，言其情，鲁弗敢与，故齐伐鲁，竟迎季姬。季姬嬖，齐复归鲁侵地。

【注释】

　　①讙（huān）：鲁邑名。故城在今山东泰安县南。②妻（qì）：嫁给。③季鲂侯：季康子的叔父。

　　鲍子与悼公有郤，不善。四年，吴、鲁伐齐南方。鲍子弑悼公，赴于吴。吴王夫差哭于军门外三日，将从海入讨齐。齐人败之，吴师乃去。晋赵鞅伐齐，至赖而去①。齐人共立悼公子壬，是为简公②。

【注释】

　　①赖：齐邑名。故城在今山东章丘市西北。②简公：前484—前481年在位。

　　简公四年春，初，简公与父阳生俱在鲁也，监止有宠焉①。及即位，使为政。田成子惮之，骤顾于朝②。御鞅言简公曰③："田、监不可并也，君其择焉。"弗听。子我夕④，田逆杀人⑤，逢之，遂捕以入。田氏方睦⑥，使囚病而遗守囚者酒⑦，醉而杀守者，得亡。子我盟诸田于陈宗⑧。初，田豹欲为子我臣⑨；使公孙言豹⑩，豹有丧而止。后卒以为臣，幸于子我。予我谓曰："吾尽逐田氏而立女，可乎？"对曰："我远田氏矣⑪。且其违者不过数人⑫，何尽逐焉！"遂告田氏。子行曰："彼得君⑬，弗先，必祸子⑭。"子行舍于公宫⑮。

【注释】

①监止：即子我。②田成子：即田常。骤顾：心情不安，东张西望。③御：主管驾驶车马的官员。鞅：田鞅。齐国大夫。田常堂侄。④夕：晚上上朝。动词。⑤田逆：即子行。田氏族人。⑥田氏：指田氏家族。⑦囚：指田逆。病：装病。⑧陈宗：陈氏（即田氏）宗长（田常）之家。⑨田豹：田氏族人。⑩公孙：齐国大夫。言：介绍；推荐。⑪远：疏远。指远房。⑫违者：指不服从监止的田氏族人。⑬彼：指监止。⑭子：指田常。⑮舍：住。

夏五月壬申，成子兄弟四乘如公①。子我在幄②，出迎之，遂入，闭门。宦者御之③，子行杀宦者。公与妇人饮酒于檀台④，成子迁诸寝⑤。公执戈将击之，太史子馀曰⑥："非不利也，将除害也。"成子出舍于库⑦，闻公犹怒，将出⑧，曰："何所无君！"子行拔剑曰："需，事之贼也⑨。谁非田宗？所不杀子者有如田宗。"乃止。子我归，属徒攻闱与大门⑩，皆弗胜，乃出。田氏追之。丰丘人执子我以告⑪，杀之郭关⑫。成子将杀大陆子方⑬，田逆请而免之。以公命取车于道，出雍门⑭。田豹与之车，弗受，曰："逆为余请，豹与余车，余有私焉。事子我而有私于其仇，何以见鲁、卫之士？"

【注释】

①乘（shèng）：车辆，四马一车为乘。②幄：帐幕，听政之处。③宦者：齐简公的宦官。④檀台：台名。⑤寝：宗庙的后殿。⑥子馀：齐国大夫。⑦库：储藏军械的处所。⑧出：出奔，逃亡。⑨需：迟疑；等待。⑩属：集合；会合。闱：宫中小门。⑪丰丘：田氏封邑。⑫郭关：齐关名。一说外城门。⑬大陆子方：齐国大夫。即东郭贾。⑭雍门：齐城门。

庚辰，田常执简公于徐州①。公曰："余蚤从御鞅言②，不及此。"甲午，田常弑简公于徐州。田常乃立简公弟骜，是为平公③。平公即位，田常相之，专齐之政，割齐安平以东为田氏封邑④。

【注释】

①徐（shū，又徐）州：田氏封邑。在今山东滕州市南。②蚤：通"早"。③平公：前480—前456年在位。④安平：齐邑名。故城在今山东淄博市东。

平公八年，越灭吴。二十五年卒，子宣公积立①。

【注释】

①宣公：前455—前405年在位。

宣公五十一年卒，子康以贷立①。田会反廪丘②。

【注释】

①康公：前404—前379年在位。②田会：齐国大夫。廪丘：齐邑名。

康公二年，韩、魏、赵始列为诸侯。十九年，田常曾孙田和始为诸侯，迁康公海滨。

二十六年，康公卒，吕氏遂绝其祀。田氏卒有齐国，为齐威王①，强于天下。

【注释】

①齐威王：田因齐。前356—前320年在位。

太史公曰：吾适齐，自泰山属之琅邪^①，北被于海^②，膏壤二千里^③，其民阔达多匿知^④，其天性也。以太公之圣，建国本，桓公之盛，修善政，以为诸侯会盟，称伯，不亦宜乎？洋洋哉^⑤，固大国之风也^⑥！

【注释】

①属：附属；余脉。琅邪（láng yá）：一作琅琊、琅琊。山名。②被：及；达到。③膏壤：肥沃的土壤。④阔达：胸怀开阔。匿知：智慧深沉。⑤洋洋：广大宽宏的样子。⑥固：诚然；的确。

鲁周公世家第三^①

周公旦者^②，周武王弟也^③。自文王在时^④，旦为子孝，笃仁^⑤，异于群子。及武王即位，旦常辅翼武王，用事居多^⑥。武王九年，东伐至盟津^⑦，周公辅行。十一年，伐纣^⑧，至牧野^⑨，周公佐武王，作《牧誓》^⑩。破殷^⑪，入商宫。已杀纣，周公把大钺^⑫，召公把小钺^⑬，以夹武王，衅社^⑭，告纣之罪于天，及殷民。释箕子之囚^⑮。封纣子武庚禄父^⑯，使管叔、蔡叔傅之^⑰，以续殷祀。遍封功臣同姓戚者。封周公旦于少昊之虚曲阜^⑱，是为鲁公。周公不就封，留佐武王。

【注释】

①鲁：始建国于公元前11世纪，其辖地在今山东省西南部，都城在曲阜（今山东曲阜）。前256年为楚所灭。②周公：姬旦，亦称叔旦。③武王：姬发。④文王：姬昌。商末为西伯（即西方诸侯之长），亦称西伯昌。曾被商纣王囚禁于羑里（故城在今河南汤阴县北）。都丰邑（故城在今陕西户县东），在位五十年。⑤笃仁：忠厚仁爱。⑥用事：执掌政事。⑦盟津：即孟津，黄河渡口名。在今河南孟津县东北。⑧纣：名受，号帝辛。商代最后的君主。详见《殷本纪》。⑨牧野：地名，在今河南淇县西南。⑩《牧誓》：《尚书》篇名，是武王伐纣到达牧野时向各部族将士发布的战斗动员令。⑪殷：商朝第二十任国王盘庚从奄（故城在今山东曲阜东）迁都到殷（故城在今河南安阳市西北），故商亦称殷，或连称商殷、殷商。⑫钺（yuè）：古代兵器。青铜制，圆刃，可以砍劈，似斧而大，盛行于商、西周时。⑬召（shào）公：一作邵公。即召康公姬奭（shì）。因采邑在召（在今陕西岐山县西南），故称为召公或召伯。⑭衅（xìn）：杀牲血祭。社：土地神。⑮箕子：纣王的叔父。官太师，封于箕（故城在今山西太谷东北）。因劝谏纣王，被囚禁。⑯武庚：字禄父，商纣王之子。周武王灭商后，封他为殷君。⑰管叔、蔡叔：均周武王之弟。因封于管（故城在今河南郑州市）、蔡（故城在今河南上蔡县），故称。⑱少昊：一作少皞。传说中古代东夷族首领。名挚处所；旧址。曲阜：邑名。故城在今山东曲阜县境。

武王克殷二年，天下未集①，武王有疾，不豫②，群臣惧，太公、召公乃缪卜③。周公曰：“未可以戚我先王。”周公于是乃自以为质④，设三坛，周公北面立，戴璧秉圭⑤，告于太王、王季、文王⑥。史策祝曰⑦：“惟尔元孙王发⑧，勤劳阻疾⑨。若尔三王是有负子之责于天⑩，以旦代王发之身。旦巧能，多材多艺，能事鬼神。乃王发不如旦多材多艺，不能事鬼神。乃命于帝庭，敷佑四方⑪，用能定汝子孙于下地⑫，四方之民罔不敬畏⑬。无坠天之降葆命⑭，我先王亦永有所依归。今我其即命于元龟⑮，尔之许我，我以其璧与圭归，以俟尔命⑯。尔不许我，我乃屏璧与圭。”周公已令史策告太王、王季、文王，欲代武王发，于是乃即三王而卜。卜人皆曰吉，发书视之，信吉⑰。周公喜，开籥⑱，乃见书遇吉。周公入贺武王曰：“王其无害。旦新受命三王，维长终是图⑲。兹道能念予一人⑳。”周公藏其策金縢匮中㉑，诫守者勿敢言。明日，武王有瘳㉒。

【注释】

①集：通“辑”。安定。②不豫：不安适。③太公：即姜尚。缪（mù）：通“穆”。虔诚。卜：古人用火灼龟甲，取征兆以预测吉凶。④质：指作为保证用以取信的人或物。⑤璧、圭：古代贵族用的玉制礼器。璧，平圆形，正中有孔；圭，长条形。秉（bǐng）：拿着。⑥太王：古代周族的领袖，名古公亶父，武王的曾祖。王季：名季历。⑦史策祝：史官把周公祷告的祝词写在简策上诵读。⑧元孙：长孙。⑨阻：淹久。⑩负子之责：承担保护子孙的责任。⑪敷：普遍。⑫下地：地上；人间。⑬罔：无。无指代词。⑭葆命：宝贵的生命。葆，通“宝”。⑮元龟：占卜用的大龟。⑯俟（sì）：等候。⑰信：确实。⑱籥（yuè）：同“钥”。锁钥。⑲维长终是图：即“唯图长终”。维，通“唯，”只。⑳予一人：指武王。㉑金縢匮：用绳索缠绕再用金属缄封的匮子。縢（téng）：封缄。匮（guì）：“柜”的本字。㉒瘳（chōu）：病愈。

其后武王既崩，成王少，在强葆之中①。周公恐天下闻武王崩而畔②，周公乃践阼代成王摄行政当国③。管叔及其群弟流言于国曰：“周公将不利于成王。”周公乃告太公望、召公奭曰：“我之所以弗辟而摄行政者④，恐天下畔周，无以告我先王太王、王季、文王。三王之忧劳天下久矣，于今而后成。武王蚤终⑤，成王少，将以成周，我所以为之若此。”于是卒相成王⑥，而使其子伯禽代就封于鲁⑦。周公戒伯禽曰⑧：“我文王之子，武王之弟，成王之叔父，我于天下亦不贱矣。然我一沐三捉发⑨，一饭三吐哺⑩，起以待士，犹恐失天下之贤人。子之鲁，慎无以国骄人⑪。”

【注释】

①强（qiǎng）葆：即“襁褓”。包裹婴儿的布带和被子。②畔：通“叛”。③践阼（zuò）：亦作“践祚”。古代称即位行事为“践阼”。践，踩踏。古代庙、寝堂前两阶，主阶在东，称阼阶。④辟：通“避”。⑤蚤：通“早”。⑥相（xiàng）：辅佐。⑦伯禽：周公的长子。⑧戒：告诫。⑨沐（mù）：洗头发。捉发：手握头发。⑩吐哺（bǔ）：吐出口中咀嚼的食物。⑪慎：禁戒之词。

管、蔡、武庚等果率淮夷而反①。周公乃奉成王命，兴师东伐，作《大诰》②。遂诛管叔，杀武庚，放蔡叔。收殷余民③，以封康叔于卫④，封微子于宋⑤，以奉殷祀。宁淮夷东土，二年而毕定。诸侯咸服宗周⑥。

【注释】

①淮夷：部族名。②《大诰》：周公东征时晓喻各诸侯国君及其官员的文告中。③收：降伏。④康叔：周武王弟，姬封。初封于康（地在今河南禹县西北），故称康叔。周公攻灭武庚后，把殷民七族和商故都地区封给他，国号卫，建都朝歌（故城在今河南淇县）。⑤微子：商纣王的庶兄，名启。周公平息武庚叛乱后，封他于宋，建都商丘（今河南省商丘市南）。⑥宗：归向。

天降祉福①，唐叔得禾②，异母同颖③，献之成王，成王命唐叔以馈周公于东土，作《馈禾》④。周公既受命禾，嘉天子命，作《嘉禾》⑤。东土以集，周公归报成王，乃为诗贻王⑥，命之曰《鸱鸮》⑦。王亦未敢训周公⑧。

【注释】

①祉（zhǐ）：福。②唐叔：姬虞。③颖：禾穗。④《馈禾》：《归禾》，《尚书》篇名，已佚。⑤《嘉禾》：《尚书》篇名，已佚。⑥贻（yí）：赠送。⑦《鸱鸮》（chī xiāo）：《诗经》篇名。⑧训：《尚书》作"诮"，责备之意。

成王七年二月乙未，王朝步自周①，至丰②，使太保召公先之雒相土③。其三月，周公往营成周雒邑④，卜居焉⑤，曰吉，遂国之⑥。

【注释】

①周：指镐京。②丰：与镐京同为西周国都。③太保：辅佐国君的高级大臣。雒（luò）邑：故城在今河南洛阳市。④成周雒邑：周公经营雒邑，分筑成周城和王城。⑤卜居：择定建都之地。⑥国：建为国都。

成王长，能听政。于是周公乃还政于成王，成王临朝。周公之代成王治，南面倍依以朝诸侯①。及七年后，还政成王，北面就臣位，匔匔如畏然②。

【注释】

①南面：面向南。古代君主南面而坐，臣子朝见君主则北面。倍依：即"背扆"。依，又称斧依，斧扆，为古代帝王置于堂上类似屏风的器具，因上面画有斧形图案，故名。②匔匔（qióng qióng）：恭谨貌。

初，成王少时，病，周公乃自揃其蚤沉之河①，以祝于神曰："王少未有识，奸神命者乃旦也②。"亦藏其策于府。成王病有瘳。及成王用事，人或谮周公③，周公奔楚。成王发府，见周公祷书，乃泣，反周公④。

【注释】

①揃（jiǎn）：修剪。蚤：通"爪"。②奸：通"干"。冒犯。③谮（zèn）：进谗言，诬陷。④反：通"返"。

周公归，恐成王壮，治有所淫佚①，乃作《多士》，作《毋逸》②。《毋逸》称："为人父母，为业至长久，子孙骄奢忘之，以亡其家，为人子可不慎乎！故昔在殷王中宗③，严恭敬畏天命④，自度治民⑤，震惧不敢荒宁⑥，故中宗飨国七十五年⑦。其在高宗⑧，久劳于外，为与小人⑨，作其即位，乃有亮暗⑩，三年不言，言乃欢，不敢荒宁，密靖殷国⑪，至于小大无怨⑫，故高宗飨国五十五年。其在祖甲⑬，不义惟王，久为小人于外，知小人之依⑭，能保施小民⑮，不侮鳏寡⑯，故祖甲飨国三十三年。"《多士》称曰："自汤至于帝乙⑰，无不率祀明德⑱，帝无不配天者⑲。在今后嗣王纣，诞淫厥佚⑳，不顾天及民之从也。其民皆可诛。""文王日中昃不暇食㉑，飨国五十年。"作此以诫成王。

【注释】

①淫佚（yì）：亦作"淫逸"。纵欲放荡。②《多士》：《尚书》篇名。《书序》："成周既成，迁殷顽民，周公以王命诰，作《多士》。"《毋逸》：亦作《无逸》，《尚书》篇名。为周公还政成王后对成王的告诫之词。③殷王中宗：即帝太戊。④天命：上天的命令。古代统治者自称承受了天命，或把自己的意志假托为天命。⑤度：法制。⑥荒宁：荒废政事，贪图安逸。⑦飨（xiǎng）国：拥有政权。指帝王在位或王朝传代的期限。飨，通"享"。⑧高宗：即帝武丁。⑨小人：西周、春秋时对被统治的劳动者的称呼。⑩亮暗（liáng ān）：古书或作"亮阴""谅暗"。指帝王守丧。⑪密靖：安定。⑫小大：指小事大事。⑬"其在祖甲"三句：祖甲，武丁之子。据汉马融说："祖甲有兄祖庚，而祖甲贤，武丁欲立之，祖甲以王废长立少不义，逃亡民间，故曰不义惟王，久为小人也。"⑭依：爱，引申为要求。⑮保施：保护，施予。⑯鳏（guān）寡：老而无妻叫鳏，老而无夫叫寡。⑰汤：又称武汤、成汤。⑱率祀明德：恭顺地祭祀鬼神，表彰任用有德者。率，遵循。明，显扬。⑲配天：比配于天。⑳诞淫厥佚：极度地放纵享乐。㉑"文王"二句：出自《无逸》，应移到"故祖甲飨国三十三年"的下面。昃（zè）：日西斜。

成王在丰，天下已安，周之官政未次序①，于是周公作《周官》②，官别其宜。作《立政》③，以便百姓。百姓说④。

【注释】

①官政：官制。次序：系统的等级职责。②《周官》：《尚书》篇名。③《立政》：《尚书》篇名。周公还政成王后，告成王以施政之道。④百姓：百官；平民。

周公在丰，病，将没①，曰："必葬我成周，以明吾不敢离成王②。"周公既卒，成王亦让③，葬周公于毕④，从文王，以明予小子不敢臣周公也⑤。

【注释】

①没（mò）：通"殁"，死亡。②以明吾不敢离成王：这句话不是周公说的，据说是汉代伏胜对周公"必葬我成周"的解说，后人把它改成了一人称。③让：谦让。④毕：地名。⑤臣：以……为臣。

周公卒后，秋未获，暴风雷，禾尽偃①，大木尽拔。周国大恐。成王与大夫朝服以开金縢书，王乃得周公所自以为功代武王之说②。二公及王乃问史百执事③，史百执事曰："信有④，昔周公命我勿敢言。"成王执书以泣，曰："自今后其无缪卜乎！昔周公勤劳王家，惟予幼人弗及知。今天动威以彰周公之德⑤，惟朕小子其迎⑥，我国家礼亦宜之。"王出郊⑦，天乃雨，反风，禾尽起。二公命国人，凡大木所偃，尽起而筑之⑧。岁则大孰⑨。于是成王乃命鲁得郊祭文王⑩。鲁有天子礼乐者，以褒周公之德也⑪。

【注释】

①偃：倒下。②功：名，名义。③二公：指太公、召公。史：官名。④信：确实。⑤彰：表彰；显扬。⑥朕（zhèn）：古人自称之词。从秦始皇起，专用为皇帝自称。⑦郊：在郊外祭天。⑧筑：有两解：培土，收拾。⑨孰：通"熟"。⑩郊祭文王：

按照周代礼制，只有周天子才能举行郊祀典礼和立庙祭文王。⑪褒：嘉奖。

周公卒，子伯禽固已前受封①，是为鲁公。鲁公伯禽之初受封之鲁，三年而后报政周公。周公曰："何迟也？"伯禽曰："变其俗，革其礼，丧三年然后除之②，故迟。"太公亦封于齐③，五月而报政周公。周公曰："何疾也？"④曰："吾简其君臣礼，从其俗为也。"及后闻伯禽报政迟，乃叹曰："呜呼，鲁后世其北面事齐矣！夫政不简不易，民不有近；平易近民，民必归之⑤。"

【注释】

①固：原来，本来。②除：免除。③齐：周分封的诸侯国，在今山东省北部，开国君主是太公吕尚，建都营丘（今称临淄，在今山东淄博市东北）。④疾：快。⑤归：归向；顺从。

伯禽即位之后，有管、蔡等反也，淮夷、徐戎亦并兴反①。于是伯禽率师伐之于肸②，作《肸誓》③，曰："陈尔甲胄④，无敢不善⑤。无敢伤牿⑥。马牛其风⑦，臣妾逋逃⑧，勿敢越逐⑨，敬复之。无敢寇攘⑩，逾墙垣。鲁人三郊三隧⑪，峙尔刍茭、糗粮、桢榦⑫，无敢不逮⑬。我甲戌筑而征徐戎⑭，无敢不及，有大刑⑮。"作此《肸誓》，遂平徐戎，定鲁。

【注释】

①徐戎：部族名。亦称徐夷或徐方。东夷之一。②肸（xī）：鲁邑名。亦作"费"、"鄪"。在今山东费县西北。③《肸誓》：即《费誓》，《尚书》篇名。过去认为这是伯禽伐淮夷的誓词。④甲胄（zhòu）：古代士兵穿戴的铠甲和头盔。⑤无：莫；不要。⑥牿（gù）：牛马圈。⑦风：走失。一说兽类雌雄相诱叫风。⑧臣妾：男女奴隶。逋（bū）逃：逃亡。⑨越逐：超越队伍追逐。⑩寇攘：掠夺和偷取。⑪三郊三隧：城外近处曰郊，郊外曰隧。三，指西南北三方。东郊要拒守，故不供应。⑫峙（zhì）：准备；积储。刍（chú）茭：喂牲口的干草。糗（qiǔ）粮：干粮。桢榦（zhēn gàn）：亦作"贞榦"。筑墙用的木桩。⑬逮：及，到。⑭筑：指修筑战壕等工事。⑮大刑：死刑。

鲁公伯禽卒，子考公酋立。考公四年卒，立弟熙，是谓炀公。炀公筑茅阙门①。六年卒，子幽公宰立。幽公十四年，幽公弟㵒杀幽公而自立②，是为魏公。魏公五十年卒，子厉公擢立。厉公三十七年卒，鲁人立其弟具，是为献公。献公三十二年卒，子真公濞立③。

【注释】

①茅阙门：宫门名。②㵒：音 fèi。③真（shèn）：借作"慎"。

真公十四年，周厉王无道①，出奔彘②，共和行政③。二十九年，周宣王即位④。

【注释】

①周厉王：姬胡。前 878—前 842 年在位。因"虐而好利"，杀戮谤王者，被国人流放。②彘（zhì）：地名。③共和行政：周厉王出奔后，至周宣王即位前共十四年（前 841—前 828 年），由大臣召公、周公共同行政，故称共和行政。④周宣王：姬静。前 828—前 782 年在位。

三十年，真公卒，弟敖立，是为武公①。

【注释】

①武公：前 825—前 816 年在位。

武公九年春，武公与长子括，少子戏，西朝周宣王①。宣王爱戏，欲立戏为鲁太子。周之樊仲山父谏宣王曰②："废长立少，不顺③；不顺，必犯王命；犯王命，必诛之：故出令不可不顺也。令之不行，政之不立；行而不顺，民将弃上④。夫下事上，少事长，所以为顺。今天子建诸侯，立其少，是教民逆也。若鲁从之，诸侯效之，王命将有所壅⑤；若弗从而诛之，是自诛王命也。诛之亦失，不诛亦失，王其图之⑥。"宣王弗听，卒立戏为鲁太子。夏，武公归而卒，戏立，是为懿公⑦。

【注释】

①朝：古代诸侯定期朝见帝王，叫朝。往后臣子见国君也叫朝。②仲山父：周宣王时的大臣，食邑于樊（在今河南济源市南），亦称樊仲，樊穆仲。③顺：顺理；合理。④上：长上，统治者。⑤王命：指周代先王立嫡长子为继承人的制度。⑥图：考虑。⑦懿公：前 815—前 807 年在位。

懿公九年，懿公兄括之子伯御与鲁人攻弑懿公①，而立伯御为君。伯御即位十一年，周宣王伐鲁，杀其君伯御，而问鲁公子能道顺诸侯者②，以为鲁后。樊穆仲曰："鲁懿公弟称，肃恭明神，敬事耆老③；赋事行刑④，必问于遗训而咨于固实⑤；不干所问⑥，不犯所咨。"宣王曰："然，能训治其民矣。"乃立称于夷宫⑦，是为孝公⑧。自是后，诸侯多畔王命。

【注释】

①弑（shì）：古代称臣杀君、子杀父母为弑。②道顺：《国语》作"导训"。引导，教训。③耆（qí）老：老人。特指受尊敬的老人。④赋事：授予任务。⑤咨（zī）：询问。固实：《国语》作"故实"。指能供效法借鉴的旧事。⑥干：冒犯；抵触。⑦夷宫：周宣王祖父夷王之庙。⑧孝公：前 796—前 769 年在位。

孝公二十五年，诸侯畔周，犬戎杀幽王①。秦始列为诸侯②。

【注释】

①犬戎：部族名。②秦：国名。嬴姓。相传为伯益的后代。非子做部落首领时，被周孝王封于秦（今甘肃张家川东），作为附庸。秦襄公因护送周平王东迁有功，被封为诸侯。

二十七年，孝公卒，子弗湟立①，是为惠公②。

【注释】

①弗湟：《十二诸侯年表》作弗生。②惠公：前 768—前 723 年在位。

惠公三十年，晋人弑其君昭侯①。四十五年，晋人又弑其君孝侯②。

【注释】

①昭侯：姬伯。前 745—前 740 年在位。②孝侯：姬平。

四十六年，惠公卒，长庶子息摄当国①，行君事，是为隐公②。初，惠公适夫人无子③，公贱妾声子生子息④。息长，为娶于宋。宋女至而好，惠公夺而自妻之。生子允。登宋女为夫人⑤，以允为太子。及惠公卒，为允少故，鲁人共令息摄政，不言即位。

【注释】

①庶子：妾所生子。②隐公：前722—前712年在位。③適（dí）：通"嫡"。④贱妾：妾的地位低于正妻，故称。⑤登：上升。

隐公五年，观渔于棠①。八年，与郑易天子之太山之邑祊及许田②，君子讥之③。

【注释】

①渔：渔人捕鱼。棠：鲁邑名。故城在今山东鱼台县北。②郑：国名。姬姓。③君子讥之：根据当时的礼制："天子在上，诸侯不得以地相与。"

十一年冬，公子挥谄谓隐公曰①："百姓便君②，君其遂立。吾请为君杀子允，君以我为相。"隐公曰："有先君命。吾为允少，故摄代。今允长矣，吾方营菟裘之地而老焉③，以授子允政。"挥惧子允闻而反诛之，乃反谮隐公于子允曰："隐公欲遂立，去子，子其图之。请为子杀隐公。"子允许诺。十一月，隐公祭钟巫④，齐于社圃⑤，馆于蒍氏⑥，挥使人弑隐公于蒍氏，而立子允为君，是为桓公⑦。

【注释】

①公子挥：字羽父。鲁国大臣。谄（chǎn）：巴结奉承。②便：方便；拥戴。③菟（tú）裘：鲁邑名。故城在今山东泰安县南。④钟巫：祭名。⑤齐（zhāi）：通"斋"。社圃：园名。⑥馆：住宿。蒍（wěi）氏：鲁国大夫。⑦桓公：前711—前694年在位。

桓公元年，郑以璧易天子之许田①。二年，以宋之赂鼎入于太庙②，君子讥之。

【注释】

①隐公八年，郑请以祊邑交换鲁之许田，因祊小许田大，鲁未给，故郑再加璧。②宋之赂鼎：宋华父督杀其君宋殇公，用大鼎贿赂鲁桓公。

三年，使挥迎妇于齐为夫人①。六年，夫人生子，与桓公同日，故名曰同。同长，为太子。

【注释】

①夫人：文姜。齐僖公之女，襄公之妹。

十六年，会于曹①，伐郑，入厉公②。

【注释】

①曹：国名。周初分封的诸侯国。姬姓。②入：纳。使动用法。厉公：郑侯姬突。这时因与大臣祭仲发生矛盾而出奔，居于栎邑（今河南禹县）。

十八年春，公将有行，遂与夫人如齐。申繻谏止①，公不听，遂如齐。齐襄公通桓公夫人②。公怒夫人，夫人以告齐侯。夏四月丙子，齐襄公飨公，公醉，使公子彭生抱鲁桓公，因命彭生摺其胁③，公死于车。鲁人告于齐曰："寡君畏君之威，不敢宁居，来修好礼。礼成而不反，无所归咎④，请得彭生以除丑于诸侯。"齐人杀彭生以说鲁。立太子同，是为庄公⑤。庄公母夫人因留齐，不敢归鲁。

【注释】

①申繻（rú又读xū）：鲁国大夫。②通：私通、通奸。③摺（zhé）：通"折"。折断。胁：腋下胁骨。④归咎（jiù）：归罪。⑤庄公：前693—前662年在位。

庄公五年冬，伐卫，内卫惠公①。

【注释】

①内：通"纳"。卫惠公：姬朔。

八年，齐公子纠来奔①。九年，鲁欲内子纠于齐，后桓公②，桓公发兵击鲁，鲁急，杀子纠。召忽死③。齐告鲁生致管仲④。鲁人施伯曰⑤："齐欲得管仲，非杀之也，将用之，用之则为鲁患。不如杀，以其尸与之。"庄公不听，遂囚管仲与齐。齐人相管仲。

【注释】

①公子纠：齐襄公庶弟。②桓公：指齐桓公小白。襄公庶弟，出奔莒国，后来齐襄公被公孙无知所杀，桓公从莒回国取得政权。前685—前643年在位。③召（shào）忽：辅佐公子纠的大夫。公子纠被杀，他自杀。④致：交给。管仲：管夷吾，字仲，随公子纠出奔鲁。桓公即位后，经鲍叔牙推荐，被任命为卿，使齐称霸诸侯。⑤施伯：鲁惠公之孙。

十三年，鲁庄公与曹沫会齐桓公于柯①，曹沫劫齐桓公，求鲁侵地，已盟而释桓公。桓公欲背约，管仲谏，卒归鲁侵地。十五年，齐桓公始霸。二十三年，庄公如齐观社②。

【注释】

①曹沫：一作曹刿。②社：祭祀社神，同时举行军事检阅。

三十二年，初，庄公筑台临党氏①，见孟女②，说而爱之，许立为夫人，割臂以盟。孟女生子斑。斑长，说梁氏女③，往观。圉人圉自墙外与梁氏女戏④。斑怒，鞭荦。庄公闻之，曰："荦有力焉，遂杀之，是未可鞭而置也。"斑未得杀。会庄公有疾。庄公有三弟，长曰庆父，次曰叔牙，次曰季友。庄公取齐女为夫人曰哀姜。哀姜无子，哀姜娣曰叔姜⑤，生子开⑥。庄公无适嗣⑦，爱孟女，欲立其子斑。庄公病，而问嗣于弟叔牙。叔牙曰："一继一及⑧，鲁之常也⑨。庆父在，可为嗣，君何忧？"庄公患叔牙欲立庆父，退而问季友。季友曰："请以死立斑也。"庄公曰："曩者叔牙欲立庆父⑩，奈何？"季友以庄公命，命牙待于铖巫氏⑪，使铖季劫饮叔牙以鸩⑫，曰："饮此则有后奉祀；不然，死且无后。"牙遂饮鸩而死，鲁立其子为叔孙氏。八月癸亥，庄公卒，季友竟立子斑为君，如庄公命。侍丧，舍于党氏⑬。

【注释】

①党氏：鲁国大夫。②孟女：党氏的长女。③梁氏：鲁国大夫。④圉（yù）人：主管养马的人。荦（luò）：人名。⑤娣（dì）：妹。⑥开：本名启。作者避汉景帝刘启名讳，改作"开"。⑦适嗣：即嫡子。⑧一继一及：指君位世袭制。父死子继，兄死弟及。⑨常：常规；法则。⑩曩（nǎng）者：先前。⑪铖（qián）巫氏：即铖季。鲁国大夫。⑫鸩（zhèn）：传说中的一种毒鸟，羽毛为紫绿色，放在酒中，能毒死人。⑬舍：住宿。

先时庆父与哀姜私通，欲立哀姜娣子开。及庄公卒而季友立斑，十月己未，庆父使圉人荦杀鲁公子斑于党氏。季友犇陈①，庆父竟立庄公子开，是为湣公②。

【注释】

①犇：通"奔"。陈：国名。妫姓。开国君主胡公（妫满），为周武王灭商

后所封。②湣公：前661—前660年在位。"湣"通"闵"，谥号用字。

湣公二年，庆父与哀姜通益甚。哀姜与庆父谋杀湣公而立庆父。庆父使卜齮袭杀湣公于武闱①，季友闻之，自陈与湣公弟申如邾②，请鲁求内之。鲁人欲诛庆父。庆父恐，奔莒。于是季友奉子申入，立之，是为禧公③。禧公亦庄公少子。哀姜恐，奔邾。季友以赂如莒求庆父，庆父归，使人杀庆父，庆父请奔，弗听，乃使大夫奚斯行哭而往。庆父闻奚斯音，乃自杀。齐桓公闻哀姜与庆父乱以危鲁，乃召之邾而杀之，以其尸归，戮之鲁④。鲁禧公请而葬之。

【注释】

①卜齮（yǐ）：鲁国大夫。武闱：宫中侧门名。②邾（zhū）：国名。后改名"邹"。曹姓。③禧公：前659—前627年在位。禧，通"僖"，谥号用字。④戮（lù）：陈尸示众。

季友母陈女，故亡在陈，陈故佐送季友及子申。季友之将生也，父鲁桓公使人卜之，曰："男也，其名曰'友'，间于两社①，为公室辅。季友亡，则鲁不昌。"及生，有文在掌曰"友"，遂以名之，号为成季。其后为季氏，庆父后为孟氏也。

【注释】

①鲁宫有三门：库门（即外门）；雉门（即中门）；路门（即寝门）。雉门之外右有周社，左有亳（bó）社，两社之间为执政大臣治事之所。

禧公元年，以汶阳鄪封季友①。季友为相。

【注释】

①汶（wèn）阳：邑名。故城在今山东泰安县西南。鄪：邑名，或作"费"，故城在今山东费县西北。

九年，晋里克杀其君奚齐，卓子①。齐桓公率禧公讨晋乱，至高梁而还②，立晋惠公③。十七年，齐桓公卒。二十四年，晋文公即位④。

【注释】

①里克：晋国大夫。奚齐、卓子：均晋献公子。奚齐为骊姬所生，卓子为丽姬妹所生。献公宠骊姬，骊姬谮杀太子申生，并逐群公子。②高梁：晋地。在今山西临汾市东北。③晋惠公：晋献公子，名夷吾。④晋文公：晋献公子，名重耳。前636—前628年在位，为春秋五霸之一。

三十三年，禧公卒，子兴立，是为文公①。

【注释】

①文公：前626—前609年在位。

文公元年，楚太子商臣弑其父成王①，代立。三年，文公朝晋襄公②。

【注释】

①商臣：初立为太子，后因成王欲废长立少，故弑成王代立，是为穆王。②晋襄公：晋文公子。

十一年十月甲午，鲁败翟于咸①，获长翟乔如②，富父终甥舂其喉③，以戈杀之，埋其首于子驹之门④，以命宣伯⑤。

【注释】

①翟（dí）：通"狄"，部族名。②乔如：长狄的首领。③富父终甥：鲁国大夫。舂：通"冲"。抵住。④子驹之门：鲁郭门名。⑤宣伯：叔孙得臣之子。叔孙得臣是这次战役的主将。

初，宋武公之世①，鄋瞒伐宋②，司徒皇父帅师御之③，以败翟于长丘④，获长翟缘斯⑤。晋之灭路⑥，获乔如弟棼如。齐惠公二年⑦，鄋瞒伐齐，齐王子城父获其弟荣如⑧，埋其首于北门。卫人获其季弟简如。鄋瞒由是遂亡。

【注释】

①宋武公：前765—前748年在位。②鄋（sōu）瞒：部族名。③司徒：官名。西周始设，负责管理土地和人民。④长丘：宋地名。在今河南封丘县西南。⑤缘斯：乔如的先代。⑥路：国名。赤狄的别种。在今山西潞城县东北。⑦齐惠公：前608—前599年在位。⑧王子城父：齐国大夫。

十五年，季文子使于晋①。

【注释】

①季文子：季友之子季孙行父，鲁国公族。后相鲁宣公、成公、襄公。

十八年二月，文公卒。文公有二妃①：长妃齐女为哀姜②，生子恶及视；次妃敬嬴，嬖爱③，生子俀④。俀私事襄仲⑤，襄仲欲立之，叔仲曰不可⑥。襄仲请齐惠公，惠公新立，欲亲鲁，许之。冬十月，襄仲杀子恶及视而立俀，是为宣公⑦。哀姜归齐，哭而过市，曰："天乎！襄仲为不道，杀适立庶！"市人皆哭，鲁人谓之"哀姜"。鲁由此公室卑⑧，三桓强⑨。

【注释】

①妃（fēi）：王侯之妻。长妃为正妻；次妃为妾。②哀姜：此为另一哀姜，不是鲁庄公夫人。③嬖（bì）爱：特别宠爱。④俀（wěi）：一作"倭"。⑤襄仲：即公子遂，鲁国大臣。⑥叔仲：即叔仲惠伯，鲁国大夫。⑦宣公：前608—前591年在位。⑧公室：诸侯的家族，也指诸侯的政权。⑨三桓：鲁国的三卿。孟孙（仲孙）、叔孙、季孙都是鲁桓公的后代，故称三桓。

宣公俀十二年，楚庄王强①，围郑。郑伯降②，复国之。

【注释】

①楚庄王：熊侣。前613—前591年在位。②郑伯：郑襄公。姬坚。前604—前587年在位。

十八年，宣公卒，子成公黑肱立①，是为成公。季文子曰："使我杀适立庶失大援者，襄仲。"襄仲立宣公，公孙归父有宠②。宣公欲去三桓，与晋谋伐三桓。会宣公卒，季文子怨之，归父奔齐。

【注释】

①成公：前590—前573年在位。②公孙归父：襄仲之子。

成公二年春，齐伐取我隆①。夏，公与晋郤克败齐顷公于鞍②，齐复归我侵地。四年，成公如晋，晋景公不敬鲁③。鲁欲背晋合于楚，或谏，乃不④。十年，成公如晋。晋景公卒，因留成公送葬，鲁讳之⑤。十五年，始与吴王寿梦会钟离⑥。

【注释】

①隆：一作"龙"，鲁邑名。故城在今山东泰安市东南。②郤克：晋国执政大臣。齐顷公：姜无野。前 598—前 586 年在位。鞍：齐邑名。故城在今山东济南市境。③晋景公：姬据。前 599—前 581 年在位。④不（fǒu）：同"否"。⑤鲁讳之：安葬晋景公时，除鲁成公外，其他诸侯均不在，鲁以为耻。⑥吴王寿梦：吴自寿梦始称王。前 585—前 561 年在位。钟离：楚邑名。故城在今安徽凤阳县东。

十六年，宣伯告晋①，欲诛季文子。文子有义②，晋人弗许。

【注释】

①宣伯：叔孙乔如。②文子有义：晋国大臣范氏，栾氏认为季文子是鲁国的忠臣。

十八年，成公卒，子午立，是为襄公①。是时襄公三岁也。

【注释】

①襄公：前 572—前 542 年在位。

襄公元年，晋立悼公。往年冬，晋栾书弑其君厉公①。四年，襄公朝晋。

【注释】

①栾书：晋国执政大臣。

五年，季文子卒。家无衣帛之妾，厩无食粟之马，府无金玉，以相三君①。君子曰："季文子廉忠矣。"

【注释】

①三君：指宣公、成公、襄公。

九年，与晋伐郑。晋悼公冠襄公于卫①，季武子从②，相行礼。

【注释】

①冠（guàn）：举行冠礼。②季武子：季孙宿。季文子之子。继其父执政。

十一年，三桓氏分为三军①。

【注释】

①周制：天子设六军，诸侯大国三军。鲁国原有三军，后来减为二军。

十二年，朝晋。十六年，晋平公即位①。二十一年，朝晋平公。

【注释】

①晋平公：姬彪。前 557—前 532 年在位。

二十二年，孔丘生。

【注释】

①孔丘：前 551—前 479 年，世称孔子。名丘，字仲尼。

二十五年，齐崔杼弑其君庄公①，立其弟景公②。

【注释】

①崔杼（zhù）：齐国大臣。庄公：姜光。前 553—前 548 年在位。②景公：姜杵臼。前 547—前 490 年在位。

二十九年，吴延陵季子使鲁①，问周乐，尽知其意，鲁人敬焉。

【注释】

①延陵季子：吴王寿梦之子，封于延陵（今江苏常州市），故称。

三十一年六月，襄公卒。其九月，太子卒①。鲁人立齐归之子裯为君，是为昭公②。

【注释】

①太子：襄公子，姬子野。②齐归：鲁襄公妾。裯（chóu）：人名。昭公：前541—510年在位。

昭公年十九，犹有童心①。穆叔不欲立②，曰："太子死，有母弟可立，不即立长。年钧择贤③，义钧则卜之。今裯非适嗣，且又居丧意不在戚而有喜色④，若果立，必为季氏忧。"季武子弗听，卒立之。比及葬，三易衰⑤。君子曰："是不终也。"

【注释】

①童心：孩子气。②穆叔：鲁国大夫。③钧：通"均"，相等。④戚：忧伤。⑤衰（cuī）：同"缞"。

昭公三年，朝晋至河，晋平公谢还之，鲁耻焉。四年，楚灵王会诸侯于申①，昭公称病不往。七年，季武子卒。八年，楚灵王就章华台②，召昭公。昭公往贺，赐昭公宝器③；已而悔，复诈取之。十二年，朝晋至河，晋平公谢还之。十三年，楚公子弃疾弑其君灵王④，代立。十五年，朝晋，晋留之葬晋昭公⑤，鲁耻之。二十年，齐景公与晏子狩竟⑥，因入鲁问礼。二十一年，朝晋至河，晋谢还之。

【注释】

①楚灵王：熊国。前540—前529年在位。②章华台：台名。旧址在今湖北监利县西。③宝器：这里指大曲弓。④弃疾：楚平王。前528—前516年在位。⑤晋昭公：姬夷。前531—前526年在位。⑥晏子：名婴，字平仲。夷维（今山东高密市）人。齐国大臣。狩竟：在鲁国边境打猎。竟通"境"。

二十五年春，鸲鹆来巢①。师己曰②："文成之世童谣曰'鸲鹆来巢，公在乾侯③。鸲鹆入处，公在外野'。"

【注释】

①鸲鹆（qú yù）：鸟名。即八哥。②师己：鲁国大夫。③文成：指鲁文公、成公。乾（gān）侯：晋邑名。故城在今河北成安县东南。

季氏与郈氏斗鸡①，季氏芥鸡羽②，郈氏金距③。季平子怒而侵郈氏④，郈昭伯亦怒平子⑤。臧昭伯之弟会伪谗臧氏⑥，匿季氏，臧昭伯囚季氏人。季平子怒，囚臧氏老⑦。臧、郈氏以难告昭公。昭公九月戊戌伐季氏，遂入。平子登台请曰："君以谗不察臣罪，诛之，请迁沂上⑧。"弗许。请囚于鄪，弗许。请以五乘亡，弗许。子家驹曰⑨："君其许之。政自季氏久矣，为徒者众，众将合谋。"弗听。郈氏曰："必杀之。"叔孙氏之臣戾谓其众曰⑩："无季氏与有，孰利？"皆曰："无季氏是无叔孙氏。"戾曰："然，救季氏！"遂败公师。孟懿子闻叔孙氏胜⑪，亦杀郈昭伯。郈昭伯为公使，故孟氏得之。三家共伐公，公遂奔。己亥，公至于齐。齐景公曰："请致千社待君⑫。"子家曰："弃周公之业而臣于齐，可乎？"乃止。

404

子家曰："齐景公无信，不如早之晋。"弗从。叔孙见公还^⑬，见平子，平子顿首。初欲迎昭公，孟孙、季孙后悔^⑭，乃止。

【注释】

①邱（hòu）一作"厚"。②芥：有两说。一说捣芥子为粉末，播散于鸡翼，以迷对方鸡之目；一说"芥"为"介"，为鸡著甲。③金距：鸡爪上安金属套。距，鸡附足骨。④季平子：季孙意如，季武子之孙。侵：侵占邱氏的宫地。⑤邱昭伯：邱恶，鲁孝公的后代。⑥臧昭伯：臧孙赐。⑦老：大夫的家臣。⑧沂：水名。鲁都城南有沂水，平子想要出城待罪。⑨子家驹：仲孙驹，字子家。鲁国大夫。⑩厹（lì）：叔孙氏的司马。⑪孟懿子：仲孙何忌。鲁国大夫。⑫社：地方基层行政单位。⑬叔孙：叔孙婼（ruò）。鲁国大夫。⑭孟孙：指孟懿子。

二十六年春，齐伐鲁，取郓而居昭公焉^①。夏，齐景公将内公，令无受鲁赂。申丰、汝贾许齐臣高龁、子将粟五千庾^②。子将言于齐侯曰："群臣不能事鲁君，有异焉^③。宋元公为鲁如晋^④，求内之，道卒。叔孙昭子求内其君^⑤，无病而死。不知天弃鲁乎？抑鲁君有罪于鬼神也^⑥？愿君且待。"齐景公从之。

【注释】

①郓（yùn）：鲁邑名。故城在今山东郓城县东。②申丰、汝贾：鲁国大夫。子将：梁丘据，齐景公的宠臣。庾（yǔ）：古容量单位。一庾等于十六斗。③异：怪异。指特别的征兆。④宋元公：子佐。前531—前517年在位。⑤叔孙昭子：即叔孙婼。⑥抑：抑或；还是。

二十八年，昭公如晋，求入。季平子私于晋六卿^①，六卿受季氏赂，谏晋君，晋君乃止，居昭公乾侯。二十九年，昭公如郓。齐景公使人赐昭公书，自谓"主君"^②。昭公耻之，怒而去乾侯。三十一年，晋欲内昭公，召季平子。平子布衣跣行^③，因六卿谢罪。六卿为言曰："晋欲内昭公，众不从。"晋人止。三十二年，昭公卒于乾侯。鲁人共立昭公弟宋为君，是为定公^④。

【注释】

①晋六卿：晋之韩、赵、魏、范、中行及智氏等六族，世为晋卿，故称六卿。②主君：当时人们对国君、卿、大夫的敬称，而齐景公以此自称，显示傲慢。③布衣跣（xiǎn）行：表示忧伤。跣：赤脚。④定公：前509—前495年在位。

定公立，赵简子问史墨曰^①："季氏亡乎？"史墨对曰："不亡。季友有大功于鲁，受鄪为上卿，至于文子、武子，世增其业。鲁文公卒，东门遂杀适立庶^②，鲁君于是失国政。政在季氏，于今四君矣^③。民不知君，何以得国！是以为君慎器与名^④，不可以假人。"

【注释】

①赵简子：即赵鞅。晋国大臣。史墨：晋国史官蔡墨。②东门遂：即襄仲。③四君：指宣公、成公、襄公、昭公。④器：古代表示一定等级、地位的器物。名：爵号。

定公五年，季平子卒。阳虎私怒^①，囚季桓子^②，与盟，乃舍之。七年，齐伐我，取郓，以为鲁阳虎邑以从政。八年，阳虎欲尽杀三桓适，而更立其所善庶子以代之；载季桓子将杀之，桓子诈而得脱。三桓共攻阳虎，阳虎居阳关。九年，鲁伐阳虎，阳虎奔齐，已而奔晋赵氏③。

【注释】

①阳虎：一作"阳货"。季孙氏的家臣，挟持季桓子，据有阳关（故城在今山东泰安市东南），掌握国政。②季桓子：季孙斯。季平子之子。鲁执政大臣。③奔晋：指阳虎投奔晋赵鞅，为其家臣。

十年，定公与齐景公会于夹谷①，孔子行相事②。齐欲袭鲁君，孔子以礼历阶，诛齐淫乐，齐侯惧，乃止，归鲁侵地而谢过。十二年，使仲由毁三桓城③，收其甲兵。孟氏不肯堕城④，伐之，不克而止。季桓子受齐女乐⑤，孔子去。

【注释】

①夹谷：齐地名。故城在今山东莱芜市南。②行相事：主持礼赞。③仲由：字子路，卞（故城在今山东泗水县）人，孔子的门生，为季氏家臣之长。④堕（huī）：毁坏。⑤女乐（yuè）：歌姬舞女。

十五年，定公卒，子将立，是为哀公①。

【注释】

①哀公：前494—前467年在位。

哀公五年，齐景公卒。六年，齐田乞弑其君孺子①。

【注释】

①田乞：齐国执政大臣。

七年，吴王夫差强①，伐齐，至缯②，征百牢于鲁③，季康子使子贡说吴王及太宰嚭④，以礼诎之⑤。吴王曰："我文身⑥，不足责礼。"乃止。

【注释】

①夫差：前495—前473年在位。②缯：邑名。故城在今山东枣庄市东。③牢：指祭祀宴享用的牲畜猪、牛、羊各一头。百牢：指牛、羊、猪各百头。④季康子：季孙肥。季桓子之子，鲁国执政大臣。子贡：卫国人，孔子的弟子。太宰嚭（pǐ）：伯嚭。⑤以礼诎（qū）之：根据礼制折服人。礼，指周礼。诎，折服。参见《吴太伯世家》。⑥文身：身上刺画花纹，为古时吴越习俗。

八年，吴为邹伐鲁①，至城下，盟而去。齐伐我，取三邑②。十年，伐齐南边。十一年，齐伐鲁。季氏用冉有有功③，思孔子，孔子自卫归鲁。

【注释】

①吴为邹伐鲁：因上年鲁国曾攻打邹国，所以吴国借此出兵。②三邑：据《齐太公世家》和《左传》记载，只有二邑，即谨和阐。③季氏用冉有有功：鲁与齐战，冉有帅左师，获甲首八十，齐人夜遁。冉有：冉求，字子有。鲁国人，孔子的弟子。为季氏宰。

十四年，齐田常弑其君简公于徐州①。孔子请伐之，哀公不听。十五年，使子服景伯、子贡为介②，适齐，齐归我侵地。田常初相，欲亲诸侯。

【注释】

①田常：即田成子。徐（shū，又徐）州：齐地名。在今山东滕州市南。

② 子服景伯：鲁国大夫。介：助手；副使。

　　二十七年春，季康子卒。夏，哀公患三桓，将欲因诸侯以劫之①，三桓亦患公作难，故君臣多间②。公游于陵阪③，遇孟武伯于街④，曰："请问余及死乎？"对曰："不知也。"公欲以越伐三桓。八月，哀公如陉氏⑤。三桓攻公，公奔于卫，去如邹，遂如越。国人迎哀公复归，卒于有山氏。子宁立，是为悼公⑥。

【注释】

　　①劫：以武力胁迫。②间：间隙；仇怨。③陵阪（bǎn）：鲁地名。④孟武伯：即仲孙彘。鲁国大臣。⑤陉（xíng）氏：即有山氏。⑥悼公：前466—前429年在位。

　　悼公之时，三桓胜，鲁如小侯，卑如三桓之家。

　　十三年，三晋灭智伯①，分其地有之。

【注释】

　　①三晋：晋国被赵、魏、韩三家瓜分晋国并各自立国，史称三晋。智伯：晋国执政大臣知瑶。

　　三十七年，悼公卒。子嘉立，是为元公①，元公二十一年卒，子显立，是为穆公②。穆公三十三年卒，子奋立，是为共公③。共公二十二年卒，子屯立，是为康公④。康公九年卒，子匽立，是为景公⑤。景公二十九年卒，子叔立，是为平公⑥，是时六国皆称王⑦。

【注释】

　　①元公：前428—前408年在位。②穆公：据《六国年表》载在位三十一年，前407—前377年。③共公：据《六国年表》载在位二十四年，即前376—前353年。④康公：前352—前344年在位。⑤景公：前343—前315年在位。⑥平公：前314—前296年在位。⑦六国：秦惠王也于公元前324年称王。

　　平公十二年，秦惠王卒①。二十年，平公卒，子贾立，是为文公②。文公元年，楚怀王死于秦③。二十三年，文公卒。子雠立，是为顷公④。

【注释】

　　①秦惠王：嬴驷。前337—前311年在位。②文公：前295—前273年在位。③楚怀王：熊槐。前328—前299年在位。④顷公：前272—前250年在位。

　　顷公二年，秦拔楚之郢①，楚顷王东徙于陈②。十九年，楚伐我，取徐州③。二十四年，楚考烈王伐灭鲁④。顷公亡，迁于下邑⑤，为家人⑥，鲁绝祀。顷公卒于柯⑦。

【注释】

　　①郢：楚都城，故城在今湖北江陵县西北。②楚顷王：即楚顷襄王。陈：地名。③徐州：地名。在今山东滕州市南。④楚考烈王：熊元。前262—前238年在位。⑤下邑：国外的小邑。⑥家人：平民。⑦柯：邑名。

　　鲁起周公至顷公，凡三十四世。

　　太史公曰：余闻孔子称曰"甚矣鲁道之衰也！洙、泗之间断断如也"①。观庆父及叔牙、闵公之际，何其乱也？隐、桓之事；襄仲杀适立庶；三家北面为臣，亲攻昭公，昭公以奔。至其揖让之礼则从矣②，而行事何其戾也③？

【注释】

①洙泗：洙水和泗水的合称。二水流经鲁国都城。訚訚（yín yín）：争辩貌。②揖（yī）让：古代宾主相见的礼节。③戾：暴戾，凶狠。

燕召公世家第四

召公奭与周同姓①，姓姬氏。周武王之灭纣，封召公于北燕②。

【注释】

①召（shào）公：一作邵公。周代燕国的始祖。因采邑在召（故城在今陕西岐山县西南），故称为召公。奭（shì）：召公名。周：周王室。②北燕：国名，通称燕。因当时有南燕，故称北燕。

其在成王时，召公为三公①：自陕以西②，召公主之③；自陕以东，周公主之④。成王既幼，周公摄政⑤，当国践祚⑥，召公疑之，作《君奭》⑦。君奭不说周公⑧。周公乃称"汤时有伊尹，假于皇天⑨；在太戊时，则有若伊陟、臣扈，假于上帝，巫咸治王家⑩；在祖乙时，则有若巫贤⑪；在武丁时，则有若甘般⑫：率维兹有陈⑬，保乂有殷⑭"。于是召公乃说⑮。

【注释】

①三公：周代称太师、太傅、太保为三公。成王时，召公任太保。②陕：地名，故城在今河南陕县。③主：掌管；主持。④周公：姬旦。周武王之弟。⑤摄：代理；兼理。⑥当国：主持国政；掌握国家政权。践祚（zuò）：登帝王位。⑦《君奭》：今存《尚书》中。篇名，相传为周公所作。⑧说（yuè）：通"悦"。喜悦；愉快。⑨称：说。汤：商朝的建立者。⑩太戊：商朝国王，任用贤臣治理国政，使商朝复兴。伊陟（zhì）：伊尹之子，太戊任为相。臣扈（hù）：太戊时贤臣。巫咸：太戊时的大臣。相传为用蓍草占卜的创始者，又是占星家。⑪祖乙：商朝第十四代国王。巫贤：巫咸之子。⑫武丁：商代的第二十三代国王。相传少时生活在民间，即位后重用傅说、甘盘为大臣，力求巩固统治。甘般：武丁时的大臣。⑬率：遵循；顺着。引申为沿袭，依照。维：语助词。兹：此，指这几位贤臣。陈：陈列；布陈。⑭保乂（yì）：安定，治理。殷：商朝的别称。也称商殷或殷商。⑮说：通"悦"。

召公之治西方①，甚得兆民和②。召公巡行乡邑③，有棠树④，决狱政事其下⑤，自侯伯至庶人各得其所⑥，无失职者⑦。召公卒，而民人思召公之政，怀棠树不敢伐⑧，哥咏之⑨，作《甘棠》之诗⑩。

【注释】

①西方：指陕以西之地。②兆民：百姓。和：欢心。③乡邑：乡村和城市。④棠树：即棠梨树。⑤决狱政事：判官司，理政事。⑥侯、伯：古爵位名。为五等爵的第二、三等。此处泛指贵族。庶人：西周以后对农业生产者的称呼。⑦失职：失去职务和职业。⑧伐：砍伐。⑨哥：通"歌"。歌咏，歌唱。⑩《甘棠》：篇名，见《诗·召南》。

自召公已下九世至惠侯①。燕惠侯当周厉王奔彘②，共和之时。

【注释】

①已：通"以"。世：父子相继为一世。②当：值；在。周厉王：姬胡。

惠侯卒，子禧侯立①。是岁，周宣王初即位②。禧侯二十一年，郑桓公初封于郑③。三十六年，禧侯卒，子顷侯立。

【注释】

①禧（xī）：通"僖"。谥号用字。②周宣王：姬静，厉王子。③郑桓公：姬友。

顷侯二十年，周幽王淫乱，为犬戎所弑①。秦始列为诸侯②。

【注释】

①周幽王为犬戎所弑：见《齐太公世家》齐庄公二十四年注。②秦：嬴姓。非子始封于秦（今甘肃张家川东），作为周朝的附庸。传至秦襄公，因护送周平王东迁有功，始被封为诸侯。

二十四年，顷侯卒，子哀侯立。哀侯二年卒，子郑侯立。郑侯三十六年卒，子缪侯立①。

【注释】

①缪（mù）：通"穆"。谥号用字。

缪侯七年，而鲁隐公元年也。十八年卒，子宣侯立。宣侯十三年卒，子桓侯立。桓侯七年卒，子庄公立①。

【注释】

①庄公：燕君自此始称为公。

庄公十二年，齐桓公始霸。十六年，与宋、卫共伐周惠王①。惠王出奔温②，立惠王弟颓为周王。十七年，郑执燕仲父而内惠王于周③。二十七年，山戎来侵我④，齐桓公救燕，遂北伐山戎而还。燕君送齐桓公出境，桓公因割燕所至地予燕，使燕共贡天子，如成周时职⑤；使燕复修召公之法⑥。三十三年卒，子襄公立。

【注释】

①燕、宋、卫共伐周惠王：事详《周本纪》。②温：邑名。故城在今河南温县境。③执：捉拿；拘捕。燕仲父：人名。内（nà）：通"纳"。④山戎：部族名。又称北戎。我：指燕国。下同。⑤成周时：指西周初期。成王时，周公营建洛邑作东都，称为成周。职：赋税；贡品。⑥修：整治；修明。法：法令；制度。

襄公二十六年，晋文公为践土之会①，称伯②。三十一年，秦师败于殽。三十七年，秦穆公卒③。四十年，襄公卒，桓公立。

【注释】

①晋文公：重耳。在位期间（前636—前628年），他加强军队，使国力强盛。又平定了周王室的内乱，迎接周襄王复位，以"尊王"相号召。城濮之战大胜楚军，并在践土大会诸侯，成为霸主。践土：郑邑名，故城在今河南原阳县西南。②伯（bà）：通"霸"。③秦穆公：秦国君。嬴姓，名任好。

桓公十六年卒，宣公立。宣公十五年卒，昭公立。昭公十三年卒，武公立。是岁晋灭三郤大夫①。

【注释】

①三郤（xì）：指郤锜（qí）、郤犨（chōu）、郤至。

武公十九年卒，文公立。文公六年卒，懿公立。懿公元年，齐崔杼弑其君庄公①。四年卒，子惠公立。

【注释】

①崔杼（zhù）：齐国大夫。

惠公元年，齐高止来奔。六年，惠公多宠姬①，公欲去诸大夫而立宠姬宋②，大夫共诛姬宋，惠公惧，奔齐。四年③，齐高偃如晋④，请共伐燕，入其君⑤。晋平公许，与齐伐燕，入惠公。惠公至燕而死。燕立悼公。

【注释】

①宠姬：宠臣。②去：罢免；废黜。宋：人名。③四年：指燕惠公奔齐的第四年。④高偃：人名。⑤入：使动用法。其：代词。指代燕国。

悼公七年卒，共公立①。共公五年卒，平公立。晋公室卑②，六卿始强大③。平公十八年，吴王阖闾破楚入郢④。十九年卒，简公立。简公十二年卒，献公立。晋赵鞅围范、中行于朝歌⑤。献公十二年，齐田常弑其君简公⑥。十四年，孔子卒。二十八年，献公卒，孝公立。

【注释】

①共（gōng）：通"恭"。②公室：诸侯的家族，也指诸侯国的政权。③六卿：指晋国的韩、赵、魏、智、范、中行六家大臣。④吴王阖（hé）闾：姬光，是春秋末年的霸主。破：攻下。郢（yǐng）：楚国都城，地在现在的湖北江陵县西北纪南城。⑤赵鞅（yāng）：晋国大臣。范：指范吉射（yì）。晋国大臣。中行（háng）：指中行寅。晋国大臣。朝（zhāo）歌：晋邑名。故城在今河南淇县。⑥田常：齐国大臣。杀死简公后，拥立齐平公，任相国，尽杀公族中的强者，扩大封邑，从此齐国由田氏专政。

孝公十二年，韩、魏、赵灭知伯①，分其地，三晋强②。

【注释】

①韩：韩康子。魏：魏桓子。赵：赵襄子。知伯：即智瑶。皆晋国大臣。②三晋：韩、魏、赵三家瓜分晋国后，史称"三晋"。

十五年，孝公卒，成公立。成公十六年卒，湣公立①。湣公三十一年卒，釐公立②。是岁，三晋列为诸侯③。

【注释】

①湣（mín）：通"闵"。谥号用字。②釐（xī）：通"僖"。③列为诸侯：指正式被周威烈王承认为诸侯。

釐公三十年，伐败齐于林营①。釐公卒，桓公立。桓公十一年卒，文公立。是岁，秦献公卒。秦益强。

【注释】

①林营：地名。今地不详。

文公十九年，齐威王卒①。二十八年，苏秦始来见②，说文公③。文公予车马金帛以至赵，赵肃侯用之。因约六国④，为从长⑤。秦惠王以其女为燕太子妇。

【注释】

①齐威王：田姓，名因齐，齐国国君。②苏秦：战国时著名的纵横家。③说（shuì）：说服对方使他按自己的意思行事。④六国：指当时七雄中除秦以外的齐、燕、楚、韩、赵、魏六国。⑤从（zōng）：通"纵"。合纵。指东方六国的联盟。长（zhǎng）：首领。

二十九年，文公卒，太子立，是为易王。

易王初立，齐宣王因燕丧伐我①，取十城；苏秦说齐，使复归燕十城。十年，燕君为王②。苏秦与燕文公夫人私通，惧诛，乃说王使齐为反间③，欲以乱齐。易王立十二年卒，子燕哙立④。

【注释】

①因：趁。丧（sāng）：丧事。②燕君：即易王。为王：称王。③使：出使。反间（jiàn）：指用计谋离间敌方，使发生内乱。④燕哙（kuài）：燕王姬哙。

燕哙既立，齐人杀苏秦。苏秦之在燕，与其相子之为婚①，而苏代与子之交②。及苏秦死，而齐宣王复用苏代。燕哙三年，与楚、三晋攻秦，不胜而还。子之相燕③，贵重④，主断⑤。苏代为齐使于燕，燕王问曰："齐王奚如？"对曰："必不霸。"燕王曰："何也？"对曰："不信其臣。"苏代欲以激燕王以尊子之也⑥。于是燕王大信子之。子之因遗苏代百金⑦，而听其所使。

【注释】

①为婚：结婚。②苏代：苏秦之弟，战国时著名的纵横家。交：交往。③相：为相。动词。④贵重：位尊权重。⑤主断：主决国事。⑥激：鼓动，激发。⑦遗（wèi）：赠送；给予。金：黄金单位的名称。古时以一镒（yì）（二十两或二十四两）为一金。

鹿毛寿谓燕王①："不如以国让相子之。人之谓尧贤者②，以其让天下于许由③，许由不受，有让天下之名而实不失天下。今王以国让于子之，子之必不敢受，是王与尧同行也④。"燕王因属国于子之⑤，子之大重⑥。或曰⑦："禹荐益⑧，已而以启人为吏⑨。及老，而以启人为不足任乎天下⑩，传之于益⑪。已而启与交党攻益⑫，夺之。天下谓禹名传天下于益，已而实令启自取之。今王言属国于子之，而吏无非太子人者，是名属子之而实太子用事也⑬。"王因收印自三百石吏已上而效之子之⑭。子之南面行王事⑮，而哙老不听政⑯，顾为臣⑰，国事皆决于子之。

411

【注释】

①鹿毛寿：人名。姓鹿毛，名寿。《韩非子》作"潘寿"。②尧：唐尧，古史中"五帝"之一，相传他晚年将帝位让给虞舜。③许由：人名。④同行（xíng）：相同的德行。⑤属（zhǔ）：托付。⑥大重：极为尊贵。⑦或：有的人，虚指代词。⑧禹：即夏禹。相传原为虞舜的大臣，因治水有功，被虞舜选为继任人，舜死后即位，国号夏。益：一作伯益。相传善于畜牧和狩猎，被舜任为虞。他为禹所重用，助禹治水有功，被推举为帝位继任人。禹死后，禹子启继位，他与启发生争夺，被杀。⑨已而：不久，旋即。人：臣下，亲信者。⑩以：认为。人：《史记会注考证》认为是衍文。任：胜任。乎：通"于"。介词。⑪之：指君位。⑫交党：党羽。⑬用事：当权。⑭三百石：俸禄为三百石。效：呈献；致送；授予。⑮南面：古代帝王面南而坐。⑯听政：处理政事。⑰顾：反而。

三年①，国大乱，百姓恫恐②。将军市被与太子平谋③，将攻子之。诸将谓齐湣王曰："因而赴之④，破燕必矣。"齐王因令人谓燕太子平曰："寡人闻太子之义⑤，将废私而立公，饬君臣之义⑥，明父子之位。寡人之国小，不足以为先后⑦。虽然⑧，则唯太子所以令之。"太子因要党聚众⑨，将军市被围公宫⑩，攻子之，不克⑪。将军市被及百姓反攻太子平，将军市被死，以徇⑫。因构难数月⑬，死者数万，众人恫恐，百姓离志⑭。孟轲谓齐王曰⑮："今伐燕，此文、武之时⑯，不可失也。"王因令章子将五都之兵⑰，以因北地之众以伐燕⑱。士卒不战，城门不闭，燕君哙死，齐大胜。燕子之亡二年⑲，而燕人共立太子平，是为燕昭王⑳。

【注释】

①三年：指子之当权的第三年。②百姓：古时对贵族的总称。③市被：人名。④赴：奔赴。意即迅速进攻。⑤寡人：古时君主自谦之称。意为寡德之人。⑥饬（chì）：整顿。⑦先后：前锋和后卫。⑧虽然：即使这样。⑨要（yāo）：约集。⑩公宫：诸侯的宫室。⑪克：攻下。⑫徇（xùn）：示众。⑬构难：造成祸乱。⑭离志：人心各异。⑮孟轲（约前372—前289年）：即孟子。⑯文、武之时：指周文王、武王灭商兴周之时。⑰章子：章匡。齐国大将。将（jiàng）：率领。动词。五都：战国时齐国设置的一级政区，可能是临淄、平陆、高唐、即墨和莒，性质略同于当时其他国家设置的郡。⑱北地：指齐国的北方边境。⑲亡：死亡。二年：指燕君哙和子之死后的二年。⑳燕昭王：燕王哙之子，公元前311—前279年在位。

燕昭王于破燕之后即位，卑身厚币以招贤者①。谓郭隗曰："齐因孤之国乱而袭破燕③，孤极知燕小力少，不足以报。然诚得贤士以共国④，以雪先王之耻⑤，孤之愿也。先生视可者⑥，得身事之⑦。"郭隗曰："王必欲致士⑧，先从隗始。况贤于隗者，岂远千里哉⑨！"于是昭王为隗改筑宫而师事之。乐毅自魏往⑩，邹衍自齐往⑪，剧辛自赵往⑫，士争趋燕。燕王吊死问孤，与百姓同甘苦。

【注释】

①卑身：这里是态度谦和之意。②郭隗（wěi）：燕大臣。③因：趁。孤：王侯的自称。④诚：果真，如果。共国：一道治理国家。⑤先王：已经死去的国王。⑥可者：指可以共国的人。⑦身事之：亲自事奉他。⑧致士：招引贤士。⑨岂：难道。反诘副词。远：以动用法。以……为远。⑩乐（yuè）毅：中山国灵寿（故

城在今河北平山县东北）人，战国时代著名的军事家。⑪邹衍：齐国稷下（在今山东淄博市境）人。⑫剧辛：赵国人，后为燕国大将。

二十八年，燕国殷富①，士卒乐轶轻战②，于是遂以乐毅为上将军③，与秦、楚、三晋合谋以伐齐。齐兵败，湣王出亡于外。燕兵独追北④，入至临淄⑤，尽取齐宝，烧其宫室宗庙。齐城之不下者，独唯聊、莒、即墨⑥，其余皆属燕，六岁。

【注释】

①殷富：殷实富裕。②轶（yì）：通"逸"。安逸。轻战：轻视打仗。③上将军：武官名。④追北：追赶败逃的敌人。⑤临淄：齐国都，故城在今山东省淄博市东北。⑥独唯：唯独；只有。聊：齐邑名。故城在今山东聊城市西北。莒（jǔ）：齐邑名。故城在今山东省莒县。即墨：齐邑名。故城在今山东平度市东南。

昭王三十三年卒，子惠王立。

惠王为太子时，与乐毅有隙①；及即位，疑毅，使骑劫代将②。乐毅亡走赵。齐田单以即墨击败燕军③，骑劫死，燕兵引归④，齐悉复得其故城⑤。湣王死于莒，乃立其子为襄王。

【注释】

①隙（xì）：裂痕，引申为嫌怨。②骑劫：人名。③田单：齐国临淄人。燕军破齐时，他坚守即墨。以：凭借。④引：退却。⑤悉：全部。

惠王七年卒。韩、魏、楚共伐燕。燕武成王立。

武成王七年，齐田单伐我，拔中阳①。十三年，秦败赵于长平四十余万②。十四年，武成王卒，子孝王立。

【注释】

①拔：拔取；攻下。中阳：即"中人亭"。②长平：赵邑名。故城在今山西高平市西北。

孝王元年，秦围邯郸者解去①。三年卒，子今王喜立②。

【注释】

①邯郸（hán dān）：赵国都，故城在现在的河北邯郸县西南。解去：解除包围而离去。②今王：当今的国王。喜：燕王之名。

今王喜四年，秦昭王卒。燕王命相栗腹约欢赵①，以五百金为赵王酒②。还报燕王曰："赵王壮者皆死长平，其孤未壮，可伐也。"王召昌国君乐间问之③。对曰："赵四战之国④，其民习兵⑤，不可伐。"王曰："吾以五而伐一。"对曰："不可。"燕王怒，群臣皆以为可。卒起二军，车二千乘⑥，栗腹将而攻鄗⑦，卿秦攻代⑧。唯独大夫将渠谓燕王曰⑨："与人通关约交⑩，以五百金饮人之王⑪，使者报而反攻之，不祥，兵无成功⑫。"燕王不听，自将偏军随之⑬。将渠引燕王绶止之曰⑭："王必无自往⑮，往无成功。"王蹴之以足⑯。将渠泣曰："臣非以自为，为王也！"燕军至宋子⑰，赵使廉颇将⑱，击破栗腹于鄗。乐乘破卿秦于代⑲。乐间奔赵。廉颇逐之五百余里，围其国⑳。燕人请和，赵人不许，必令将渠处和㉑。燕相将渠以处和㉒。赵听将渠，解燕围。

【注释】

①栗腹：人名。约欢赵：和赵国结为同盟。约，以语言或文字互订共守

的条件。②为赵王酒：给赵王祝酒（祝福）。③昌国君乐间（jiān）：乐毅之子。④四战之国：意为四面受敌、四面拒战的国家。⑤习兵：熟悉军事。⑥乘（shèng）：量词。古时一车四马叫乘。⑦鄗（hào）：赵邑名。故城在今河北柏乡县北。⑧卿秦：人名。代：赵邑名。故城在今河北蔚县东北。⑨大夫：官名。将渠：人名。⑩通关：开通要道。约交：互订盟约。⑪饮（yìn）：使喝酒。⑫兵：军事；战争。⑬偏军：配合主力作战的军队。⑭引：牵挽。绶（shòu）：古代系印纽的丝带。⑮无：通"毋"。不要。⑯蹴（cù）：踢。⑰宋子：赵地名。在今河北赵县东北。⑱廉颇：赵国名将。⑲乐乘：乐毅的族人。初为燕将，后为赵将，封武襄君。⑳国：指国都。㉑处：处置；处理。㉒相：任命为相。使动用法。

六年，秦灭东周①，置三川郡②。七年，秦拔赵榆次三十七城③，秦置大原郡。九年，秦王政初即位④。十年，赵使廉颇将攻繁阳⑤，拔之。赵孝成王卒，悼襄王立。使乐乘代廉颇，廉颇不听，攻乐乘，乐乘走，廉颇奔大梁⑥。十二年，赵使李牧攻燕⑦，拔武遂、方城⑧。剧辛故居赵⑨，与庞煖善⑩，已而亡走燕。燕见赵数困于秦⑪，而廉颇去，令庞煖将也，欲因赵弊攻之⑫。问剧辛，辛曰："庞煖易与耳⑬。"燕使剧辛将击赵，赵使庞煖击之，取燕军二万，杀剧辛。秦拔魏二十城，置东郡。十九年，秦拔赵之邺九城⑭。赵悼襄王卒。二十三年，太子丹质于秦，亡归燕。二十五年，秦虏灭韩王安，置颍川郡。二十七年，秦虏赵王迁，灭赵。赵公子嘉自立为代王⑮。

【注释】

①东周：东周王朝末年在京城洛邑附近分立的一个小国，建都巩（今河南巩义市西南）。②三川郡：秦郡名。地在现在的河南省黄河以南伊洛二水流域，故城在今河南洛阳市东北。③榆次：赵邑名。故城在今山西榆次县。④秦王政：即秦始皇。⑤繁阳：魏邑名。故城在今河南内黄县西北。⑥大梁：魏国都。故城在今河南开封市。⑦李牧：赵国名将。⑧武遂：燕地名。在现在的河北徐水县西北。一说在河北武强县东北。方城：燕地名。在今河北省固安县南。⑨故：以前；当初。⑩庞煖（xuàn）：赵将。善：友善；相好。⑪数（shuò）：屡次；多次。⑫弊：通"弊"。疲困；破败。⑬与：对付。耳：语气助词。⑭邺（yè）：邑名。⑮代王：秦将王翦占据邯郸后，赵公子嘉带领宗族数百人北逃至代郡（赵地，治所在今河北蔚县东北），自称代王。

燕见秦且灭六国①，秦兵临易水②，祸且至燕。太子丹阴养壮士二十人③，使荆轲献督亢地图于秦④，因袭刺秦王⑤。秦王觉，杀轲，使将军王翦击燕⑥。二十九年，秦攻拔我蓟，燕王亡，徙居辽东，斩丹以献秦。三十年，秦灭魏。

【注释】

①且：将要；快要。②临：到。易水：水名，在现在的河北省易县南，流入定兴县。③阴：暗中；暗地里。④荆轲：卫国人。秦灭卫后逃亡到燕，燕太子用重金收买他，尊为上卿，与他共谋暗杀秦始皇。督亢：燕国南部的肥沃之地，在今河北涿州市东至固安一带地区。⑤袭：乘人不备而攻击。⑥王翦：秦将。先后统兵攻破赵国、燕国和击败楚国，封武成侯。

三十三年，秦拔辽东，虏燕王喜，卒灭燕。是岁，秦将王贲亦虏代王嘉①。

【注释】

①王贲（bēn）：王翦之子。先后领兵攻灭魏国，攻取燕国的辽东和击败齐国。

太史公曰：召公奭可谓仁矣！甘棠且思之①，况其人乎？燕外迫蛮貉②，内措齐、晋③，崎岖强国之间④，最为弱小，几灭者数矣⑤。然社稷血食者八九百岁⑥，于姬姓独后亡⑦，岂非召公之烈邪⑧！

【注释】

①且：尚且。思：怀念；想念。②迫：逼近。③措：通"错"。交杂；夹杂。上句的"外"和这句的"内"是就华夏族说的。蛮貉非华夏族故称"外"，齐、晋同属华夏族，故称"内"。④崎岖：山路高低不平。比喻处境困难。⑤几（jī）：几乎；差一点儿。⑥社稷：古代帝王、诸侯所祭的土神和谷神，代指国家。⑦姬姓：指与周王同姓的诸侯国。⑧烈：功业；余业。邪：同"耶"。表疑问的语气助词。

管蔡世家第五

管叔鲜、蔡叔度者①，周文王子而武王弟也。武王同母兄弟十人。母曰太姒②，文王正妃也。其长子曰伯邑考，次曰武王发，次曰管叔鲜，次曰周公旦，次曰蔡叔度，次曰曹叔振铎③，次曰成叔武④，次曰霍叔处⑤，次曰康叔封⑥，次曰冉季载⑦。冉季载最少。同母昆弟十人⑧，唯发、旦贤，左右辅文王⑨，故文王舍伯邑考而以发为太子。及文王崩而发立⑩，是为武王。伯邑考既已前卒矣⑪。

【注释】

①管、蔡：叔鲜、叔度受封国名。管，都城，在今河南郑州市。蔡，都城，在今河南上蔡县西南。鲜（xiān）、度：管叔、蔡叔的名，姓姬。②太姒：姓姒。相传太姒治内，旦夕勤奋，教子有方，是古代贤王后的典范。③曹：叔振铎受封国名，都曹（在今山东定陶县北）。④成：一作"郕（chéng）"，叔武受封国名。都城在今山东宁阳县东北。⑤霍：叔处受封国名。都城在今山西霍县西南。⑥康：叔封初封国名。都城在现在的河南禹县西北。⑦冉：或作"郉（rǎn）"，季载受封国名。都城在今河南平舆县北，说在今山东曹县东北。⑧昆弟：兄弟。昆，兄。⑨左右：同"佐佑"。辅佐；帮助。⑩崩：古代讳称皇帝死为"崩"，如山陵崩。⑪卒：古指卿大夫死，后为死的通称。

武王已克殷纣，平天下，封功臣昆弟。于是封叔鲜于管，封叔度于蔡：二人相纣子武庚禄父①，治殷遗民。封叔旦于鲁而相周，为周公。封叔振铎于曹，封叔武于成，封叔处于霍。康叔封、冉季载皆少，未得封。

【注释】

①武庚禄父：商纣王的长子，名武庚，字禄父。相（xiàng）：辅佐。管、

蔡名为相武庚，实是监视武庚。

武王既崩，成王少，周公旦专王室①。管叔、蔡叔疑周公之为不利于成王，乃挟武庚以作乱②。周公旦承成王命伐诛武庚，杀管叔，而放蔡叔③，迁之，与车十乘，徒七十人从。而分殷余民为二：其一封微子启于宋④，以续殷祀；其一封康叔为卫君，是为卫康叔。封季载于冉。冉季、康叔皆有驯行⑤，于是周公举康叔为周司寇⑥，冉季为周司空⑦，以佐成王治，皆有令名于天下⑧。

【注释】

①专王室：即摄政，代行周王职权。②挟：挟制；要挟。③放：放逐；流放。④微子启：宋国的始祖。⑤驯：驯服；善良。⑥司寇：官名。掌管刑律、纠察等事。⑦司空：官名。主掌工程。⑧令名：美名。

蔡叔度既迁而死。其子曰胡，胡乃改行，率德驯善①。周公闻之，而举胡以为鲁卿士②，鲁国治。于是周公言于成王，复封胡于蔡③，以奉蔡叔之祀，是为蔡仲。余五叔皆就国④，无为天子吏者。

【注释】

①率：遵循；依照。②卿士：官名。③蔡：此指新蔡，即今河南新蔡县。④五叔：实为四叔，即蔡叔、曹叔、成叔、霍叔。

蔡仲卒，子蔡伯荒立①。蔡伯荒卒，子宫侯立。宫侯卒，子厉侯立。厉侯卒，子武侯立。武侯之时，周厉王失国，奔彘②，共和行政③，诸侯多叛周。

【注释】

①蔡伯荒：蔡君，原为侯爵，荒独称伯。②彘（zhì）：地名，在今山西霍县。③共和行政：周厉王奔彘后，由召公、周公共同理政，号共和行政；周厉王死，就归政给周宣王。

武侯卒，子夷侯立。夷侯十一年，周宣王即位。二十八年，夷侯卒，子禧侯所事立①。

【注释】

①所事：禧（xī）侯名。

禧侯三十九年，周幽王为犬戎所杀，周室卑而东徙①。秦始得列为诸侯。

【注释】

①周卑东徙：周幽王被杀后，太子宜臼被申、鲁、许等国拥立于申，就是周平王。平王时，周室衰微，故都残破，就东迁至洛邑（故城在今洛阳市西），依靠晋、郑等诸侯国辅佐。

四十八年，禧侯卒，子共侯兴立①。共侯二年卒，子戴侯立。戴侯十年卒，子宣侯措父立。

【注释】

①共：通"恭"。

宣侯二十八年，鲁隐公初立。三十五年，宣侯卒，子桓侯封人立。桓侯三年，鲁弑其君隐公①。二十年，桓侯卒，弟哀侯献舞立。

【注释】

①弑：封建时代称臣杀君、子杀父母为弑。

哀侯十一年，初，哀侯娶陈①，息侯亦娶陈②。息夫人将归，过蔡，蔡侯不敬③。息侯怒，请楚文王："来伐我，我求救于蔡，蔡必来，楚因击之，可以有功。"楚文王从之，虏蔡哀侯以归。哀侯留九岁，死于楚。凡立二十年卒。蔡人立其子肸④，是为缪侯⑤。

【注释】

①陈：国名。妫姓。建都宛丘（故城在今河南淮阳县）。②息：国名。一作"郳"。姬姓。其地在现在的河南息县西南。③不敬：指轻佻的行为。④肸（xī）。⑤缪：通"穆"。

缪侯以其女弟为齐桓公夫人①。十八年，齐桓公与蔡女戏船中，夫人荡舟，桓公止之，不止，公怒，归蔡女而不绝也②。蔡侯怒，嫁其弟③。齐桓公怒，伐蔡；蔡溃④，遂虏缪侯，南至楚邵陵⑤。已而诸侯为蔡谢齐，齐侯归蔡侯⑥。二十九年，缪侯卒，子庄侯甲午立。

【注释】

①女弟：妹妹。②不绝：没有断绝关系，指没有正式离婚。③弟：指女弟。④溃：溃败。⑤邵陵：楚地名。在现在的河南郾城县东。《齐太公世家》作"召陵"。⑥归：使动用法。

庄侯三年，齐桓公卒。十四年，晋文公败楚于城濮①。二十年，楚太子商臣弑其父成王代立。二十五年，秦穆公卒。三十三年，楚庄王即位。三十四年，庄侯卒，子文侯申立。

【注释】

①城濮：在今山东省鄄城县西南临濮集。

文侯十四年，楚庄王伐陈，杀夏徵舒①。十五年，楚围郑，郑降楚，楚夏醳之②。二十年，文侯卒，子景侯固立。

【注释】

①夏徵舒：陈国大夫，其母夏姬与陈灵公等通奸，陈灵公侮辱他，他杀死陈灵公，自立为君。②醳（shì）通"释"。释放。

景侯元年，楚庄王卒。四十九年，景侯为太子般娶妇于楚，而景侯通焉①太子弑景侯而自立，是为灵侯。

灵侯二年，楚公子围弑其王郏敖而自立②，为灵王。九年，陈司徒招弑其君哀公③。楚使公子弃疾灭陈而有之。十二年，楚灵王以灵侯弑其父，诱蔡灵侯于申④，伏甲饮之⑤，醉而杀之，刑其士卒七十人⑥。令公子弃疾围蔡。十一月，灭蔡，使弃疾为蔡公⑦。

【注释】

①"通"，通奸。②楚王郏敖：熊员。③司徒：官名，西周置，掌管国家的土地和人民。招：妫招，陈哀公之弟。④申：楚邑名。故城在今河南南阳市东北。⑤饮（yìn）：给他酒喝。⑥刑：割；杀。动词。⑦蔡公：废蔡为县，楚国称县令为公。

楚灭蔡三岁，楚公子弃疾弑其君灵王代立，为平王。平王乃求蔡景侯少子庐，立之，是为平侯。是年，楚亦复立陈。楚平王初立，欲亲诸侯，故复立陈、蔡后。

平侯九年卒，灵侯般之孙东国攻平侯子而自立，是为悼侯。悼侯父曰隐太子友。隐太子友者，灵王之太子，平侯立而杀隐太子，故平侯卒而隐太子之子东国攻平侯子而代立，是为悼侯。悼侯三年卒，弟昭侯申立。

昭侯十年，朝楚昭王，持美裘二，献其一于昭王而自衣其一①。楚相子常欲之②，不与。子常谗蔡侯，留之楚三年。蔡侯知之，乃献其裘于子常；子常受之，乃言归蔡侯。蔡侯归而之晋，请与晋伐楚③。

【注释】

①衣（yì）：穿。动词。②子常：即楚令尹囊瓦的别号。③伐：讨伐；攻打。

十三年春，与卫灵公会邵陵。蔡侯私于周苌弘以求长于卫①；卫使史䲡言康叔之功德②，乃长卫。夏，为晋灭沈③，楚怒，攻蔡。蔡昭侯使其子为质于吴，以共伐楚。冬，与吴王阖闾遂破楚入郢。蔡怨子常，子常恐，奔郑④。十四年，吴去而楚昭王复国⑤。十六年，楚令尹为其民泣以谋蔡⑥，蔡昭侯惧。二十六年，孔子如蔡⑦。楚昭王伐蔡，蔡恐，告急于吴。吴为蔡远⑧，约迁以自近，易以相救；昭侯私许，不与大夫计。吴人来救蔡，因迁蔡于州来⑨。二十八年，昭侯将朝于吴，大夫恐其复迁，乃令贼利杀昭侯⑩；已而诛贼利以解过⑪，而立昭侯子朔，是为成侯。

【注释】

①私：隐秘；暗中活动。动词。苌（cháng）弘：人名。求长于卫：蔡国始祖蔡叔度为卫国始祖康叔封之兄，故要求列首位。长，盟会时列首位。②史䲡（qiū）言康叔功德：史䲡，卫国史官，名䲡。③沈：西周分封的诸侯国，姬姓。地在今河南平舆县北，楚属国。④子常奔郑：子常率军队抵御吴、蔡兵，大败。⑤楚昭王复国：吴入郢后，楚昭王逃避随国。申包胥到秦国求援，秦出兵救楚，大败吴师，昭王复归郢。⑥楚令尹为其民泣以谋蔡：楚令尹子西，因为楚国被吴国打败，死伤人众多而流泪；吴入郢，由蔡所启导，蔡国小近楚，所以图谋伐蔡。⑦如：前往。动词。⑧吴为蔡远：这蔡是指蔡国都邑新蔡。⑨州来：又各下蔡。⑩贼利：贼徒利。利，人名。⑪解过：推脱过错。

成侯四年，宋灭曹。十年，齐田常弑其君简公①。十三年，楚灭陈。十九年，成侯卒，子声侯产立。声侯十五年卒，子元侯立。元侯六年卒，子侯齐立。

【注释】

①田常：齐国大臣。

侯齐四年，楚惠王灭蔡，蔡侯齐亡，蔡遂绝祀①。后陈灭三十三年。

【注释】

①绝祀：古代以祭祀为国家大事，立国必建宗庙，断绝宗庙祭祀，即亡国的表现。

伯邑考，其后不知所封。武王发，其后为周，有本纪言①。管叔鲜作乱诛死，无后。周公旦，其后为鲁，有世家言②。蔡叔度，其后为蔡，有世家言③。曹叔振铎，其后为曹，有世家言④。成叔武，其后世无所见⑤。霍叔处，其后晋献公时灭霍⑥。

康叔封，其后为卫，有世家言⑦。冉季载，其后世无所见。

【注释】

①本纪：指《周本纪》。②世家：指《鲁周公世家》。③世家：指本篇上文。④世家：指本篇下文。⑤见（xiàn）：通"现"。表现；显扬。⑥灭霍：公元前61年，晋灭霍。⑦世家：指《卫康叔世家》。

太史公曰：管蔡作乱，无足载者。然周武王崩，成王少，天下既疑，赖同母之弟成叔、冉季之属十人为辅拂①，是以诸侯卒宗周②，故附之世家言。

【注释】

①属：等辈。辅拂（bì）：辅佐。拂，通"弼"。②卒：终于；毕竟。宗：尊崇。

曹叔振铎者，周武王弟也。武王已克殷纣，封叔振铎于曹。

叔振铎卒，子太伯脾立。太伯卒，子仲君平立。仲君平卒，子宫伯侯立。宫伯侯卒，子孝伯云立。孝伯云卒，子夷伯喜立。

夷伯二十三年，周厉王奔于彘。

三十年卒，弟幽伯强立。幽伯九年，弟苏杀幽伯代立，是为戴伯。戴伯元年，周宣王已立三岁。三十年，戴伯卒，子惠伯兕①立。

惠伯二十五年，周幽王为犬戎所杀，因东徙，益卑，诸侯叛之。秦始列为诸侯。

【注释】

①兕（sì）：雌的犀牛。此为惠伯名。

三十六年，惠伯卒，子石甫立，其弟武杀之代立，是为缪公。缪公三年卒，子桓公终生立。

桓公三十五年，鲁隐公立。四十五年，鲁弑其君隐公。四十六年，宋华父督弑其君殇公，及孔父。五十五年，桓公卒，子庄公夕姑立。

庄公二十三年，齐桓公始霸。

三十一年，庄公卒，子禧公夷立。禧公九年卒，子昭公班立。昭公六年，齐桓公败蔡，遂至楚召陵。九年，昭公卒，子共公襄立。

共公十六年，初，晋公子重耳亡过曹①，曹君无礼，欲观其骈胁②。禧负羁谏③，不听，私善于重耳④。二十一年，晋文公重耳伐曹，虏共公以归，令军毋入禧负羁之宗族间⑤。或说晋文公曰："昔齐桓公会诸侯，复异姓；今君囚曹君，灭同姓，何以令于诸侯⑥？"晋乃复归共公。

【注释】

①重耳：即晋文公，因受其父献公迫害，曾出奔各国十九年。②骈（pián）胁：肋骨连成一片。③禧负羁：一作僖负羁，曹国大夫。禧，通"僖"。④善：表示好感。⑤毋：莫；不要。间：里巷大门。⑥何以：以何，凭什么。

二十五年，晋文公卒。三十五年，共公卒，子文公寿立。文公二十三年卒，子宣公强立。宣公十七年卒，弟成公负刍立。

成公三年，晋厉公伐曹，虏成公以归，已复释之①。五年，晋栾书、中行偃使程滑弑其君厉公②。二十三年，成公卒，子武公胜立。武公二十六年，楚公子弃疾弑其君灵王代立。二十七年，武公卒，子平公须立。平公四年卒，子悼公午立。是岁，宋、卫、陈、郑皆火③。

【注释】

①已：随即；不久。②栾书、中行（háng）偃：晋国世袭的上卿。③火：发生火灾。

悼公八年，宋景公立。九年，悼公朝于宋，宋囚之；曹立其弟野，是为声公。悼公死于宋，归葬。

声公五年，平公弟通弑声公代立，是为隐公。隐公四年，声公弟露弑隐公代立，是为靖公。靖公四年卒，子伯阳立。

伯阳三年，国人有梦众君子立于社宫①，谋欲亡曹；曹叔振铎止之，请待公孙强，许之。且，求之曹，无此人。梦者戒其子曰："我亡，尔闻公孙强为政②，必去曹③，无离曹祸④。"及伯阳即位，好田弋之事⑤。六年，曹野人公孙强亦好田弋，获白雁而献之，且言田弋之说，因访政事⑥。伯阳大说之⑦，有宠，使为司城以听政⑧。梦者之子乃亡去。

【注释】

①君子：有位者；贵族。②为政：施政；行政；掌握政权。③去：离开。④无：通"毋"。莫；不要。商：通"雁（lí）"。遭受。⑤田弋（yì）：打猎。弋，以带绳的箭射鸟。⑥访：咨询；商量。⑦说：通"悦"。⑧司城：官名，即司空。宋国因避宋武公之名，故改司空为司城。

公孙强言霸说于曹伯①。十四年，曹伯从之，乃背晋干宋②。宋景公伐之，晋人不救。十五年，宋灭曹，执曹伯阳及公孙强以归而杀之。曹遂绝其祀。

【注释】

①霸说：称霸的理论。②干：犯；冒犯。

太史公曰：余寻曹共公之不用僖负羁①，乃乘轩者三百人，知唯德之不建②。及振铎之梦，岂不欲引曹之祀者哉③？如公孙强不修厥政④，叔铎之祀忽诸⑤。

【注释】

①寻：探求；寻根究底。②唯：以；因为。③引：拉长；延长。④厥：其；他的。政：指霸政。⑤忽诸：突然绝灭。诸，"之乎"的合音词。

陈杞世家第六

陈胡公满者①，虞帝舜之后也②。昔舜为庶人时③，尧妻之二女④，居于妫汭⑤，其后因为氏姓⑥，姓妫氏⑦。舜已崩，传禹天下，而舜子商均为封国⑧。夏后之时⑨，或失或续⑩。至于周武王克殷纣，乃复求舜后，得妫满，封之于陈⑪，以奉帝舜祀⑫，是为胡公。

【注释】

①陈：始建国于公元前 11 世纪。建都宛丘（故城在今河南省淮阳县），有现在河南省东部和安徽省一部分。前 479 年为楚所灭。胡公满：胡公，谥号；满，名。②舜：古史中"五帝"之一。③庶人：平民。④尧：古史中"五帝"之一。陶唐氏，名放勋，史称唐尧。妻（qì）：以女嫁人。⑤妫汭（guī ruì）：妫水弯曲的地方，在今山西省永济市南。⑥氏姓：氏与姓的合称。三代以前，男子称氏，女子称姓。⑦姓妫氏：帝舜姚姓，他的后代有姓妫的。⑧商均：舜的儿子。禹封商均于虞，其地在今河南虞城县一带。⑨夏后：夏朝的别称。⑩或：有时。⑪封：君主把土地或爵位赐给臣子。⑫奉：承担。祀：祭祀。

胡公卒①，子申公犀侯立。申公卒，弟相公皋羊立。相公卒，立申公子突，是为孝公。孝公卒，子慎公圉戎立。慎公当周厉王时②。慎公卒，子幽公宁立。

【注释】

①卒：指大夫死亡及年老寿终。②周厉王：姬胡。任用荣夷公执政，实行"专利"。

幽公十二年，周厉王奔于彘①。

【注释】

①彘：在现在的山西省霍县。

二十三年，幽公卒，子釐公孝立。釐公六年，周宣王即位。三十六年，釐公卒，子武公灵立。武公十五年卒，子夷公说立。是岁，周幽王即位。夷公三年卒，弟平公燮立。平公七年，周幽王为犬戎所杀，周东徙。秦始列为诸侯①。

【注释】

①秦：国名。嬴姓。

二十三年，平公卒，子文公圉立。

文公元年，取蔡女①，生子佗②。十年，文公卒，长子桓公鲍立。

【注释】

①取：通"娶"。蔡女：蔡侯的女儿。②佗：音 tuō。

桓公二十三年，鲁隐公初立①。二十六年，卫杀其君州吁②。三十三年，鲁弑其君隐公。

三十八年正月甲戌、己丑③，桓公鲍卒。桓公弟佗，其母蔡女，故蔡人为佗杀五父及桓公太子免而立佗，是为厉公④。桓公病而乱作，国人分散，故再赴⑤。

【注释】

①鲁：公元前 11 世纪周分封的诸侯国，姬姓。开国君主是周公旦之子伯禽，在今山东省西南部，建都曲阜（故城在今山东省曲阜市）。②卫：国名。始封之君为周武王的弟弟康叔。前 11 世纪，周公平定武庚的叛乱后，把原来商都周围地区和殷民七族分封给他，成为当时大国。建都朝歌（故城在今河南省淇县）。③甲戌、己丑：甲戌是正月二十一日，己丑是二月九日，从甲戌到己丑共十六天。④五父：《左传》上说佗就是五父。厉公：佗在第二年八月被害，没有谥号。厉公是公子跃即利公的谥号。⑤赴：通"讣"。报告丧期。

厉公二年，生子敬仲完①。周太史过陈②，陈厉公使以《周易》筮之③，卦得《观》

之《否》④：“是为观国之光⑤，利用宾于王。此其代陈有国乎！不在此，其在异国⑥。非此其身，在其子孙⑦。若在异国，必姜姓⑧。姜姓，太岳之后⑨。物莫能两大，陈衰⑩，此其昌乎⑪！”

【注释】

①敬仲完：名完，谥（或曰字）敬仲。②太史：官名。西周、春秋时，太史掌管起草文书，策命诸侯、卿大夫，记载史事，编写史书，兼管国家典籍、天文历法、祭祀等。③《周易》：即《易经》，儒家经典之一。④《观》之《否》：《观》爻在六四，变而之《否》（pǐ）。《观》《否》两卦，除六四九四外，其余五爻相同，故可变通。《观》：六十四卦之一，《坤》（☷）下《巽》（☴）上。《否》：六十四卦之一，《坤》（☷）下《乾》（☰）上。⑤“观国之光”二句：这是《观》六四爻辞。意思是说，《观》爻在六四，最接近九五至尊的位置，可以观看国家的光彩。居在至尊亲近而得到高贵的位置，就会熟习国家的礼仪，所以有利于在王庭为宾。⑥异国：其他国家。⑦在其子孙：《史记正义》说：“内卦为身，外卦为子孙，故知在子孙也。”⑧必姜姓：《史记正义》说：“六四变，此爻是辛未，《观》上体《巽》；未为羊，《巽》为女，女乘羊，故为姜。姜，齐姓，故知在齐。”⑨太岳：尧时四方部落的领袖。⑩陈衰：指周敬王四十一年（前479年），楚惠王杀陈湣（mǐn）公，灭陈。⑪此其昌：指周敬王三十九年（前481年）田常弑齐简公，为齐相，从此齐国大权归田常。

厉公取蔡女，蔡女与蔡人乱①，厉公数如蔡淫②。七年，厉公所杀桓公太子免之三弟，长曰跃，中曰林③，少曰杵臼，共令蔡人诱厉公以好女，与蔡人共杀厉公而立跃，是为利公。利公者，桓公子也。利公立五月卒，立中弟林，是为庄公。庄公七年卒，少弟杵臼立，是为宣公。

宣公三年，楚武王卒④，楚始强。十七年，周惠王娶陈女为后⑤。

【注释】

①乱：淫乱。②数（shuò）：屡次。如：往，去。③中（zhòng）：通“仲”。老二。④楚：国名。芈（mǐ）姓。始祖鬻熊。西周时立国于荆山一带，建都丹阳（故城在今湖北省秭归县东南）。周人称之为荆蛮。楚武王：熊通。前740—前690年在位。⑤周惠王：姬阆。前676—前652年在位。

二十一年，宣公后有嬖姬生子款①，欲立之，乃杀其太子御寇。御寇素爱厉公子完，完惧祸及己，乃奔齐。齐桓公欲使陈完为卿②，完曰：“羁旅之臣③，幸得免负檐④，君之惠也，不敢当高位。”桓公使为工正⑤。齐懿仲欲妻陈敬仲⑥，卜之，占曰⑦：“是谓凤皇于飞，和鸣锵锵⑧。有妫之后⑨，将育于姜⑩。五世其昌⑪，并于正卿⑫。八世之后，莫之与京⑬。”

【注释】

①嬖（bì）姬：宠爱的妾。②卿：诸侯国的高级大臣。③羁旅：寄居作客。羁，寄。旅，客。④负檐（dàn）：同“负担”。指害怕陈宣公杀死自己的事。⑤工正：主管百工的官。⑥懿仲：齐国大夫。⑦占：此指占卜预测的话。⑧凤皇：通作“凤凰”。古代传说中的鸟王。雄的叫凤，雌的叫凰。于：助词。锵锵：凤凰和鸣的声音，像敲击金属器物一样。⑨有：助词。常用在名词之前。妫（guī）：陈姓。⑩姜：齐姓。⑪五世其昌：说敬仲的五代孙会昌盛起来。⑫并于正卿：言其后代

五世与正卿并列，意即为正卿。⑬京：高大。

三十七年，齐桓公伐蔡，蔡败；南侵楚，至召陵①，还过陈。陈大夫辕涛涂恶其过陈②，诈齐令出东道。东道恶③，桓公怒，执陈辕涛涂。是岁，晋献公杀其太子申生④。

【注释】

①召（shào）陵：楚邑名。在今河南省郾城县东。也作"邵陵"。②恶（wù）：憎恨。③恶（è）：恶劣。④晋献公：姬诡诸。前676—前651年在位。

四十五年，宣公卒，子款立，是为穆公。穆公五年，齐桓公卒。十六年，晋文公败楚师于城濮①。是岁，穆公卒，子共公朔立。共公六年，楚太子商臣弑其父成王代立，是为穆王。十一年，秦穆公卒②。十八年，共公卒，子灵公平国立。

【注释】

①晋文公：姬重耳。前636—前628年在位。城濮：卫国地名。在今山东省鄄（juàn）城县西南临濮集。②秦穆公：嬴任好。前659—前621年在位。任用百里奚、蹇叔、由余为谋臣，击败晋国，俘晋惠公。灭梁、芮两国。后在崤（今河南省三门峡市东南）被晋军袭击，大败。转而向西发展，攻灭十二国，称霸西戎。

灵公元年，楚庄王即位①。六年，楚伐陈。十年，陈及楚平②。

【注释】

①楚庄王：熊侣。前613—前591年在位。②平：讲和。

十四年，灵公与其大夫孔宁、仪行父皆通于夏姬①，衷其衣以戏于朝②。泄冶谏曰③："君臣淫乱，民何效焉？"灵公以告二子，二子请杀泄冶，公弗禁，遂杀泄冶。十五年，灵公与二子饮于夏氏。公戏二子曰："徵舒似汝。"二子曰："亦似公。"徵舒怒。灵公罢酒出，徵舒伏弩厩门射杀灵公④。孔宁、仪行父皆奔楚，灵公太子午奔晋。徵舒自立为陈侯。徵舒，故陈大夫也。夏姬，御叔之妻，舒之母也。

【注释】

①通：通奸。夏姬：郑穆公女，陈大夫御叔的妻子，陈大夫夏徵舒的母亲。②衷：贴肉的内衣。这里作动词用，即穿着贴肉的内衣。③泄冶：人名。陈国大夫。④厩（jiù）：马棚。

成公元年冬，楚庄王为夏徵舒杀灵公，率诸侯伐陈。谓陈曰："无惊①！吾诛徵舒而已。"已诛徵舒，因县陈而有之②，群臣毕贺。申叔时使于齐来还③，独不贺。庄王问其故，对曰："鄙语有之，'牵牛径人田④，田主夺之牛⑤。径则有罪矣，夺之牛，不亦甚乎？'今王以徵舒为贼弑君，故征兵诸侯⑥，以义伐之，已而取之，以利其地，则后何以令于天下！是以不贺。"庄王曰："善。"乃迎陈灵公太子午于晋而立之，复君陈如故⑦，是为成公。孔子读史记至楚复陈，曰："贤哉，楚庄王！轻千乘之国而重一言⑧。"

【注释】

①无：莫，不要。②县陈：改陈国为县。③申叔时：楚国大夫。使（shì）：出使。④径：直路。此处作动词用。⑤之：其，他的。⑥征：召集。⑦君陈：作

陈国的国君。⑧一言：指申叔时说的话。

八年，楚庄王卒。二十九年，陈倍楚盟①。三十年，楚共王伐陈。是岁，成公卒，子哀公弱立。楚以陈丧，罢兵去。

【注释】

①倍：通"背"。背叛。

哀公三年，楚围陈，复释之。二十八年，楚公子围弑其君郏敖自立①，为灵王。

【注释】

①郏（jiá）敖：前544—前541年在位。

三十四年，初，哀公娶郑，长姬生悼太子师①，少姬生偃。二劈妾，长妾生留，少妾生胜。留有宠哀公，哀公属之其弟司徒招②。哀公病，三月，招杀悼太子，立留为太子。哀公怒，欲诛招，招发兵围守哀公，哀公自经杀③。招卒立留为陈君④。四月，陈使使赴楚⑤。楚灵王闻陈乱，乃杀陈使者，使公子弃疾发兵伐陈，陈君留奔郑。九月，楚围陈。十一月，灭陈，使弃疾为陈公⑥。

【注释】

①姬：妇女的美称。②属（zhǔ）：托付。司徒招：司徒，官名；招，人名。③经：缢死，上吊。④卒：终于。⑤使使：前"使"字读shǐ，派遣。后"使"字旧读shì，今读shǐ，使者。⑥陈公：陈地的长官。

招之杀悼太子也，太子之子名吴，出奔晋。晋平公问太史赵曰："陈遂亡乎？"对曰："陈，颛顼之族①。陈氏得政于齐，乃卒亡②。自幕至于瞽瞍③，无违命④。舜重之以明德⑤。至于遂⑥，世世守之。及胡公，周赐之姓⑦，使祀虞帝。且盛德之后，必百世祀。虞之世未⑧也，其在齐乎？"

【注释】

①颛顼（zhuān xū）：古史中"五帝"之一。陈国以虞舜为祖，舜出于颛顼，所以是"颛顼之族"。②乃卒亡：这是推测之词，意谓陈氏在齐国得到政权，陈国才会最后灭亡。③幕：虞舜的先人。瞽瞍：虞舜的父亲。④无违命：没有违背天命以至废绝国家的人。⑤舜重之以明德：舜以明德为重，即舜有明德，得为天子。重，重视。⑥遂：虞舜的后人。⑦"及胡公"二句：胡公满是虞遂的后代，事周武王，赐姓妫，续封于陈。⑧未：没有断绝。"未"下省"绝"字。

楚灵王灭陈五岁，楚公子弃疾弑灵王代立，是为平王。平王初立，欲得和诸侯，乃求故陈悼太子师之子吴，立为陈侯，是为惠公。惠公立，探续哀公卒时年而为元①，空籍五岁矣②。

【注释】

①探续：追溯连接。元：元年。②空籍：空出君位。

十年，陈火。十五年，吴王僚使公子光伐陈，取胡、沈而去①。二十八年，吴王阖闾与子胥败楚入郢②。是年，惠公卒，子怀公柳立。

【注释】

①胡：国名。归姓。在现在的安徽省阜阳县。前495年为楚国所灭。沈：国名。姬姓。在今河南省平舆县北。②郢：楚都。旧址在今湖北省江陵县东北。原

郢都在今江陵县西北纪南城。

怀公元年，吴破楚，在郢，召陈侯。陈侯欲往，大夫曰："吴新得意；楚王虽亡，与陈有故，不可倍①。"怀公乃以疾谢吴②。四年，吴复召怀公。怀公恐，如吴。吴怒其前不往，留之，因卒吴。陈乃立怀公之子越，是为湣公。

【注释】

①倍：通"背"，背离。②谢：推辞。

湣公六年，孔子适陈①。吴王夫差伐陈②，取三邑而去。十三年，吴复来伐陈，陈告急楚，楚昭王来救③，军于城父④，吴师去。是年，楚昭王卒于城父。时孔子在陈。十五年，宋灭曹⑤。十六年，吴王夫差伐齐，则之艾陵⑥，使人召陈侯。陈侯恐，如吴。楚伐陈。二十一年，齐田常弑其君简公⑦。二十三年，楚之白公胜杀令君子西、子綦⑧，袭惠王。叶公攻败白公⑨，白公自杀。

【注释】

①适：往，去到。②吴王夫差：吴王阖闾的儿子。前495—前473年在位。③楚昭王：熊珍。前515—前489年在位。④城父：楚邑名。旧城在今安徽省亳县。⑤宋：公元前11世纪周公平定武庚后，把商的旧都周围地区分封给商纣的庶兄微子启，建都商丘（故城在今河南省商丘市南）。曹：公元前11世纪周分封的诸侯国。姬姓。始封的君主为周武王弟振铎。⑥艾陵：齐地名。在今山东泰安县东南。一说在莱芜市东北。⑦田常：一名恒。齐国大臣。陈完的后代，据说是八世孙。⑧白公胜：熊胜。楚平王之孙，曾任曹大夫，号白公。⑨叶（旧读shè）公：沈诸梁，时任叶邑大夫。叶：楚邑名。故城在今河南叶县南。

二十四年，楚惠王复国，以兵北伐，杀陈湣公，遂灭陈而有之。是岁，孔子卒。

杞东楼公者①，夏后禹之后苗裔也②。殷时或封或绝。周武王克殷纣，求禹之后，得东楼公，封之于杞③，以奉夏后氏祀。

【注释】

①杞（qǐ）：姒姓。始建国于前11世纪，在今河南省东部。②夏后氏：本部落名。禹为夏后氏部落首领，因称夏后禹。苗裔：后代子孙。③杞：在今河南省杞县。

东楼公生西楼公，西楼公生题公，题公生谋娶公。谋娶公当周厉王时。谋娶公生武公。武公立四十七年卒，子靖公立。靖公二十三年卒，子共公立。共公八年卒，子德公立。德公十八年卒，弟桓公姑容立。桓公十七年卒，子孝公匄立①。孝公十七年卒，弟文公益姑立。文公十四年卒，弟平公郁立。平公十八年卒，子悼公成立。悼公二十三年卒，子隐公乞立。七月，隐公弟遂弑隐公自立，是为釐公。釐公十九年卒，子湣公维立。湣公十五年，楚惠王灭陈。十六年，湣公弟阏路弑湣公代立，是为哀公。哀公立十年卒，湣公子敕立，是为出公。出公十二年卒，子简公春立。立一年，楚惠王之四十四年，灭杞。杞后陈亡三十四年。

【注释】

①匄（gài）："丐"的异体字。

杞小微，其事不足称述。

舜之后，周武王封之陈，至楚惠王灭之，有世家言。禹之后，周武王封之杞，楚惠王灭之，有世家言。契之后为殷[1]，殷有本纪言。殷破，周封其后于宋，齐湣王灭之[2]，有世家言。后稷之后为周[3]，秦昭王灭之[4]，有本纪言。皋陶之后[5]，或封英、六[6]，楚穆王灭之[7]，无谱[8]。伯夷之后[9]，至周武王复封于齐，曰太公望[10]，陈氏灭之[11]，有世家言。伯翳之后[12]，至周平王时封为秦，项羽灭之[13]，有本纪言。垂、益、夔、龙[14]，其后不知所封，不见也。右十一人者，皆唐虞之际名有功德臣也[15]；其五人之后皆至帝王[16]，余乃为显诸侯。滕、薛、驺[17]，夏、殷、周之间封也，小，不足齿列，弗论也。

【注释】

①契（xiè）：相传为商的始祖，帝喾的儿子。②齐湣王：田地。约前301—前284年在位。③后稷：古代周族的始祖，名弃。曾在尧舜时做农官，教人民耕种。④秦昭王：嬴稷。前306—前251年在位。⑤皋陶（gāo yáo）：相传为东夷族的领袖，偃姓。曾被舜任为掌管刑法的官。⑥英、六：二国名。或作蓼、六。偃姓。皋陶的后代。其地在今安徽六安市一带。前622年为楚国所灭。⑦楚穆王：熊商臣。前625—前614年在位。⑧谱：记述帝王诸侯世系的史书。⑨伯夷：尧舜时代的贤臣。曾任秩宗（掌宗庙祭祀）。不是商、周之际的伯夷。⑩太公望：即吕尚，为前十一世纪周所分封的齐国的开国之君。⑪陈氏：即田氏，指田和。⑫伯翳：即伯益。古代嬴姓各族的祖先，相传善于畜牧和狩猎，被舜任为虞（主管山泽之官）。⑬项羽：项籍，字羽。下相（故城在今江苏省宿迁市西南）人。⑭垂、益、夔、龙：垂，尧舜时代的贤臣，曾任共工（掌百工之官）。益，即伯翳，前已言，此为衍文。夔，尧舜时代的贤臣，曾任典乐（掌管对卿大夫以上的子弟的教育）。龙，尧舜时代的贤臣，曾任纳言（掌喉舌议论之官）。⑮名：称为。⑯按舜、禹本身为帝王，稷、契、翳都是后代为帝王。⑰滕：姬姓。在今山东省滕州市西南。薛：任姓。在现在的山东省滕州市南。驺：也作邹、邾。曹姓。都城在今山东省邹县。

周武王时，侯伯尚千余人。及幽、厉之后，诸侯力攻相并。江、黄、胡、沈之属[1]，不可胜数，故弗采著于传云。

【注释】

①江、黄、胡、沈：江、黄二国都是嬴姓。江，在今河南省息县西南。黄，在今河南省潢川县西。

太史公曰：舜之德可谓至矣！禅位于夏，而后世血食者历三代[1]。及楚灭陈，而田常得政于齐，卒为建国，百世不绝，苗裔兹兹[2]，有土者不乏焉。至禹，于周则杞，微甚，不足数也。楚惠王灭杞，其后越王勾践兴。

【注释】

①血食：享受祭祀。②兹兹：蕃多。

卫康叔世家第七

卫康叔名封①，周武王同母少弟也。其次尚有冉季，冉季最少。

【注释】

①卫康叔：叔封初封于康（在西周京都地区之内。一说在今河南禹县西北。），故称康叔；后改封于卫，故称卫康叔。卫：始建国于前11世纪。领地在现在的河北省南部、河南省北部一带。建都朝歌（故城在今河南省淇县境），后迁楚丘（故城在今河南省滑县境），再迁帝丘（故城在今河南省濮阳县境）。前254年为魏所灭。

武王已克殷纣①，复以殷余民封纣子武庚禄父②，比诸侯，以奉其先祀勿绝。为武庚未集③，恐其有贼心④，武王乃令其弟管叔、蔡叔傅相武庚禄父⑤，以和其民。武王既崩，成王少。周公旦代成王治，当国。管叔、蔡叔疑周公，乃与武庚禄父作乱，欲攻成周⑥。周公旦以成王命兴师伐殷⑦，杀武庚禄父、管叔，放蔡叔⑧，以武庚殷余民封康叔为卫君，居河、淇间故商墟⑨。

【注释】

①克：战胜。殷纣：即商王纣。②武庚禄父：名武庚，字禄父。③集：通"辑"。和顺。④贼心：图谋叛乱之心。⑤傅相：辅佐。⑥成周：即雒邑，故城在今河南省洛阳市。武庚叛乱时，雒邑还没有营为东都，但是把它当作"宗周"。⑦师：军队。⑧放：放逐。⑨河淇：河即黄河。淇指淇水，在河北省北部，古为黄河支流。商墟：商代末期京都朝歌遗址。在今河南省淇县。

周公旦惧康叔齿少，乃申告康叔曰①："必求殷之贤人君子长者，问其先殷所以兴，所以亡，而务爱民②。"告以纣所以亡者以淫于酒，酒之失，妇人是用，故纣之乱自此始。为《梓材》③，示君子可法则。故谓之《康诰》《酒诰》《梓材》以命之④。康叔之国，即以此命，能和集其民⑤，民大说⑥。

【注释】

①申：一再。②务：必须。③《梓材》：《尚书》篇名。梓，匠人。④谓：称说。《康诰》《酒诰》：都是《尚书》篇名。命：教诲。⑤和集：和顺安定。⑥说：通"悦"。

成王长，用事，举康叔为周司寇①，赐卫宝祭器②，以章有德③。

【注释】

①司寇：官名。掌管刑狱、纠察等事。②宝祭器：宝器（指高级车辆、旗帜、乐器、玉饰等）和祭器（祭祀时用的礼器）。③章：表彰。

康叔卒，子康伯代立。康伯卒，子孝伯立。孝伯卒，子嗣伯立。嗣伯卒，子庭伯立①。庭伯卒，子靖伯立。靖伯卒，子贞伯立。贞伯卒，子顷侯立。

【注释】

①庭：音 jié。

顷侯厚赂周夷王①，夷王命卫为侯②。顷侯立十二年卒，子釐侯立③。

【注释】

①赂：行贿。②命卫为侯：周制，诸侯分公、侯、伯、子、男五等，侯高于伯。但《史记索隐》认为：卫国从康叔起就是侯爵，不是伯爵。上文从"康伯"到"贞伯"六代称伯，是方伯（一方诸侯之长）而不是伯爵。③釐（xī）：通"僖"。

釐侯十三年，周厉王出奔于彘①，共和行政焉②。二十八年，周宣王立③。

【注释】

①周厉王：姬胡。？—前841年在位。彘（zhì）：地名。在现在的山西霍县东北。②共和行政：周厉王暴虐，前841年，国人暴动，厉王逃到彘，由召公、周公共同行政，史称"共和行政"，凡十四年。③周宣王：姬靖。厉王子。前828—前782年在位，废降籍田制度（一说废除在籍田上的奴隶集体耕作）。

四十二年，釐侯卒，太子共伯馀立为君。共伯弟和有宠于釐侯，多予之赂①；和以其赂赂士②，以袭攻共伯于墓上，共伯入釐侯羡自杀③。卫人因葬之釐侯旁，谥曰共伯④，而立和为卫侯，是为武公。

【注释】

①赂：财物。②赂赂：上"赂"字指所得的财物，下"赂"字指行贿。③羡（yán）：通"埏"。墓道。④谥：封建时代在人死后，按其生前行迹，评定褒贬所给予的称号。

武公即位，修康叔之政，百姓和集。四十二年，犬戎杀周幽王①，武公将兵往佐周平戎，甚有功，周平王命武公为公②。五十五年，卒，子庄公扬立。

【注释】

①犬戎：中国古代部族名，戎人的一支。②命武公为公：《史记志疑》认为周朝东迁以后，诸侯在他的国内都称公，从来没有天子命诸侯为公的。

庄公五年，取齐女为夫人，好而无子。又取陈女为夫人，生子，蚤死①。陈女女弟亦幸于庄公②，而生子完。完母死，庄公令夫人齐女子之③，立为太子。庄公有宠妾，生子州吁。十八年，州吁长，好兵，庄公使将④。石碏谏庄公曰⑤："庶子好兵⑥，使将，乱自此起。"不听。二十三年，庄公卒，太子完立，是为桓公。

【注释】

①蚤：通"早"。②女弟：妹妹。幸：宠信。③子：养他为子。④将（jiàng）：带领军队。⑤石碏（què）：卫国上卿。⑥庶子：妾所生的儿子。

桓公二年，弟州吁骄奢，桓公绌之①，州吁出奔。十三年，郑伯弟段攻其兄，不胜，亡，而州吁求与之友。十六年，州吁收聚卫亡人以袭杀桓公②，州吁自立为卫君。为郑伯弟段欲伐郑，请宋、陈、蔡与俱，三国皆许州吁。州吁新立，好兵，弑桓公，卫人皆不爱。石碏乃因桓公母家于陈，详为善州吁。至郑郊，石碏与陈侯共谋，使右宰丑进食④，因杀州吁于濮⑤，而迎桓公弟晋于邢而立之⑥，是为宣公。

【注释】

①绌：通"黜"。贬退。②亡人：逃亡在外的人。③详：通"佯"。诈。④右宰丑：卫大夫。⑤濮：水名。即今安徽芡河上游。⑥邢：前11世纪周分封的诸侯国。姬姓。故地在今河北邢台市一带。

宣公七年，鲁弑其君隐公。九年，宋督弑其君殇公，及孔父①。十年，晋曲沃庄伯弑其君哀侯②。

【注释】

①宋督：宋国华父督。孔父：孔父嘉。宋国大夫。②曲沃：邑名。旧址在今山西省闻喜县东北。东周初，晋昭侯封他的叔父姬成师于此。

十八年，初，宣公爱夫人夷姜，夷姜生子伋，以为太子，而令右公子傅之①。右公子为太子取齐女，未入室，而宣公见所欲为太子妇者好②，说而自取之，更为太子取他女。宣公得齐女，生子寿、子朔，令左公子傅之。太子伋母死，宣公正夫人与朔共谗恶太子伋③。宣公自以其夺太子妻也，心恶太子④，欲废之。及闻其恶⑤，大怒，乃使太子伋于齐而令盗遮界上杀之⑥，与太子白旄⑦，而告界盗见持白旄者杀之。且行，子朔之兄寿，太子异母弟也，知朔之恶太子而君欲杀之，乃谓太子曰："界盗见太子白旄，即杀太子，太子可毋行⑧！"太子曰："逆父命求生⑨，不可。"遂行。寿见太子不止，乃盗其白旄而先驰至界。界盗见其验⑩，即杀之。寿已死，而太子伋又至，谓盗曰："所当杀，乃我也。"盗并杀太子伋，以报宣公。宣公乃以子朔为太子。十九年，宣公卒，太子朔立，是为惠公。

【注释】

①右公子：左右媵（yìng 随嫁或陪嫁的女子）的儿子叫左公子、右公子。傅：教导。②好：美丽。③正夫人：指齐女。谗恶（wù）：说坏话。④恶（wù）：厌恶，憎恶。⑤恶（è）：坏处。⑥于：往。遮：拦阻。⑦白旄：指用白旄（白色牦牛尾）作装饰的使节（古代卿大夫聘于诸侯时所持的符信）。⑧毋：莫，不要。⑨逆：违背。⑩验：证据，凭证。

左右公子不平朔之立也，惠公四年，左右公子怨惠公之谗杀前太子伋而代立，乃作乱，攻惠公，立太子伋之弟黔牟为君，惠公奔齐。

卫君黔牟立八年，齐襄公率诸侯奉王命共伐卫①，纳卫惠公，诛左右公子。卫君黔牟奔于周，惠公复立。惠公立三年出亡，亡八年复入，与前通年凡十三年矣。

【注释】

①奉王命：《春秋》说诸侯纳惠公是逆王命，《史记》说奉王命，说法有出入。

二十五年，惠公怨周之容舍黔牟①，与燕伐周。周惠王奔温②，卫、燕立惠王弟穨为王。二十九年，郑复纳惠王③。三十一年，惠公卒，子懿公赤立。

【注释】

①容舍：允许居留。②温：西周时国名。地在今河南省温县境。③郑：指郑厉公。

懿公即位，好鹤，淫乐奢侈。九年，翟伐卫①，卫懿公欲发兵，兵或畔②。

大臣言曰："君好鹤，鹤可令击翟。"翟于是遂入，杀懿公。

【注释】

　　①翟：通"狄"，部族名。②畔：通"叛"。

　　懿公之立也，百姓大臣皆不服。自懿公父惠公朔之谗杀太子伋代立至于懿公，常欲败之，卒灭惠公之后而更立黔牟之弟昭伯顽之子申为君，是为戴公。

　　戴公申元年卒。齐桓公以卫数乱，乃率诸侯伐翟，为卫筑楚丘①，立戴公弟燬为卫君，是为文公。文公以乱故奔齐，齐人入之②。

　　初，翟杀懿公也，卫人怜之，思复立宣公前死太子伋之后，伋子又死，而代伋死者子寿又无子。太子伋同母弟二人：其一曰黔牟，黔牟尝代惠公为君，八年复去；其二曰昭伯。昭伯、黔牟皆已前死，故立昭伯子申为戴公。戴公卒，复立其弟燬为文公。

　　文公初立，轻赋平罪③，身自劳，与百姓同苦，以收卫民。

【注释】

　　①楚丘：卫都。故城在今河南省滑县东。②入：纳；送进去。③轻赋：减轻赋税。平罪：持平断狱。

　　十六年，晋公子重耳过①，无礼。十七年，齐桓公卒。二十五年，文公卒，子成公郑立。

【注释】

　　①重耳：因受其父晋献公迫害，逃亡在外十九年，后回晋为君，即晋文公。前636—628年在位。

　　成公三年，晋欲假道于卫救宋①，成公不许。晋更从南河度②，救宋。征师于卫，卫大夫欲许，成公不肯。大夫元咺攻成公③，成公出奔④。晋文公重耳伐卫，分其地予宋，讨前过无礼及不救宋患也。卫成公遂出奔陈。二岁，如周求入⑤，与晋文公会。晋使人鸩卫成公⑥，成公私于周主鸩⑦，令薄，得不死。已而周为请晋文公，卒入之卫，而诛元咺，卫君瑕出奔。七年，晋文公卒。十二年，成公朝晋襄公⑧。十四年，秦穆公卒。二十六年，齐邴歜弑其君懿公⑨。三十五年，成公卒，子穆公邀立⑩。

【注释】

　　①假：借。②更（gēng）：改变。南河：黄河的一段。度：通"渡"。③咺：音xuān。④成公出奔：奔往楚国。⑤如：往；去。⑥鸩（zhèn）：以毒酒杀人。⑦私：私下以财物收买。⑧晋襄公：姬欢。前627—前621年在位。⑨邴歜：（bǐng chù）：齐国大夫。⑩邀：音sù。

　　穆公二年，楚庄王伐陈①，杀夏徵舒。三年，楚庄王围郑，郑降，复释之。十一年，孙良夫救鲁伐齐②，复得侵地。穆公卒，子定公臧立。定公十二年卒，子献公衍立③。

【注释】

　　①楚庄王：熊侣。前613—前591年在位。春秋时霸主之一。②孙良夫：卫国大夫。③衍：音kàn。

献公十三年，公令师曹教宫妾鼓琴①，妾不善，曹笞之。妾以幸恶曹于公②，公亦笞曹三百。十八年，献公戒孙文子、宁惠子食③，皆往。日旰不召④，而去射鸿于囿⑤。二子从之，公不释射服与之言⑥。二子怒，如宿⑦。孙文子子数侍公饮⑧，使师曹歌《巧言》之卒章⑨。师曹又怒公之尝笞三百，乃歌之，欲以怒孙文子，报卫献公⑩。文子语蘧伯玉⑪，伯玉曰："臣不知也。"遂攻出献公。献公奔齐，齐置卫献公于聚邑⑫。孙文子、宁惠子共立定公弟秋为卫君，是为殇公。

【注释】

①师曹：乐人名曹。②恶（wù）：说人家的坏话。③戒：命令，告请。孙文子：孙林父。卫国大夫。宁惠子：宁殖。卫国大夫。④旰（gàn）：晏；晚。⑤囿：王侯养禽畜兽的园林。⑥释：脱下。⑦宿：邑名。《左传》作"戚"。在今河南濮阳县北。⑧孙文子子：孙蒯。⑨《巧言》：《诗·小雅》篇名。⑩报：报复。⑪语（yù）：告诉。蘧伯玉：卫国贤大夫。⑫聚邑：齐邑名。今地不详。

殇公秋立，封孙文子林父于宿。十二年，宁喜与孙林父争宠相恶①，殇公使宁喜攻孙林父。林父奔晋，复求入故卫献公。献公在齐，齐景公闻之②，与卫献公如晋求入。晋为伐卫，诱与盟。卫殇公会晋平公③，平公执殇公与宁喜而复入卫献公。献公亡在外十二年而入。

【注释】

①宁喜：卫国大夫。②齐景公：姜杵臼。前547—前490年在位。③晋平公：姬彪。前557—前532年在位。

献公后元年，诛宁喜。

三年，吴延陵季子使过卫①，见蘧伯玉、史鳝②，曰："卫多君子，其国无故③。"过宿，孙林父为击磬④，曰："不乐，音大悲，使卫乱乃此矣。"是年，献公卒，子襄公恶立。

【注释】

①吴：国名。姬姓。始祖是周太王的儿子太伯、仲雍。延陵：吴国邑名。在今江苏省常州市。延陵季子：吴公子季札。封于延陵（今江苏常州市），故称延陵季子。②史鳝（qiú）：卫国贤大夫。鳝，通"鳅"。③故：事故；问题。④磬：乐器。用玉或石制成。

襄公六年，楚灵王会诸侯，襄公称病不往。

九年，襄公卒。初，襄公有贱妾，幸之，有身，梦有人谓曰："我康叔也，令若子必有卫①，名而子曰'元'②。"妾怪之，问孔成子③。成子曰："康叔者，卫祖也。"及生子，男也，以告襄公。襄公曰："天所置也④。"名之曰"元"。襄公夫人无子，于是乃立元为嗣，是为灵公。

【注释】

①若：你（们）。②而：你（们）。③孔成子：孔烝鉏。卫国大夫。④置：设立；安排。

灵公五年，朝晋昭公①。六年，楚公子弃疾弑灵王自立，为平王。十一年，火。

【注释】

①晋昭公：姬夷。前531—前526年在位。

三十八年，孔子来，禄之如鲁①。后有隙，孔子去②。后复来。

【注释】

①禄：俸禄；官吏的薪金。这里作动词用。②事见《孔子世家》。

三十九年，太子蒯聩与灵公夫人南子有恶①，欲杀南子。蒯聩与其徒戏阳遫谋②，朝，使杀夫人。戏阳后悔，不果。蒯聩数目之③，夫人觉之，惧，呼曰："太子欲杀我！"灵公怒，太子蒯聩奔宋，已而之晋赵氏。

【注释】

①南子：宋国女子。恶（wù）：嫌怨。②戏（xī）阳遫（sù）：蒯聩（kuì）的家臣。③数（shuò）：多次。目：以目示意。

四十二年春，灵公游于郊，令子郢仆①。郢，灵公少子也，字子南。灵公怨太子出奔，谓郢曰："我将立若为后。"郢对曰："郢不足以辱社稷②，君更图之③。"夏，灵公卒，夫人命子郢为太子，曰："此灵公命也。"郢曰："亡人太子蒯聩之子辄在也，不敢当。"于是卫乃以辄为君，是为出公。

【注释】

①仆：驾御车马。②辱：玷辱；污辱。③更：另。

六月乙酉，赵简子欲入蒯聩，乃令阳虎诈命卫十余人衰绖归①，简子送蒯聩。卫人闻之，发兵击蒯聩。蒯聩不得入，入宿而保②，卫人亦罢兵。

【注释】

①衰绖（cuī dié）归：穿着丧服，伪装从卫国来迎接太子回去似的。②宿：邑名，见前注。

出公辄四年，齐田乞弑其君孺子。八年，齐鲍子弑其君悼公。

孔子自陈入卫。九年，孔文子问兵于仲尼①，仲尼不对。其后，鲁迎仲尼，仲尼反鲁②。

【注释】

①孔文子：孔圉（yǔ）：卫国大夫。②反：通"返"。

十二年，初，孔圉文子取太子蒯聩之姊，生悝①。孔氏之竖浑良夫美好②，孔文子卒，良夫通于悝母。太子在宿，悝母使良夫于太子③。太子与良夫言曰："苟能入我国，报子以乘轩④，免子三死⑤，毋所与⑥。"与之盟，许以悝母为妻。闰月，良夫与太子入，舍孔氏之外圃。昏，二人蒙衣而乘⑦，宦者罗御⑧，如孔氏。孔氏之老栾宁问之⑨，称姻妾以告⑩。遂入，适伯姬氏⑪。既食，悝母杖戈而先⑫，太子与五人介⑬，舆豭从之⑭。伯姬劫悝于厕⑮，强盟之，遂劫以登台⑯。栾宁将饮酒，炙未熟⑰，闻乱，使告仲由⑱。召护驾乘车⑲，行爵食炙⑳，奉出公辄奔鲁。

【注释】

①悝：音kuī。②竖：童仆。③于：往；到……去。④轩：大夫所乘的车。⑤三死：三种死罪，即着紫衣（君服）、袒裘（天热偏袒裘为不敬）、带剑。⑥与（yù）：在其中。⑦蒙衣：穿着妇人的衣服，用头巾蒙着头。⑧罗：人名。⑨老：家臣。⑩姻妾：亲戚家的小妻。⑪伯姬：即孔文子之妻，孔悝之母。⑫杖：执持。先：走在前面。⑬介：甲；披甲。⑭舆：扛；抬。豭（jiā）：公猪。舆豭：

抬着公猪，将用来盟誓。⑮劫：威逼。⑯台：居高临下的建筑物，可凭以发号令。⑰炙（zhì）：烤肉。⑱仲由：字子路，孔子弟子。⑲召（shào）护：卫国大夫。驾乘车：驾着坐人的车，不是兵车，以示不想作战。⑳爵：酒器。

仲由将入，遇子羔将出①，曰："门已闭矣。"子路曰："吾姑至矣②。"子羔曰："不及③，莫践其难。"子路曰："食焉不辟其难④。"子羔遂出。子路入，及门，公孙敢阖门⑤，曰："毋入为也！"子路曰："是公孙也？求利而逃其难。由不然，利其禄，必救其患。"有使者出，子路乃得入。曰："太子焉用孔悝？虽杀之，必或继之。"且曰："太子无勇。若燔台，必舍孔叔。"太子闻之，惧，下石乞、孟黡敌子路⑥，以戈击之，割缨⑦。子路曰："君子死，冠不免⑧。"结缨而死。孔子闻卫乱，曰："嗟乎！柴也其来乎⑨？由也其死矣⑩。"孔悝竟立太子蒯聩，是为庄公。

【注释】

①子羔：高柴字。卫国大夫，孔子弟子。②姑：暂且。至：到门前去。③不及：子羔认为子路要为国事而死难，这时出公已出奔，事情已来不及了。④焉：于此。辟：通"避"。⑤公孙敢：卫国大夫。⑥石乞、孟黡（yǎn）：蒯聩的臣子。敌：当。⑦缨：结冠的带子。⑧免：脱落。⑨柴：即高柴。⑩由：即子路。

庄公蒯聩者，出公父也，居外，怨大夫莫迎立。元年即位，欲尽诛大臣，曰："寡人居外久矣，子亦尝闻之乎？"群臣欲作乱，乃止。

二年，鲁孔丘卒。

三年，庄公上城，见戎州①，曰："戎虏何为是？"戎州病之。十月，戎州告赵简子，简子围卫。十一月，庄公出奔，卫人立公子斑师为卫君②。齐伐卫，虏斑师，更立公子起为卫君③。

【注释】

①戎州：戎人的城邑。②斑师（般师）：卫襄公之孙。③起：卫灵公子。

卫君起元年，卫石曼尃逐其君起①，起奔齐。卫出公辄自齐复归立。初，出公立十二年亡，亡在外四年复入。出公后元年，赏从亡者。立二十一年卒②，出公季父黔攻出公子而自立，是为悼公。

【注释】

①石曼尃（fū）：卫大夫。《左传》作"石圃"。②立二十一年卒：指前后共立二十一年，前十二年，后九年。

悼公五年卒，子敬公弗立。敬公十九年卒，子昭公纠立。是时三晋强①，卫如小侯，属之②。

【注释】

①三晋：春秋末年，晋国大夫韩、赵、魏三家瓜分晋国，就是战国时的韩、赵、魏三国，历史上称为"三晋"。②之：指赵氏。

昭公六年，公子亹弑之代立①，是为怀公。怀公十一年，公子颓弑怀公而代立，是为慎公。慎公父，公子适；适父，敬公也。慎公四十二年卒，子声公训立。声公十一年卒，子成侯遬立。

【注释】

①覵：音 wěi。適：音 dí。

成侯十一年，公孙鞅入秦①。十六年，卫更贬号曰侯。

【注释】

①公孙鞅：卫国人，一称卫鞅。辅佐秦孝公变法，国以富强。以功封于商（今陕西丹凤县），号商君，因称商鞅。

二十九年，成侯卒，子平侯立。平侯八年卒，子嗣君立。

嗣君五年，更贬号曰君，独有濮阳①。

【注释】

①濮阳：卫国都城，在今河南濮阳县西南。卫原是个大国，都朝歌。后被北狄打败，靠齐的帮助，迁都楚丘，成为小国。春秋末年，又迁都帝丘（即濮阳），国土更狭小了。

四十二年卒，子怀君立。怀君三十一年，朝魏，魏囚杀怀君。魏更立嗣君弟，是为元君。元君为魏婿，故魏立之。元君十四年，秦拔魏东地，秦初置东郡①，更徙卫野王县②，而并濮阳为东郡。二十五年，元君卒，子君角立。

【注释】

①东郡：郡名。治所在濮阳。②野王县：其地为现在的河南省沁阳市。

君角九年，秦并天下，立为始皇帝。二十一年，二世废君角为庶人，卫绝祀。

太史公曰：余读世家言，至于宣公之太子以妇见诛，弟寿争死以相让，此与晋太子申生不敢明骊姬之过同①，俱恶伤父之志②。然卒死亡，何其悲也！或父子相杀，兄弟相灭，亦独何哉③？

【注释】

①骊姬：春秋时骊戎的女子。晋献公攻克骊戎，夺之立为夫人，生奚齐。②恶（wù）：厌恶。③亦：语助词，无义。独：犹"其"，这。

宋微子世家第八

微子开者①，殷帝乙之首子而帝纣之庶兄也②。纣既立，不明，淫乱于政，微子数谏③，纣不听。及祖伊以周西伯昌之修德④，灭阰国⑤，惧祸至，以告纣。纣曰："我生不有命在天乎？是何能为！"于是微子度纣终不可谏⑥，欲死之；及去，未能自决，乃问于太师、少师曰⑦："殷不有治政，不治四方⑧。我祖遂陈于上⑨，纣沉湎于酒⑩，妇人是用，乱败汤德于下⑪。殷既小大好草窃奸宄⑫，卿士师师非度⑬，皆有罪辜⑭，乃无维获⑮，小民乃并兴，相为敌仇。今殷其典丧⑯！若涉水无津涯⑰。殷遂丧⑱，越至于今⑲。"曰："太师，少师⑳，我其发出往㉑？吾家保于丧㉒？今女无故告予㉓，颠跻㉔，如之何其㉕？"太师若曰㉖："王子㉗，天笃下灾亡殷国㉘，乃毋畏畏㉙，不用老长㉚。今殷民乃陋淫神祇之祀㉛。今诚得治国，国治身死不恨。为死㉜，终不得治，不如去。"遂亡。

【注释】

①微：殷京都地区的封国名，在现在的山西省潞城县东。子：爵位。开：微子本名启，这里作"开"，是避汉景帝刘启的名讳。②殷：商王盘庚从奄（今山东省曲阜县城东）迁到殷（今河南省安阳县西北小屯村），因而商朝也称为殷朝。首子：长子。③数（shuò）：屡次。④祖伊：殷纣王的大臣。⑤阢（音耆）：一作黎。古国名。其地在今山西省长治市西南。⑥度（duó）：推测；估计。⑦太师：三公之一。这是指箕子。少师：三孤卿之一。这是指比干。⑧四方：指全国。⑨我祖：指商汤。遂：成就。陈：奉献。上：上世。⑩沉湎：指饮酒没有限制。⑪下：下世。⑫草窃奸宄（guǐ）：草野盗窃，犯法作乱。⑬卿士：王朝的执政官。师师：转相效法。非度：没有法度。⑭辜（gū）：罪。⑮维：常。⑯典：制度；法则。⑰津：渡口。涯：边际。⑱遂：就会，定会，注定。⑲越：助词，无意义。⑳太师，少师：再一次召唤，提出自己的问题。㉑发：起来。㉒家：指所受封之国。㉓女：通"汝"。你（们）。故：旨意。㉔颠：仆倒；坠落。跻（jī）：坠落。马融说："跻犹坠也。"按跻的本义为"登""升"，这里是用它的反义。㉕其：音jī。语气助词，无意义。㉖若：顺。㉗王子：微子是帝乙的儿子，所以称王子。㉘笃：沉重；严重。㉙乃毋畏畏：指纣王上不畏天灾，下不畏贤人。乃，竟然。毋，不。㉚老长：元老中的领袖人物。㉛陋淫：轻视污损。神祇（qí）：天神和地神。㉜为：如果。

箕子者①，纣亲戚也②。纣始为象箸，箕子叹曰："彼为象箸③，必为玉杯；为杯，则必思远方珍怪之物而御之矣④。舆马宫室之渐自此始，不可振也。"纣为淫泆⑤，箕子谏，不听。人或曰："可以去矣。"箕子曰："为人臣谏不听而去，是彰君之恶而自说于民⑥，吾不忍为也。"乃被发详狂而为奴⑦。遂隐而鼓琴以自悲，故传之曰"箕子操"⑧。

【注释】

①箕子：箕是殷末封国名，在今山西省榆社县南；子是爵。箕子名胥余。②亲戚：箕子是纣的同宗族伯叔。③象箸（zhù）：用象牙制的筷子。④御：用。⑤泆（yì）：通"逸"。放荡；荒淫。⑥彰：显扬。⑦被：通"披"。详（yáng）：通"佯"。假装。⑧箕子操（cāo）：琴曲名。操，操守。

王子比干者，亦纣之亲戚也①。见箕子谏不听而为奴，则曰："君有过而不以死争②，则百姓何辜③？"乃直言谏纣。纣怒曰："吾闻圣人之心有七窍④，信有诸乎⑤？"乃遂杀王子比干，刳视其心⑥。

【注释】

①亲戚，比干是纣的同宗族伯叔。②争：通"诤"。直言劝诫。③百姓：古代对贵族的总称，战国以后则泛指不在官位的人。④窍（qiào）：孔穴。⑤诸：之。代词。⑥刳（kū）：剖开。

微子曰："父子有骨肉，而臣主以义属。故父有过，子三谏不听，则随而号之；人臣三谏不听，则其义可以去矣。"于是太师、少师乃劝微子去，遂行。

周武王伐纣克殷，微子乃持其祭器造于军门①，肉袒面缚②，左牵羊，右把茅③，膝行而前以告④。于是武王乃释微子，复其位如故。

【注释】

①祭器：商王室宗庙中祭祀用的礼器。持祭器去见周武王，以示投降。造：往，去。②肉袒：脱去上衣，露出肉体。面缚：把手缚在背后，面向前。③把：拿着。④膝行：跪着前进，表示畏服。

武王封纣子武庚禄父以续殷祀，使管叔、蔡叔傅相之。

武王既克殷，访问箕子。

武王曰："於乎①！维天阴定下民②，相和其居③，我不知其常伦所序④。"

【注释】

①於乎：同"呜呼"，叹词。②维：发语词。阴定：默默地安定。③相（xiàng）：帮助。④常伦：常道，通常的道理。

箕子对曰："在昔鲧堙鸿水①，汨陈其五行②，帝乃震怒③，不从鸿范九等④，常伦所斁⑤。鲧则殛死⑥，禹乃嗣兴⑦。天乃锡禹鸿范九等⑧，常伦所序。"

【注释】

①鲧（gǔn）：我国古史中的人物，传说居于崇（今陕西户县东），称有崇氏，号崇伯。由四岳推举，奉尧命治水。堙（yīn）：堵塞。鸿：通"洪"。②汨（gǔ）：乱。陈：列。③帝：天。④从：给予。鸿范：大法。等：种类。⑤斁（dù）：败坏。⑥殛：惩罚。⑦嗣：继承。⑧锡：赐予。

初一曰五行；二曰五事；三曰八政；四曰五纪；五曰皇极①；六曰三德；七曰稽疑；八曰庶征②；九曰向用五福③，畏用六极④。

【注释】

①皇极：皇帝统治天下、施行政教的准则。皇，君王。②庶征：众多的证验。③五福：五种幸福的事。④六极：六种极不幸的事。

五行：一曰水，二曰火，三曰木，四曰金，五曰土①。水曰润下②，火曰炎上③，木曰曲直④，金曰从革⑤，土曰稼穑⑥。润下作咸⑦，炎上作苦⑧，曲直作酸，从革作辛⑨，稼穑作甘⑩。

【注释】

①这次序是根据阴阳所生的顺序而排列的。②润下：滋润万物，而向下行。③炎上：炎热旺盛而向上升。④曲直：木可以用揉的方法使它由直变曲，由曲变直。⑤从革：金可以销熔，随从人意改变形状。⑥稼：种植。穑：收获。⑦咸：盐卤味。⑧苦：焦味。⑨辛：辣味。⑩甘：甜味。

五事①：一曰貌，二曰言，三曰视，四曰听，五曰思。貌曰恭②，言曰从③，视曰明④，听曰聪⑤，思曰睿⑥。恭作肃⑦，从作治⑧，明作智，聪作谋⑨，睿作圣。

【注释】

①五事：人主本身应该注意的五件事。②恭：容貌庄重而庄敬。③从：言语正确，令人遵从。④明：审察正邪善恶。⑤聪：善听意见，明辨是非。⑥睿（ruì）：通达；明智。⑦肃：必敬。⑧治：治理。⑨谋：在下的人进献计策。

八政：^①一曰食^②，二曰货^③，三曰祀^④，四曰司空^⑤，五曰司徒^⑥，六曰司寇^⑦，七曰宾^⑧，八曰师^⑨。

【注释】

①八政：人主施政教于民的八个方面的事情。②食：粮食生产。③货：财货流通。指令民发展工商。④祀：祭祀。指教民敬鬼神。⑤司空：官名。主管经营城郭，建筑住宅。这是指土木建造以安定人民。⑥司徒：官名：主管教育。这是指教民以礼义。⑦司寇：官名。主管刑狱。⑧宾：官名。掌管诸侯朝觐的礼仪。这是指礼宾，使各国往来亲好。⑨师：军事。

五纪：^①一曰岁^②，二曰月^③，三曰日^④，四曰星辰^⑤，五曰历数^⑥。

【注释】

①五纪：指从五个方面经纪天时，使它和顺，为人所用。②岁：从冬至到明年冬至为一岁。纪四时。③月：从朔到晦为一月。纪月。④日：从夜半到明日夜半为一日。纪日。⑤星辰：指日、月、五星、二十八宿及其运行规律。⑥历数：推测岁时节候的次序。

皇极：皇建其有极^①，敛时五福^②，用傅锡其庶民^③，维时其庶民于女极，锡女保极^④。凡厥庶民，毋有淫朋^⑤，人毋有比德^⑥，维皇作极。凡厥庶民^⑦，有犹有为有守^⑧，女则念之^⑨。不协于极^⑩，不离于咎^⑪，皇则受之。而安而色^⑫，曰予所好德，女则锡之福^⑬。时人斯其维皇之极^⑭。毋侮鳏寡而畏高明^⑮。人之有能有为，使羞其行^⑯，而国其昌^⑰。凡厥正人，既富方穀^⑱，女不能使有好于而家，时人斯其辜。于其毋好，女虽锡之福，其作女用咎^⑲。毋偏毋颇^⑳，遵王之义^㉑。毋有作好，遵王之道。毋有作恶，遵王之路。毋偏毋党^㉒，王道荡荡^㉓。毋党毋偏，王道平平^㉔。毋反毋侧^㉕，王道正直。会其有极^㉖，归其有极。曰王极之傅言^㉗，是夷是训^㉘，于帝其顺。凡厥庶民，极之傅言，是顺是行，以近天子之光^㉙。曰天子作民父母，以为天下王。

【注释】

①建：树立。②敛（liǎn）：聚集，求得。时：这。③傅：同"敷"。布施。锡：赐予。庶：众。④保：守；维持。⑤淫：邪恶。朋：朋党，即以谋私利为目的而结合的集团。⑥比：曲从勾结。⑦厥：其。⑧犹：谋划。守：操守。⑨念：思念；考虑。⑩协：合。⑪离：通"罹"。遭遇。⑫而：你（们）。⑬福：指爵禄。⑭斯：此；这。⑮高明：指宠幸贵显的人。⑯羞：原义是进献食品，这里用为进献的意思。⑰昌：兴盛。⑱方：接待。穀：善道。⑲咎：罪恶。⑳偏：不平。颇：不正。㉑遵：依照。㉒党：偏私。㉓荡荡：广大貌。㉔平平（pián pián）：治理貌。㉕反：背逆。侧：倾斜；偏差。㉖会：会集。㉗傅言：宣扬帝王的言论。㉘夷：常道。训：教训。㉙近：益；增加。

三德^①：一曰正直^②，二曰刚克^③，三曰柔克^④。平康正直^⑤，强不友刚克^⑥，内友柔克^⑦，沉渐刚克^⑧，高明柔克^⑨。维辟作福^⑩，维辟作威^⑪，维辟玉食^⑫。臣无有作福、作威、玉食。臣有作福、作威、玉食，其害于而家^⑬，凶于而国，人用侧颇辟^⑭，民用僭忒^⑮。

【注释】

①三德：人君随时张弛而用的三种德行。②正直：能正人之曲使直。③刚克：刚强能立事。④柔克：和柔能治事。⑤平康：和平安康。⑥强不友：强暴不顺。友，顺。⑦内友：和顺。⑧沉渐：深隐未露的阴谋。渐，通"潜"。⑨高明：指君子。⑩辟（bì）：君主。作福：专爵赏。⑪作威：专刑罚。⑫玉食：美食。⑬家：指卿大夫的封邑。⑭辟（pì）：通"僻"。偏邪。⑮僭忒（jiàn tè）：逾越常规，心怀疑贰。

稽疑①：择建立卜筮人②，乃命卜筮，曰雨③，曰济④，曰涕⑤，曰雾⑥，曰克⑦，曰贞⑧，曰悔⑨，凡七。卜五，占之用二，衍贷⑩。立时人为卜筮，三人占则从二人之言。女则有大疑，谋及女心，谋及卿士，谋及庶人，谋及卜筮。女则从。龟从，筮从，卿士从，庶民从，是之谓大同⑪，而身其康强⑫，而子孙其逢吉⑬。女则从，龟从，筮从，卿士逆，庶民逆，吉。卿士从，龟从，筮从，女则逆，庶民逆，吉。庶民从，龟从，筮从，女则逆，卿士逆，吉。女则从，龟从，筮逆，卿士逆，庶民逆，作内吉，作外凶⑭。龟筮共违于人，用静吉，用作凶⑮。

【注释】

①稽疑：决断疑难问题。②卜：用火烧龟甲，观察灼开的裂纹（兆），去推测吉凶。筮：用蓍（shī）草占卦。③雨：兆象下雨。④济：通"霁"，兆象雨止。⑤涕（yí）：《尚书·洪范》作"圉"。兆象气络绎不绝。⑥雾：兆象气阴暗模糊。⑦克：兆象阴阳二气相侵犯。⑧贞：内卦下三爻叫贞。贞，正。⑨悔：外卦上三爻叫悔。⑩衍贷（tè）：推演变化。贷，通"忒"。⑪大同：人神的意见一致。⑫康强：康乐强健。⑬逢：大。⑭内吉外凶：谓举事于境内则吉，境外则凶。⑮作：动；兴起。

庶征：曰雨，曰阳，曰奥，曰寒，曰风，曰时①。五者来备，各以其序，庶草繁庑②。一极备③，凶。一极亡④，凶。曰休征⑤：曰肃，时雨若⑥；曰治，时旸若⑦；曰知，时奥若；曰谋，时寒若；曰圣，时风若。曰咎征⑧：曰狂，常雨若；曰僭⑨，常旸若；曰舒⑩，常奥若；曰急，常寒若；曰雾⑪，常风若。王眚维岁⑫，卿士维月，师尹维日⑬。岁、月、日、时毋易⑭，百谷用成⑮，治用明，畯民用章⑯，家用平康。日、月、岁、时既易，百谷用不成，治用昏不明，畯民用微，家用不宁。庶民维星，星有好风⑰，星有好雨⑱。日月之行，有冬有夏。月之从星，则以风雨。

【注释】

①庶征：众多的征验。庶，众多。雨以润物，阳以干物，奥以长物，寒以成物，风以动物。五者都适时，所以是众多的证验。时，适时。奥（yù）通"燠（yù）"，暖。②庑：通"芜"。草木茂盛。③极备：过多。④亡（wú）：通"无"。⑤休征：美好行为的证验。休，美好。⑥肃：谓君主行为肃敬。若：顺。⑦旸：出太阳；天晴。⑧咎征：恶行的证验。⑨僭（jiàn）：差失。⑩舒：逸豫；安乐。⑪雾：昏暗。⑫眚：通省（xǐng）。察看；职掌。维：为；是。⑬师尹：各部门的主官。⑭毋易：各顺正常不改变。⑮百谷：谷类的总称。用：以；因。⑯畯（jùn）民：贤臣。畯，通"俊"。⑰星：指箕宿。二十八宿之一。⑱星：指毕宿。二十八宿之一。

"五福：一曰寿，二曰富，三曰康宁①，四曰攸好德②，五曰考终命③。六极④：

一曰凶、短、折⑤，二曰疾，三曰忧，四曰贫，五曰恶⑥，六曰弱⑦。"

【注释】

①康宁：平安，无疾病。②攸好德：爱好道德。攸，语助词，无义。③考终命：享尽天年，获得善终。考，老。④极：不幸的事。⑤凶、短、折：早死，夭折。⑥恶：丑陋。⑦弱：愚蠢而怯懦。

于是武王乃封箕子于朝鲜而不臣也①。

【注释】

①朝鲜：传说其地在今朝鲜半岛。臣：以动用法。

其后箕子朝周，过故殷虚①，感宫室毁坏，生禾黍，箕子伤之，欲哭则不可，欲泣为其近妇人②，乃作《麦秀》之诗以歌咏之。其诗曰："麦秀渐渐兮③，禾黍油油④。彼狡童兮⑤，不与我好兮！"所谓狡童者，纣也。殷民闻之，皆为流涕。

【注释】

①故：旧。殷虚：商代后期的都城遗址。在今河南省安阳县小屯村。虚，通"墟"。②近妇人：谓与妇人喜爱涕泣的性格相近。③渐渐：麦芒的形状。④油油：禾黍苗光润貌。⑤狡童：美好的少年。

武王崩①，成王少②，周公旦代行政当国③。管蔡疑之，乃与武庚作乱，欲袭成王、周公。周公既承成王命诛武庚，杀管叔，放蔡叔④，乃命微子开代殷后，奉其先祀，作《微子之命》以申之⑤，国于宋⑥。微子故能仁贤，乃代武庚，故殷之余民甚戴爱之。

【注释】

①崩：古代称天子死。②成王：姬诵。武王子。③周公旦：姬旦。④放：流放。⑤《微子之命》：《尚书》篇名。申：表明告诫。⑥国：建国。宋：子姓。

微子开卒，立其弟衍，是为微仲①。微仲卒，子宋公稽立。宋公稽卒，子丁公申立。丁公申卒，子湣公共立。湣公共卒，弟炀公熙立。炀公即位，湣公子鲋祀弑炀公而自立，曰"我当立"，是为厉公。厉公卒，子釐公举立。

釐公十七年，周厉王出奔彘②。

【注释】

①微仲：《史记志疑》认为是微子的儿子。②周厉王：姬胡。

二十八年，釐公卒，子惠公覸立①。惠公四年，周宣王即位②。三十年，惠公卒，子哀公立。哀公元年卒，子戴公立。

【注释】

①覸：音 jiàn。②周宣王：姬靖。

戴公二十九年，周幽王为犬戎所杀①，秦始列为诸侯②。

【注释】

①周幽王：姬宫涅（shēng）。前 781—前 771 年在位。②秦：部落名。

三十四年，戴公卒，子武公司空立。武公生女为鲁惠公夫人，生鲁桓公。十八年，武公卒，子宣公力立。

宣公有太子与夷。十九年，宣公病，让其弟和，曰："父死子继，兄死弟及，天下通义也。我其立和。"和亦三让而受之。宣公卒，弟和立，是为穆公。

穆公九年，病，召大司马孔父谓曰①："先君宣公舍太子与夷而立我，我不敢忘。我死，必立与夷也。"孔父曰："群臣皆愿立公子冯。"穆公曰："毋立冯，吾不可以负宣公②。"于是穆公使冯出居于郑③。八月庚辰，穆公卒，兄宣公子与夷立，是为殇公。君子闻之，曰："宋宣公可谓知人矣，立其弟以成义，然卒其子复享之。"

【注释】

①大司马：官名。掌邦国政治。孔父：即孔父嘉。②负：背弃。③郑：国名。姬姓。开国君主是周宣王的弟弟郑桓公。

殇公元年，卫公子州吁弑其君完自立，欲得诸侯，使告于宋曰："冯在郑，必为乱，可与我伐之。"宋许之，与伐郑，至东门而还。二年，郑伐宋，以报东门之役①。其后诸侯数来侵伐②。

【注释】

①报：报复。②数（shuò）：屡次。

九年，大司马孔父嘉妻好①，道遇太宰华督②，督说③，目而观之④。督利孔父妻⑤，乃使人宣言国中曰："殇公即位十年耳⑥，而十一战⑦，民苦不堪，皆孔父为之，我且杀孔父以宁民。"是岁，鲁弑其君隐公。十年，华督攻杀孔父，取其妻。殇公怒，遂弑殇公，而迎穆公子冯于郑而立之，是为庄公。

【注释】

①好：美丽。②太宰：官名。辅佐国君治理国家。③说：通"悦"，喜欢。④目：注视。⑤利：贪。⑥耳：而已；罢了。⑦十一战：贾逵说；"一战，伐郑，围其东门；二战，取其禾；三战，取邾田；四战，邾郑伐宋，入其郭；五战，伐郑，围长葛；六战，郑以王命伐宋；七战，鲁败宋师于菅；八战，宋、卫入郑；九战，伐戴；十战，郑入宋；十一战，郑伯以虢师大败宋。"

庄公元年，华督为相。九年，执郑之祭仲①，要以立突为郑君②。祭仲许，竟立突。十九年，庄公卒，子湣公捷立。

【注释】

①祭（zhài）仲：郑国大夫。②要（yāo）：要挟。突：姬突。后为郑厉公。

湣公七年，齐桓公即位。九年，宋水①，鲁使臧文仲往吊水②。湣公自罪曰："寡人以不能事鬼神，政不修，故水。"臧文仲善此言。此言乃公子子鱼教湣公也③。

【注释】

①水：水灾。②吊：慰问遭遇不幸。③子鱼：宋桓公的儿子。

十年夏，宋伐鲁，战于乘丘①，鲁生虏宋南宫万②。宋人请万，万归宋。十一年秋，湣公与南宫万猎，因博争行③，湣公怒，辱之，曰："始吾敬若④；今若，鲁虏也。"万有力，病此言⑤，遂以局杀湣公于蒙泽⑥。大夫仇牧闻之，以兵造公门⑦。万搏牧，牧齿著门阖死⑧。因杀太宰华督，乃更立公子游为君。诸公子奔萧⑨，公子御说奔亳⑩。万弟南宫牛将兵围亳。冬，萧及宋之诸公子共击杀南宫牛，杀宋新君游而立湣公弟御说，是为桓公。宋万奔陈。宋人请以赂陈，陈人使妇人饮之醇酒⑪，以革裹之，归宋。宋人醢万也⑫。

【注释】

①乘丘：鲁地名。在今山东省兖州西北。②生虏：活捉。南宫万：南宫，氏；万，名。宋国卿。③博：局戏，即弈棋一类的游戏。④若：你（们）。⑤病：不满。⑥局：棋盘。蒙泽：宋地名。北。⑦仇（qiú）牧：宋大夫。造：往；到。⑧阖：门扇。⑨萧：宋邑名。故城在今安徽省萧县西北。⑩亳（bó）：宋邑名。在今河南省商丘市南。⑪醇酒：浓酒。⑫醢（bǎi）：剁成肉酱。

桓公二年，诸侯伐宋，至郊而去。三年，齐桓公始霸。二十三年，迎卫公子燬于齐，立之，是为卫文公。文公女弟为桓公夫人。秦穆公即位①。三十年，桓公病，太子兹甫让其庶兄目夷为嗣②。桓公义太子意③，竟不听。三十一年春，桓公卒，太子兹甫立，是为襄公。以其庶兄目夷为相。未葬，而齐桓公会诸侯于葵丘④。襄公往会。

【注释】

①秦穆公：嬴任好。前659—前621年在位，称霸西戎。②目夷：字子鱼。③义：认为合乎事宜。以动用法。④葵丘：宋地名。在今河南兰考县境。

襄公七年，宋地霣星如雨①，与雨偕下；六鹢退蜚②，风疾也③。

【注释】

①霣（yǔn）：通"陨"。坠落。②鹢（yì）：鸟名，即鹬。蜚，通"飞"。③风疾：风起于远处，到宋国都城，迅猛异常，所以鹢遇风退飞。

八年，齐桓公卒，宋欲为盟会。十二年春，宋襄公为鹿上之盟①，以求诸侯于楚，楚人许之。公子目夷谏曰："小国争盟，祸也。"不听。秋，诸侯会宋公盟于盂②。目夷曰："祸其在此乎？君欲已甚，何以堪之！"于是楚执宋襄公以伐宋。冬，会于亳，以释宋公。子鱼曰③："祸犹未也。"十三年夏，宋伐郑。子鱼曰："祸在此矣。"秋，楚伐宋以救郑。襄公将战，子鱼谏曰："天之弃商久矣，不可。"冬，十一月，襄公与楚成王战于泓④。楚人未济⑤，目夷曰："彼众我寡，及其未济击之。"公不听。已济未陈⑥，又曰："可击。"公曰："待其已陈。"陈成，宋人击之。宋师大败，襄公伤股。国人皆怨公。公曰："君子不困人于厄⑦，不鼓不成列⑧。"子鱼曰："兵以胜为功，何常言与⑨！必如公言，即奴事之耳⑩，又何战为？"

【注释】

①鹿上：宋地名。在今山东省巨野县西南。②盂（yú）：宋地名。在今河南省睢县西北。③子鱼：即公子目夷。④楚成王：熊恽。前671—前626年在位。泓：水名。⑤济：渡河。⑥陈：同"阵"。排列战斗队形。⑦厄：危难。⑧不鼓：不击鼓，表示不进击。不成列：没有列成阵势。⑨常言：指不切合实际的空谈。与（yú）：通"欤"。语气助词。⑩奴事：当奴隶奉事人家。

楚成王已救郑，郑享之①；去而取郑二姬以归②。叔瞻曰③："成王无礼，其不没乎？为礼卒于无别，有以知其不遂霸也。"

【注释】

①享：通"飨"。用酒食款待。②二姬：郑文公夫人芈（mǐ）氏和姜氏的两

个女儿。③叔瞻：郑国大夫。

是年，晋公子重耳过宋，襄公以伤于楚，欲得晋援，厚礼重耳以马二十乘①。

【注释】

①乘（shèng）：一车四马为一乘。

十四年夏①，襄公病伤于泓而竟卒，子成公王臣立。

【注释】

①按《春秋》记载：宋、楚战于泓是在鲁僖公二十三年（前637年），重耳过宋与宋襄公卒是在鲁僖公二十四年（前636年）。

成公元年，晋文公即位。三年，倍楚盟亲晋①，以有德于文公也。四年，楚成王伐宋，宋告急于晋。五年，晋文公救宋，楚兵去。九年晋文公卒。十一年，楚太子商臣弑其父成王代立。十六年，秦穆公卒。

【注释】

①倍：通"背"。背叛。

十七年，成公卒。成公弟御杀太子及大司马公孙固而自立为君①。宋人共杀君御而立成公少子杵臼，是为昭公。

昭公四年，宋败长翟缘斯于长丘②。七年，楚庄王即位③。

【注释】

①公孙固：宋庄公之孙。②长翟：部族名。狄人的一支。缘斯：鄋（sōu）瞒（长翟的一支）国君。长丘：地名。在今河南省封丘县西南。③楚庄王：熊侣，前613—前591年在位。春秋五霸之一。

九年，昭公无道，国人不附。昭公弟鲍革贤而下士①。先，襄公夫人欲通于公子鲍②，不可，乃助之施于国③，因大夫华元为右师④。昭公出猎，夫人王姬使卫伯攻杀昭公杵臼。弟鲍革立，是为文公。

【注释】

①鲍革：《史记志疑》以为"革"是衍文，当删。就是下文的公子鲍。②襄公夫人：即夫人王姬。周惠王的女儿。③施：布施恩惠。④华元：华督的曾孙。右师：宋国设有右师、左师，都是执政官。

文公元年，晋率诸侯伐宋，责以弑君。闻文公定立，乃去。二年，昭公子因文公母弟须与武、缪、戴、庄、桓之族为乱，文公尽诛之，出武、缪之族①。

【注释】

①出：逐出。

四年春，楚命郑伐宋。宋使华元将，郑败宋，囚华元。华元之将战，杀羊以食士，其御羊羹不及①，故怨，驰入郑军，故宋师败，得囚华元。宋以兵车百乘、文马四百匹赎华元②。未尽入，华元亡归宋。

【注释】

①御：驾车的人，名羊斟。②文马：毛色有文彩的马。

十四年，楚庄王围郑。郑伯降楚，楚复释之。

十六年，楚使过宋，宋有前仇，执楚使。九月，楚庄王围宋。十七年，楚以围宋五月不解①，宋城中急，无食，华元乃夜私见楚将子反。子反告庄王。王问："城中何如？"曰："析骨而炊②，易子而食③。"庄王曰："诚哉言！我军亦有二日粮。"以信故，遂罢兵去。

【注释】

①以：通"已"。已经。②析骨：把人骨劈开。③易子：交换子女。易，交换。

二十二年，文公卒，子共公瑕立。始厚葬。君子讥华元不臣矣①。

【注释】

①不臣：不能尽到臣子的职责。

共公十年，华元善楚将子重，又善晋将栾书，两盟晋、楚。十三年，共公卒。华元为右师，鱼石为左师。司马唐山攻杀太子肥，欲杀华元，华元奔晋，鱼石止之，至河乃还，诛唐山。乃立共公少子成，是为平公。

平公三年，楚共王拔宋之彭城，以封宋左师鱼石。四年，诸侯共诛鱼石，而归彭城于宋。三十五年，楚公子围弑其君自立，为灵王。四十四年，平公卒，子元公佐立。

元公三年，楚公子弃疾弑灵王，自立为平王。八年，宋火。十年，元公毋信，诈杀诸公子，大夫华、向氏作乱。楚平王太子建来奔，见诸华氏相攻乱，建去如郑。十五年，元公为鲁昭公避季氏居外，为之求入鲁，行道卒，子景公头曼立。

景公十六年，鲁阳虎来奔①，已复去②。二十五年，孔子过宋，宋司马桓魋恶之③，欲杀孔子，孔子微服去④。三十年，曹倍宋，又倍晋，宋伐曹，晋不救，遂灭曹有之⑤。三十六年，齐田常弑简公。

【注释】

①阳虎：又名阳货。鲁国季孙氏的家臣。②已：没有多久。③魋：音 tuí。④微服：平民的服装。⑤有：取得；占有。

三十七年，楚惠王灭陈。荧惑守心①。心，宋之分野也②。景公忧之。司星子韦曰③："可移于相。"景公曰："相，吾之股肱④。"曰："可移于民。"景公曰："君者待民。"曰："可移于岁。"景公曰："岁饥民困，吾谁为君！"子韦曰："天高听卑。君有君人之言三⑤，荧惑宜有动。"于是候之⑥，果徙三度。

【注释】

①荧惑：即火星。心：心宿，二十八宿之一。②分野：古代天文学说，把天上星宿的位置跟地上州国的位置相对应，如说房宿、心宿的分野是宋国或豫州之类。③司星：观测星象的官员。④股肱（gōng）：股，大腿。肱，手臂从肘到腕的部分。⑤君人：君临人民。有配当人民的君主之意。君，作动词用。⑥候：观测；占验。

六十四年，景公卒。宋公子特攻杀太子而自立，是为昭公。昭公者，元公之曾庶孙也。昭公父公孙纠，纠父公子裯秦①，裯秦即元公少子也。景公杀昭公父纠，故昭公怨杀太子而自立。

【注释】

①裯（duān）秦：人名。

昭公四十七年卒，子悼公购由立。悼公八年卒，子休公田立。休公田二十三年卒，子辟公辟兵立。辟公三年卒，子剔成立。剔成四十一年，剔成弟偃攻袭剔成，剔成败奔齐，偃自立为宋君。

君偃十一年，自立为王。东败齐，取五城；南败楚，取地三百里；西败魏军，乃与齐、魏为敌国。盛血以韦囊①，县而射之②，命曰"射天"。淫于酒、妇人。群臣谏者辄射之。于是诸侯皆曰"桀宋"③。"宋其复为纣所为，不可不诛。"告齐伐宋。王偃立四十七年，齐湣王与魏、楚伐宋，杀王偃，遂灭宋而三分其地。

【注释】

①韦：熟牛皮。②县（xuán）：通"悬"。③桀宋：说他是像夏桀一样的宋君。

太史公曰：孔子称"微子去之，箕子为之奴，比干谏而死，殷有三仁焉①"。《春秋》讥宋之乱自宣公废太子而立弟②，国以不宁者十世。襄公之时，修行仁义，欲为盟主。其大夫正考父美之，故追道契、汤、高宗③，殷所以兴，作《商颂》④。襄公既败于泓，而君子或以为多⑤，伤中国阙礼义⑥，褒之也⑦，宋襄之有礼让也。

【注释】

①三仁：指微子、箕子、比干。②《春秋》：指《春秋公羊传》。③契（xiè）：传说中商朝的始祖。汤：商朝的建立者。高宗：武丁。④《商颂》：《诗·颂》的一部分，有五篇，为祝颂之诗。⑤多：赞许。⑥阙（què）：通"缺"，缺少。⑦褒：称赞；表扬。

晋世家第九①

晋唐叔虞者②，周武王子而成王弟③。初，武王与叔虞母会时④，梦天谓武王曰："余命女生子，名虞，余与之唐。"及生子，文在其手曰"虞"，故遂因命之曰虞。

【注释】

①晋：始建国于公元前11世纪。姬姓。②叔虞：周成王的弟弟。周公诛灭唐国（今山西省翼城县西）以后，成王把唐地封给弟弟叔虞。叔是字，虞是名。因为封在唐，所以叫唐叔虞。叔虞的儿子燮（xiè）迁都曲沃（故城在今山西省闻喜县东北），因南临晋水，改称为晋，但晋初封于唐，所以又称晋唐叔虞。③周武王：姬发。成王：武王的儿子姬诵。④叔虞母：邑姜。武王正妃，齐太公姜尚的女儿。

武王崩，成王立，唐有乱①，周公诛灭唐。成王与叔虞戏，削桐叶为珪以与叔虞②，曰："以此封若③。"史佚因请择日立叔虞④。成王曰："吾与之戏耳。"史佚曰："天子无戏言。言则史书之，礼成之，乐歌之。"于是遂封叔虞于唐。唐在河、汾之东⑤，方百里，故曰唐叔虞。姓姬氏，字子于。

【注释】

①唐：夏、商时即为诸侯国，相传是唐帝尧的后裔。祁姓。②珪：帝王诸侯所持的玉版，上圆或尖，下方。③若：你（们）。④史佚（yì）：史官名佚。⑤河：黄河。汾：汾河，在山西省中部。

唐叔子燮，是为晋侯。晋侯子宁族，是为武侯。武侯之子服人，是为成侯。成侯子福，是为厉侯。厉侯之子宜臼，是为靖侯。靖侯已来①，年纪可推②。自唐叔至靖侯五世，无其年数。

【注释】

①已：通"以"。②年纪：在位的年数。

靖侯十七年，周厉王迷惑暴虐①，国人作乱，厉王出奔于彘②，大臣行政，故曰"共和"③。

【注释】

①周厉王：姬胡。②彘（zhì）：地名。在今山西省霍县。③共和：厉王出奔以后，由大臣周公、召公共同行政。

十八年，靖侯卒，子僖侯司徒立①。僖侯十四年，周宣王初立②。十八年，僖侯卒，子献侯籍立。献侯十一年卒，子穆侯费王立③。

【注释】

①僖（xī）：通"僖"。②周宣王：姬静。前828—前782年在位。③费：音bì。

穆侯四年，取齐女姜氏为夫人①。七年，伐条②。生太子仇。十年，伐千亩③，有功。生少子，名曰成师。晋人师服曰④："异哉，君之命子也！太子曰仇，仇者雠也。少子曰成师，成师大号，成之者也。名，自命也；物，自定也。今适庶名反逆⑤，此后晋其能毋乱乎！"

【注释】

①取：通"娶"。②条：晋地名。今地不详。③千亩：晋地名。在今山西省介休市南。④师服：晋国大夫。⑤适（dí）：通"嫡"。古代称正妻为"嫡"，称正妻所生的子、女为嫡出。也为正妻所生的长子（嫡子）的简称。

二十七年，穆侯卒，弟殇叔自立，太子仇出奔。殇叔三年，周宣王崩。四年，穆侯太子仇率其徒袭殇叔而立，是为文侯。

文侯十年，周幽王无道①，犬戎杀幽王，周东徙。而秦襄公始列为诸侯。

【注释】

①周幽王：姬宫涅（shēng）。前781—前771年在位。因任用虢石父为政，剥削严重，人民流离失所。

三十五年，文侯仇卒，子昭侯伯立。

昭侯元年，封文侯弟成师于曲沃①。曲沃邑大于翼②。翼，晋君都邑也。成师封曲沃，号为桓叔。靖侯庶孙栾宾相桓叔。桓叔是年五十八矣，好德，晋国之众皆附焉。君子曰："晋之乱其在曲沃矣。末大于本而得民心，不乱何待？"

【注释】

①曲沃：原为晋国都城，在今山西省闻喜县东北。②翼：晋邑名。

七年，晋大臣潘父弑其君昭侯而迎曲沃桓叔。桓叔欲入晋，晋人发兵攻桓叔。桓叔败，还归曲沃。晋人共立昭侯子平为君，是为孝侯。诛潘父。

孝侯八年，曲沃桓叔卒，子鳝代桓叔①，是为曲沃庄伯。孝侯十五年，曲沃庄伯弑其君晋孝侯于翼，晋人攻曲沃庄伯，庄伯复入曲沃。晋人复立孝侯子郄为君②，是为鄂侯。

【注释】

①鳝（shàn）：人名。②郄（xì）：人名。

鄂侯二年，鲁隐公初立①。

鄂侯六年卒。曲沃庄伯闻晋鄂侯卒，乃兴兵伐晋。周平王使虢公将兵伐曲沃庄伯①，庄伯走保曲沃。晋人共立鄂侯子光，是为哀侯。

【注释】

①鲁隐公：姬息。前722—前711年在位。《春秋》纪年从此开始。②周平王：据《十二诸侯年表》和《左传》是周桓王，此误。

哀侯二年，曲沃庄伯卒，子称代庄伯立①，是为曲沃武公。哀侯六年，鲁弑其君隐公。哀侯八年，晋侵陉廷②。陉廷与曲沃武公谋，九年，伐晋于汾旁，虏哀侯。晋人乃立哀侯小子为君，是为小子侯③。

【注释】

①称：音chèn。②陉（xíng）廷：贾逵说："翼南鄙邑名。"在今山西省侯马市东北。③小子：古代帝王诸侯父丧未除，不能正式登位，称子或小子。

小子元年，曲沃武公使韩万杀所虏晋哀侯①。曲沃益强，晋无如之何。

【注释】

①韩万：曲沃桓叔的儿子，庄伯的弟弟。

晋小子之四年，曲沃武公诱召晋小子杀之。周桓王使虢仲伐曲沃武公①，武公入于曲沃，乃立晋哀侯弟缗为晋侯②。

【注释】

①虢（guó）仲：人名。虢国的君主。②缗：音mín。

晋侯缗四年，宋执郑祭仲而立突为郑君①。晋侯十九年，齐人管至父弑其君襄公②。

【注释】

①祭（zhài）仲：郑国大夫。郑君：郑厉公姬突。②管至父：齐国大夫。

晋侯二十八年，齐桓公始霸①。曲沃武公伐晋侯缗，灭之，尽以其宝器赂献于周禧王②。禧王命曲沃武公为晋君，列为诸侯，于是尽并晋地而有之。

【注释】

①齐桓公：姜小白。春秋五霸之首。②周禧王：姬胡齐。前681—前677年在位。

曲沃武公已即位三十七年矣，更号曰晋武公。晋武公始都晋国，前即位曲沃，通年三十八年。

武公称者，先晋穆侯曾孙也，曲沃桓叔孙也。桓叔者，始封曲沃。武公，庄伯子也。自桓叔初封曲沃以至武公灭晋也，凡六十七岁，而卒代晋为诸侯。武公伐晋二岁，卒。与曲沃通年，即位凡三十九年而卒。子献公诡诸立。

献公元年，周惠王弟穨攻惠王①，惠王出奔，居郑之栎邑②。

【注释】

①周惠王：姬阆（làng）。前676—前652年在位。②栎（lì）邑：郑邑名。故城在今河南省禹县境。

五年，伐骊戎①，得骊姬、骊姬弟②，俱爱幸之。

八年，士蒍说公曰③："故晋之群公子多，不诛，乱且起。"乃使尽杀诸公子，而城聚都之④，命曰绛⑤，始都绛。九年，晋群公子既亡奔虢⑥，虢以其故再伐晋，弗克。十年，晋欲伐虢，士蒍曰："且待其乱。"

【注释】

①骊戎：西戎别居在骊山的一支。②骊姬弟：即骊姬的妹妹。③士蒍（wěi）：晋国大夫。④聚：晋邑名。故城在今山西省绛县东南。⑤绛：音jiàng。⑥虢：指北虢。地在今河南三门峡市东南。

十二年，骊姬生奚齐。献公有意废太子，乃曰："曲沃吾先祖宗庙所在，而蒲边秦①，屈边翟②，不使诸子居之，我惧焉。"于是使太子申生居曲沃，公子重耳居蒲，公子夷吾居屈。献公与骊姬子奚齐居绛。晋国以此知太子不立。太子申生，其母齐桓公女也，曰齐姜，早死。申生同母女弟为秦穆公夫人。重耳母，翟之狐氏女也。夷吾母，重耳母女弟也。献公子八人③，而太子申生、重耳、夷吾皆有贤行。及得骊姬，乃远此三子④。

【注释】

①蒲：晋邑名。故城在今山西省隰县北。②屈：晋邑名。故城在今山西省吉县东北。翟：部族名。③八人：下文引述介子推的话说有九人，《左传》也说有九人，此误。④远（yuǎn）：疏远。动词。

十六年，晋献公作二军①。公将上军，太子申生将下军，赵夙御戎②，毕万为右③，伐灭霍④，灭魏⑤，灭耿⑥。还，为太子城曲沃，赐赵夙耿，赐毕万魏，以为大夫。士蒍曰："太子不得立矣。分之都城⑦，而位以卿⑧，先为之极⑨，又安得立！不如逃之，无使罪至。为吴太伯⑩，不亦可乎，犹有令名⑪。"太子不从。卜偃曰⑫："毕万之后必大。万，盈数也；魏，大名也⑬。以是始赏，天开之矣⑭。天子曰兆民，诸侯曰万民，今命之大，以从盈数，其必有众。"初，毕万卜仕于晋国，遇《屯》之《比》⑮。辛廖占之曰⑯："吉。屯固比入⑰，吉孰大焉⑱。其后必蕃昌。"

【注释】

①二军：周制，周王设六军，诸侯大国设三军，其余依次递减，每军一万二千五百人。②御戎：驾驶兵车。③右：马车上防备车子倾侧或受阻的力士，位置在驾车者之右。④霍：古国名。故城在今山西省霍县西南。⑤魏：古国名。故城在今山西省芮城县东北。⑥耿：古国名。故城在今山西省河津市东南。⑦都：有先代国君神主的邑叫都。⑧卿：指下军将。⑨极：说他的禄位到了极点。⑩吴太伯：周太王的长子。⑪令名：好名声。

⑫卜偃：晋国掌卜的大夫郭偃。⑬盈数：数从一到万是满。魏：通"巍"，高大的意思。⑭开：开通。⑮《屯》之《比》：《震》（☳）下《坎》（☵）上为《屯》（zhūn），《坤》（☷）下《坎》（☵）上为比。《屯》之初九变为《比》之初六。其余五爻（从六二到上六）相同。⑯辛廖：晋国大夫。⑰屯固比入："屯"的意义是艰险，所以意味着坚固；⑱孰：哪个；谁。

十七年，晋侯使太子申生伐东山①。里克谏献公曰②："太子奉冢祀社稷之粢盛③，以朝夕视君膳者也④，故曰'冢子'⑤。君行则守，有守则从，从曰'抚军'⑥，守曰'监国'⑦，古之制也。夫率师，专行谋也⑧；誓军旅⑨，君与国政之所图也⑩：非太子之事也。师在制命而已⑪，禀命则不威⑫，专命则不孝，故君之嗣适不可以帅师⑬。君失其官⑭，率师不威⑮，将安用之？"公曰："寡人有子，未知其太子谁立？"里克不对而退。见太子，太子曰："吾其废乎？"里克曰："太子勉之！教以军旅，不共是惧⑯，何故废乎？且子惧不孝，毋惧不得立。修己而不责人，则免于难。"太子帅师，公衣之偏衣⑰，佩之金玦⑱。里克谢病，不从太子。太子遂伐东山。

【注释】

①东山：狄族中赤狄的一支。②里克：晋国大臣。③冢祀：古代帝王、诸侯在宗庙举行的大祭礼。社稷：古代帝王、诸侯祭祀的土神和谷神。④膳：饮食。⑤冢子：嫡长子。⑥抚军：协助国君安抚军士。⑦监国：代替国君监管国政。⑧专行谋：专门谋划军事。⑨誓军族：宣布号令。⑩国政：同"国正"。国家的正卿；首席大臣。⑪制命：制订命令。⑫禀命：请命。⑬嗣适：继承君位的嫡子。⑭君失其官：君使太子统率军队，用人不当。⑮率师不威：太子率师，专命就会陷于不孝，只能禀命，这样就不能有威严。⑯共（gōng）：通"恭"。⑰衣（yì）：给人穿上衣服。偏衣：左右两边颜色不同的衣服。⑱金玦（jué）：金制的开缺口的环。

十九年，献公曰："始吾先君庄伯、武公之诛晋乱，而虢常助晋伐我，又匿晋亡公子，果为乱。弗诛，后遗子孙忧。"乃使荀息以屈产之乘假道于虞①。虞假道，遂伐虢，取其下阳以归②。

【注释】

①屈产：一说是地名。乘（shèng）：四匹马叫一乘。虞：国名。周文王时建立的诸侯国，姬姓。开国君主是周太王的玄孙虞仲。②下阳：虢邑名。在今山西省平陆县北。

献公私谓骊姬曰："吾欲废太子，以奚齐代之。"骊姬泣曰："太子之立，诸侯皆已知之，而数将兵①，百姓附之，奈何以贱妾之故废适立庶？君必行之，妾自杀也。"骊姬详誉太子②，而阴令人谮晋太子③，而欲立其子。

【注释】

①数（shuò）：多次；频繁。②详：通"佯"。假装。③谮恶（zèn wù）：诬陷；诽谤。

二十一年，骊姬谓太子曰："君梦见齐姜，太子速祭曲沃，归禧于君①。"太子于是祭其母齐姜于曲沃，上其荐胙于献公②。献公时出猎，置胙于宫中。骊姬使人置毒药胙中。居二日③，献公从猎来还，宰人上胙献公，献公欲飨之。骊姬从旁止之，曰："胙所从来远，宜试之。"祭地，地坟④；与犬，犬死；与小臣⑤，小臣死。骊姬泣曰："太子何忍也！其父而欲弑代之，况他人乎？且君老矣，且暮之人，曾不能待而欲弑之！"谓献公曰："太子所以然者，不过以妾及奚齐之故。妾愿子母辟之他国⑥，若早自杀⑦，毋徒使母子为太子所鱼肉也⑧。始君欲废之，妾犹恨之⑨；至于今，妾殊自失于此⑩。"太子闻之，奔新城⑪。献公怒，乃诛其傅杜原款。或谓太子曰："为此药者乃骊姬也，太子何不自辞明之⑫？"太子曰："吾君老矣，非骊姬，寝不安，食不甘。即辞之⑬，君且怒之。不可。"或谓太子曰："可奔他国。"太子曰："被此恶名以出⑭，人谁内我⑮？我自杀耳。"十二月戊申，申生自杀于新城。

【注释】

①禧（xī）：祭过鬼神的福食。②荐胙（zuò）：进献的祭肉。③居：停留；经过。④坟：隆起。⑤小臣：阉官。⑥辟：通"避"。之：往。⑦若：或者。⑧徒：徒然。⑨恨：遗憾。⑩自失：自己认为错了。⑪新城：即曲沃，因新为太子筑的城，故称。⑫自辞明之：自己用言语说明真相。⑬即：如果。⑭被：遭受。⑮内：通"纳"，接受；收容。

此时重耳、夷吾来朝。人或告骊姬曰："二公子怨骊姬谮杀太子。"骊姬恐，因谮二公子："申生之药胙，二公子知之。"二子闻之，恐，重耳走蒲，夷吾走屈，保其城，自备守。初，献公使士蒍为二公子筑蒲、屈城，弗就。夷吾以告公，公怒士蒍①。士蒍谢曰②："边城少寇，安用之？"退而歌曰："狐裘蒙茸③，一国三公④，吾谁适从⑤？"卒就城。及申生死，二子亦归保其城。

【注释】

①怒：谴责。②谢：谢罪；认错。③蒙茸（róng）：散乱貌。④三公：指献公与二公子。⑤适（dí）：专主。

二十二年，献公怒二公子不辞而去，果有谋矣，乃使兵伐蒲。蒲人之宦者勃鞮命重耳促自杀①。重耳逾垣，宦者追斩其衣袪②。重耳遂奔翟。使人伐屈，屈城守③，不可下。

【注释】

①勃鞮（dī）：宦者名。②袪（qū）：袖子。③城守：据城守御。

是岁也，晋复假道于虞以伐虢。虞之大夫宫之奇谏虞君曰："晋不可假道也，是且灭虞①。"虞君曰："晋我同姓，不宜伐我②。"宫之奇曰："太伯、虞仲，太王之子也，太伯亡去，是以不嗣。虢仲、虢叔，王季之子也，为文王卿士③，其记勋在王室，藏于盟府④。将虢是灭，何爱于虞？且虞之亲能亲于桓、庄之族乎⑤？桓、庄之族何罪，尽灭之。虞之与虢，唇之与齿，唇亡则齿寒。"虞公不听，遂许晋。宫之奇以其族去虞。其冬，晋灭虢，虢公丑奔周。还，袭灭虞，虏虞公及其大夫井伯、百里奚以媵秦穆姬⑥，而修虞祀。荀息牵曩所遗虞屈产之乘马奉之献公⑦，献公笑曰："马则吾马，齿亦老矣⑧！"

【注释】

①且：将。②宜：应当。③卿士：执政官。④盟府：掌管保存盟书的官府。⑤桓、庄之族：指晋献公的曾祖（桓叔）和祖父（庄伯）的后代，即晋献公的从堂或堂房亲属。⑥井伯、百里奚：同为宛地人。媵（yìng）：陪嫁。⑦曩（nǎng）：

从前。⑧齿亦老矣：马齿随年龄而添换，看马齿可知马的年龄。

二十三年，献公遂发贾华等伐屈①，屈溃②。夷吾将奔翟，冀芮曰③："不可，重耳已在矣，今往，晋必移兵伐翟，翟畏晋，祸且及。不如走梁④，梁近于秦，秦强，吾君百岁后可以求入焉⑤。"遂奔梁。二十五年，晋伐翟，翟以重耳故，亦击晋于啮桑⑥，晋兵解而去。

【注释】

①贾华：晋国大夫。②溃：人民逃散。③冀芮：晋国大夫。④梁：国名。嬴姓。地在今陕西省韩城市南。⑤吾君：指晋献公。⑥啮桑：《左传》作采桑。晋地，在今山西吉县。

当此时，晋强，西有河西①，与秦接境，北边翟，东至河内②。

【注释】

①河西：地区名。指今山西、陕西两省间黄河南段之西。②河内：地区名。指今河南省黄河以北地区。

骊姬弟生悼子①。

二十六年夏，齐桓公大会诸侯于葵丘②。晋献公病，行后，未至，逢周之宰孔③。宰孔曰："齐桓公益骄，不务德而务远略，诸侯弗平。君弟毋会④，毋如晋何。"献公亦病，复还归。病甚，乃谓荀息曰："吾以奚齐为后，年少，诸大臣不服，恐乱起，子能立之乎？"荀息曰："能"。献公曰："何以为验⑤？"对曰："使死者复生⑥，生者不惭⑦，为之验。"于是遂属奚齐于荀息⑧。荀息为相，主国政。秋九月，献公卒。里克、邳郑欲纳重耳⑨，以三公子之徒作乱⑩，谓荀息曰："三怨将起，秦、晋辅之，子将何如？"荀息曰："吾不可负先君言。"十月，里克杀奚齐于丧次⑪，献公未葬也。荀息将死之⑫，或曰："不如立奚齐弟悼子而傅之。"荀息立悼子而葬献公。十一月，里克弑悼子于朝，荀息死之。君子曰："《诗》所谓'白珪之玷⑬，犹可磨也；斯言之玷，不可为也。'其荀息之谓乎！不负其言。"初，献公将伐骊戎，卜曰"齿牙为祸"⑭。及破骊戎，获骊姬，爱之，竟以乱晋。

【注释】

①弟：女弟，即妹妹。悼子：他书多作"卓子"。②葵丘：宋邑名。故城在今河南省兰考县东北。③宰孔：周之太宰姬孔。④弟：通"第"，但。⑤验：证明。⑥死者复生：说荀息接受献公的命令，拥立奚齐，虽然自己身死，也不背弃献公生前的命令，这就等于死者复生。⑦生者不惭：说生者看见荀息不背弃君命而死，不替他感到惭愧。⑧属（zhǔ）：通"嘱"，托付。⑨里克、邳郑：皆晋国大夫。内：通"纳"。⑩三公子：指申生、重耳、夷吾。⑪丧次：服丧的地方。⑫死：效死。为动用法。⑬《诗》：引诗出于《诗·大雅·抑》。白珪：白玉。玷：玉的斑点。引申为缺点、过失。⑭齿牙为祸：占卜时所得的龟甲兆纹左右间隙分裂好像齿牙，中间有直画，像有人进谗言为害。

里克等已杀奚齐、悼子，使人迎公子重耳于翟，欲立之。重耳谢曰："负父之命出奔①，父死不得修人子之礼侍丧，重耳何敢入！大夫其更立他子②。"还报里克，里克使迎夷吾于梁。夷吾欲往，吕省、郤芮曰："内犹有公子可立者而外求，难信。计非之秦，辅强国之威以入，恐危。"乃使郤芮厚赂秦，约曰："即得入，请以晋河西之地与秦。"乃遗里克书曰③："诚得立，请遂封子于汾阳之邑④。"秦穆公乃发兵送夷吾于晋⑤。齐桓公闻晋内乱，亦率诸侯如晋⑥。秦兵与夷吾亦至晋，齐乃使隰朋会秦俱入夷吾⑦，立为晋君，是为惠公。齐桓公至晋之高梁而还归⑧。

【注释】

①负：辜负；违背。②更：改。③遗（wèi）：致送；给予。④汾（fén）阳：晋地名。⑤秦缪公：嬴任好。春秋五霸之一。前659—前621年在位。缪，通"穆"，谥号用字。⑥如：往；去。⑦入：纳。使动用法。⑧高梁：晋地名。在今山西省临汾市东北。

惠公夷吾元年，使邳郑谢秦曰①："始夷吾以河西地许君，今幸得入立。大臣曰：'地者先君之地，君亡在外，何以得擅许秦者？'寡人争之弗能得，故谢秦。"亦不与里克汾阳邑，而夺之权②。四月，周襄王使周公忌父会齐、秦大夫共礼晋惠公③。惠公以重耳在外，畏里克为变，赐里克死。谓曰："微里子寡人不得立④。虽然，子亦杀二君一大夫，为子君者不亦难乎？"里克对曰："不有所废，君何以兴？欲诛之，其无辞乎⑤？乃言为此！臣闻命矣。"遂伏剑而死。于是邳郑使谢秦未还⑥，故不及难。

【注释】

①谢：道歉。②之：其；他（们）的。③周公忌父：周朝卿士。礼：聘问；访问。动词。④微：无。⑤其：岂；难道。⑥于是：在这时。

晋君改葬恭太子申生①。秋，狐突之下国②，遇申生，申生与载而告之曰③："夷吾无礼④，余得请于帝⑤，将以晋予秦，秦将祀余。"狐突对曰："臣闻神不食非其宗，君其祀毋乃绝乎⑥？君其图之。"申生曰："诺，吾将复请帝。后十日，新城西偏将有巫者见我焉⑦。"许之，遂不见⑧。及期而往，复见，申生告之曰："帝许罚有罪矣，毙于韩⑨。"儿乃谣曰："恭太子更葬矣，后十四年，晋亦不昌，昌乃在兄。"

【注释】

①改葬：献公时没有按礼安葬申生，所以惠公改葬他。②下国：即新城，指曲沃。③遇申生，申生与载：忽然像在梦中相见。④无礼：指改葬申生事暴露了其父晋献公的过恶。⑤帝：天帝。⑥其：之，结构助词。毋乃：难道不。疑问副词。⑦巫者见（xiàn）：申生借托巫者出现。见，同"现"。⑧许之，遂不见。⑨毙：失败。韩：指韩原。晋地名，在今陕西省韩城市西南。毙于韩，事见后文秦晋韩原之战。

邳郑使秦，闻里克诛，乃说秦缪公曰："吕省、郤称、冀芮实为不从①。若重赂与谋，出晋君②，入重耳，事必就。"秦缪公许之，使人与归报晋，厚赂三子。三子曰："币厚言甘③，此必邳郑卖我于秦。"遂杀邳郑及里克、邳郑之党七舆大夫④。邳郑子豹奔秦，言伐晋，缪公弗听。

【注释】

①吕省、郤（xì）称、冀芮：都是晋国大夫。冀芮，即郤芮。②出：逐出。③币：礼物；财物。④七舆大夫：指申生所统率的下军的大夫们，当时申生有副车七乘，每车有一大夫主管，故称七舆大夫。

惠公之立，倍秦地及里克，诛七舆大夫，国人不附。二年，周使召公过礼晋惠公①，惠公礼倨②，召公讥之。

【注释】

①召公过：召武公姬过。为周朝卿士。②礼倨：受礼时态度傲慢。

二年，周室派召公过拜访惠公，惠公傲慢无礼，召公讥笑他。

四年，晋饥，乞籴于秦。缪公问百里奚，百里奚曰："天灾流行，国家代有，救灾恤邻，国之道也。与之。"邳郑子豹曰："伐之。"缪公曰："其君是恶①，其民何罪！"卒与粟，自雍属绛②。

【注释】

①恶（wù）：憎恨；讨厌。②雍：秦国都城。在今陕西省凤翔县东南。

五年，秦饥，请籴于晋，晋君谋之，庆郑曰①："以秦得立，已而倍其地约②。晋饥而秦贷我，今秦饥请籴，与之何疑？而谋之！"虢射曰③："往年天以晋赐秦，秦弗知取而贷我。今天以秦赐晋，晋其可以逆天乎？遂伐之。"惠公用虢射谋，不与秦粟，而发兵且伐秦。秦大怒，亦发兵伐晋。

【注释】

①庆郑：晋国大夫。②倍：通"背"。③虢射：晋惠公舅父。

六年春，秦缪公将兵伐晋。晋惠公谓庆郑曰："秦师深矣①，奈何？"郑曰："秦内君，君倍其赂；晋饥秦输粟，秦饥而晋倍之，乃欲因其饥伐之；其深不亦宜乎！"晋卜御右，庆郑皆吉。公曰："郑不孙②。"乃更令步阳御戎，家仆徒为右③，进兵。九月壬戌，秦缪公、晋惠公合战韩原。惠公马鸷不行④，秦兵至，公窘，召庆郑为御。郑曰："不用卜，败不亦当乎！"遂去。更令梁繇靡御⑤，虢射为右，辂秦缪公⑥。缪公壮士冒败晋军⑦，晋军败，遂失秦缪公，反获晋公以归。秦将以祀上帝。晋君姊为缪公夫人，衰绖涕泣⑧。公曰："得晋侯将以为乐，今乃如此。且吾闻箕子见唐叔之初封，曰'其后必当大矣'，晋庸可灭乎⑨！"乃与晋侯盟王城而许之归⑩。晋侯亦使吕省等报国人曰："孤虽得归，毋面目见社稷⑪，卜日立子圉。"晋人闻之，皆哭。秦缪公问吕省："晋国和乎？"对曰："不和。小人惧失君亡亲⑫，不惮立子圉，曰'必报仇，宁事戎、狄⑬'。其君子则爱君而知罪，以待秦命，曰'必报德'。有此二故，不和。"于是秦穆公更舍晋惠公⑭，馈之七牢⑮。十一月，归晋侯⑯。晋侯至国，诛庆郑，修政教。谋曰："重耳在外，诸侯多利内之⑰。"欲使人杀重耳于狄。重耳闻之，如齐。

【注释】

①深：入境。一说深犹重。②孙（xùn）：通"逊"。恭顺。③步阳、家仆徒：都是晋国大夫。④鸷（zhì）：马重貌。鸷不行，谓马重陷在泥里。⑤梁繇靡：晋国大夫。⑥辂（yà）：通"迓"。迎；迎战。⑦冒：冲击。⑧衰绖（cuī dié）：丧服。⑨庸：岂；难道。⑩王城：秦地名。在今陕西省大荔县东。⑪毋：通"无"。⑫君：指晋惠公。亲：指父母。⑬戎狄：泛指西北各部族。⑭更舍：改变住宿的地方。⑮馈之七牢：赠送晋惠公七牢作食物，即待以诸侯之礼。⑯归：送回。使动用法。⑰利：认为有利。以动用法。

八年，使太子圉质秦①。初，惠公亡在梁，梁伯以其女妻之②，生一男一女。梁伯卜之，男为人臣，女为人妾，故名男为圉③，女为妾④。

【注释】

①质：作为保证的人或物。这里作动词用。②妻：以女嫁人。③圉：养马的人。这里用作人名。④妾：小妻。这里用作人名。

十年，秦灭梁。梁伯好土功①，治城沟②，民力罢③，怨，其众数相惊，曰"秦寇至"，民恐惑，秦竟灭之。

【注释】

①好（hào）：喜爱。土功：建筑、水利等工程。②沟：壕沟。③罢（pí）：通"疲"。

十三年，晋惠公病，内有数子。太子圉曰："吾母家在梁，梁今秦灭之，我外轻于秦而内无援于国。君即不起，病大夫轻①，更立他公子。"乃谋与其妻亡归。秦女曰："子一国太子，辱在此。秦使婢子侍②，以固子之心。子亡矣，我不从子，亦不敢言。"子圉遂亡归晋。十四年九月，惠公卒，太子圉立，是为怀公。

【注释】

①病：忧虑。轻：轻视。②婢子：妇女自谦的称呼。

子圉之亡，秦怨之，乃求公子重耳，欲内之。子圉之立，畏秦之伐也，乃令国中诸从重耳亡者与期①，期尽不到者尽灭其家，狐突之子毛及偃从重耳在秦，弗肯召。怀公怒，囚狐突。突曰："臣子事重耳有年数矣，今召之，是教之反君也，何以教？"怀公卒杀狐突。秦缪公乃发兵送内重耳，使人告栾、郤之党为内应②，杀怀公于高梁，入重耳。重耳立，是为文公。

【注释】

①与期：给以限期，勒令回国。与，给予。②栾（luán）、郤（xì）：栾枝、郤穀。

晋文公重耳，晋献公之子也。自少好士，年十七，有贤士五人：曰赵衰；狐偃咎犯①，文公舅也；贾佗；先轸；魏武子。自献公为太子时，重耳固已成人矣。献公即位，重耳年二十一。献公十三年，以骊姬故，重耳备蒲城守秦。献公杀太子申生，骊姬谗之，恐，不辞献公而守蒲城。献公二十二年，献公使宦者履鞮趣杀重耳②。重耳逾垣，宦者逐斩其衣袪。重耳遂奔狄。狄，其母国也。是时重耳年四十三。从此五士③，其余不名者数十人，至狄。

【注释】

①狐偃咎犯：狐偃，字子犯，因他是文公的舅父，故又称咎（通"舅"）犯。②履鞮：即前献公二十二年提到的"蒲人之宦者勃鞮"。趣（cù）：急；从速。③从：跟随；追随。被动用法。

狄伐咎如①，得二女：以长女妻重耳，生伯鯈、叔刘②；以少女妻赵衰，生盾。居狄五岁而晋献公卒，里克已杀奚齐、悼子，乃使人迎，欲立重耳。重耳畏杀，因固谢，不敢入。已而晋更迎其弟夷吾立之，是为惠公。惠公七年，畏重耳，乃使宦者履鞮与壮士欲杀重耳。重耳闻之，乃谋赵衰等曰："始吾奔狄，非以为可用与③，以近易通，故且休足。休足久矣，固愿徙之大国。夫齐桓公好善，志在霸王，收恤诸侯④。今闻管仲、隰朋死⑤，此亦欲得贤佐，盍往乎⑥？"于是遂行。重耳谓其妻曰："待我二十五年不来，乃嫁。"其妻笑曰："犁二十五年⑦，吾冢上柏大矣⑧。虽然，妾待子。"重耳居狄凡十二年而去。

【注释】

①咎（gāo）如：狄族中赤狄的一支。②儵：音 chóu。③与：援助。④恤：相爱。⑤管仲：齐国执政大臣。隰（xí）朋：齐国大夫。⑥盍：何不。⑦犁：比及；等到。⑧冢：高大的坟墓。

过卫，卫文公不礼。去，过五鹿①，饥而从野人乞食，野人盛土器中进之。重耳怒。赵衰曰："土者，有土也，君其拜受之。"

【注释】

①五鹿：卫地名。在今河南省清丰县西北。

至齐，齐桓公厚礼，而以宗女妻之①，有马二十乘，重耳安之。重耳至齐二岁而桓公卒，会竖刀等为内乱②，齐孝公之立，诸侯兵数至。留齐凡五岁。重耳爱齐女，毋去心。赵衰、咎犯乃于桑下谋行。齐女侍者在桑上闻之，以告其主。其主乃杀侍者③，劝重耳趣行④。重耳曰："人生安乐，孰知其他！必死于此，不能去。"齐女曰："子一国公子，穷而来此，数士者以子为命。子不疾反国，报劳臣，而怀女德⑤，窃为子羞之。且不求，何时得功？"乃与赵衰等谋，醉重耳，载以行。行远而觉，重耳大怒，引戈欲杀咎犯。咎犯曰："杀臣成子，偃之愿也。"重耳曰："事不成，我食舅氏之肉。"咎犯曰："事不成，犯肉腥臊⑥，何足食！"乃止，遂行。

【注释】

①宗女：同宗的女儿。②竖刀（diāo）：齐国的宦官。刀，通"刁"。③杀侍者：齐女害怕孝公知道了来阻止，所以杀掉侍者灭口。④趣（cù）：赶快。⑤女德：女色。⑥腥臊（xīng sāo）：骚气。腥，像鱼的臭气。

过曹①，曹共公不礼②，欲观重耳骈胁③。曹大夫禧负羁曰："晋公子贤，又同姓，穷来过我，奈何不礼！"共公不从其谋。负羁乃私遗重耳食，置璧其下。重耳受其食，还其璧。

【注释】

①曹：国名。前十一世纪周分封的诸侯国。②共（gōng）：通"恭"。③骈（pián）胁：一种生理畸形，肋骨紧密相连，像一块整骨一样。

去，过宋。宋襄公新困兵于楚①，伤于泓②，闻重耳贤，乃以国礼礼于重耳③。宋司马公孙固善于咎犯，曰："宋小国新困，不足以求入，更之大国。"乃去。

【注释】

①宋襄公：名兹甫。春秋五霸之一。前 650—前 637 年在位。②泓：水名。③国礼：接待国君的礼节。

过郑，郑文公弗礼。郑叔瞻谏其君曰："晋公子贤，而其从者皆国相，且又同姓。郑之出自厉王，而晋之出自武王。"郑君曰："诸侯亡公子过此者众，安可尽礼！"叔瞻曰："君不礼，不如杀之，且后为国患。"郑君不听。

重耳去之楚，楚成王以適诸侯礼待之①，重耳谢不敢当。赵衰曰："子亡在外十余年，小国轻子，况大国乎？今楚大国而固遇子②，子其毋让，此天开子也。"

遂以客礼见之。成王厚遇重耳，重耳甚卑。成王曰："子即反国③，何以报寡人？"重耳曰："羽毛齿角玉帛④，君王所余，未知所以报。"王曰："虽然，何以报不穀⑤？"重耳曰："即不得已，与君王以兵车会平原广泽，请辟王三舍⑥。"楚将子玉怒曰："王遇晋公子至厚，今重耳言不孙，请杀之。"成王曰："晋公子贤而困于外久，从者皆国器⑦，此天所置，庸可杀乎？且言何以易之⑧！"居楚数月，而晋太子圉亡秦，秦怨之，闻重耳在楚，乃召之。成王曰："楚远，更数国乃至晋⑨。秦晋接境，子其勉行！"厚送重耳。

【注释】

①适（dí）：通"敌"。相当。②遇：接待。③反：通"返"。④羽毛齿角：指珍禽奇兽。⑤不穀：不善。古代王侯自称的谦辞。⑥辟：通"避"。⑦国器：可使主持国政的人才。⑧易：更换。⑨更：经过；经历。

重耳至秦，缪公以宗女五人妻重耳，故子圉妻与往①。重耳不欲受，司空季子曰②："其国且伐，况其故妻乎？且受以结秦亲而求入，子乃拘小礼，忘大丑乎！"遂受。缪公大欢，与重耳饮。赵衰歌《黍苗》诗③。缪公曰："知子欲急反国矣。"赵衰与重耳下，再拜曰："孤臣之仰君，如百谷之望时雨。"是时晋惠公十四年秋。惠公以九月卒，子圉立。十一月，葬惠公。十二月，晋国大夫栾、郤等闻重耳在秦，皆阴来劝重耳、赵衰等反国，为内应甚众。于是秦缪公乃发兵与重耳归晋④。晋闻秦兵来，亦发兵拒之。然皆阴知公子重耳入也。唯惠公之故贵臣吕、郤之属不欲立重耳⑤。重耳出亡凡十九岁而得入，时年六十二矣，晋人多附焉。

【注释】

①故：旧。与（yù）：在其中。②司空季子：重耳的随臣。③《黍苗》：《诗·小雅》篇名。④与：援助。⑤吕、郤：吕甥、郤芮。

文公元年春，秦送重耳至河。咎犯曰："臣从君周旋天下①，过亦多矣。臣犹知之，况于君乎？请从此去矣。"重耳曰："若反国，所不与子犯共者，河伯视之②！"乃投璧河中，以与子犯盟。是时介子推从，在船中，乃笑曰："天实开公子，而子犯以为己功而要市于君③，固足羞也。吾不忍与同位。"乃自隐渡河。秦兵围令狐④，晋军于庐柳⑤。二月辛丑，咎犯与秦、晋大夫盟于郇⑥。壬寅，重耳入于晋师。丙午，入于曲沃。丁未，朝于武宫⑦，即位为晋君，是为文公。群臣皆往。怀公圉奔高梁。戊申，使人杀怀公。

【注释】

①周旋：追随流亡。②河伯：河神。视：见。③要（yāo）市：求取。④令（lìng）狐：晋地名。在今山西省临猗县西。⑤庐柳：晋地名。在今山西省临猗县西北。⑥郇（xún）：晋地名。在今山西省临猗县西南。⑦武宫：文公的祖父武公庙。

怀公故大臣吕省、郤芮本不附文公，文公立，恐诛，乃欲与其徒谋烧公宫，杀文公。文公不知。始尝欲杀文公宦者履鞮知其谋，欲以告文公，解前罪，求见文公。文公不见，使人让曰①："蒲城之事，女斩予袪②。其后我从狄君猎，女为惠公来求杀我。惠公与女期三日至，而女一日至，何速也？女其念之。"宦者曰："臣刀锯之余③，不敢以二心事君倍主，故得罪于君。君已反国，其毋蒲、翟乎？且管仲射钩④，桓公以霸。今刑余之人以事告而君不见，祸又且及矣。"于是见之，遂以吕、郤等告文公。

文公欲召吕、郤，吕、郤等党多，文公恐初入国，国人卖己，乃为微行⑤，会秦缪公于王城，国人莫知。三月己丑，吕、郤等果反，焚公宫，不得文公。文公之卫徒与战，吕、郤等引兵欲奔，秦缪公诱吕、郤等，杀之河上，晋国复而文公得归。夏，迎夫人于秦，秦所与文公妻者卒为夫人。秦送三千人为卫，以备晋乱。

【注释】

①让：责备。②女：通"汝"。你（们）。③刀锯之余：指受过宫刑的人。④管仲射钩：事详《齐太公世家》。⑤微行：隐瞒自己的身份，改装出行。

文公修政，施惠百姓。赏从亡者及功臣，大者封邑，小者尊爵。未尽行赏，周襄王以弟带难出居郑地①，来告急晋。晋初定，欲发兵，恐他乱起，是以赏从亡未至隐者介子推。推亦不言禄，禄亦不及。推曰："献公子九人，唯君在矣。惠、怀无亲，外内弃之；天未绝晋，必将有主，主晋祀者，非君而谁？天实开之，二三子以为己力，不亦诬乎？窃人之财，犹曰是盗，况贪天之功以为己力乎？下冒其罪，上赏其奸，上下相蒙②，难与处矣！"其母曰："盍亦求之，以死谁怼③？"推曰："尤而效之④，罪有甚焉⑤。且出怨言，不食其禄。"母曰："亦使知之，若何？"对曰："言，身之文也⑥；身欲隐，安用文之？文之，是求显也。"其母曰："能如此乎？与女偕隐。"至死不复见。

【注释】

①周襄王以弟带难出居郑地：事详《周本纪》。②蒙：欺骗。③怼（duì）：怨恨。④尤：过失。⑤有：通"又"。⑥文：文饰；修饰。

介子推从者怜之，乃悬书宫门曰："龙欲上天①，五蛇为辅②。龙已升云，四蛇各入其宇；一蛇独怨，终不见处所。"文公出，见其书，曰："此介子推也。吾方忧王室，未图其功。"使人召之，则亡。遂求所在，闻其入绵上山中③，于是文公环绵上山中而封之，以为介推田，号曰介山，"以记吾过，且旌善人④。"

【注释】

①龙：比喻重耳。②五蛇：比喻狐偃、赵衰、魏武子、司空季子和介子推。③绵上：晋地名。④旌：表彰。

从亡贱臣壶叔曰："君行三赏，赏不及臣，敢请罪。"文公报曰："夫导我以仁义，防我以德惠，此受上赏。辅我以行，卒以成立，此受次赏。矢石之难，汗马之劳，此复受次赏。若以力事我而无补吾缺者，此复受次赏。三赏之后，故且及子①。"晋人闻之，皆说②。

【注释】

①故：通"固"。本来；一定。②说：通"悦"。

二年春，秦军河上①，将入王②。赵衰曰："求霸莫如入王尊周。周、晋同姓，晋不先入王，后秦入之，毋以令于天下。方今尊王，晋之资也③。"三月甲辰，晋乃发兵至阳樊④，围温⑤，入襄王于周。四月，杀王弟带。周襄王赐晋河内阳樊之地。

【注释】

①河上：黄河边上。②王：指周襄王。③资：资本。谓称霸的资本。④阳樊：周王畿内邑名。⑤温：周王畿内邑名，一说国名。故城在今河南省温县西南。当时姬叔带住在温。阳樊、温，后来都成了晋地。

四年，楚成王及诸侯围宋，宋公孙固如晋告急。先轸曰："报施定霸①，于今在矣。"狐偃曰："楚新得曹而初婚于卫，若伐曹、卫，楚必救之，则宋免矣。"于是晋作三军。赵衰举郤縠将中军，郤臻佐之；使狐偃将上军，狐毛佐之；命赵衰为卿②；栾枝将下军，先轸佐之；荀林父御戎，魏犨为右③：往伐。冬十二月，晋兵先下山东④，而以原封赵衰⑤。

【注释】

①报施：报答施与。②卿：西周、春秋时周王、诸侯所属的高级长官都叫卿。③犨：音 chōu。④山东：此指太行山以东之地。⑤原：地名。在今河南省济源县西北。

五年春，晋文公欲伐曹，假道于卫，卫人弗许。还自河南度①，侵曹，伐卫。正月，取五鹿。二月，晋侯、齐侯盟于敛盂②。卫侯请盟晋，晋人不许。卫侯欲与楚，国人不欲，故出其君以说晋③。卫侯居襄牛④，公子买守卫⑤。楚救卫，不卒⑥。晋侯围曹。三月丙午，晋师入曹，数之⑦，以其不用僖负羁言，而用美女乘轩者三百人也。令军毋入僖负羁宗家以报德⑧。楚围宋，宋复告急晋。文公欲救则攻楚，为楚尝有德，不欲伐也；欲释宋⑨，宋又尝有德于晋：患之⑩。先轸曰："执曹伯，分曹、卫地以予宋，楚急曹、卫，其势宜释宋。"于是文公从之，而楚成王乃引兵归。

【注释】

①度：通"渡"。②敛盂：卫地名。③出：驱逐。使动用法。④襄牛：卫地名。在今河南省睢县境。一说在今山东省菏泽市西北。⑤公子买：鲁国大夫。⑥卒：一作"胜"。⑦数（shǔ）：列举罪状。⑧宗家：同族人的家。⑨释：放弃。⑩患：忧虑。楚、宋两国都有恩于晋文公，所以他感到左右为难。

楚将子玉曰："王遇晋至厚，今知楚急曹、卫而故伐之①，是轻王。"王曰："晋侯亡在外十九年，困日久矣，果得反国②，险厄尽知之，能用其民，天之所开，不可当。"子玉请曰："非敢必有功，愿以间执谗慝之口也③。"楚王怒，少与之兵。于是子玉使宛春告晋④："请复卫侯而封曹，臣亦释宋。"咎犯曰："子玉无礼矣，君取一⑤，臣取二⑥，勿许。"先轸曰："定人之谓礼。楚一言而定三国，子一言而亡之，我则毋礼⑦。不许楚，是弃宋也。不如私许曹、卫以诱之，执宛春以怒楚，既战而后图之。"晋侯乃囚宛春于卫，且私许复曹、卫。曹、卫告绝于楚⑧。楚得臣怒⑨，击晋师，晋师退。军吏曰："为何退？"文公曰："昔在楚，约退三舍，可倍乎？"楚师欲去，得臣不肯。四月戊辰，宋公、齐将、秦将与晋侯次城濮⑩。己巳，与楚兵合战，楚兵败，得臣收余兵去。甲午，晋师还至衡雍⑪，作王宫于践土⑫。

【注释】

①急：着急；关切。②果：终于。③间执：堵塞。④宛春：楚国大夫。⑤君：指文公。一：指释宋国之围。⑥臣：指子玉。二：指复卫、封曹。⑦则：才是。⑧绝：断绝关系。⑨得臣：即子玉。⑩宋公：宋成公。齐将：国归父。秦将：小子憖（yìn）。城濮：卫地名。濮集。⑪衡雍：郑地名。在今河南省原阳县西南。⑫王宫：晋国打败楚国以后，周襄王亲自前往践土，赐命晋侯，晋侯替周襄王在践土建造行宫。

初，郑助楚，楚败，惧，使人请盟晋侯。晋侯与郑伯盟。

五月丁未，献楚俘于周①，驷介百乘②，徒兵千③。天子使王子虎命晋侯为伯④，赐大辂⑤，彤弓矢百⑥，旅弓矢千⑦，秬鬯一卣⑧，珪瓒⑨，虎贲三百人⑩。晋侯三辞，然后稽首受之⑪。周作《晋文侯命》⑫："王若曰⑬：父义和⑭，丕显文、武⑮，能慎明德，昭登于上⑯，布闻在下⑰，维时上帝集厥命于文、武⑱。恤朕身⑲，继予一人永其在位⑳。"于是晋文公称伯。癸亥，王子虎盟诸侯于王庭㉑。

【注释】

①俘：被俘虏的人。②驷介：披甲的驷马。③徒兵：步兵。④王子虎：周朝大夫。伯（bà）：诸侯国的盟主。⑤大辂：大车。⑥彤弓矢：朱红色的弓和箭。⑦旅（lú）：黑色。⑧秬鬯（jù chàng）：祭祀时降神所用的以郁金草和黑黍酿造的酒。⑨珪瓒：以珪为柄的瓒，就是祭祀时用来盛灌香酒的勺子。⑩虎贲（bēn）：勇士。常指帝王的亲兵。贲，通"奔"。⑪稽（qǐ）首：叩头至地，古时跪拜礼中最恭敬的形式。⑫《晋文侯命》：现存《尚书》中有《文侯之命》，那是周平王命晋文侯的话。⑬若：顺。⑭父：周与晋同为姬姓，所以称父。义和：用道义使诸侯和睦。⑮丕：大。显：昭明；彰显。⑯昭：明亮。上：上天。⑰布：流传。下：人民。⑱时：是；这。集：集成。厥命：帝王之命。⑲恤：忧念。⑳予一人：帝王自称。㉑王庭：王宫。指践土行宫。

晋焚楚军，火数日不息，文公叹。左右曰："胜楚而君犹忧，何？"文公曰："吾闻能战胜安者唯圣人，是以惧。且子玉犹在，庸可喜乎？"子玉之败而归，楚成王怒其不用其言，贪与晋战，让责子玉，子玉自杀。晋文公曰："我击其外，楚诛其内，内外相应。"于是乃喜。

六月，晋人复入卫侯。壬午，晋侯度河北归国。行赏，狐偃为首。或曰："城濮之事，先轸之谋。"文公曰："城濮之事，偃说我毋失信。先轸曰'军事胜为右'①，吾用之以胜。然此一时之说，偃言万世之功，奈何以一时之利而加万世功乎②？是以先之。"

【注释】

①右：古代尚右，故有比较好、优胜、佳等含意。②加：超过。

冬，晋侯会诸侯于温，欲率之朝周。力未能，恐其有畔者①，乃使人言周襄王狩于河阳②。壬申，遂率诸侯朝王于践土。孔子读史记至文公③，曰"诸侯无召王④"、"王狩河阳"者，《春秋》讳之也⑤。

【注释】

①畔：通"叛"。②狩：特指君王冬天打猎。河阳：晋地名。在今河南省孟州市西南。③史记：泛称史书，实指《春秋》。④无：不可；不当。⑤《春秋》：编年体史书。相传是孔丘根据鲁国史官所编《春秋》加以整理修订而成。讳：隐瞒。

丁丑，诸侯围许①。曹伯臣或说晋侯曰："齐桓公合诸侯而国异姓②，今君为会而灭同姓。曹，叔振铎之后；晋，唐叔之后。合诸侯而灭兄弟，非礼。"晋侯说，复曹伯。

【注释】

①许：国名。②国：保存国家。

于是晋始作三行①。荀林父将中行②，先縠将右行，先蔑将左行。

【注释】

①三行（háng）：晋国军制的名称。春秋时各国都用战车作战，晋文公为了抵御狄族，在上、中、下三军之外，增设三支步兵，即右行、中行、左行，称为"三行"，以回避周王六军的名称。②将：作将领。

七年，晋文公、秦缪公共围郑，以其无礼于文公亡过时，及城濮时郑助楚也。围郑，欲得叔瞻①。叔瞻闻之，自杀。郑持叔瞻告晋。晋曰："必得郑君而甘心焉。"郑恐，乃间令使谓秦缪公曰②："亡郑厚晋，于晋得矣，而秦未为利。君何不解郑，得为东道交③？"秦伯说，罢兵。晋亦罢兵。

【注释】

①欲得叔瞻：因重耳流亡时过郑，叔瞻曾劝郑文公杀重耳。②间（jiàn）：乘空隙。使（shǐ）：使者。③东道交：东方路上的朋友。

九年冬，晋文公卒，子襄公欢立。是岁郑伯亦卒。

郑人或卖其国于秦①，秦缪公发兵往袭郑②。十二月，秦兵过我郊。襄公元年春，秦师过周，无礼，王孙满讥之③。兵至滑④，郑贾人弦高将市于周，遇之，以十二牛劳秦师。秦师惊而还，灭滑而去。

【注释】

①卖：出卖。②袭：乘人不备去进攻。③王孙满：后为周朝大夫。④滑：国名。地在今河南省偃师县东南。

晋先轸曰："秦伯不用蹇叔，反其众心，此可击。"栾枝曰："未报先君施于秦，击之，不可。"先轸曰："秦侮吾孤①，伐吾同姓，何德之报？"遂击之。襄公墨衰绖②。四月，败秦师于殽③，虏秦三将孟明视、西乞秫、白乙丙以归。遂墨以葬文公。文公夫人秦女，谓襄公曰："秦欲得其三将戮之。"公许，遣之。先轸闻之，谓襄公曰："患生矣。"轸乃追秦将。秦将渡河，已在船中，顿首谢，卒不反。

【注释】

①孤：襄公初丧父，故称孤。②墨衰绖（cuī dié）：黑色丧服。③殽（yáo）：殽山，即崤山。在今河南省灵宝市东南，形势险要。

后三年，秦果使孟明伐晋，报殽之败，取晋汪以归①。四年，秦缪公大兴兵伐我，度河，取王官②，封殽尸而去③。晋恐，不敢出，遂城守。五年，晋伐秦，取新城④，报王官役也。

【注释】

①汪：秦、晋边境邑名。今地不详。②王官：晋地名。在今山西省闻喜县南。③封：聚土筑坟。④新城：秦邑名。

六年，赵衰成子、栾贞子、咎季子犯、霍伯皆卒①。赵盾代赵衰执政。

【注释】

①栾贞子：栾枝。霍伯：先且居。

七年八月，襄公卒。太子夷皋少。晋人以难故①，欲立长君②。赵盾曰："立襄公弟雍。好善而长，先君爱之；且近于秦，秦故好也③。立善则固，事长则顺，奉爱则孝，结旧好则安。"贾季曰："不如其弟乐。辰嬴璧于二君^④，立其子，民必安之。"赵盾曰："辰嬴贱，班在九人下^⑤，其子何震之有^⑥！且为二君嬖，淫也。为先君子，不能求大而出在小国，僻也^⑦。母淫子僻，无威；陈小而远，无援：将何可乎？"使士会如秦迎公子雍。贾季亦使人召公子乐于陈^⑧。赵盾废贾季，以其杀阳处父。十月，葬襄公。十一月，贾季奔翟。是岁，秦缪公亦卒。

【注释】

①难（nàn）：患难。指屡与秦发生战事。②长（zhǎng）：年长。③故：旧。④辰嬴：即怀嬴，本晋怀公之妻，后又为晋文公之妻。⑤班：位次。⑥震：威望。⑦僻：僻远。⑧陈：陈国。

灵公元年四月，秦康公曰："昔文公之入也无卫^①，故有吕、郤之患。"乃多与公子雍卫。太子母缪嬴日夜抱太子以号泣于朝，曰："先君何罪？其嗣亦何罪？舍适而外求君，将安置此^②？"出朝，则抱以适赵盾所^③，顿首曰^④："先君奉此子而属之子^⑤，曰'此子材，吾受其赐；不材，吾怨子^⑥'，今君卒，言犹在耳，而弃之，若何？"赵盾与诸大夫皆患缪嬴，且畏诛，乃背所迎而立太子夷皋，是为灵公。发兵以距秦送公子雍者^⑦。赵盾为将，往击秦，败之令狐。先蔑、随会往奔秦^⑧。秋，齐、宋、卫、郑、曹、许君皆会赵盾，盟于扈^⑨，以灵公初立故也。

【注释】

①卫：警卫人员。②此：指太子。③适：往；去到。④顿首：头叩地而拜，规格略次于稽首。⑤奉（pěng）：通"捧"。⑥怨：怨他教导不好。⑦距：通"拒"。⑧先蔑、随会：二人受命往秦迎公子雍，今既立太子夷皋，故逃往秦国。⑨扈：郑邑名。在今河南省原阳县西南。

四年，伐秦，取少梁^①。秦亦取晋之殽^②。六年，秦康公伐晋，取羁马^③。晋侯怒，使赵盾、赵穿、郤缺击秦，大战河曲^④，赵穿最有功。七年，晋六卿患随会之在秦^⑤，常为晋乱，乃佯令魏寿馀反晋降秦。秦使随会之魏，因执会以归晋。

【注释】

①少梁：秦邑名。在今陕西省韩城市南。②殽（xiáo）：按十二诸侯年表作"北徵"，"殽"字误。③羁马：晋地名。在今山西省风陵渡北。有人说在今陕西省合阳县东。④河曲：晋邑名。在今山西省永济市西。⑤六卿：指执掌晋国政的六家贵族。

八年，周顷王崩^①，公卿争权，故不赴^②。晋使赵盾以车八百乘平周乱而立匡王^③。是年，楚庄王初即位^④。十二年，齐人弑其君懿公。

【注释】

①周顷王：姬壬臣。前618—前613年在位。②赴：通"讣"。报丧。③周匡王：姬班。前612—前607年在位。④楚庄王：熊侣。前613—前591年在位。春秋五霸之一。

十四年，灵公壮，侈，厚敛以雕墙。从台上弹人，观其避丸也。宰胹熊蹯不熟^②，灵公怒，杀宰夫，使妇人持其尸出弃之，过朝。赵盾、随会前数谏，不听；已又见死人手，二人前谏。随会先谏，不听。灵公患之，使钼麂刺赵盾^③。盾闺门开^④，居处节，钼麂退，叹曰："杀忠臣，弃君命，罪一也。"遂触树而死。

【注释】

①雕：用彩画装饰。②宰夫：掌管膳食的小吏。③钮麑（chú ní）：晋国的力士。④闺：内室。

初，盾常田首山①，见桑下有饿人。饿人，示眯明也②。盾与之食，食其半。问其故，曰："宦三年③，未知母之存不，愿遗母。"盾义之，益与之饭肉。已而为晋宰夫，赵盾弗复知也。九月，晋灵公欲饮赵盾酒④，伏甲将攻盾。公宰示眯明知之，恐盾醉不能起，而进曰："君赐臣，觞三行可以罢⑤。"欲以去赵盾⑥，令先，毋及难。盾既去，灵公伏士未会，先纵啮狗名敖⑦。明为盾搏杀狗。盾曰："弃人用狗，虽猛何为。"然不知明之为阴德也。已而灵公纵伏士出逐赵盾，示眯明反击灵公之伏士，伏士不能进，而竟脱盾⑧。盾问其故，曰："我桑下饿人。"问其名，弗告。明亦因亡去。

【注释】

①首山：即雷首山。在今山西省永济市南。②示眯（qí mī）明：人名。姓示眯，名明。③宦：出游学仕。④饮（yìn）：给人喝。⑤觞（shāng）：行酒，以酒饮人或自饮。⑥去：离开。⑦啮（niè）：咬。敖（áo）：通"獒"。高大的猛犬。⑧脱：逃脱；脱身。使动用法。

盾遂奔，未出晋境。乙丑，盾昆弟将军赵穿袭杀灵公于桃园而迎赵盾①。赵盾素贵，得民和；灵公少，侈，民不附，故为弑易。盾复位。晋太史董狐书曰"赵盾弑其君"②，以视于朝③。盾曰："弑者赵穿，我无罪。"太史曰："子为正卿，而亡不出境，反不诛国乱，非子而谁？"孔子闻之，曰："董狐，古之良史也，书法不隐④。宣子⑤，良大夫也，为法受恶。惜也，出疆乃免⑥。"

【注释】

①昆弟：兄弟。桃园：园名。②太史：官名。史官、历官之长。③视：给大家看。④隐：隐瞒赵盾的罪过。⑤宣子：赵盾的谥号。⑥出疆乃免：逃出国境，就断绝了君臣关系，可以不负"弑君""讨贼"的责任了。

赵盾使赵穿迎襄公弟黑臀于周而立之，是为成公。

成公者，文公少子，其母周女也。壬申，朝于武宫。

成公元年，赐赵氏为公族①。伐郑，郑倍晋故也。三年，郑伯初立，附晋而弃楚。楚怒，伐郑，晋往救之。

【注释】

①公族：公族大夫。即国君同族的大夫。

六年，伐秦，虏秦将赤①。

七年，成公与楚庄王争强，会诸侯于扈。陈畏楚，不会。晋使中行桓子伐陈②，因救郑，与楚战，败楚师。是年，成公卒，子景公据立。

【注释】

①赤：人名。②中行桓子：即荀林父。

景公元年春，陈大夫夏徵舒弑其君灵公。二年，楚庄王伐陈，诛徵舒。

三年，楚庄王围郑，郑告急晋。晋使荀林父将中军，随会将上军，赵朔将下军，郤克、栾书、先縠、韩厥、巩朔佐之。六月，至河①。闻楚已服郑，郑伯肉袒与盟而去②，荀林父欲还。先縠曰："凡来救郑，不至不可，将率离心③。"卒度河。楚已服郑，欲饮马于河为名而去④。楚与晋军大战。郑新附楚，畏之，反助楚攻晋。晋军败，走河，争度，船中人指甚众。楚虏我将智罃。归而林父曰："臣为督将，军败当诛，请死。"景公欲许之。随会曰："昔文公之与楚战城濮，成王归杀子玉，而文公乃喜。今楚已败我师，又诛其将，是助楚杀仇也。"乃止。

【注释】

①河：黄河。②肉袒：去衣露体。表示惶恐。③率：通"帅"。④饮（yìn）：使之喝。为名：显示威名。

四年，先縠以首计而败晋军河上①，恐诛，乃奔翟，与翟谋伐晋。晋觉，乃族縠②。縠，先轸子也。

五年，伐郑，为助楚故也。是时楚庄王强，以挫晋兵河上也③。

【注释】

①首计：为首倡议。②族：灭族。动词。③以：通"已"。

六年，楚伐宋，宋来告急晋，晋欲救之，伯宗谋曰①："楚，天方开之，不可当。"乃使解扬绐为救宋②。郑人执与楚，楚厚赐，使反其言，令宋急下。解扬绐许之，卒致晋君言③。楚欲杀之，或谏，乃归解扬。

【注释】

①伯宗：晋国大夫。②解扬：晋国大夫。③致：传达。

七年，晋使随会灭赤狄①。

八年，使郤克于齐。齐顷公母从楼上观而笑之。所以然者，郤克偻①，而鲁使蹇②，卫使眇③，故齐亦令人如之以导客④。郤克怒，归至河上，曰："不报齐者，河伯视之！"至国，请君，欲伐齐。景公问知其故，曰："子之怨，安足以烦国！"弗听。魏文子请老休，辟郤克⑤，克执政。

【注释】

①赤狄：狄族的一支。服而得名。②偻（lǔ）：驼背。③蹇（jiǎn）：跛足。④眇（miǎo）：眼瞎。⑤如：像，似。⑥辟（bì）：征召；推荐。

九年，楚庄王卒。晋伐齐，齐使太子强为质于晋，晋兵罢。

十一年春，齐伐鲁，取隆①。鲁告急卫，卫与鲁皆因郤克告急于晋②。晋乃使郤克、栾书、韩厥以兵车八百乘与鲁、卫共伐齐。夏，与顷公战于鞍③，伤困顷公。顷公乃与其右易位，下取饮④，以得脱去。齐师败走，晋追北至齐⑤。顷公献宝器以求平⑥，不听。郤克曰："必得萧桐侄子为质⑦。"齐使曰："萧桐浸子，顷公母⑧；顷公母犹晋君母，奈何必得之？不义，请复战。"晋乃许与平而去。

【注释】

①隆：鲁地名。一作"龙"。②因：通过。③鞍：齐地名。在今山东济南市西北。④饮：饮料。⑤追北：追击溃败的敌人。⑥平：讲和。⑦萧桐侄子：《齐太公世家》作萧桐叔子。⑧顷公：齐顷公现在，生时称谥号。

楚申公巫臣盗夏姬以奔晋①，晋以巫臣为邢大夫②。

【注释】

①夏姬：郑穆公之女，陈国大夫夏御叔之妻。②邢：晋邑名。

十二年冬，齐顷公如晋，欲上尊晋景公为王，景公让不敢。晋始作六军，韩厥、巩朔、赵穿、荀骓、赵括、赵旃皆为卿①。智罃自楚归。

【注释】

①骓：音 zhuī。旃：音 zhān。

十三年，鲁成公朝晋，晋弗敬，鲁怒去，倍晋。晋伐郑，取汜①。

【注释】

①汜（fàn）：郑地名。在今河南省襄城县南。

十四年，梁山崩①。问伯宗，伯宗以为不足怪也。

【注释】

①梁山：山名。即今山西省吕梁市离石区东北之吕梁山。

十六年，楚将子反怨巫臣，灭其族。巫臣怒，遗子反书曰："必令子罢于奔命①！"乃请使吴，令其子为吴行人②，教吴乘车用兵。吴晋始通，约伐楚。

【注释】

①罢（pí）：通"疲"。②行人：官名。

十七年，诛赵同、赵括，族灭之①。韩厥曰："赵衰、赵盾之功岂可忘乎？奈何绝祀！②"乃复令赵庶子武为后③，复与之邑。

【注释】

①赵同、赵括：晋大夫，都是赵衰之后。②绝祀：断绝祭祀。③赵武：赵朔的儿子。

十九年夏，景公病，立其太子寿曼为君，是为厉公。后月余，景公卒。

厉公元年，初立，欲和诸侯，与秦桓公夹河而盟①。归而秦倍盟，与翟谋伐晋。三年，使吕相让秦②，因与诸侯伐秦。至泾③，败秦于麻隧④，虏其将成差。

【注释】

①夹河而盟：秦国、晋国约在令狐会盟，晋厉公先到。秦桓公不肯渡黄河，在王城停下来，派史颗到河东与晋君订盟。晋国派郤犨到河西与秦君订盟。②吕相：晋国大夫。③泾：水名。即泾河，在今陕西省中部。④麻隧：秦地名。在今陕西省泾阳县西北。

五年，三郤谗伯宗①，杀之。伯宗以好直谏得此祸，国人以是不附厉公。

【注释】

①三郤：郤锜、郤犨、郤至。

六年春，郑倍晋与楚盟，晋怒。栾书曰："不可以当吾世而失诸侯。"乃发兵。厉公自将，五月度河。闻楚兵来救，范文子请公欲还。郤至曰："发兵诛逆，见强辟之，无以令诸侯。"遂与战。癸巳，射中楚共王目，楚兵败于鄢陵①。子反收余兵，拊循欲复战②，晋患之。共王召子反，其侍者竖阳竖进穀酒③，子反醉，不能见。王怒，让子反，子反死。王遂引兵归。晋由此威诸侯，欲以令天下求霸。

【注释】

　　①鄢陵：郑邑名。故城在今河南省鄢陵县西北。②拊（fǔ）循：安抚；抚慰。③穀：音 gǔ。

　　厉公多外嬖姬①，归，欲尽去诸大夫而立诸姬兄弟。宠姬兄曰胥童，尝与郤至有怨，及栾书又怨郤至不用其计而遂败楚②，乃使人间谢楚。楚来诈厉公曰："鄢陵之战，实至召楚，欲作乱，内子周立之。会与国不具，是以事不成。"厉公告栾书。栾书曰："其殆有矣③！愿公试使人之周微考之④。"果使郤至于周⑤。栾书又使公子周见郤至，郤至不知见卖也。厉公验之，信然，遂怨郤至，欲杀之。八年，厉公猎，与姬饮，郤至杀豕奉进，宦者夺之⑥。郤至射杀宦者。公怒，曰："季子欺予⑦！"将诛三郤，未发也。郤锜欲攻公，曰："我虽死，公亦病矣。"郤至曰："信不反君，智不害民，勇不作乱。失此三者，谁与我？我死耳！"十二月壬午，公令胥童以兵八百人袭攻杀三郤。胥童因以劫栾书、中行偃于朝，曰："不杀二子，患必及公。"公曰："一旦杀三卿，寡人不忍益也。"对曰："人将忍君。"公弗听，谢栾书等以诛郤氏罪："大夫复位。"二子顿首曰："幸甚幸甚！"公使胥童为卿。闰月乙卯，厉公游匠骊氏，栾书、中行偃以其党袭捕厉公，囚之，杀胥童，而使人迎公子周于周而立之，是为悼公。

【注释】

　　①外嬖（bì）：一说为男宠，非妇人，如胥童之类。②据《左传》记载：栾书想等楚国军队撤退时进击，郤至以为楚国有六个间隙可乘，必须立刻进击，不可失掉时机。③殆：大概。④周：指周朝京都洛邑。⑤于：往。⑥宦者：孟张。⑦季子欺予：厉公反以为郤至夺豕。⑧匠骊氏：厉公的宠臣，住在翼城。

　　悼公元年正月庚申，栾书、中行偃弑厉公，葬之以一乘车①。厉公囚六日死，死十日庚午，智䓨迎公子周来，至绛，刑鸡与大夫盟而立之②，是为悼公。辛巳，朝武宫。二月己酉，即位。

【注释】

　　①一乘车：按照当时礼制，诸侯葬车七乘。②刑：杀。

　　悼公周者，其大父捷，晋襄公少子也，不得立，号为桓叔，桓叔最爱。桓叔生惠伯谈，谈生悼公周。周之立，年十四矣。悼公曰："大父、父皆不得立而辟难于周，客死焉。寡人自以疏远，毋几为君①。今大夫不忘文、襄之意而惠立桓叔之后，赖宗庙、大夫之灵，得奉晋祀，岂敢不战战乎②？大夫其亦佐寡人！"于是逐不臣者七人，修旧功，施德惠，收文公入时功臣后③。秋，伐郑。郑师败，遂至陈。

【注释】

　　①几（jì）：通"冀"。希望。②战战：戒慎恐惧。③收：抚恤录用。

　　三年，晋会诸侯。悼公问群臣可用者，祁傒举解狐。解狐，傒之仇。复问，举其子祁午。君子曰："祁傒可谓不党矣①！外举不隐仇，内举不隐子。"方会诸侯，悼公弟杨干乱行②，魏绛戮其仆③。悼公怒，或谏公，公卒贤绛，任之政，使和戎，戎大亲附。十一年，悼公曰："自吾用魏绛，九合诸侯④，和戎、翟，魏子之力也。"赐之乐，三让乃受之。冬，秦取我栎⑤。

【注释】

①不党：不偏私。②行（háng）：阵势；队列。③仆：驾驶马车的人。④九合诸侯：一会于戚（卫邑，故城在今河南省濮阳县北），二会于城棣（郑地，在今河南省原武县北）救陈，三会于鄢（郑邑，故城在今河南省鄢陵县境），四会于邢丘（晋邑，故城在今河南省温县东），五同盟于戏（xī）（秦地，在今陕西省临潼东北），六会于柤（zhā）（楚地，今地不详），七戍郑虎牢（郑地，在今河南省荥阳市境），八同盟于亳（bó）城（郑地，在今河南省商丘市境），九会于萧鱼（郑地，在今河南省原武县东）。⑤栎（lì）：郑地，在今河南省禹县。

十四年，晋使六卿率诸侯伐秦，度泾，大败秦军，至棫林而去①。

【注释】

①棫（yù）林：秦地名，在今陕西省泾阳县西南。

十五年，悼公问治国于师旷①。师旷曰："惟仁义为本。"冬，悼公卒，子平公彪立。

【注释】

①师旷：晋国著名乐师。

平公元年，伐齐，齐灵公与战靡下①，齐师败走。晏婴曰②："君亦毋勇，何不止战？"遂去。晋追，遂围临菑③，尽烧屠其郭中。东至胶④，南至沂⑤，齐皆城守，晋乃引兵归。

【注释】

①靡下：靡笄（jī）山下。②晏婴：齐国大臣。③临菑（zī）：齐都城。④胶：水名。在今山东省境。⑤沂：水名。在今山东省南境。

六年，鲁襄公朝晋。晋栾逞有罪①，奔齐。八年，齐庄公微遣栾逞于曲沃，以兵随之。齐兵上太行②，栾逞从曲沃中反，袭入绛。绛不戒，平公欲自杀，范献子止公，以其徒击逞，逞败走曲沃。曲沃攻逞，逞死，遂灭栾氏宗。逞者，栾书孙也。其入绛，与魏氏谋。齐庄公闻逞败，乃还，取晋之朝歌去③，以报临菑之役也。

【注释】

①栾逞：《左传》作栾盈。②太行：山名。纵贯今山西、河南、河北三省边界。③朝歌：晋邑名。故城在今河南省淇县。

十年，齐崔杼弑其君庄公。晋因齐乱，伐败齐于高唐去①，报太行之役也。

【注释】

①高唐：齐邑名。

十四年，吴延陵季子来使①，与赵文子、韩宣子、魏献子语："晋国之政，卒归此三家矣。"

【注释】

①延陵季子：季礼。

十九年，齐使晏婴如晋，与叔向语。叔向曰："晋，季世也①。公厚赋为台池而不恤政②，政在私门，其可久乎？"晏子然之③。

【注释】

①季世：末世；衰微的时代。②厚赋：多征赋税。③然：认为对。

顷公六年，周景王崩①，王子争立。晋六卿平王室乱，立敬王②。

【注释】

①周景王：姬贵。前544—前520年在位。②周敬王：姬丐。前519—前476年在位。

九年，鲁季氏逐其君昭公，昭公居乾侯①。十一年，卫、宋使使请晋纳鲁君②。季平子私赂范献子，献子受之，乃谓晋君曰："季氏无罪。"不果入鲁君。③

【注释】

①乾（gān）侯：晋邑名。②使使：上"使（shǐ）"字动词。派遣。下"使"（旧读shì今读shǐ）字名词，使者。③果：成为事实。

二十二年，伐燕。二十六年，平公卒，子昭公夷立。

昭公六年卒。六卿强①，公室卑。子顷公去疾立。

【注释】

①六卿：韩氏、赵氏、魏氏、范氏、中行氏、智氏。

十二年，晋之宗家祁傒孙①，叔向子，相恶于君②。六卿欲弱公室，乃遂以法尽灭其族，而分其邑为十县，各令其子为大夫。晋益弱，六卿皆大。

【注释】

①宗家：同宗族的人。②恶（wù）：诋毁，诽谤。

十四年，顷公卒，子定公午立。

定公十一年，鲁阳虎奔晋，赵鞅简子舍之①。十二年，孔子相鲁②。

【注释】

①舍（shè）：给住宿。②相（xiàng）：为国相。动词。

十五年，赵鞅使邯郸大夫午，不信，欲杀午。午与中行寅、范吉射亲攻赵鞅①，鞅走保晋阳②。定公围晋阳。荀栎、韩不信、魏侈与范、中行为仇，乃移兵伐范、中行。范、中行反，晋君击之，败范、中行。范、中行走朝歌，保之。韩、魏为赵鞅谢晋君，乃赦赵鞅，复位。二十二年，晋败范、中行氏，二子奔齐。

【注释】

①范吉射（yì）：范献子。②晋阳：晋邑名。

三十年，定公与吴王夫差会黄池①，争长②，赵鞅时从，卒长吴。

【注释】

①黄池：宋地名。在今河南省封丘县西南。②长（zhǎng）：列首位者。下句"长"

字以动用法。

三十一年，齐田常弑其君简公，而立简公弟骜为平公。三十三年，孔子卒。

三十七年，定公卒，子出公凿立。

出公十七年，知伯与赵、韩、魏共分范、中行地以为邑①。出公怒，告齐、鲁，欲以伐四卿。四卿恐，遂反攻出公。出公奔齐，道死。故知伯乃立昭公曾孙骄为晋君，是为哀公。

【注释】

①知伯：也作智伯。知瑶，本姓荀，故又称荀瑶。

哀公大父雍①，晋昭公少子也，号为戴子。戴子生忌。忌善知伯，蚤死②，故知伯欲尽并晋，未敢，乃立忌子骄为君。当是时，晋国政皆决知伯③，晋哀公不得有所制。知伯遂有范、中行地，最强。

【注释】

①大父：祖父。②蚤：通"早"。③决：决定。被动用法。

哀公四年，赵襄子、韩康子、魏桓子共杀知伯，尽并其地。

十八年，哀公卒，子幽公柳立。

幽公之时，晋畏①，反朝韩、赵、魏之君。独有绛②、曲沃，余皆入三晋③。

【注释】

①晋畏：晋君畏惧韩、赵、魏。②独：仅。绛：这时为晋都。③三晋：韩、赵、魏为三卿，而分晋政，故称"三晋"。

十五年，魏文侯初立①。十八年，幽公淫妇人，夜窃出邑中，盗杀幽公。魏文侯以兵诛晋乱，立幽公子止，是为烈公。

【注释】

①魏文侯：魏斯。前424—前387年在位。

烈公十九年，周威烈王赐赵、韩、魏皆命为诸侯①。

【注释】

①周威烈王：姬午。前425—前402年在位。

二十七年，烈公卒，子孝公颀立①。孝公九年，魏武侯初立②，袭邯郸③，不胜而去。十七年，孝公卒，子静公俱酒立。是岁，齐威王元年也④。

【注释】

①颀：音 qí。②魏武侯：魏击。前395—前370年在位。③邯郸：赵都城，故城在今河北省邯郸市西南。④齐威王：田因齐。前356—前320年在位。

静公二年，魏武侯、韩哀侯①、赵敬侯灭晋后而三分其地②。静公迁为家人③，晋绝不祀。

【注释】

①韩哀侯：前376—前375年在位。②赵敬侯：赵章。前386—前375年在位。③家人：平民。

太史公曰：晋文公，古所谓明君也，亡居外十九年，至困约，及即位而行赏，尚忘介子推，况骄主乎？灵公既弑，其后成、景致严[1]，至厉大刻，大夫惧诛，祸作。悼公以后日衰，六卿专权。故君道之御其臣下[2]，固不易哉！

【注释】

①致：通"至"。极。②御：驾驭；控制。

晋世家第九